Behördliches Vorgehen gegen Alkoholkonsum in der Öffentlichkeit

Europäische Hochschulschriften

European University Studies
Publications Universitaires Européennes

Reihe II **Rechtswissenschaft**

Series II Law

Série II Droit

Band/Volume **5532**

Matthias Pavel

Behördliches Vorgehen gegen Alkoholkonsum in der Öffentlichkeit

Unter besonderer Berücksichtigung abstrakt-genereller Handlungsmöglichkeiten

PL ACADEMIC RESEARCH

Bibliografische Information der Deutschen Nationalbibliothek
Die Deutsche Nationalbibliothek verzeichnet diese Publikation in der Deutschen Nationalbibliografie; detaillierte bibliografische Daten sind im Internet über http://dnb.d-nb.de abrufbar.

Zugl.: Konstanz, Univ., Diss., 2013

D 352
ISSN 0531-7312
ISBN 978-3-631-64237-5 (Print)
E-ISBN 978-3-653-03762-3 (E-Book)
DOI 10.3726/978-3-653-03762-3

PL Academic Research ist ein Imprint der Peter Lang GmbH.
Peter Lang – Frankfurt am Main · Bern · Bruxelles · New York · Oxford · Warszawa · Wien

Dieses Buch wurde vor Erscheinen peer reviewed.

www.peterlang.de

Vorwort

Die vorliegende Arbeit wurde im Sommersemester 2013 von der Universität Konstanz als Dissertation angenommen. Sie befindet sich auf dem Stand vom Frühjahr 2013.

Danken möchte ich meinem Doktorvater, Herrn Prof. Dr. Martin Ibler, für die Betreuung sowie zahlreiche Anregungen und Vorschläge. Sehr dankbar bin ich auch Herrn Prof. Dr. Hartmut Maurer, der das Zweitgutachten erstellt hat.

Gewidmet ist diese Arbeit meinen Eltern. Ihre vielfältige Unterstützung hat mir nicht nur diese Dissertation ermöglicht. Vielen Dank für alles!

Konstanz, im Juli 2013 Matthias Pavel

Inhaltsverzeichnis

Abkürzungsverzeichnis 17

Literaturverzeichnis 24

Problemstellung und Gang der Untersuchung 55

Kapitel Eins: Einführung und Darstellung der Problematik 59

A. Alkohol in der Öffentlichkeit 59
I. Entwicklung und aktuelle Situation des Trinkverhaltens 59
1. Alkoholkonsum in Deutschland 60
a) Untersuchungen zum aktuellen Trinkverhalten 60
b) Untersuchungen zum aktuellen Trinkverhalten Jugendlicher 63
aa) Allgemein 64
bb) Besondere Erscheinungen 66
(1) „Binge-Drinking" 66
(2) „Flatrate-Partys" 67
c) Alkohol und Kultur 68
2. Die Öffentlichkeit 71
3. Erscheinungsformen des Alkoholkonsums in der Öffentlichkeit 71
4. Gründe für Alkoholkonsum in der Öffentlichkeit 73
II. Durch öffentlichen Alkoholkonsum verursachte Probleme 75
III. Maßnahmen gegen den öffentlichen Alkoholkonsum 77
1. Rechtliche Maßnahmen 77
a) Maßnahmen durch den Bund 77
aa) Alkopopsteuer 77
bb) Alkoholverbot für Fahranfänger 80
b) Maßnahmen durch die Bundesländer 82
aa) Inhalt des baden-württembergischen Alkoholverkaufsverbotsgesetzes 82
(1) Verbot des Alkoholverkaufs 82
(2) Überführung des GaststG in Landesrecht 86
(3) Verbot von Flatrate-Partys 86
(4) Weitere Planungen und Vorgehen anderer Bundesländer 87

bb) Verfassungsmäßigkeit des Alkoholverkaufsverbotsgesetzes 89
c) Maßnahmen auf kommunaler Ebene 89
aa) Polizeirechtliches Vorgehen gegen den Alkoholkonsum 90
(1) Alkoholkonsumverbote durch Polizeiverordnung 90
(2) Alkoholkonsumverbote per Allgemeinverfügungen 91
(3) Einzelmaßnahmen 92
bb) Straßenrechtliches Vorgehen gegen den Alkoholkonsum 92
cc) Vorgehen gegen den Alkoholverkauf 93
(1) Verkaufsverbote durch Polizeiverordnung 93
(2) Verkaufsverbote in Umsetzung des Ladenschlussrechts an Tankstellen durch VA 94
(3) Vorübergehende Einschränkungen des Alkoholverkaufs bspw. bei Fußballspielen oder Veranstaltungen durch Verwaltungsakt 95
d) Zusammenfassung 95
2. Praktische Maßnahmen 96
a) Maßnahmen durch den Bund und die Länder 96
aa) Beispiel für eine solche Kampagne: „Don't drink too much – Stay gold!" 96
bb) Weitere Beispiele 97
b) Maßnahmen auf kommunaler Ebene 98
c) Maßnahmen nicht-hoheitlicher Träger 99
d) Zusammenfassung 99

B. Zusammenfassung 100

Kapitel Zwei: Behördliches Vorgehen gegen den Alkoholkonsum auf polizeirechtlicher Grundlage 103

A. Alkoholkonsumverbote durch Polizeiverordnung 103
I. Nichteinschlägigkeit von Spezialermächtigungen 105
II. Öffentliche Sicherheit und Ordnung 105
1. Öffentliche Sicherheit 105
2. Öffentliche Ordnung 106
III. Bestehen einer Gefahr für die öffentliche Sicherheit? 106
1. Die abstrakte Gefahr als Voraussetzung 106
2. Einschlägigkeit der öffentlichen Sicherheit 109

a) Anknüpfungspunkt Alkoholkonsum ... 110
b) Anknüpfungspunkt Gesundheitsschutz ... 110
c) Zusammenhang zwischen Alkoholkonsum und Gewalt? Anknüpfungspunkt Gewaltursache ... 111
aa) Die Ansicht des VGH Mannheim ... 111
(1) Die Entscheidung vom 06.10.1998 ... 111
(2) Die Entscheidung vom 28.07.2009 ... 112
(3) Parallelen zur Bettelproblematik ... 114
(a) Die Entscheidung vom 29.04.1983 ... 114
(b) Die Entscheidung vom 06.07.1998 ... 115
(c) Bewertung der Entscheidungen zur Bettelei ... 116
bb) Die Ansicht des OVG Sachsen-Anhalt ... 118
cc) Die Ansicht der herrschenden Meinung in der Literatur ... 119
dd) Kritik der herrschenden Ansicht und eigene Bewertung ... 121
ee) Nachweisbarkeit ... 128
(1) Ausgangssituation ... 128
(2) Vorschlag von *Köppert*: Gestuftes Vorgehen ... 129
(3) Stellungnahme ... 130
d) Anknüpfungspunkt Umweltverschmutzung ... 131
e) Anknüpfungspunkt Jugendschutzrecht ... 132
3. Zwischenergebnis ... 133
IV. Bestehen einer Gefahr für die öffentliche Ordnung? ... 133
1. Akzeptanz der öffentlichen Ordnung ... 134
a) Kritik ... 134
b) Verteidigung ... 138
c) Ergebnis ... 139
2. Ansicht des VGH Mannheim ... 140
3. Alkoholkonsum Einzelner ... 141
4. Alkoholkonsum in der Gruppe ... 142
5. Zwischenergebnis ... 146
V. Polizeiliche Verantwortlichkeit ... 147
VI. Mögliche Formulierungen von Alkoholkonsumverboten und das Bestimmtheitsgebot ... 148
1. „Verbot, alkoholische Getränke zu konsumieren“ ... 149
2. „Mitsichführen von Alkohol in der Absicht, zu konsumieren“ ... 149
3. „Belästigungen“ und „Beeinträchtigungen“ ... 150
4. „Lagern“ oder „Dauerhaftes Verweilen“ ... 153

5. „Niederlassen zum Alkoholgenuss“ 154
6. „Ausschließlich oder überwiegend zum Zwecke des Alkoholgenusses“ 155
7. „Außerhalb von Freischankflächen“ 156
8. Räumlicher und zeitlicher Geltungsbereich 156
9. Ausnahmen 157
VII. Verhältnismäßigkeit 157
1. Legitimer Zweck 158
2. Geeignetheit 159
3. Erforderlichkeit 160
a) Mögliches milderes Mittel: Glasflaschenverbot 160
aa) Die Ansichten des VG Köln und des OVG Münster 161
bb) Ansicht des VGH Mannheim und Bewertung dieser Ansicht 164
cc) Zusammenfassung 165
b) Mögliches milderes Mittel: Einschränkungen hinsichtlich der räumlichen und zeitlichen Geltung 166
4. Angemessenheit 166
VIII. Durchsetzung 167
1. Platzverweise 168
2. Aufenthaltsverbote 172
3. Beschlagnahme 172
4. Einsatz privater Sicherheitsdienste 173
IX. Zusammenfassung 174

B. Alkoholkonsumverbote durch Allgemeinverfügung 175
I. Ermächtigungsgrundlage und formelle Voraussetzungen 176
II. Materielle Voraussetzungen 176
1. Konkrete Gefahr 176
2. In Abgrenzung zur Polizeiverordnung: Konkretheit der Maßnahme 178
a) Bestimmter oder bestimmbarer Personenkreis 178
b) Konkreter Regelungsgegenstand 178
c) Mögliche Vergleichskonstellationen aus der Rechtsprechung 179
aa) BVerwG: Das „Endiviensalat-Urteil“ 179
bb) BVerwG: Das Verkehrszeichen als Allgemeinverfügung 181

cc) BVerwG: Festsetzung der Höchstgeschwindigkeit auf einer Autobahn 181
dd) BVerwG: Einrichtung eines militärischen Schutzbereichs 182
(1) Einstufung als Rechtsverordnung 182
(2) Änderung der vormaligen Rechtsprechung und Einstufung als Allgemeinverfügung 183
ee) VGH Mannheim: Windsurfen auf dem Bodensee 184
ff) VGH Mannheim: Tauchverbot am „Teufelstisch" 185
gg) OVG Münster und VG Köln: Glasverbot im Karneval 185
d) Zusammenfassung und Übertragung auf Alkoholverbote 185
3. Inhalt 188
4. Rechtsschutzunterschiede zwischen Allgemeinverfügung und Polizeiverordnung 189
III. Ergebnis und Bewertung 189

C. Selbstständige Einzelmaßnahmen 190

D. Bundespolizeirechtliche Maßnahmen: Alkoholkonsum auf Bahnhöfen und in Zügen der Eisenbahnunternehmen 191
I. Das Hausrecht der Eisenbahnunternehmen 191
II. Maßnahmen der Bundespolizei als Bahnpolizei 195
1. Die Bundespolizei als Bahnpolizei 195
2. Platzverweisungen gem. § 38 BPolG 196
3. Befugnisgeneralklausel des § 14 Abs. 1 BPolG 197
4. Ausübung des Hausrechts für die Deutsche Bahn AG 197
5. Ergebnis 198

Kapitel Drei: Behördliches Vorgehen gegen den Alkoholkonsum auf straßenrechtlicher Grundlage 201

A. Sondernutzungssatzungen 202
I. Vorliegen einer Sondernutzung 203
1. Definition der Sondernutzung 203
2. Definition des Gemeingebrauchs 203
3. Der enge Verkehrsbegriff 204
4. Der kommunikative Verkehr als Teil des Gemeingebrauchs 205
5. Ausschluss des Gemeingebrauchs: Die Gemeinverträglichkeit 206

6. Einordnung des öffentlichen Alkoholkonsums als Gemeingebrauch 207
a) Öffentlicher Alkoholkonsum als Gemeingebrauch 207
b) Öffentlicher Alkoholkonsum als Sondernutzung 209
c) Zwischenergebnis 211
7. Ausnahmsweises Vorliegen einer Sondernutzung 211
8. Zwischenergebnis 213
II. Ergebnis 213

B. Einzelmaßnahmen 214
I. Ermächtigungsgrundlage 214
II. Voraussetzungen 214
1. Keine weiteren materiellen Voraussetzungen 214
2. Ergebnis 215
III. Die sog. Party- oder Bierbikes 215
1. Die Ansicht des OVG Münster 216
2. Bewertung der Entscheidung 217
IV. Ergebnis 219

C. Zusammenfassung und Bewertung 219

Kapitel Vier: Behördliches Vorgehen gegen den Alkoholkonsum auf kommunalrechtlicher Grundlage 221

A. Benutzungsregelungen öffentlicher Einrichtungen 221
I. Öffentliche Einrichtungen 221
1. Öffentliche Einrichtung 221
2. In Betracht kommende öffentliche Einrichtungen 223
a) Spiel-, Skate- und Bolzplätze 223
b) Grillplätze 223
c) Park- und Grünanlagen 224
d) Badeseen, Strandbäder etc. 226
e) Friedhöfe 226
f) Zwischenergebnis 227
II. Regelung der Benutzung 227
1. Grundlagen 227
2. Rechtsgrundlage 227
a) Satzungen 228

b) Allgemeinverfügungen ... 228
3. Verfahren und Form ... 229
4. Inhalt ... 229
5. Bestimmtheit ... 231

B. Ergebnis ... 232

Kapitel Fünf: Behördliches Vorgehen gegen den Alkoholverkauf ... 233

A. Dauerhafte Einschränkungen des Alkoholverkaufs ... 233
I. Durch Polizeiverordnung ... 234
1. Die Ansicht des OVG Bautzen: Verkaufsverbot ist zulässig ... 234
2. Bewertung der Entscheidung: Verkaufsverbot ist unzulässig ... 235
a) Anwendbarkeit des allgemeinen Polizeirechts? ... 235
aa) Keine Sperrwirkung durch das LGastG ... 235
bb) Sperrwirkung durch das Alkoholverkaufsverbotsgesetz für Verkaufsstellen i.S. des § 2 Abs. 1 LadÖG ... 236
b) Kein Vorliegen einer abstrakten Gefahr für die öffentliche Sicherheit oder Ordnung ... 237
II. Durch Einzelverfügung auf ladenschlussrechtlicher Grundlage ... 238

B. Vorübergehende und/oder anlassbezogene Einschränkungen des Alkoholverkaufs ... 243
I. Gaststättenrechtliches Vorgehen ... 244
1. Auflage zur Gaststättenerlaubnis ... 245
2. Selbstständige Anordnungen ... 248
II. Polizeirechtliches Vorgehen ... 249

Kapitel Sechs: Übermäßiger Alkoholkonsum und Alkoholmissbrauch in Gaststätten und deren Unterbindung ... 251

A. Widerruf einer Gaststättenerlaubnis wegen Verstoß gegen das Jugendschutzrecht ... 251

B. Flatrate-Partys ... 253
I. Die herrschende Ansicht der Rechtsprechung und der Literatur ... 255
II. Die Ablehnung dieser Ansicht ... 258
III. Ausnahme ... 262

IV. „Freiwillige Selbstverpflichtungen“ und ähnliche Konstellationen 263
V. Die Aufnahme eines Verbotstatbestands in das LGastG und die Gesetze anderer Bundesländer 266
VI. Ergebnis 267

Kapitel Sieben: Alkoholkonsum auf Festen und anderen kurzzeitigen Veranstaltungen 269

A. Anwendbarkeit des § 1 LGastG i.V. mit § 12 GaststG: Voraussetzung des „besonderen Anlasses“ 269

B. Geltung auch für Vereine und Gesellschaften, die kein Gewerbe betreiben 271

C. Regelungsmöglichkeiten der Behörden 272
I. Auflagen bzgl. des Alkoholausschanks 272
1. Regelung der Betriebs- und Ausschankzeiten 272
2. Uneingeschränktes Verbot des Ausschanks von Branntwein 273
3. Kombination beider Möglichkeiten: Begrenzung des Branntweinausschanks auf bestimmte Zeiten 274
II. Kooperationsvereinbarungen zwischen verschiedenen Gemeinden 274
III. Folgen von Verstößen gegen Auflagen 275
1. Für die betroffene Veranstaltung 275
2. Für zukünftige Veranstaltungen des Betreibers 276

D. Alkoholkonsum auf Märkten 276
I. Die Markttypen der GewO 277
II. Die Festsetzung nach § 69 GewO 277
1. Inhalt der Festsetzung 277
2. Wirkung der Festsetzung 278
3. Bedeutung für den Alkoholausschank auf Märkten 278

E. Ergebnis 279

Kapitel Acht: Folgen für den Gesetzgeber: Schaffung einer Ermächtigungsgrundlage für Kommunen? 281

A. Erfordernis einer Neuregelung 282

B. Einordnung und mögliche Formulierung eines gesetzgeberischen Ansatzes 283
I. Kommunalrechtliches Vorgehen 283
II. Straßenrechtliches Vorgehen 284
III. Polizeirechtliches Vorgehen 286

Kapitel Neun: Zusammenfassendes Fazit 291

Abkürzungsverzeichnis

a.A.	andere(r) Ansicht
a.E.	am Ende
a.F.	alte(r) Fassung
Abb.	Abbildung
Abs.	Absatz
AEG	Allgemeines Eisenbahngesetz
AGVwGO	Gesetz zur Ausführung der Verwaltungsgerichtsordnung
AlkopopStG	Gesetz über die Erhebung einer Sondersteuer auf alkoholhaltige Süßgetränke (Alkopops) zum Schutz junger Menschen (Alkopopsteuergesetz)
Anh.	Anhang
Alt.	Alternative
AOK	Allgemeine Ortskrankenkasse
AöR	Archiv des öffentlichen Rechts (Zeitschrift)
Art.	Artikel
Az.	Aktenzeichen
BAK	Blutalkoholkonzentration
bayLStVG	bayerisches Landesstraf- und Verordnungsgesetz
bayStrWG	bayerisches Straßen- und Wegegesetz
BayVBl.	Bayerische Verwaltungsblätter (Zeitschrift)
BB	Betriebs-Berater (Zeitschrift)
bbgGastG	brandenburgisches Gaststättengesetz
bbgOBG	brandenburgisches Gesetz über Aufbau und Befugnisse der Ordnungsbehörden (Ordnungsbehördengesetz)
BBodSchG	Gesetz zum Schutz vor schädlichen Bodenveränderungen und zur Sanierung von Altlasten – Bundesbodenschutzgesetz
Begr.	Begründung
berlASOG	Allgemeines Sicherheits- und Ordnungsgesetz des Landes Berlin
Beschl.	Beschluss
BGB	Bürgerliches Gesetzbuch
BGBl.	Bundesgesetzblatt
BGH	Bundesgerichtshof

BGHZ	Entscheidungen des Bundesgerichtshofes in Zivilsachen
BGS	Bundesgrenzschutz
BGSG	Gesetz über den Bundesgrenzschutz – Bundesgrenzschutzgesetz
BImSchG	Gesetz zum Schutz vor schädlichen Umwelteinwirkungen durch Luftverunreinigungen, Geräusche, Erschütterungen und ähnliche Vorgänge (Bundesimmissionsschutzgesetz)
BKatV	Verordnung über die Erteilung einer Verwarnung, Regelsätze für Geldbußen und die Anordnung eines Fahrverbots wegen Ordnungswidrigkeiten im Straßenverkehr (Bußgeldkatalog-Verordnung)
BMG	Bundesministerium für Gesundheit
BMWi	Bundesministerium für Wirtschaft und Technologie
BPolG	Gesetz über die Bundespolizei – Bundespolizeigesetz
bremGastG	bremisches Gaststättengesetz
bremPolG	bremisches Polizeigesetz
Bsp(e).	Beispiel(e)
bspw.	beispielsweise
BT-Drs.	Bundestagsdrucksache
BVerfG	Bundesverfassungsgericht
BVerfGE	Entscheidungen des Bundesverfassungsgerichts
BVerwG	Bundesverwaltungsgericht
BVerwGE	Entscheidungen des Bundesverwaltungsgerichts
BW	Baden-Württemberg
BWGZ	Die Gemeinde (Zeitschrift)
BZgA	Bundeszentrale für gesundheitliche Aufklärung
ca.	circa
CDU	Christlich-Demokratische Union Deutschlands
d.	der/die/das
DAR	Deutsches Autorecht (Zeitschrift)
DB AG	Deutsche Bahn AG
DEHOGA	Deutscher Hotel- und Gaststättenverband
ders.	derselbe
DHS	Deutsche Hauptstelle für Suchtfragen e.V.
Die Verw.	Die Verwaltung (Zeitschrift)

dies.	dieselbe(n)
DÖV	Die Öffentliche Verwaltung (Zeitschrift)
DPolBl	Deutsches Polizeiblatt (Zeitschrift)
DStGB	Deutscher Städte- und Gemeindebund
DStZ	Deutsche Steuer-Zeitung (Zeitschrift)
DVBl.	Deutsches Verwaltungsblatt (Zeitschrift)
DVP	Deutsche Verwaltungspraxis (Zeitschrift)
ebd.	ebenda
EKBW	Entscheidungssammlung zum Kommunalrecht Baden-Württemberg
entspr.	entsprechend/-e/-er
Erl.	Erläuterung
ErsK	Die Ersatzkasse (Zeitschrift)
etc.	et cetera
EU	Europäische Union
e.V.	eingetragener Verein
EVO	Eisenbahn-Verkehrsordnung
evtl.	eventuell
f.	folgende (Seite)
FAS	Fetales Alkoholsyndrom
FDP/DVP	Freie Demokratische Partei/Deutsche Volkspartei (Namenszusatz nur in Baden-Württemberg)
FeV	Verordnung über die Zulassung von Personen zum Straßenverkehr (Fahrerlaubnis-Verordnung)
ff.	fortfolgende (Seiten)
Fn.	Fußnote
FS	Festschrift
FStrG	Bundesfernstraßengesetz
g	Gramm
GaststG	[Bundes-]Gaststättengesetz
GastVO	Verordnung der [baden-württembergischen] Landesregierung zur Ausführung des Gaststättengesetzes (Gaststättenverordnung)
GBl. BW	Gesetzblatt für Baden-Württemberg

GefHuVO	Polizeiverordnung des Innenministeriums und des Ministeriums für Ländlichen Raum und Verbraucherschutz über das Halten gefährlicher Hunde
GEK	Gmünder Ersatzkasse
gem.	gemäß
GemO	Gemeindeordnung für Baden-Württemberg
GewArch	Gewerbearchiv (Zeitschrift)
GewO	Gewerbeordnung
GewOZuVO	Verordnung der [baden-württembergischen] Landesregierung über Zuständigkeiten nach der Gewerbeordnung
GG	Grundgesetz für die Bundesrepublik Deutschland
ggf.	gegebenenfalls
GKZ	Gesetz über kommunale Zusammenarbeit
G+G	Gesundheit und Gesellschaft (Zeitschrift)
hambDrs.	Drucksache der hamburgischen Bürgerschaft
hambGVBl.	hamburgisches Gesetz- und Verordnungsblatt
hambSOG	hamburgisches Gesetz zum Schutz der öffentlichen Sicherheit und Ordnung
hessSOG	hessisches Gesetz zum Schutz der öffentlichen Sicherheit und Ordnung
Hrsg.	Herausgeber
i.d.R.	in der Regel
i.H.v.	in Höhe von
insb.	insbesondere
i.S.	im Sinne
i.V.	in Verbindung
JA	Juristische Arbeitsblätter (Zeitschrift)
Jura	Juristische Ausbildung (Zeitschrift)
JuS	Juristische Schulung (Zeitschrift)
JuSchG	Jugendschutzgesetz
JZ	Juristenzeitung (Zeitschrift)
Kap.	Kapitel
KJ	Kritische Justiz (Zeitschrift)

km/h	Kilometer pro Stunde
KommJur	Kommunaljurist (Zeitschrift)
KommP BY	Kommunalpraxis Bayern – Zeitschrift für Verwaltung, Organisation und Recht (Zeitschrift)
KommPraxis MO	Kommunalpraxis – Regionalausgabe Mitte/Ost (Zeitschrift)
KommP spezial	Kommunalpraxis spezial (Zeitschrift)
KrV	Die Krankenversicherung (Zeitschrift)
KrW-/AbfG	Gesetz zur Förderung der Kreislaufwirtschaft und Sicherung der umweltverträglichen Beseitigung von Abfällen – Kreislaufwirtschafts- und Abfallgesetz
KrWG	Gesetz zur Förderung der Kreislaufwirtschaft und Sicherung der umweltverträglichen Bewirtschaftung von Abfällen - Kreislaufwirtschaftsgesetz
l	Liter
LadÖG	Ladenöffnungsgesetz
LadÖffnG RP	Ladenöffnungsgesetz Rheinland-Pfalz
LadSchlG	Gesetz über den Ladenschluss
LGastG	Landesgaststättengesetz
LKRZ	Zeitschrift für Landes- und Kommunalrecht Hessen, Rheinland-Pfalz und Saarland (Zeitschrift)
LKrO	Landkreisordnung für Baden-Württemberg
LKV	Landes- und Kommunalverwaltung (Zeitschrift)
LT-Drs.	Landtagsdrucksache
LV	Landesverfassung Baden-Württembergs
LVG	Landesverwaltungsgesetz
LVwVfG	Verwaltungsverfahrensgesetz für Baden-Württemberg (Landesverwaltungsverfahrensgesetz)
LVwVG	Verwaltungsvollstreckungsgesetz für Baden-Württemberg (Landesverwaltungsvollstreckungsgesetz)
m.	mit
m.E.	meines Erachtens
m.w.N.	mit weiteren Nachweisen
MdB	Mitglied des Deutschen Bundestags
Mio.	Million(en)
Mrd.	Milliarde(n)

mvSOG	Gesetz über die öffentliche Sicherheit und Ordnung in Mecklenburg-Vorpommern
n.F.	neue(r) Fassung
n.v.	nicht veröffentlicht
Nachw.	Nachweis(e)
ndsGastG	Niedersächsisches Gaststättengesetz
ndsSOG	Niedersächsisches Gesetz über die öffentliche Sicherheit und Ordnung
NdsVBl.	Niedersächsische Verwaltungsblätter (Zeitschrift)
NJW	Neue Juristische Wochenschrift (Zeitschrift)
NordÖR	Zeitschrift für öffentliches Recht in Norddeutschland (Zeitschrift)
Nr(n).	Nummer(n)
NVwZ	Neue Zeitschrift für Verwaltungsrecht (Zeitschrift)
NVwZ-RR	Neue Zeitschrift für Verwaltungsrecht – Rechtssprechungsreport (Zeitschrift)
nwOBG	nordrhein-westfälisches Ordnungsbehördengesetz
nwPolG	nordrhein-westfälisches Polizeigesetz
o.ä.	oder ähnliche
o.g.	oben genannte/-r/-s
OLG	Oberlandesgericht
OVG	Oberverwaltungsgericht
OVGE	Entscheidungen der Oberverwaltungsgerichte
OWiG	Gesetz über Ordnungswidrigkeiten
PKS	Polizeiliche Kriminalstatistik
PM	Pressemitteilung
PolG	Polizeigesetz
Polizei	Die Polizei (Zeitschrift)
PolVO	Polizeiverordnung
Rn.	Randnummer
rpPOG	rheinland-pfälzisches Polizei- und Ordnungsbehördengesetz
S.	Seite, auch: Satz

s.	siehe
s.o.	siehe oben
s.u.	siehe unten
saarlPolG	saarländisches Polizeigesetz
saSOG	Gesetz über die öffentliche Sicherheit und Ordnung des Landes Sachsen-Anhalt
sächsPolG	Polizeigesetz des Freistaates Sachsen
SchBerG	Gesetz über die Beschränkung von Grundeigentum für die militärische Verteidigung – Schutzbereichsgesetz
shLVwG	schleswig-holsteinisches Landesverwaltungsgesetz
sog.	sogenannte/-r/-s
SGB (VIII)	Sozialgesetzbuch (hier: Achtes Buch)
SKZ	Saarländische Kommunal-Zeitschrift (Zeitschrift)
SM	Statistisches Monatsheft (Zeitschrift)
SPD	Sozialdemokratische Partei Deutschlands
StGB	Strafgesetzbuch
StPO	Strafprozessordnung
StrG	Straßengesetz für Baden-Württemberg
StrWG NRW	Straßen- und Wegegesetz des Landes Nordrhein-Westfalen
StVO	Straßenverkehrsordnung
thürGastG	Thüringer Gaststättengesetz
thürOBG	Thüringer Ordnungsbehördengesetz
u.	und
u.a.	unter anderem/-n
u.ä.	und ähnliche
Urt.	Urteil
usw.	und so weiter
u.U.	unter Umständen
v.	vom/von
VA	Verwaltungsakt
VBlBW	Verwaltungsblätter für Baden-Württemberg (Zeitschrift)
VD	Verkehrsdienst (Zeitschrift)
Verf.	Verfasser
VersR	Versicherungsrecht (Zeitschrift)

VerwArch	Verwaltungsarchiv (Zeitschrift)
VG	Verwaltungsgericht
VGH	Verwaltungsgerichtshof
vgl.	vergleiche
VO	Verordnung
VR	Verwaltungsrundschau (Zeitschrift)
VwGO	Verwaltungsgerichtsordnung
VwVfG	Verwaltungsverfahrensgesetz
WG	Wassergesetz für Baden-Württemberg
WHO	Weltgesundheitsorganisation (engl.: World Health Organization)
WP	Wahlperiode
WuS	Wirtschaft und Statistik (Zeitschrift)
z.B.	zum Beispiel
ZfZ	Zeitschrift für Zölle und Verbrauchsteuern (Zeitschrift)
zit.	zitiert
ZJJ	Zeitschrift für Jugendkriminalrecht und Jugendhilfe (Zeitschrift)
ZJS	Zeitschrift für das Juristische Studium (Zeitschrift)
ZRP	Zeitschrift für Rechtspolitik (Zeitschrift)

Literaturverzeichnis

Achterberg, Norbert: „Öffentliche Ordnung" im pluralistischen Staat – Analytische Bemerkungen zu einem Grundbegriff des Polizei- und Ordnungsrecht, in: Achterberg, Norbert (Hrsg.): Öffentliches Recht und Politik – Festschrift für Hans Ulrich Scupin zum 70. Geburtstag, S. 9 ff., Berlin, 1973 (zit.: *Achterberg*, FS Scupin)

Alberts, Hans-Werner: Das neue Bremische Polizeigesetz, NVwZ 1983, 585

Albrecht, Florian: Alkoholverbote in der kommunalen Praxis, VR 2012, 41

Arndt, Walter: Gewaltfrei feiern – Dreisamtal passt auf, BWGZ 2009, 1124

Axer, Peter: Die Widmung als Schlüsselbegriff des Rechts der öffentlichen Sachen, Berlin, 1994 (zit.: *Axer*, Widmung)

Axer, Peter: Die Widmung als Grundlage der Nutzung kommunaler öffentlicher Einrichtungen, NVwZ 1996, 114

Bartels, Ina: Die rechtliche Ordnung der Benutzung öffentlicher Einrichtungen – Kommunalrecht, Anstaltsrecht, Sachenrecht, Frankfurt am Main, 2000 (zit.: Bartels, Benutzung öffentlicher Einrichtungen)

Barthel, Torsten F.: Lärmbeeinträchtigungen durch örtliche Festveranstaltungen in der Praxis der Ordnungsbehörde, DVP 2005, 441

Bätzing, Sabine: Der Suchtgefahr ins Auge schauen, G+G 7/8 2007, 48

Bätzing, Sabine: Suchtprävention für Kinder und Jugendliche stärken und gute Beispiele vor Ort vermitteln, KrV 2009, 162

Bauch, Botho/Schmidt, Rudolf: Kommentar zum Landbeschaffungsgesetz und Schutzbereichsgesetz, Stuttgart, 1957 (zit.: *Bauch/Schmidt*, SchBerG)

Baumann, Lothar/Günther, Inge: Zwischenstation Krankenhaus – Jugendliche und der Alkohol, Statistisches Monatsheft BW, Heft 9/2008, S. 3 (zit.: *Baumann/Günther*, SM BW, S. 3)

Bäumler, Helmut: Neues schleswig-holsteinisches Polizeirecht, NVwZ 1992, 638

Baumgartner, Brigitte/Kuttler, Heidi: Bundesweites Präventionsprojekt gegen den Alkoholkonsum von Jugendlichen „Hart am LimiT – HaLT“, BWGZ 2009, 1134

Becker, Ulrich/Sichert, Markus: Einführung in die kommunale Rechtssetzung am Beispiel gemeindlicher Benutzungssatzungen, 1. Teil, JuS 2000, 144

Becker, Ulrich/Sichert, Markus: Einführung in die kommunale Rechtssetzung am Beispiel gemeindlicher Benutzungssatzungen, 2. Teil, JuS 2000, 348

Beckstein, Günther: Zwischenruf – „Koma-Saufen, exzessiver Alkoholkonsum“, ZRP 2007, 235

Belz, Reiner/Mußmann, Eike: Polizeigesetz für Baden-Württemberg mit Erläuterungen und ergänzenden Vorschriften, 7. Auflage, Stuttgart, 2009 (zit.: *Belz/Mußmann*, PolG BW)

Berz, Ulrich: Tagungsbericht: 36. Deutscher Verkehrsgerichtstag, NZV 1998, 144

Bier, Wolfgang: Benutzungsregelungen durch Allgemeinverfügung und Rechtsverordnung, VBlBW 1991, 81

Biermann, Henning: Keine „Flatrate-Party“ und „Ballermann-Fete“ in Güstrow, DVP 2007, 472

Bindzus, Dieter/Lange, Jérôme: Ist Betteln rechtwidrig? – Ein historischer Abriss, JuS 1996, 482

Bindzus, Dieter/Lange, Jérôme: Alkoholgenuß als Sondernutzung? Die „Saarbrücker Bettelsatzung“ macht weiter von sich reden – OLG Saarbrücken, NJW 1998, 251, JuS 1998, 696

Bismark, Hans: Straßenkunst in Fußgängerzonen, NJW 1985, 246

Brandt, Edmund/Smeddinck, Ulrich: Der Gefahrenbegriff im Polizeirecht, Jura 1994, 225

Brohm, Winfried: Verkehrsberuhigung in Städten – Gestaltungs- und Rechtsfragen bei der Einführung von Wohnstraßen, Heidelberg, 1985 (zit.: *Brohm*, Verkehrsberuhigung)

Brosche, Dietmar: Die rechtliche Behandlung der sog. „Fahrverbote“ wegen starken Schneefalls, DVBl. 1979, 718

Bull, Hans Peter/Mehde, Veith: Allgemeines Verwaltungsrecht mit Verwaltungslehre, 8. Auflage, Heidelberg, 2009 (zit.: *Bull/Mehde*, Allg. Verwaltungsrecht)

Bundesministerium des Innern (Hrsg.): Polizeiliche Kriminalstatistik 2007, Berlin, 2008, (zit.: PKS 2007)

Bundesministerium des Innern (Hrsg.): Polizeiliche Kriminalstatistik 2009, Berlin, 2010, (zit.: PKS 2009)

Bundesministerium für Gesundheit (Hrsg.): Alkoholkonsum und alkoholbezogene Störungen in Deutschland, Baden-Baden, 2000 (zit.: BMG, Alkoholkonsum und Störungen)

Bundesministerium für Gesundheit (Hrsg.): Alkoholkonsum und Krankheiten, Baden-Baden, 2000 (zit.: BMG, Alkoholkonsum und Krankheiten)

Bundeszentrale für gesundheitliche Aufklärung (Hrsg.): Die Drogenaffinität Jugendlicher in der Bundesrepublik Deutschland 2008, Köln, 2008 (zit.: Drogenaffinitätsstudie 2008)

Burgi, Martin: Der Beliehene – ein Klassiker im modernen Verwaltungsrecht, in: Geis, Max-Emanuel/Lorenz, Dieter (Hrsg.), Staat, Kirche, Verwaltung, Festschrift für Hartmut Maurer zum 70. Geburtstag, S. 581 ff., München, 2001 (zit.: *Burgi*, FS Maurer)

Burgi, Martin: Kommunalrecht, 3. Auflage, München, 2010 (zit.: *Burgi*, Kommunalrecht)

Burmann, Michael/Heß, Rainer/Jahnke, Jürgen/Janker, Helmut: Straßenverkehrsrecht, 22. Auflage, München, 2012 (zit.: *Bearbeiter* in Burmann/Heß/Jahnle/Janker, Straßenverkehrsrecht)

Cremer, Wolfram: Aufenthaltsverbote und offene Drogenszene: Gesetzesvorrang, Parlamentsvorbehalt und grundgesetzliche Kompetenzordnung, NVwZ 2001, 1218

Crespi, Gabriele: Die Araber in Europa, Stuttgart, 1983 (zit.: *Crespi*, Die Araber in Europa)

Cornils, Matthias: Entscheidungsanmerkung: „Partybikes" als Sondernutzung, ZJS 2012, 120

Darnstädt, Thomas: Gefahrenabwehr und Gefahrenvorsorge, Frankfurt am Main, 1983 (zit.: *Darnstädt*, Gefahrenabwehr und Gefahrenvorsorge)

Deger, Johannes: Platzverweise und Betretungsverbote gegen Mitglieder der Drogenszene und anderer offener Szenen, VBlBW 1996, 90

Deger, Johannes: Handlungsformen der Polizei gegen störende Ansammlungen, VBlBW 2004, 96

Denninger, Erhard: Polizeirecht, in: Meyer, Hans/Stolleis, Michael (Hrsg.), Staats- und Verwaltungsrecht für Hessen, S. 243, 4. Auflage, Baden-Baden, 1996 (zit.: *Denninger*, Polizeirecht)

Depenheuer, Otto: Der Wortlaut als Grenze – Thesen zu einem Topos der Verfassungsinterpretation, Heidelberg, 1988 (zit.: *Depenheuer*, Der Wortlaut als Grenze)

Deutsche Hauptstelle für Suchtfragen (Hrsg.): Alkopops, Hamm, 2004 (zit.: DHS, Alkopops)

Deutsche Hauptstelle für Suchtfragen (Hrsg.): Aktionsplan Alkohol der DHS 2008, Hamm, 2008 (zit.: DHS, Aktionsplan)

Deutsche Hauptstelle für Suchtfragen (Hrsg.): Jahrbuch Sucht 2009, Geesthacht, 2009 (zit.: DHS, Jahrbuch 2009)

Deutscher Städte- und Gemeindebund (Hrsg.): Alkoholprävention in den Städten und Gemeinden, DStGB Dokumentation No. 91, 2009 (zit.: DStGB, Alkoholprävention)

Die Drogenbeauftragte der Bundesregierung: Drogen- und Suchtbericht 2004, Berlin, 2004 (zit.: Drogen- und Suchtbericht 2004)

Die Drogenbeauftragte der Bundesregierung: Drogen- und Suchtbericht 2008, Berlin, 2008 (zit.: Drogen- und Suchtbericht 2008)

Die Drogenbeauftragte der Bundesregierung: Drogen- und Suchtbericht 2009, Berlin, 2009 (zit.: Drogen- und Suchtbericht 2009)

Die Drogenbeauftragte der Bundesregierung: Drogen- und Suchtbericht 2012, Berlin, 2012 (zit.: Drogen- und Suchtbericht 2012)

Dieckmann, Jochen/Heinrichs, Friedrich Wilhelm (Hrsg.): Gemeindeordnung für das Land Nordrhein-Westfalen – Kommentar, Köln, 1996 (zit.: *Bearbeiter* in Dieckmann/Heinrichs)

Dietlein, Johannes: Rechtsfragen des Zugangs zu öffentlichen Einrichtungen, Jura 2002, 445

Dietz, Andreas: Grundrechtskollisionen im öffentlichen Raum – Gemeingebrauch, Anliegergebrauch und Sondernutzung als Beispiele grundrechtsgeprägter Erlaubnisverfahren, AöR 2008, 556

Di Fabio, Udo: Gefahr, Vorsorge, Risiko: Die Gefahrenabwehr unter dem Einfluss des Vorsorgeprinzips, Jura 1996, 566

Dillenburger, Anja: Das Bremische Gaststättengesetz, NordÖR 2009, 298

Dittmann, Armin: Polizeirecht, in: Maurer, Hartmut/Hendler, Richard (Hrsg.): Baden-Württembergisches Staats- und Verwaltungsrecht, S. 264 ff., Frankfurt am Main, 1990 (zit.: *Dittmann*, Polizeirecht)

Dolderer, Michael: Verfassungsfragen der „Sicherheit durch Null-Toleranz“, NVwZ 2001, 130

Dolderer, Michael: Beschlagnahme und Einziehung im Polizeirecht, VBlBW 2003, 222

Dols, Heinz/Plate, Klaus: Kommunalrecht Baden-Württemberg, 7. Auflage, Stuttgart, 2012 (zit.: *Dols/Plate*, Kommunalrecht BW)

Dreier, Horst (Hrsg.): Grundgesetz – Kommentar, Band II: Artikel 20 – 82, 2. Auflage, Tübingen, 2006 (zit.: *Bearbeiter* in Dreier, GG II)

Dreier, Horst (Hrsg.): Grundgesetz – Kommentar, Band III: Artikel 83 – 146, 2. Auflage, Tübingen, 2008 (zit.: *Bearbeiter* in Dreier, GG III)

Drewes, Michael/Malmberg, Karl Magnus/Walter, Bernd: Bundespolizeigesetz, 4. Auflage, Stuttgart, 2010 (zit.: *Drewes/Malmberg/Walter*, BPolG)

Drews, Bill/Wacke, Gerhard/Vogel, Klaus/Martens, Wolfgang: Gefahrenabwehr – Allgemeines Polizeirecht (Ordnungsrecht) des Bundes und der Länder, 9. Auflage, Köln, 1986 (zit.: *Drews/Wacke/Vogel/Martens*, Gefahrenabwehr)

Drogen- und Suchtrat (Hrsg.): Empfehlungen des Drogen- und Suchtrates an die Drogenbeauftragte der Bundesregierung für ein Nationales Aktionsprogramm zur Alkoholprävention, Berlin, 2008 (zit.: Drogen- und Suchtrat 2008)

Duden, Das Herkunftswörterbuch, 3. Auflage, Mannheim, 2001 (zit.: Duden, Herkunftswörterbuch)

Duden, Die deutsche Rechtschreibung, 24. Auflage, Mannheim, 2006 (zit.: Duden, Rechtschreibung)

Durner, Wolfgang: Glasverbot im Kölner Karneval, JA 2010, 398

Dürr, Wolfram: Grundlagen des Brandenburgischen Gaststättengesetzes, GewArch 2009, 286

Ebner, Hans-Christoph von: Spezialmärkte, GewArch 1980, 156

Eckstein, Christoph: Polizeirechtliche Aspekte der Obdachlosigkeit, VBlBW 1994, 306

Edhofer, Manfred/Willmitzer, Reiner: Bayerisches Straßen- und Wegegesetz – Handkommentar, 10. Auflage, München, 2000 (zit.: *Edhofer/Willmitzer*, BayStrWG)

Edwards, Griffith (Hrsg.): Alkoholkonsum und Gemeinwohl, Stuttgart, 1997 (zit.: *Edwards*, Alkoholkonsum u. Gemeinwohl)

Ehlers, Dirk: Rechtsverhältnisse in der Leistungsverwaltung, DVBl. 1986, 912

Eisenberg, Ulrich: Kriminologie, 6. Auflage, München, 2005 (zit.: *Eisenberg*, Kriminologie)

Endruweit, Günter/Trommsdorff, Gisela (Hrsg.): Wörterbuch der Soziologie, 2. Auflage, Stuttgart, 2002 (zit.: *Endruweit/Trommsdorff*, Wörterbuch Soziologie)

Engelbrecht, Knut: „Flatrate“- und „Billigalkohol-Partys“, KommP BY 2007, 409

Engeln, Wilbert: Das Hausrecht und die Berechtigung zu seiner Ausübung, Berlin, 1989 (zit.: *Engeln*, Hausrecht)

Erbel, Günter: Der Streit um die „öffentliche Ordnung“ als polizeiliches Schutzgut, DVBl. 1972, 475

Erbel, Günter: Forum: Zur Polizeipflichtigkeit des sog. „Zweckveranlassers“, JuS 1985, 257

Erbel, Günter: Öffentliche Sicherheit und Ordnung, DVBl. 2001, 1714

Erbguth, Wilfried: Recht der öffentlichen Sachen, Jura 2008, 193

Erbguth, Wilfried: Allgemeines Verwaltungsrecht mit Verwaltungsprozess- und Staatshaftungsrecht, 5. Auflage, Baden-Baden, 2013 (zit.: *Erbguth*, Allg. Verwaltungsrecht)

Erichsen, Hans-Uwe: Die kommunalen öffentlichen Einrichtungen, Teil I, Jura 1986, 148

Erichsen, Hans-Uwe: Die kommunalen öffentlichen Einrichtungen, Teil II, Jura 1986, 196

Erichsen, Hans-Uwe/Ehlers, Dirk (Hrsg.): Allgemeines Verwaltungsrecht, 14. Auflage, Berlin, 2010 (zit.: *Bearbeiter* in Erichsen/Ehlers, Allg. Verwaltungsrecht)

Evertz, Volker: Die Bedeutung der Grundrechte im Zusammenhang mit der Benutzung gemeindlicher öffentlicher Einrichtungen, Frankfurt am Main, 1987 (zit.: *Evertz*, Benutzung öffentlicher Einrichtungen)

Faber, Angela: Gesellschaftliche Selbstregulierungssysteme im Umweltrecht – unter besonderer Berücksichtigung der Selbstverpflichtungen, Köln, 2001 (zit.: *Faber*, Selbstregulierung)

Fahl, Christian: Zur Fragwürdigkeit bußgeldbewährter Einschränkungen der Stadtstreicherei durch Sondernutzungssatzungen, DÖV 1996, 955

Faßbender, Kurt: Alkoholverbote durch Polizeiverordnungen: per se rechtswidrig?, NVwZ 2009, 563

Fechner, Frank: „Öffentliche Ordnung“ – Renaissance eines Begriffs?, JuS 2003, 734

Feuchthofen, Jörg: Der „besondere Anlass“ des § 12 Abs. 1 Gaststättengesetz, GewArch 1985, 47

Fieger, Peter/Broßmann, Werner: Feste feiern, aber richtig, BZGW 2009, 1136

Finger, Thorsten: Die offenen Szenen der Städte – Gefahrenabwehr-, kommunal- und straßenrechtliche Maßnahmen zur Wahrung eines integren öffentlichen Raums, Berlin, 2006 (zit.: *Finger*, Die offenen Szenen der Städte)

Finger, Thorsten: Bettel- und Alkoholverbote im Spiegel der Rechtsprechung: Eine Rechtsprechungsübersicht zur Handhabung in ordnungsbehördlichen Verordnungen und straßenrechtlichen Sondernutzungssatzungen, KommJur 2006, 441

Finger, Thorsten: Sicherheit, Sauberkeit und Ordnung im urbanen Raum, Die Verw. 40 (2007), 105

Finger, Thorsten/Müller, Philipp: Privates Hausrecht auf öffentlichen Straßen? – Möglichkeiten und Grenzen des „Straßenpachtmodells", NVwZ 2004, 953

Fischer, Thomas: Strafgesetzbuch und Nebengesetze, 60. Auflage, München, 2013 (zit.: *Fischer*, StGB)

Fliegauf, Harald/Maurer, Volkhard: Verwaltungsvollstreckungsgesetz für Baden-Württemberg – Kommentar, 2. Auflage, Stuttgart, 1983 (zit.: *Fliegauf/Maurer*, LVwVG)

Fluck, Jürgen (Hrsg.): Kreislaufwirtschaftsrecht, Abfallrecht und Bodenschutzrecht mit EU-Abfallrecht – Kommentar, Band 6: Bodenschutzrecht, Stand: 107. Lieferung, Heidelberg, Juli 2012 (zit.: *Bearbeiter* in Fluck)

Franz, Fritz: Obdachlose sind Hilfsbedürftige und nicht Störer, DVBl. 1971, 249

Frenz, Walter: Selbstverpflichtungen der Wirtschaft, Tübingen, 2001 (zit.: *Frenz*, Selbstverpflichtungen)

Freud, Sigmund: Die Zukunft einer Illusion, 2. Auflage, Wien, 1928 (zit.: *Freud*, Die Zukunft einer Illusion)

Friauf, Karl Heinrich: Kommentar zur Gewerbeordnung, Stand: 260. Ergänzungslieferung, Neuwied, März 2012 (zit.: Bearbeiter in *Friauf*, GewO)

Frotscher, Werner: Die öffentlichen Einrichtungen der Kommunen, in: Püttner, Günter (Hrsg.), Handbuch der kommunalen Wissenschaft und Praxis, Band 3, S. 135 ff., 2. Auflage, Berlin, 1983 (zit.: *Frotscher*, HKWP)

Geis, Max-Emanuel: Baden-Württembergisches Verwaltungsrecht – Übungs- und Examensklausurenkurs, Stuttgart, 1998 (zit.: *Geis*, Verwaltungsrecht BW)

Geis, Max-Emanuel: Kommunalrecht, München, 2008 (zit.: *Geis*, Kommunalrecht)

Gern, Alfons: Deutsches Kommunalrecht, 3. Auflage, Baden-Baden, 2003 (zit.: *Gern*, Deutsches Kommunalrecht)

Gern, Alfons: Kommunalrecht Baden-Württemberg, 9. Auflage, Baden-Baden, 2005 (zit.: *Gern*, Kommunalrecht BW)

Gesellschaft für Umweltrecht e.V. (Hrsg.): Dokumentation zur 24. wissenschaftlichen Fachtagung der Gesellschaft für Umweltrecht e.V., Berlin, 2000 (zit.: *Bearbeiter* in Dokumentation)

Gmünder Ersatzkasse – GEK (Hrsg.): GEK-Report Krankenhaus 2009, Schriftenreihe zur Gesundheitsanalyse, Band 69, Schwäbisch Gmünd, 2009 (zit.: GEK-Report 2009)

Göppinger, Hans/Bock, Michael (Hrsg.): Kriminologie, 6. Auflage, München, 2008 (zit.: *Göppinger*, Kriminologie)

Götz, Volkmar: Allgemeines Polizei- und Ordnungsrecht, 8. Auflage, Göttingen, 1985 (zit.: *Götz*, Polizei- und Ordnungsrecht 1985)

Götz, Volkmar: Die Entwicklung des allgemeinen Polizei- und Ordnungsrechts (1994-1997), NVwZ 1998, 679

Götz, Volkmar: Allgemeines Polizei- und Ordnungsrecht, 15. Auflage, München, 2012 (zit.: *Götz*, Polizei- und Ordnungsrecht)

Gourmelon, Andreas: Jugendliche und Alkoholkonsum: ausgewählte Ergebnisse einer empirischen Studie, VR 2008, 127

Grupp, Klaus: Polizeigefahr als Sondernutzung?, SKZ 1995, 128

Guckelberger, Annette: Flatrate- und Billigalkoholpartys aus gaststättenrechtlicher Perspektive, LKV 2008, 385

Gusy, Christoph: Polizei und private Sicherheitsdienste im öffentlichen Raum, VerwArch 2001, 344

Gusy, Christoph: Polizeirecht, 8. Auflage, Tübingen, 2011 (zit.: *Gusy*, Polizeirecht)

Gusy, Christoph: Der öffentliche Raum – Ein Raum der Freiheit, der (Un-) Sicherheit und des Rechts, JZ 2009, 217

Hamann, Wolfram: Die Gefahrenabwehrverordnung – ein Gebrauchsklassiker des Ordnungsrechts?, NVwZ 1994, 669

Hansen-Dix, Frauke: Die Gefahr im Polizeirecht, im Ordnungsrecht und im Technischen Sicherheitsrecht, Köln, 1982 (zit.: *Hansen-Dix*, Gefahr im Polizeirecht)

Haseloff-Grupp, Heike: Bekämpfung der Drogenszene durch Platzverweise, VBlBW 1997, 161

Hebeler, Timo/Schäfer, Björn: Die rechtliche Zulässigkeit von Alkoholverboten im öffentlichen Raum, DVBl. 2009, 1424

Heckel, Christian: Scherbenmeer im Karneval, NVwZ 2012, 88

Hecker, Wolfgang: Die Regelung des Aufenthalts von Personen im innerstädtischen Raum, Materialien zur Wohnungshilfe, Heft 38, Darmstadt, 1998 (zit.: *Hecker*, Rechtsgutachten)

Hecker, Wolfgang: Aufenthaltsverbote im Recht der Gefahrenabwehr, NVwZ 1999, 261

Hecker, Wolfgang: Gemeinde als Ordnungsraum: Kommunale Satzungen und die Verdrängung von Randgruppen, in: Komitee für Grundrechte und Demokratie (Hrsg.): Verpolizeilichung der Bundesrepublik Deutschland, S. 85 ff., Köln, 2002 (zit.: *Hecker*, Gemeinde als Ordnungsraum)

Hecker, Wolfgang: Zur neuen Debatte über Alkoholkonsumverbote im öffentlichen Raum, NVwZ 2009, 1016

Hecker, Wolfgang: Neue Rechtsprechung des VGH Mannheim zum Alkoholkonsumverbot im öffentlichen Raum, NVwZ 2010, 359

Heckmann, Dirk: Ladenschlussrecht, in: Achterberg, Norbert/Püttner, Günter/Würtenberger, Thomas (Hrsg.), Besonderes Verwaltungsrecht, Band I, § 3, 2. Auflage, Heidelberg, 2000 (zit.: *Heckmann*, Ladenschlussrecht)

Heckmann, Wolfgang: Alkoholkonsum und Jugendgewalt, ZJJ 2009, 322

Henrichs, Martin: Das subjektiv öffentliche Recht auf Erlass einer untergesetzlichen Norm und seine Durchsetzbarkeit, Baden-Baden, 1998 (zit.: *Henrichs*, Recht auf Erlass)

Hentschel, Peter/König, Peter/Dauer, Peter: Straßenverkehrsrecht, 41. Auflage, München, 2011 (zit.: *Bearbeiter* in Hentschel/König/Dauer, Straßenverkehrsrecht)

Herrmann, Nikolaus: Verantwortlichkeit im allgemeinen Polizei- und Ordnungsrecht, DÖV 1987, 666

Hill, Hermann: Abschied von der öffentlichen Ordnung im Polizei- und Ordnungsrecht, DVBl. 1985, 88

Himmelmann, Steffen: Lärmschutz bei der Durchführung von Veranstaltungen, KommP spezial 2010, 29

Hippel, Eike von: Zur Bekämpfung des Alkoholmissbrauchs, ZRP 1999, 132

Hoffmann, Friedrich: Die kommunale öffentliche Einrichtung dargestellt am Beispiel des Zirkusplatzes, Baden-Baden, 2005 (zit.: *Hoffmann*, Die kommunale Einrichtung)

Höfling, Wolfram: Bettelfreie Innenstadtbereiche? Oder: Von den Untiefen des Polizei- und Straßenrechts, Die Verw. 33 (2000), 207

Höfling, Wolfram/Rixen, Stephan: Die Landes-Gesetzgebungskompetenz im Gewerberecht nach der Föderalismusreform, GewArch 2008, 1

Hollands, Martin:Gefahrenzurechnung im Polizeirecht, Berlin, 2005 (zit.: Hollands, Gefahrenzurechnung)

Holzkämper, Volker: Die Unterbindung aggressiven Bettelns als Rechtsproblem, NVwZ 1994, 146

Hufen, Friedhelm: Zur rechtlichen Regelung der Straßenkunst – kommunikativer Gemeingebrauch oder Verbot mit Erlaubnisvorbehalt?, DÖV 1983, 353

Hufnagel, Sven: Das absolute Alkoholverbot für Fahranfänger, NJW 2007, 2577

Huppertz, Bernd: Pedelec, Segway, Bierbike: Lust oder Last?, NZV 2012, 23

Ipsen, Jörn: Ein neues SOG für Niedersachsen – Anmerkungen zum Entwurf eines Gesetzes zur Änderung des Niedersächsischen Gefahrenabwehrgesetzes (NGefAG), NdsVBl. 2003, 281

Jahn, Ralf: Zur Ladenschlussregelung an Tankstellen – BVerwGE 94, 244, JuS 1995, 589

Janker, Helmut: Das neue Alkoholverbot für Fahranfänger und Fahranfängerinnen (§ 24c StVG), DAR 2007, 497

Janssen, Helmut/Schollmeyer, Katrin: Unsicherheit im öffentlichen Raum – Eine empirische Studie zum subjektiven Sicherheitsempfinden in Erfurt, Mainz, 2007 (zit.: *Janssen/Schollmeyer*, Unsicherheit)

Jarass, Hans D.: Die Bekanntgabe des Smog-Alarms, NVwZ 1987, 95

Jarass, Hans D.: Bundesimmissionsschutzgesetz – Kommentar, 9. Auflage, München, 2012 (zit.: *Jarass*, BImSchG)

Jarass, Hans D./Pieroth, Bodo: Grundgesetz für die Bundesrepublik Deutschland – Kommentar, 11. Auflage, München, 2011 (zit.: *Bearbeiter* in Jarass/Pieroth, GG)

Jellinek, Walter: Verwaltungsrecht, 3. Auflage, Berlin, 1931 (zit.: *Jellinek*, Verwaltungsrecht)

Joecks, Wolfgang/Miebach, Klaus (Hrsg.): Münchener Kommentar zum Strafgesetzbuch, Band 2/2, §§ 80 – 184f StGB, München, 2005 (zit.: *Bearbeiter* in MünchKomm StGB)

Jüngel, Marc/Fandrey, Alexander: If you can't kill it, bill it – Google Street View als Sondernutzung?, NVwZ 2010, 683

Kaiser, Günther, Kriminologie – Ein Lehrbuch: 3. Auflage, Heidelberg, 1996 (zit.: *Kaiser*, Kriminologie)

Kaller, Katrin/Jukl, Sebastian: Maßnahmen gegen „Flatrate-" und „Billigalkohol-Partys" am Beispiel des Vorgehens der Stadt Nürnberg, KommJur 2007, 441

Kappeler, Ann-Marie: Öffentliche Sicherheit durch Ordnung – Konfliktlagen im öffentlichen Raum und ihre Bekämpfung durch aufenthaltsbeschränkende

Maßnahmen (Platzverweis und Aufenthaltsverbot), Stuttgart, 2001 (zit.: *Kappeler*, Öffentliche Sicherheit durch Ordnung)

Kastenbutt, Burkhard: Narzissmus und Jugendalkoholismus, Ursachen und Bedingungen des drogenhaften Alkoholkonsums bei männlichen Jugendlichen, Münster, 1998 (zit.: *Kastenbutt*, Narzissmus u. Jugendalkoholismus)

Kaufmann, Tobias: Unwirksamkeit einer Polizeiverordnung zur Begrenzung des Alkoholkonsums im öffentlichen Straßenraum - Entscheidungsanmerkung zu VGH Mannheim, Urt. v. 28.7.2009, ZJS 2010, 261

Keding, Frank: Ordnungsbehördliche Gefahrenabwehr contra Betteln? – Anforderungen und Probleme, KommPraxis MO 1998, 195

Kersten, Jens/Meinel, Florian: Grundrechte in privatisierten öffentlichen Räumen, JZ 2007, 1127

Kienzle, Werner: Der besondere Anlass nach § 12 Abs. 1 des Gaststättengesetzes, GewArch 1988, 177

Kiewel, Angelika: Rahmenbedingungen verbessern – Kompetenzen stärken, KrV 2009, 164

Klein, Hans: Zur Auslegung des Rechtsbegriffs der „öffentlichen Sicherheit und Ordnung“, DVBl. 1971, 233

Klenner, Ingo: Das „Partybike“ – Betrachtung eines Phänomens im ordnungs- und strafrechtlichen Spannungsfeld, NZV 2011, 234

Kloepfer, Michael: Umweltrecht, 3. Auflage, München, 2004 (zit.: *Kloepfer*, Umweltrecht)

Knack, Hans Joachim/Henneke, Hans-Günter: Verwaltungsverfahrensgesetz – Kommentar, 9. Auflage, Köln, 2010 (zit.: *Bearbeiter* in Knack/Henneke, VwVfG)

Knemeyer, Franz-Ludwig: Polizei- und Ordnungsrecht, 7. Auflage, München, 1998 (zit.: *Knemeyer*, Polizei- und Ordnungsrecht)

Kniesel, Michael: Neufassung des Polizeirechts in Nordrhein-Westfalen, NVwZ 1990, 743

Kodal, Kurt (Hrsg.): Straßenrecht, 7. Auflage, München, 2010 (zit.: *Bearbeiter* in Kodal)

Koch, Hans-Joachim/Pache, Eckhard/Scheuing, Dieter H. (Hrsg.): Gemeinschaftskommentar zum Bundes-Immissionsschutzgesetz, Stand: 30. Lieferung, Köln, Dezember 2011 (zit.: *Bearbeiter* in Koch/Pache/Scheuing, BImSchG)

Kohl, Wolfgang: Zulässigkeit ordnungsbehördlicher Maßnahmen gegen Obdachlose in den Städten, NVwZ 1991, 620

Köhler, Karl-Heinz von: Zur abstrakten Gefahr im Polizeirecht, DVBl. 1957, 73

Kollmer, Norbert: Neues Ladenschlussrecht 1996, GewArch 1997, 92

Kopp, Ferdinand/Ramsauer, Ulrich: Verwaltungsverfahrensgesetz – Kommentar, 13. Auflage, München, 2012 (zit.: *Kopp/Ramsauer*, VwVfG)

Kopp, Ferdinand/Schenke, Wolf-Rüdiger: Verwaltungsgerichtsordnung – Kommentar, 19. Auflage, München, 2013 (zit.: *Kopp/Schenke*, VwGO)

Kopp, Marc O.: Das Platzverweisverfahren des Polizeivollzugsdienstes, Tübingen, 2012 (zit.: *Kopp*, Platzverweisverfahren)

Köppert, Valentin: Alkoholverbotsverordnungen in der Rechtspraxis, Baden-Baden, 2011 (zit.: *Köppert*, Alkoholverbotsverordnungen)

Kosmider, Rainer: Der Kiosk im Gaststätten- und Bauplanungsrecht, GewArch 1987, 281

Korden, Ralf: Die gaststättenrechtliche Beurteilung sog. „Ballermann-Partys“ oder „Koma-Partys“, GewArch 2000, 11

Kotulla, Michael (Hrsg.): Bundes-Immissionsschutzgesetz, Band 1: Kommentar §§ 1 – 31 BImSchG, Stand: 17. Lieferung, Stuttgart, Juni 2011 (zit.: *Bearbeiter* in Kotulla, BImSchG)

Krafczyk, Wolfgang: Spezialmärkte „in größeren Zeitabständen“ – ein Auslegungsproblem, GewArch 1988, 261

Kramer, Urs: Kampf dem öffentlichen Alkoholkonsum!, LKRZ 2008, 317

Kranixfeld, Sven: Gefahrenabwehr mit dem Ladenöffnungsrecht?, GewArch 2010, 154

Krölls, Albert: Privatisierung der öffentlichen Sicherheit in Fußgängerzonen?, NVwZ 1999, 233

Krüger, Heike/Schoot, Oliver van der: Lex „Flatrate“ – ein Akt symbolischer Gesetzgebung?, DVBl. 2008, 697

Krüper, Julian (Hrsg.): Grundlagen des Rechts, Baden-Baden, 2011 (zit.: *Bearbeiter* in Krüper, Grundlagen des Rechts)

Kugelmann, Dieter: Der polizeiliche Gefahrenbegriff in Gefahr? – Anforderungen an die Voraussetzungen polizeilicher Eingriffsbefugnisse, DÖV 2003, 781

Kugelmann, Dieter: Polizei- und Ordnungsrecht, 2. Auflage, Heidelberg, 2012 (zit.: *Kugelmann*, Polizei- und Ordnungsrecht)

Kümper, Boas/Milstein, Alexander: Sog. Partybikes/Bierbikes als Sondernutzung?, GewArch 2012, 180

Lackner, Karl/Kühl, Kristian: Strafgesetzbuch – Kommentar, 27. Auflage, München, 2011 (zit.: *Lackner/Kühl*, StGB)

Landmann, Robert von/Rohmer, Gustav/Beckmann, Martin (Hrsg.): Umweltrecht, Band III, Umweltrecht Besonderer Teil (BImSchG) – Kommentar, Stand: 62. Lieferung, München, Juli 2011 (zit.: *Bearbeiter* in Landmann/Rohmer, BImSchG)

Lang, Heinrich: „Das Opfer bleibt, der Schläger geht“, VerwArch 2005, 283

Lange, Klaus: Öffentliche Einrichtungen im Gemeingebrauch, in: Püttner, Günter (Hrsg.), Handbuch der kommunalen Wissenschaft und Praxis, Band 3, S. 162 ff., 2. Auflage, Berlin, 1983 (zit.: *Lange*, HKWP)

Laubinger, Hans-Werner: Straßenkunst: Gemeingebrauch oder Sondernutzung?, VerwArch 81 (1990), 583

Laubinger, Hans-Werner: Das „Endiviensalat-Urteil“ – eine Fehlent-scheidung? Zum Begriff der Allgemeinver-fügung im Sinne von § 35 Satz 2 VwVfG, in: Arndt, Hans-Wolfgang/Knemeyer, Ludwig/ Kugelmann, Dieter/Meng, Werner/Schweitzer, Michael (Hrsg.), Völkerrecht und deutsches Recht, Festschrift für Walter Rudolf zum 70. Geburtstag, S. 305 ff., München, 2001 (zit.: *Laubinger*, FS Rudolf)

Laufhütte, Heinrich Wilhelm/Rissing-van Saan, Ruth/Tiedemann, Klaus: Strafgesetzbuch – Leipziger Kommentar, Fünfter Band, §§ 110 bis 145d, 12. Auflage, Berlin, 2009 (zit.: *Bearbeiter* in Leipziger Komm StGB)

Lehmann, Jens-Torsten: Das Brandenburgische Gaststättengesetz (BbgGaststG) – Erste Gedanken zu den am 7.10.2008 in Kraft getretenen Neuregelungen, NVwZ 2009, 84

Lehmann, Jens-Torsten: Deregulierung des Gaststättenrechts in Brandenburg, GewArch 2009, 291

Lehmann, Jens-Torsten: Zur gaststättenrechtlichen Bewertung sogenannter „Flatrate-Bordelle", GewArch 2010, 291

Lehr, Katja: Staatliche Lenkung durch Handlungsformen, Frankfurt am Main, 2010 (zit.: *Lehr*, Staatliche Lenkung)

Leisner, Anna: Die polizeiliche Gefahr zwischen Eintrittswahrscheinlichkeit und Schadenshöhe, DÖV 2002, 326

Lenski, Sophie-Charlotte: Der öffentliche Raum als kommunale Einrichtung, JuS 2012, 984

Leonhardt, Werner: Unsichere Städte – Was macht Städte sicherer?, Der Städtetag, Heft 2/2007, 5

Lesting, Wolfgang: Polizeirecht und offene Drogenszene, KJ 1997, 214

Lindenmeyer, Johannes: Alkoholabhängigkeit, 2. Auflage, Göttingen, 2005 (zit.: *Lindenmeyer*, Alkoholabhängigkeit)

Lindenmeyer, Johannes: Lieber schlau als blau, 5. Auflage, Weinheim, 1998 (zit.: *Lindenmeyer*, Lieber schlau als blau)

Link, Werner/Habig, Martin: Zum Wohl – ohne Alkohol, BWGZ 2009, 1130

Lisken, Hans/Denninger, Erhard/Rachor, Frederik (Hrsg.): Handbuch des Polizeirechts, Gefahrenabwehr – Strafverfolgung – Rechtsschutz, 5. Auflage, München, 2012 (zit.: *Bearbeiter* in Lisken/Denninger)

Lorenz, Dieter: Die Folgepflicht gegenüber rechtswidrigen Verwaltungsakten und die Strafbarkeit des Ungehorsams, DVBl. 1971, 165

Lorenz, Dieter/Will, Annegret: Straßengesetz für Baden-Württemberg, Handkommentar, 2. Auflage, Baden-Baden 2005 (zit.: *Lorenz/Will*, StrG)

Lübbe, Anna: Anwendungsverbote bei Grundwasserbelastungen durch Pflanzenschutzmittel – zugleich ein Beitrag zur Abgrenzung der Handlungsformen Rechtsverordnung und Allgemeinverfügung, BayVBl. 1995, 97

Lund, Carsten: Das Bierbike – Nachwuchs bei den Sondernutzungsfällen?, DVBl. 2011, 339

Mandelartz, Herbert: Der Entwurf des neuen saarländischen Polizeigesetzes, DVBl. 1989, 704

Mangoldt, Hermann von/Klein, Friedrich/Starck, Christian (Hrsg.): Kommentar zum Grundgesetz, Band 2: Artikel 20 bis 82, 6. Auflage, München, 2010 (zit.: *Bearbeiter* in v. Mangoldt/Klein/Starck, GG II)

Mangoldt, Hermann von/Klein, Friedrich/Starck, Christian (Hrsg.): Kommentar zum Grundgesetz, Band 3: Artikel 83 bis 146, 6. Auflage, München, 2010 (zit.: *Bearbeiter* in v. Mangoldt/Klein/Starck, GG III

Marsch, Nikolaus: Ende einer kurzen Renaissance der Polizeiverordnung in Baden-Württemberg? Anmerkungen zu VGH BW Urteil vom 26.07.2012 – 1 S 2603/11, VBlBW 2013, 15

Martens, Wolfgang: Öffentlich als Rechtsbegriff, Bad Homburg v. d. Höhe, 1969 (zit.: *Martens*, Öffentlich als Rechtsbegriff)

Martens, Wolfgang: Immissionsschutzrecht und Polizeirecht, DVBl. 1981, 597

Martens, Wolfgang: Wandlungen im Recht der Gefahrenabwehr, DÖV 1982, 89

Maurer, Hartmut: Gemeingebrauch und Anliegernutzung im Straßenrecht, DÖV 1975, 217

Maurer, Hartmut: Das Verwaltungsverfahrensgesetz des Bundes, JuS 1976, 485

Maurer, Hartmut: Die Anliegernutzung, in: Bartlsperger, Richard/Blümel, Willi/Schroeter, Hans-Wolfgang (Hrsg.), Ein Vierteljahrhundert Straßenrechtsgesetzgebung, S. 115, Hamburg, 1980 (zit.: *Maurer*, Anliegernutzung)

Maurer, Hartmut: Wasserrecht, Allgemeinverfügung und Rechtsverordnung, VBlBW 1987, 361

Maurer, Hartmut: Staatsrecht I, 6. Auflage, München, 2010 (zit.: *Maurer*, Staatsrecht I)

Maurer, Hartmut: Allgemeines Verwaltungsrecht, 18. Auflage, München, 2011 (zit.: *Maurer*, Allg. Verwaltungsrecht)

Mayer, Otto: Deutsches Verwaltungsrecht – Zweiter Band, 2. Auflage, München, 1917 (zit.: *Mayer*, Zweiter Band)

Mayer, Otto: Deutsches Verwaltungsrecht – Erster Band, 3. Auflage, München, 1924 (zit.: *Mayer*, Erster Band)

Meissner, Claus: Kommunikativer Straßenverkehr, JA 1980, 583

Messer, Helmut: Die Sondernutzung öffentlicher Straßen, Frankfurt am Main, 1990 (zit.: *Messer*, Sondernutzung)

Metzner, Richard: Gaststättengesetz – Kommentar, 6. Auflage, München, 2002 (zit.: *Metzner*, GaststG)

Meyer, Justus: Politik, Kunst und Kommerz auf deutschen Straßen, DÖV 1991, 542

Michel, Elmar/Kienzle, Werner/Pauly, Renate: Das Gaststättengesetz – Kommentar, 14. Auflage, Köln, 2003 (zit.: *Michel/Kienzle/Pauly*, GaststG)

Mohr, Meike: Die kommunalen öffentlichen Einrichtungen – Begriff und Zulasungsanspruch, Gießen, 1988 (zit.: *Mohr*, Die kommunalen öffentlichen Einrichtungen)

Möller, Manfred/Wilhelm, Jürgen: Allgemeines Polizei- und Ordnungsrecht mit Verwaltungszwang und Bescheidtechnik, 5. Auflage, Stuttgart, 2003 (zit.: *Möller/Wilhelm*, Allgemeines Polizei- und Ordnungsrecht)

Möstl, Markus: Gefahr und Kompetenz – Polizeirechtsdogmatische und bundesstaatsrechtliche Konsequenzen der „Kampfhundeentscheidung" des BVerfG, Jura 2005, 49

Mrozek, Marius/Tervooren, Michael: „Alkopopsteuergesetz" schon vor dem Aus?, ZfZ 2005, 182

Müller, Dieter: Alkoholverbot für Fahranfänger in der Probezeit – ein Diskussionsbeitrag, NZV 2000, 401 (zit.: *D. Müller*, NZV 2000, 401)

Müller, Herrmann/Schulz, Gerhard (Hrsg.): Bundesfernstraßengesetz mit Autobahnmautgesetz – Kommentar, München, 2008 (zit.: *Bearbeiter* in Müller/Schulz, FStrG)

Müller, Martin: Vernünftige und zünftige Fasnet in Waldkirch, BWGZ 2009, 1132 (zit.: *M. Müller*, BWGZ 2009, 1132)

Müller, Matthias: Kommunalrecht Baden-Württemberg, Heidelberg, 2009 (zit.: *Müller*, Kommunalrecht BW)

Mußgnug, Reinhard: Die öffentliche Ordnung – Plädoyer für einen unzeitgemäßen Rechtsbegriff, in: Murswiek, Dieter/Storost, Ulrich/Wolff, Heinrich A. (Hrsg.): Staat – Souveränität – Verfassung, Festschrift für Helmut Quaritsch zum 70. Geburtstag, S. 349 ff., Berlin, 2000, (zit.: *Mußgnug*, FS Quaritsch)

Mutius, Albert von: Rechtsnorm und Verwaltungsakt – Zu Möglichkeiten und Grenzen rechtsdogmatischer Differenzierungen im Bereich des Verwaltungshandelns, in: Menger, Christian-Friedrich (Hrsg.): Fortschritte des Verwaltungsrechts, Festschrift für Hans J. Wolff zum 75. Geburtstag, S. 167 ff., München, 1973 (zit.: *v. Mutius*, FS Wolff)

Nagel, Walter: Straßengesetz für Baden-Württemberg – Kommentar, 3. Auflage, Stuttgart, 1997 (zit.: *Nagel*, StrG)

Nell, Ernst Ludwig: Wahrscheinlichkeitsurteile in juristischen Entscheidungen, Berlin, 1983 (zit.: *Nell*, Wahrscheinlichkeitsurteile)

Nolte, Martin: Renaissance der öffentlichen Ordnung? Zur Wiedereinführung der öffentlichen Ordnung im allgemeinen Polizeirecht, NordÖR 1999, 52

Obermayer, Klaus: Das Dilemma der Regelung eines Einzelfalls nach dem Verwaltungsverfahrensgesetz, NJW 1980, 2386

Otterbach, Dirk: „Zero-Tolerance"-Politik und das deutsche Polizei- und Ordnungsrecht, Hamburg, 2006 (zit.: *Otterbach*, Zero-Tolerance)

Pauly, Renate/Brehm, Matthias: Aktuelle Rechtsfragen des Gewerberechts – Vollzug in Baden-Württemberg, GewArch 2003, 57

Peilert, Andreas/Kösling, Willy: Bundespolizei – vormals Bundesgrenzschutz, in: Groß, Hermann/Frevel, Bernhard/Dams, Carsten (Hrsg.), Handbuch der Polizeien Deutschlands, S. 555 ff., Wiesbaden, 2008 (zit.: *Peilert/Kösling*, Bundespolizei)

Peine, Franz-Joseph: Öffentliche Ordnung als polizeirechtliches Schutzgut, Die Verw. 12 (1979), 25

Pewestorf, Adrian: Anmerkung zu den Urteilen des VGH Baden-Württemberg vom 28.7.2009 – 1 S 2200/08 und 1 S 2340/08, DVBl. 2009, 1396

Pfab, Alexander: Rechtsfragen rund um das Alkopopsteuergesetz, ZfZ 2005, 110

Pfab, Alexander: Die Besteuerung von „Alkopops", DStZ 2006, 249

Pfeifer, Manfred/Fischer, Elke: Aktuelle Fragen des Gewerberechts, GewArch 2002, 232

Pieroth, Bodo/Schlink, Bernhard: Grundrechte – Staatsrecht II, 28. Auflage, Heidelberg, 2012 (zit.: *Pieroth/Schlink*)

Pieroth, Bodo/Schlink, Bernhard/Kniesel, Michael: Polizei- und Ordnungsrecht mit Versammlungsrecht, 6. Auflage, München, 2010 (zit.: *Pieroth/Schlink/Kniesel*, Polizeirecht)

Pils, Michael Johannes: Zum Wandel des Gefahrenbegriffs im Polizeirecht – Oder: Wie viele Körner bilden einen Haufen?, DÖV 2008, 941

Pinegger, Michael: Aktuelle Fragen des Gewerberechts – Vollzug in Bayern, GewArch 2001, 24

Pinegger, Michael/Kraußer, Hans-Peter: Aktuelle Fragen des Gewerberechts – Vollzug in Bayern, GewArch 1998, 465

Pöltl, René: Gaststättenrecht – Kommentar zum Gaststättengesetz mit den Vorschriften des Bundes und der Länder, 5. Auflage, Heidelberg, 2003 (zit.: *Pöltl*, GaststG)

Pöltl, René: Deregulierung im Gaststättenrecht – Gesetzesänderungen zum 1. Juli 2005, GewArch 2005, 353

Poscher, Ralf: Die gefahrenabwehrrechtliche Verantwortlichkeit, Jura 2007, 801

Prondzinski, Peter von: Gewalt ist an der Tagesordnung!, DPolBl 6/2007, 2

Puls, Wichard: Arbeitsbedingungen, Stress und der Konsum vom Alkohol, Opladen, 2003 (zit.: *Puls*, Alkohol)

Rammstedt, Otthein/Fuchs-Heinritz, Werner/Lautmann, Rüdiger/Wienold, Hanns (Hrsg.): Lexikon zur Soziologie, 4. Auflage, Wiesbaden, 2007 (zit.: *Rammstedt*, Lexikon Soziologie)

Rixen, Stephan: Vom Polizeirecht über das Gewerberecht zurück zum Policeyrecht?, DVBl. 2007, 221

Ronellenfitsch, Michael: Der Bundesgrenzschutz als Bahn- und Flugplatzpolizei, VerwArch 1999, 139

Röhl, Klaus F./Röhl, Hans Christian: Allgemeine Rechtslehre, 3. Auflage, Köln, 2008 (zit.: *Röhl/Röhl*, Allgemeine Rechtslehre)

Roth, Helmut: Die kommunalen öffentlichen Einrichtungen, Frankfurt am Main, 1998 (zit.: *Roth*, Öffentliche Einrichtungen)

Rübenach, Stefan P.: Die Erfassung alkoholbedingter Sterbefälle in der Todesursachenstatistik 1980 bis 2005, WuS 2007, 278

Ruder, Karl-Heinz: Die polizei- und ordnungsrechtliche Unterbringung von Obdachlosen, NVwZ 2001, 1223

Ruder, Karl-Heinz: Neue Entwicklungen im Polizei- und im Ordnungsrecht, KommP spezial 2007, 180

Ruder, Karl-Heinz: Kein Alkohol auf öffentlichen Straßen?, KommJur 2009, 46

Ruder, Karl-Heinz: Alkoholverbote in Polizeiverordnungen auf dem Prüfstand – VGH Mannheim stoppt die Kommunen, KommP spezial, 2009, 174

Ruder, Karl-Heinz/Schmitt, Steffen: Polizeirecht Baden-Württemberg, 7. Auflage, Baden-Baden, 2011 (zit.: *Ruder/Schmitt*, Polizeirecht)

Rüthers, Bernd/Fischer, Christian: Rechtstheorie, 6. Auflage, München, 2011 (zit.: *Rüthers/Fischer*, Rechtstheorie)

Ruthig, Josef/Storr, Stefan: Öffentliches Wirtschaftsrecht, 2. Auflage, Heidelberg 2008 (zit.: *Ruthig/Storr*, Öff. Wirtschaftsrecht)

Sachs, Michael (Hrsg.): Grundgesetz – Kommentar, 6. Auflage, München, 2011 (zit.: *Bearbeiter* in Sachs, GG)

Sadler, Gerhard: Unmittelbarer Zwang durch den Polizeivollzugsbeamten bei der mündlichen Platzverweisung; Rechtsschutz des Betroffenen, Polizei 2004, 4

Salzwedel, Jürgen: Der Gemeingebrauch, in: Bartlsperger, Richard/Blümel, Willi/Schroeter, Hans-Wolfgang (Hrsg.), Ein Vierteljahrhundert Straßenrechtsgesetzgebung, S. 97, Hamburg, 1980 (zit.: *Salzwedel*, Gemeingebrauch)

Sander, Hilmar: Wiederkehrthema: Die öffentliche Ordnung – das verkannte Schutzgut?, NVwZ 2002, 831

Sauthoff, Michael: Die Entwicklung des Straßenrechts seit 1993, NVwZ 1998, 239

Sauthoff, Michael: Straße und Anlieger, München, 2003 (zit.: *Sauthoff*, Straße und Anlieger)

Sauthoff, Michael: Die Entwicklung des Straßenrechts seit 1998, NVwZ 2004, 674

Schack, Friederich: Die Verlagerung der Gesetzgebung im gewaltenteilenden Staat, in: Bussmann, Kurt/Grass, Nikolaus (Hrsg.), Festschrift Karl Haff zum siebzigsten Geburtstag dargebracht, S. 332 ff., Innsbruck, 1950 (zit.: *Schack*, FS Haff)

Schäfer, Christian: Benutzungsregelung gemeindlicher öffentlicher Einrichtungen auf der Grundlage des § 35 Satz 2 3. Alternative VwVfG, Frankfurt am Main, 1986 (zit.: *Schäfer*, Benutzungsregelung)

Scheidler, Alfred: Rechtliche Handhabe gegen „Flatrate-Partys“ und „Koma-Saufen“, GewArch 2007, 276

Scheidler, Alfred: Tierfäkalien auf öffentlichen Straßen, Plätzen und in öffentlichen Grünanlagen, NuR 2007, 383

Scheidler, Alfred: Gaststättenrechtliche Auflagen gegen Alkoholmissbrauch auf „Flatrate-Partys“, DÖV 2008, 189

Scheidler, Alfred: Grundzüge des Wirtschaftsverfassungsrechts, GewArch 2009, 1

Scheidler, Alfred: Flatrate-Partys, Ballermann und Komasaufen – Sind die Behörden machtlos?, KommP BY 2009, 97

Scheidler, Alfred: Alkoholexzesse auf Flatrate-Partys – Was können die Behörden dagegen tun?, DVP 2009, 24

Schendel, Frank Andreas: Selbstverpflichtungen der Industrie als Steuerungsinstrument im Umweltschutz, NVwZ 2001, 494

Schenke, Wolf-Rüdiger: Straßenrecht, in: Maurer, Hartmut/Hendler, Richard (Hrsg.): Baden-Württembergisches Staats- und Verwaltungsrecht, S. 374 ff., Frankfurt am Main, 1990 (zit.: *Schenke*, Straßenrecht)

Schenke, Wolf-Rüdiger: Polizei- und Ordnungsrecht, 7. Auflage, Heidelberg 2011 (zit.: *Schenke*, Polizei- und Ordnungsrecht)

Schenke, Wolf-Rüdiger/Schenke, Ralf Peter: Polizei- und Ordnungsrecht, in: Steiner, Udo (Hrsg.): Besonderes Verwaltungsrecht, 8. Auflage, Heidelberg, 2006 (zit.: *Schenke/Schenke*, Polizei- und Ordnungsrecht)

Scherr, Albert: Jugendsoziologie - Einführung in Grundlagen und Theorien, 9. Auflage, Wiesbaden, 2009 (zit.: *Scherr,* Jugendsoziologie)

Scheuring, Michael: 1951 bis 2005 – vom Bundesgrenzschutz zur Bundespolizei, NVwZ 2005, 903

Schlieckau, Traudel: Absolut voll? Jugend und Alkohol, ZJJ 2009, 318

Schloer, Bernhard: Der Obdachlose als Störer der öffentlichen Ordnung oder der öffentlichen Sicherheit?, DVBl. 1989, 739

Schmehl, Arndt: „Flatrate – All You Can Drink!", JA 2010, 128

Schmidbauer, Wilhelm: Polizeiliche Gefahrenabwehr bei Gewalt im sozialen Nahraum, BayVBl. 2002, 257

Schmidt, Reiner/Vollmöller, Thomas (Hrsg.): Kompendium Öffentliches Wirtschaftsrecht, 2. Auflage, Berlin, 2004 (zit.: *Bearbeiter* in Schmidt/Vollmöller, Öff. Wirtschaftsrecht)

Schmidt, Stefan/Theis, Michael: Die neue Sondersteuer auf Alkopops, ZfZ 2004, 329

Schmidt-Aßmann, Eberhard/Röhl, Hans Christian: Grundpositionen des neuen Eisenbahnverfassungsrechts (Art. 87e GG), DÖV 1994, 577

Schmidt am Busch, Birgit: Flatrate-Partys, Jura 2009, 473

Schmidt am Busch, Birgit: Informale Absprachen als Steuerungsinstrument im Gaststättenrecht, GewArch 2009, 377

Schmidt-Bleibtreu, Bruno/Hofmann, Hans/Hopfauf, Axel (Hrsg.): GG – Kommentar zum Grundgesetz, 12. Auflage, Köln, 2011 (zit.: *Bearbeiter* in Schmidt-Bleibtreu, GG)

Schmidt-Jortzig, Edzard: Kommunalrecht, Stuttgart, 1982 (zit.: *Schmidt-Jortzig*, Kommunalrecht)

Schmitz, Thomas: Straßen- und polizeirechtliches Vorgehen gegen Randgruppen (Bettler, Land- und Stadtstreicher), München, 2006 (zit.: *Schmitz*, Vorgehen gegen Randgruppen)

Schnebelt, Günter/Kromer, Michael: Straßenrecht Baden-Württemberg, 3. Auflage, Baden-Baden 2013 (zit.: *Schnebelt/Kromer*, Straßenrecht)

Schneider, Markus: Die Entwicklung der Polizei in den Jahren zwischen 1945 und 2008 am Beispiel der Polizei von Baden-Württemberg und der Bundespolizei unter besonderer Berücksichtigung der Entwicklung der Kompetenz- und Aufgabenverteilung, ohne Ort, 2010 (zit.: *Schneider*, Entwicklung der Polizei)

Schneider, Otmar: Grundsätzliche Überlegungen zur polizeilichen Gefahr, DVBl. 1980, 406

Schneider, Werner: Verwaltungsvollstreckungsgesetz für Baden-Württemberg – Taschenkommentar, Stuttgart, 1974 (zit.: *Schneider*, LVwVG)

Schoch, Friedrich: Grundfälle zum Polizei- und Ordnungsrecht, 4. Teil, JuS 1994, 570

Schoch, Friedrich: Grundfälle zum Polizei- und Ordnungsrecht, 6. Teil, JuS 1994, 932

Schoch, Friedrich: Die Schutzgüter der polizei- und ordnungsrechtlichen Generalklausel, Jura 2003, 177

Schoch, Friedrich: Die „Gefahr" im Polizei- und Ordnungsrecht, Jura 2003, 472

Schoch, Friedrich: Der unbestimmte Rechtsbegriff im Verwaltungsrecht, Jura 2004, 612

Schoch, Friedrich: Verordnungen zur Gefahrenabwehr, Jura 2005, 600

Schoch, Friedrich: Polizei- und Ordnungsrecht, in: Schmidt-Aßmann, Eberhard/Schoch, Friedrich (Hrsg.), Besonderes Verwaltungsrecht, 14. Auflage, Berlin, 2008 (zit.: *Schoch*, Polizei- und Ordnungsrecht)

Scholz, Rupert: Das Wesen und die Entwicklung der gemeindlichen öffentlichen Einrichtungen, Berlin, 1967 (zit.: *Scholz*, Öffentliche Einrichtungen)

Schommer, Kajo: Das Ladenschlussgesetz auf dem Weg zum Ladenhüter, GewArch 1999, 353

Schönke, Adolf/Schröder, Horst (Hrsg.): Strafgesetzbuch – Kommentar, 28. Auflage, München, 2010 (zit.: *Bearbeiter* in Schönke/Schröder)

Schönleiter, Ulrich/Stenger, Anja: Beschluss des Bund-Länder-Ausschusses „Gewerberecht" zum Verbot sog. „Koma-„ oder „Flatrate"-Partys, GewArch 2007, 285

Schorkopf, Frank: Die „vereinbarte" Novellierung des Atomgesetzes, NVwZ 2000, 1111

Schreiber, Wolfgang: Aufgaben und Befugnisse des Bundesgrenzschutzes auf neuer gesetzlicher Grundlage, NVwZ 1995, 521

Schroeter, H. Wolfgang: Zur abstrakten Gefahr im Polizeirecht, DVBl. 1957, 415

Schröder, Meinhard/Führ, Thorsten: Zulässigkeit von Flatrate-Parties, NVwZ 2008, 145

Schunder, Achim: Das Ladenschlussgesetz – heute, München, 1994 (zit.: *Schunder*, Das LadSchlG)

Schunder, Achim: Schluss mit dem Tankstellen-Ladenschluss?, NJW 1994, 1773

Schwerdtner, Eberhard: Die Lastenverteilung unter mehreren Störern, NVwZ 1992, 141

Schwind, Hans-Dieter: Kriminologie – Eine praxisorientierte Einführung mit Beispielen, 20. Auflage, Heidelberg, 2010 (zit.: *Schwind*, Kriminologie)

Selmer, Peter: Der Begriff der Verursachung im allgemeinen Polizei- und Ordnungsrecht, JuS 1992, 97

Shell Deutschland Holding (Hrsg.): Jugend 2006 – Eine pragmatische Generation unter Druck, Frankfurt am Main, 2006 (zit.: 15. Shell Jugendstudie 2006)

Siems, Thomas: Gemeingebrauch und Sondernutzung im Recht der öffentlichen Straßen, Jura 2003, 587

Sitsen, Michael: Anmerkung zum Urteil des OVG RP vom 19.3.2009 – 6 A 11325/08, DVBl. 2009, 792

Soyka, Michael/Küfner, Heinrich: Alkoholismus – Missbrauch und Abhängigkeit, Stuttgart, 2008 (zit.: *Soyka/Küfner*, Alkoholismus)

Stadler, Albrecht: Rechtliche Maßnahmen zum Schutz der Bevölkerung vor Kampfhunden und ihre Bewertung in der Rechtsprechung, Tübingen, 2004 (zit.: *Stadler*, Schutz vor Kampfhunden)

Stein, Katrin: Platzverweise, Aufenthalts- und Alkoholverbote für auffällige Jugendliche, NdsVBl. 2010, 193

Steinberg, Rudolf: Meinungsfreiheit und Straßennutzung, NJW 1978, 1898

Steinhauer, Michael: Aktuelles Tankstellenrecht, BB 2009, 2386

Stelkens, Paul/Bonk, Heinz Joachim/Sachs, Michael (Hrsg.): Verwaltungsverfahrensgesetz – Kommentar, 7. Auflage, München, 2008 (zit.: *Bearbeiter* in Stelkens/Bonk/Sachs, VwVfG)

Stober, Rolf: Die Benutzung kommunaler öffentlicher Einrichtungen, JA 1975, 737

Stober, Rolf: Kommunalrecht in der Bundesrepublik Deutschland, 2. Auflage, Stuttgart, 1992 (zit.: *Stober*, Kommunalrecht)

Stober, Rolf: Das Ladenschlussgesetz – ein Auslaufmodell? Zur aktuellen Diskussion des Ladenschlussrechts, JZ 1996, 541

Stober, Rolf (Hrsg.): Ladenschlussgesetz – Kommentar, 4. Auflage, Köln, 2000 (zit.: *Bearbeiter* in Stober, LadSchlG)

Stober, Rolf: Zur Qualifizierung der privaten Sicherheitsdienste, GewArch 2002, 129

Stober, Rolf: Besonderes Wirtschaftsverwaltungsrecht, 15. Auflage, Stuttgart, 2011 (zit.: *Stober*, Bes. Wirtschaftsverwaltungsrecht)

Stober, Rolf/Braun, Sören: Beleihung oder Verwaltungshilfe – Private Sicherheitsdienste im Auftrag des Staates, Der Städtetag, 11/2002, 17

Stock, Martin: Straßenkommunikation als Gemeingebrauch – Zu der Rechtsprechung über politische Werbung im Straßenverkehr, Königstein/Ts., 1979 (zit.: *Stock*, Straßenkommunikation)

Stolleis, Michael/Kohl, Wolfgang: Rechtsgutachten über die Zulässigkeit ordnungsrechtlicher Maßnahmen gegen Nichtseßhafte in den Städten, insbesondere durch Alkoholverbote auf Grund straßenrechtlicher Sondernutzungssatzungen, Gefährdetenhilfe 2/1990, 55 (zit.: *Stolleis/Kohl*, Rechtsgutachten)

Störmer, Rainer: Renaissance der öffentlichen Ordnung?, Die Verw. 30 (1997), 233

Strohs, Matthias: Nächtliches Alkoholverkaufsverbot in Baden-Württemberg, KommJur 2010, 201

Stuchlik, Holger: Straßenrechtliche Sondernutzungen, GewArch 2004, 143

Stumpp, Gabriele/Stauber, Barbara/Reinl, Heidi: „Einflussfaktoren, Motivation und Anreize zum Rauschtrinken bei Jugendlichen", Endbericht April 2009, Tübingen, 2009 (zit.: *Stumpp/Stauber/Reinl*, Rauschtrinken)

Teesson, Maree/Degenhardt, Louisa/Hall, Wayne: Suchtmittel und Abhängigkeit, Formen – Wirkung – Interventionen, Bern, 2008 (zit.: *Teesson/Degenhardt/Hall*, Suchtmittel u. Abhängigkeit)

Ternig, Ewald: Erfinder machen es spannend, VD 2012, 3

Terwiesche, Michael: Innenstädte – eine obdachlosenfreie Zone?, VR 1997, 410

Tettinger, Peter J./Wank, Rolf/Ennuschat, Jörg: Gewerbeordnung – Kommentar, 8. Auflage, München, 2011 (zit.: *Bearbeiter* in Tettinger/Wank/Ennuschat, GewO)

Tettinger, Peter J./Erbguth, Wilfried/Mann, Thomas: Besonderes Verwaltungsrecht – Kommunalrecht, Polizei- und Ordnungsrecht, Baurecht, 10. Auflage, Heidelberg, 2009 (zit.: *Tettinger/Erbguth/Mann*)

Thiel, Markus: Die „Entgrenzung“ der Gefahrenabwehr, Tübingen, 2011 (zit.: *Thiel*, „Entgrenzung“ der Gefahrenabwehr)

Thiele, Willi: Neues Polizeirecht in Bund und Ländern?, DVBl. 1979, 705

Thomasius, Rainer/Häßler, Frank/Nesseler, Thomas: Wenn Jugendliche trinken, Stuttgart, 2009 (zit.: *Thomasius*, Wenn Jugendliche trinken)

Tiemann, Susanne: Die Schutzbereichsanordnung für Verteidigungsanlagen, NVwZ 1984, 759

Tiemann, Susanne: Neues zur Schutzbereichanordnung für Verteidigungsanlagen, NVwZ 1985, 26

Trurnit, Christoph: Platzverweis, Aufenthaltsverbot und Wohnungsverweis gem. § 27a PolG, VBlBW 2009, 205

Trute, Hans-Heinrich: Das Polizei- und Ordnungsrecht im Spiegel der Rechtsprechung, Die Verw. 1999 (32), 73

Ukrow, Jörg: Jugendschutzrecht, München, 2004 (zit.: *Ukrow*, Jugendschutzrecht)

Ule, Carl Hermann/Laubinger, Hans-Werner/Repkewitz, Ulrich (Hrsg.): Bundesimmissionsschutzgesetz, Teil I: Kommentar, Stand: 183. Ergänzungslieferung, Köln, April 2012 (zit.: *Bearbeiter* in Ule/Laubinger, BImSchG)

Vahle, Jürgen: Das Gaststättenrecht, DVP 2009, 486

Vogel, Klaus: Über die Herkunft des Polizeirechts aus der liberalen Staatstheorie, in: Vogel, Klaus/Tipke, Klaus (Hrsg.): Verfassung – Verwaltung – Finanzen, Festschrift für Gerhard Wacke zum 70. Geburtstag, S. 375 ff., Köln, 1972 (zit.: *Vogel*, FS Wacke)

Volkmann, Uwe: Die Rückeroberung der Allmende, NVwZ 2000, 361

Voßkuhle, Andreas: Grundwissen – Öffentliches Recht: Der Grundsatz der Verhältnismäßigkeit, JuS 2007, 429

Voßkuhle, Andreas: Grundwissen – Öffentliches Recht: Der Gefahrenbegriff im Polizei- und Ordnungsrecht, JuS 2007, 908

Waechter, Kay: Kommunalrecht, Köln, 1993 (zit.: *Waechter*, Kommunalrecht)

Waechter, Kay: Die Schutzgüter des Polizeirechts, NVwZ 1997, 729

Waechter, Kay: Rechtsgütergewichtung und wahre sowie eingebildete Bedrohungen – Auch über die rechtliche Bedeutung von Kriminalitätsangst und Überfremdungsfurcht-, DVBl. 1999, 809

Waldhoff, Christian: Allgemeines Verwaltungsrecht: Allgemeinverfügung, JuS 2011, 575

Walther, H.: Der „Endiviensalat Fall", JA 1994, 457

Wandschneider, Steffen: Die Allgemeinverfügung in Rechtsdogmatik und Rechtspraxis, Frankfurt am Main, 2009 (zit.: *Wandschneider*, Allgemeinverfügung)

Wank, Rolf: Die Auslegung von Gesetzen, 4. Auflage, Köln, 2008 (zit.: *Wank*, Die Auslegung von Gesetzen)

Weibrecht, Christian: „Alkoholverbot" für Fahranfänger, NZV 2005, 563

Wieser, Stefan: Das Trinkverhalten der Deutschen – Eine medizin-soziologische Untersuchung, Herford, 1973 (zit.: *Wieser*, Trinkverhalten)

Winkelmüller, Michael/Misera, Saskia: Alkoholverbote in Fußgängerzonen: Anmerkungen zum Urteil des VGH Mannheim vom 28.7.2009, LKV 2010, 259

Wirth, Karl-Ludger: Marktverkehr, Marktfestsetzung, Marktfreiheit, Berlin, 1985 (zit.: *Wirth*, Marktverkehr)

Wirth, Karl-Ludger: Das Institut der Festsetzung nach § 69 Gewerbeordnung, GewArch 1986, 46

Wirth, Karl-Ludger: Die Festsetzung von Märkten in gemeindlicher Trägerschaft, GewArch 1986, 186

Wohlfarth, Jürgen: Die Straßennutzung von Randgruppen durch Betteln, Nächtigen und Alkoholgenuss, SKZ 1995, 146

Wohlfarth, Jürgen: Die Inbesitznahme der Straße durch Randgruppen, BayVBl. 1997, 420

Wohlfarth, Jürgen: Handlungsinstrumente örtlicher Gefahrenabwehrbehörden, Der Städtetag 2/2007, 10

Wohlfarth, Jürgen: Über Feuchtgebiete zwischen Schluck und Suff - der Kampf der Gemeinden gegen Alkoholmissbrauch, LKRZ 2009, 47

Wolf, Heinz/Stephan, Ulrich/Deger, Johannes: Polizeigesetz für Baden-Württemberg, Kommentar, 6. Auflage, Stuttgart, 2009 (zit.: *Wolf/Stephan/Deger*, Polizeigesetz BW)

Wolf, Joachim: Das Recht des Lebens auf der Straße – Ein Rechtsgutachten zur Privatisierung öffentlicher Flächen und zum Grundrechtsschutz wohnungsloser Menschen, Dortmund, 1999 (zit.: *Wolf*, Leben auf der Straße)

Wolff, Hans J./Bachof, Otto/Stober, Rolf: Verwaltungsrecht – Band 2, 6. Auflage, München, 2000 (zit.: *Wolff/Bachof/Stober*, Band 2)

Wollenschläger, Ferdinand/Lippstreu, Constanze: Examensklausur: Flatrate-Party – Lösung, BayVBl. 2009, 56 (Sachverhalt s. BayVBl. 2009, 30)

Würkner, Joachim: Straßenrecht contra Kunstfreiheit? – Vom „Charme des Ursprünglichen und Spontanen" zur Erlaubnispflichtigkeit für Straßenkunst, NJW 1987, 1793

Würtenberger, Thomas/Heckmann, Dirk: Polizeirecht in Baden-Württemberg, 6. Auflage, Heidelberg, 2005 (zit.: *Würtenberger/Heckmann*, Polizeirecht)

Ziekow, Jan: Öffentliches Wirtschaftsrecht, 2. Auflage, München, 2010 (zit.: *Ziekow*, Öff. Wirtschaftsrecht)

Problemstellung und Gang der Untersuchung

Das Recht beschäftigt sich in vielen Bereichen mit dem Alkoholkonsum: Das Strafrecht kennt Straftatbestände, die an Alkoholkonsum anknüpfen. Das Zivilrecht befasst sich vor allem im Arbeitsrecht mit Alkoholkonsum und seinen Folgen. Gleiches gilt für das Dienst- und Disziplinarrecht bei Beamten. Auch im Straßenverkehrsrecht spielt der Alkohol eine große Rolle. Das öffentliche Recht hat sich seit jeher im Gewerbe- und Gaststättenrecht sowie beim Jugendschutz mit Alkohol auseinanderzusetzen. Immer mehr jedoch wird Alkoholkonsum zu einem Problem des allgemeinen Polizeirechts.

Waren es früher hauptsächlich Obdachlose oder Punker, die in vergleichsweise kleinen Gruppen (notwendigerweise) in der Öffentlichkeit Alkohol konsumierten und dadurch manchmal als Belästigungen empfunden wurden, so stehen seit einigen Jahren Jugendliche und junge Erwachsene im Fokus des Polizeirechts, die sich mehr oder weniger gezielt und organisiert in der Öffentlichkeit treffen, um dort gemeinsam in größeren oder kleineren Gruppen Alkohol zu trinken. Anwohner fühlen sich durch sie belästigt oder gefährdet. Lärm, Vermüllung, öffentliches Urinieren und Sachbeschädigungen werden beklagt und Pöbeleien und Schlägereien gemeldet. Gleichzeitig steigt die Zahl der jugendlichen Trinker und jedes Jahr werden mehr und mehr Kinder und Jugendliche mit teils schweren Alkoholvergiftungen in die Krankenhäuser eingeliefert, weil sie nicht nur sprichwörtlich „saufen bis der Arzt kommt“.

Diese Probleme haben die Kommunen als Ortspolizeibehörden zum Handeln veranlasst. Als probates Mittel erschienen ihnen Polizeiverordnungen, die den öffentlichen Alkoholkonsum verbieten und Verstöße mit Bußgeldern ahnden. Nach Gaststättenrecht werden so genannte Flatrate-Partys verboten. Meist in Zusammenarbeit mit den Jugendschutzbehörden, Schulen, Sozialarbeitern, Krankenkassen und anderen örtlichen Institutionen werden oftmals gleichzeitig Aufklärungskampagnen und ähnliche Aktionen aufgelegt, um den direkten Zugang zu den Jugendlichen auch in tatsächlicher Hinsicht zu ermöglichen.

Ziel der vorliegenden Arbeit ist es, zu untersuchen, ob es Behörden rechtlich möglich ist, effektiv gegen den Alkoholkonsum in der Öffentlichkeit vorzugehen und ihn zu verbieten. Dafür kommt vor allem das Mittel der Polizeiverordnung in Betracht, das jedoch das Vorliegen einer abstrakten Gefahr für die öffentliche Sicherheit oder Ordnung voraussetzt. Daher soll untersucht werden, ob Alkoholkonsum in der Öffentlichkeit eine solche abstrakte Gefahr oder nur eine bloße Belästigung darstellt. Weiterhin soll aufgezeigt werden, wie Alkoholkonsumverbote mit Rücksicht auf das Bestimmtheitsgebot zu formulieren sind und welche Vorgaben die Rechtsprechung macht.

Außerdem soll untersucht werden, ob das Straßenrecht Handhabe gegen Alkoholkonsum in der Öffentlichkeit bietet. Gleiches gilt für die Frage, ob mittels des Kommunalrechts der Alkoholkonsum in öffentlichen Grünanlagen durch Satzung oder Allgemeinverfügung verboten werden kann.

Am Ende ist dann die Frage zu beantworten, ob die bisherige Rechtslage Alkoholverbote zulässt oder ob der Gesetzgeber gefordert ist, zu handeln.

Ziel dieser Arbeit ist es, eine umfassende Untersuchung möglicher behördlicher Maßnahmen gegen Alkoholkonsum in der Öffentlichkeit vorzunehmen und dabei die verschiedenen Rechtsgebiete und Handlungsformen zusammenzufassen.

Im Einzelnen geht sie wie folgt vor:

Eingangs der folgenden Untersuchung sollen aktuelle Zahlen zum Alkoholkonsum der Deutschen und speziell junger Menschen in die Thematik einführen. Insbesondere sollen die Erscheinungsformen des Alkoholkonsums und deren Gründe skizziert werden. Nicht gewollt ist indes eine Verdammung des Alkohols und seiner „Fans". Vorgestellt werden auch die Probleme, die der immer häufiger in die Öffentlichkeit verlagerte Alkoholkonsum verursacht, sowie die vermeintlichen Lösungsansätze der verschiedenen staatlichen Ebenen.

Das **zweite Kapitel** bildet den Schwerpunkt der Untersuchung und widmet sich dem Polizeirecht. Zuerst wird die Möglichkeit beleuchtet, durch Polizeiverordnungen den Alkoholkonsum in der Öffentlichkeit zu untersagen. Dabei nimmt die Frage breiten Raum ein, ob dieser Alkoholkonsum eine abstrakte Gefahr für die öffentliche Sicherheit oder Ordnung darstellen kann, wie sie für den Erlass von Polizeiverordnungen nach § 10 Abs. 1 PolG vorausgesetzt ist. Dazu wird die Ansicht der Rechtsprechung und der Literatur vorgestellt und auf ihre Stichhaltigkeit überprüft.

Die Anknüpfungspunkte für eine abstrakte Gefahr für die öffentliche Sicherheit sind dabei denkbar unterschiedlich. Sie reichen vom Zusammenhang zwischen Alkoholkonsum und Gewaltdelinquenz bis zu jugendschutzrechtlichen Fragestellungen. Im Einzelnen wird auf die örtlichen Zustände Rücksicht zu nehmen sein. Dabei geht es – dies soll an dieser Stelle deutlich betont werden – nicht darum, einzelne Randgruppen (wie etwa Obdachlose etc.) „durch die Hintertür" aus den Innenstädten oder aus anderen Bereichen zu vertreiben. Es geht nur darum, eine nicht zu unterschätzende Entwicklung dort zu stoppen, wo sie bereits die rechtlich vorgegebenen Grenzen überschritten hat. Allerdings – auch darauf sei ausdrücklich hingewiesen – soll nicht der falsche Eindruck entstehen, die gesamte deutsche Jugend bestehe nurmehr aus Säufern und pöbelnden Chaoten.

Anschließend werden verschiedene Formulierungen dargestellt, die in Polizeiverordnungen Eingang gefunden haben, und auf ihre Vereinbarkeit mit dem Bestimmtheitsgebot des Grundgesetzes untersucht. Dabei zeigt sich, dass die Vorgaben der Rechtsprechung große Hürden für die Behörden darstellen – nicht immer zu Recht.

Weiterhin wird untersucht, ob ein Alkoholverbot auch durch eine Allgemeinverfügung erfolgen kann, die eine konkret-generelle Regelung darstellt. Anhand von Vergleichsbeispielen aus der Rechtsprechung wird aufgezeigt, dass dies nur möglich ist bei eng begrenzten räumlichen und zeitlichen Geltungsbereichen.

Das **dritte Kapitel** nimmt das Straßenrecht in den Fokus. Vorgestellt werden wiederum auch Beispiele aus der Rechtspraxis. Dabei geht es entscheidend um die Frage, ob der Alkoholkonsum auf der Straße als Gemeingebrauch zu qualifizieren ist oder ob er eine erlaubnisfähige Sondernutzung darstellt. Es wird sich jedoch zeigen, dass straßenrechtliches Vorgehen nicht geeignet ist, Alkoholkonsum in der Öffentlichkeit abstrakt-generell zu unterbinden. Die Behörden sind diesbezüglich auf Einzelmaßnahmen zu verweisen.

Im **vierten Kapitel** wird das Kommunalrecht untersucht. Die Benutzung öffentlicher Einrichtungen wird in der Regel durch Benutzungssatzung oder Allgemeinverfügung geregelt. Die Untersuchung wird zeigen, ob öffentliche Parks, Grünanlagen und ähnliche Orte auf diese Weise „alkoholfrei“ gehalten werden können.

In **Kapitel fünf** soll dargestellt werden, welche Möglichkeiten für Behörden bestehen, den Verkauf von Alkoholika anlassabhängig oder -unabhängig zu regulieren – auf polizei-, ladenschluss- oder gaststättenrechtlicher Grundlage.

Danach werden in **Kapitel sechs** gaststättenrechtliche Möglichkeiten untersucht, den Alkoholkonsum in Gaststätten zu unterbinden. Dabei ist zunächst auf Verstöße gegen Jugendschutzrecht einzugehen und deren Folgen für die Gaststättenerlaubnis eines Gaststättenbetreibers. Es folgt eine nähere rechtliche Betrachtung sog. Flatrate-Partys, wobei unterschiedliche landesrechtliche Regelungen vorgestellt werden, die seit Übergang der Gesetzgebungskompetenz für das Gaststättenrecht auf die Länder ergangen sind.

Kapitel sieben widmet sich der Frage, ob und wie der Alkoholausschank und -konsum bei Veranstaltungen aus besonderen Anlässen, wie etwa Volksfesten, durch Behörden auf gaststättenrechtlicher Grundlage reguliert werden kann. Die Untersuchung umfasst auch Märkte i.S. der GewO.

Anschließend soll in **Kapitel acht** erörtert werden, welche Folgen die Ergebnisse der Untersuchung für den Gesetzgeber haben. Die Kommunen fordern seit Langem besondere Ermächtigungsgrundlagen – nicht nur in Baden-Württemberg. Bislang blieben sie indes ungehört. Dabei ist eine eindeutige landesgesetzliche Regelung angezeigt. Diese brächte Kommunen und Gerichten Rechtssicherheit und Handlungsmöglichkeiten. Es wird untersucht, in welchen Bereichen des Rechts eine solche Ermächtigungsgrundlage zu schaffen wäre und gleichzeitig der Versuch unternommen, einen Formulierungsvorschlag zu unterbreiten.

Den Abschluss der Arbeit bildet eine Zusammenfassung der Untersuchungsergebnisse.

Kapitel Eins: Einführung und Darstellung der Problematik

A. Alkohol in der Öffentlichkeit

Alkoholkonsum von Jugendlichen und jungen Erwachsenen in der Öffentlichkeit dringt immer stärker in das Bewusstsein der Menschen und der Medien. Nicht zuletzt der Fall eines 16-jährigen Jugendlichen, der bei einem Wetttrinken in einer Gaststätte in Berlin über vierzig Gläser Schnaps getrunken hat und danach ins Koma fiel und später verstarb, hat im Februar 2007 Aufsehen erregt. Schlagworte wie „Komasaufen“ und „Flatrate-Partys“ sind seitdem einer breiten Öffentlichkeit bekannt. Sie deuten auf eine bedenkliche Entwicklung hin. Was genau unter den Begriffen zu verstehen ist, wird nachfolgend erläutert.

Gleichzeitig scheint immer stärkerer Alkoholkonsum zu mehr Gewalt und Kriminalität zu führen. Handelt es sich dabei um eine subjektive Wahrnehmung, wird einfach mehr über diese Vorkommnisse berichtet als früher, schaut man genauer hin? Oder ist objektiv ein stärkerer Alkoholkonsum festzustellen? Anhand von Studien und wissenschaftlichen Untersuchungen sollen diese Fragen im Folgenden beantwortet und das Trinkverhalten der Deutschen und im Besonderen der Jugendlichen betrachtet werden. Anschließend sollen mit dem öffentlichen Alkoholkonsum einhergehende Probleme aufgezeigt werden, bevor die rechtlichen und praktischen Reaktionen von staatlicher Seite dargestellt werden. Deren detaillierte Untersuchung wird anschließend in gesonderten Kapiteln erfolgen.

I. Entwicklung und aktuelle Situation des Trinkverhaltens

Zunächst soll versucht werden, mittels verschiedener Studien herauszuarbeiten, ob sich das Trinkverhalten der Menschen in den letzten Jahren verändert hat und wie diese Veränderung vonstatten ging. Dabei ist zuvörderst auf die Situation in Deutschland einzugehen, woraufhin kurz die Einordnung in den europäischen Kontext erfolgt.

1. Alkoholkonsum in Deutschland

a) Untersuchungen zum aktuellen Trinkverhalten

Alkoholkonsum ist in Deutschland eine stark verbreitete und gesellschaftlich weitgehend unkritisch betrachtete Erscheinung.[1] Alkohol stellt die am weitesten verbreitete psychoaktive Substanz dar.[2] Er gilt außerdem als die älteste Droge der Menschheit.[3] 9,5 Mio. Menschen in Deutschland konsumieren Alkohol in gesundheitlich riskantem Ausmaß.[4] Nach wissenschaftlichen Maßstäben liegt ein solcher gesundheitlich riskanter Konsum dann vor, wenn die täglich getrunkene Menge reinen Alkohols bei erwachsenen Männern 30 Gramm, bei Frauen 20 Gramm übersteigt.[5] Teilweise wird auch von einem Korridor von 24-60 Gramm bei Männern und 12-40 Gramm bei Frauen ausgegangen[6]. Ab 60 bzw. 40 Gramm pro Tag spricht man von gefährlichem Konsum.[7] Ab dieser Menge steigt das Risiko alkoholbedingter Krankheiten deutlich an. Bei Kindern und Jugendlichen liegen die Grenzwerte altersentsprechend jeweils darunter, wobei für sie feste Grenzwerte nicht bestehen.[8] Zur Verdeutlichung ist zu erwähnen, dass bspw. ein Liter Bier etwa 40 Gramm reinen Alkohol enthält.[9] International einheitliche Grenzwerte gibt es nicht. Zwar empfiehlt die Weltgesundheitsorganisation WHO gewisse Grenzwerte, jedoch liegen die Empfehlungen europäischer und deutscher Organisationen am unteren Rand des Spektrums.[10]

---

1 Drogen- und Suchtbericht 2009, S. 38; Drogen- und Suchtbericht 2008, S. 55; Drogen- und Suchtbericht 2012, S. 18.

2 Drogen- und Suchtbericht 2009, S. 38.

3 *Lindenmeyer*, Lieber schlau als blau, S. 21.

4 Drogen- und Suchtbericht 2009, S. 12; Drogen- und Suchtbericht 2008, S. 55.

5 Drogen- und Suchtrat 2008, S. 7; *Lindenmeyer*, Alkoholabhängigkeit, S. 7 f.

6 Drogen- und Suchtbericht 2009, S. 40; Drogenaffinitätsstudie 2008, S. 6. Am unteren Rand dieses Korridors bewegt sich bspw. BMG, Alkoholkonsum und Krankheiten, S. 9.

7 Drogenaffinitätsstudie 2008, S. 6. Zu anderen, leicht abweichenden Grenzwerten vgl. die Übersicht bei BMG, Alkoholkonsum und Krankheiten, S. 13 f. Eine Übersicht über die Einstufung in verschiedene Risikogruppen geben *Soyka/Küfner*, Alkoholismus, S. 5. Siehe auch: *Rübenach*, WuS 2007, 278 (279).

8 Drogenaffinitätsstudie 2008, S. 6.

9 Drogenaffinitätsstudie 2008, S. 6; Eine genaue Übersicht über den Alkoholgehalt verschiedener Getränke geben *Soyka/Küfner*, Alkoholismus, S. 25 ff.

10 S. dazu und zu den Grenzwerten der WHO *Rübenach*, WuS 2007, 278 (279).

Der durchschnittliche Pro-Kopf-Konsum liegt in Deutschland bei zehn Litern reinen Alkohols im Jahr.[11] Dabei trinken jedoch Männer knapp dreimal so viel Alkohol wie Frauen.[12] Damit liegt Deutschland im internationalen Vergleich im oberen Fünftel.[13] Innerhalb Deutschlands bestehen regionale Unterschiede: Im Süden und Westen werden überdurchschnittlich viel Bier und Wein getrunken, während im Norden und Osten der Konsum von Spirituosen verbreiteter ist.[14]

Die Zahl der Alkoholabhängigen wird in Deutschland auf etwa 1,3 Mio. Menschen geschätzt, von denen jährlich über 70.000 an den Folgen ihrer Abhängigkeit durch Krankheiten[15], Selbstmorde[16] oder Unfälle[17] sterben.[18] Teilweise wird von einer deutlich höheren Dunkelziffer ausgegangen.[19] Dabei gilt als Anhaltspunkt, dass eine Zunahme des Pro-Kopf-Konsums um einen Liter pro Jahr eine Zunahme der Sterblichkeit unter Männern um 1% zur Folge hat.[20] Die

---

11 Drogen- und Suchtbericht 2012, S. 18; Drogen- und Suchtbericht 2009, S. 38; Drogen- und Suchtrat 2008, S. 7. Siehe auch *Lindenmeyer*, Alkoholabhängigkeit, S. 7, der diesen Konsum wie folgt aufschlüsselt: Zehn Liter reinen Alkohols entsprechen 117,5 Liter Bier, 23,6 Liter Wein bzw. Sekt sowie 5,9 Liter Spirituosen. Eine Übersicht über den Verbrauch seit 1900 gibt DHS, Jahrbuch 2009, S. 27.

12 *Lindenmeyer*, Alkoholabhängigkeit, S. 7.

13 *Edwards*, Alkoholkonsum u. Gemeinwohl, S. 28 f. Der Drogen- und Suchtbericht 2009, S. 38, ordnet Deutschland gar in das obere Zehntel ein, ohne dies jedoch mit Vergleichszahlen zu belegen.

14 *Lindenmeyer*, Alkoholabhängigkeit, S. 7.

15 Bspw. Leberzirrhosen, Krebs, Bluthochdruck, Schlaganfall oder Herz-Kreislauf-Erkrank-ungen, vgl. Edwards, Alkoholkonsum u. Gemeinwohl, S. 13 ff.; *Lindenmeyer*, Lieber schlau als blau, S. 45 ff.; Detailliert zu den einzelnen Krankheiten BMG, Alkoholkonsum und Krankheiten. S. auch *Rübenach*, WuS 2007, 278 (279).

16 Nach *von Hippel*, ZRP 1999, 132 (133), unternimmt jeder vierte Alkoholiker irgendwann einen Selbstmordversuch.

17 Vor allem Verkehrsunfälle, aber auch Unfälle durch Feuer, Stürze oder Ertrinken u.ä., vgl. *Edwards*, Alkoholkonsum u. Gemeinwohl, S. 13 ff.; *Teesson/Degenhardt/Hall*, Suchtmittel u. Abhängigkeit, S. 38.

18 Drogen- und Suchtbericht 2012, S. 18; Drogen- und Suchtbericht 2009, S. 38.

19 BMG, Alkoholkonsum und Störungen, S. 123.

20 *Puls*, Alkohol, S. 31.

Lebenszeitprävalenz für Alkoholismus[21], also die Wahrscheinlichkeit, im Laufe des Lebens irgendwann zumindest zeitweise alkoholabhängig zu werden, wird mit 13% angegeben.[22] Jährlich werden über 90.000 Menschen in Deutschland aufgrund ihres Alkoholkonsums arbeitsunfähig, frühverrentet oder invalide.[23] Zusätzlich werden jedes Jahr mindestens 10.000 Kinder geboren, die durch Alkoholkonsum der Mutter während der Schwangerschaft geschädigt wurden.[24] Schwerwiegendste Erscheinung ist dort in jedem zweiten Fall das Fetale Alkoholsyndrom FAS, das schwere geistige und körperliche Behinderungen zur Folge hat[25]. Der durchschnittliche Intelligenzquotient der betroffenen Kinder liegt 25-30% unter dem normalen Durchschnitt.[26] Alkohol ist mittlerweile die häufigste Ursache für geistige Behinderungen bei Neugeborenen in Deutschland.[27]

Bei der alkoholbedingten Sterblichkeit weist der Vergleich der deutschen Bundesländer erhebliche Differenzen auf: Die Sterberaten liegen in Bayern und Baden-Württemberg mit 13,2 bzw. 13,4 alkoholbedingt Verstorbenen je 100.000 Einwohnern deutlich unter dem Länderhöchstwert von 34,3 alkoholbedingt Verstorbenen in Mecklenburg-Vorpommern.[28] Die Zahlen liegen für alle ostdeutschen Länder und die Stadtstaaten deutlich über dem gesamtdeutschen Durchschnitt, der 2005 bei 17,6 lag. Verglichen mit 1990 ist dies ein geringer Anstieg um 0,5, was etwa 3,3 % entspricht.[29] Dabei war bei Männern ein leichter Rückgang, bei Frauen jedoch ein Anstieg zu verzeichnen. Trotzdem ist die alkoholbedingte Sterblichkeit bei Männern nach wie vor etwa dreimal so hoch wie bei Frauen. Dies korrespondiert mit dem – siehe oben – dreimal höheren Konsum der Männer.

---

21 Zu verschiedenen Definitionen von Alkoholismus, Alkoholmissbrauch und Alkoholabhängigkeit s. *Soyka/Küfner*, Alkoholismus, S. 9 ff.

22 *Lindenmeyer*, Alkoholabhängigkeit, S. 7.

23 *Lindenmeyer*, Alkoholabhängigkeit, S. 9.

24 Drogen- und Suchtbericht 2009, S. 45; vgl. auch BMG, Alkoholkonsum und Störungen, S. 124.

25 Drogen- und Suchtbericht 2009, S. 45.

26 Drogen- und Suchtbericht 2009, S. 45.

27 DHS, Aktionsplan, S. 19.

28 *Rübenach*, WuS 2007, 278 (286 f.).

29 *Rübenach*, WuS 2007, 278 (287).

Schätzungen zufolge liegt der jährlich entstehende volkswirtschaftliche Schaden bei etwa 20 Mrd. Euro.[30] Andere Quellen gehen von Kosten i.H.v. 24,4 Mrd. Euro aus.[31] Damit liegt der Schaden sogar über dem durch die Folgen des Rauchens entstehenden Schaden von knapp 19 Mrd. Euro, obwohl die Zahl der Raucher mit 16 Mio. Deutschen deutlich größer ist.[32]

b) Untersuchungen zum aktuellen Trinkverhalten Jugendlicher

Besondere Aufmerksamkeit verdient das Konsumverhalten Jugendlicher. Vor allem sie sind es, die in der Öffentlichkeit Alkohol konsumieren und den Behörden Anlass zum Einschreiten geben.

Eine einheitliche Definition des Begriffs „Jugendlicher" findet sich nicht. Vielmehr gehen die unterschiedlichen Wissenschaften von verschiedenen Ansätzen aus.[33] Die Jugendsoziologie bspw. definiert Jugend nicht anhand fester Altersgrenzen, sondern versteht Jugend als Lebenslage, die durch jugendtypische Verhaltensweisen begleitet wird.[34] Für die Shell Jugendstudien, die in regelmäßigen Abständen durchgeführt werden, werden als „Jugendliche" Menschen von zwölf bis 25 Jahren betrachtet.[35] Im Rahmen der vorliegenden Arbeit soll zunächst das aktuelle Trinkverhalten Jugendlicher in Deutschland dargestellt werden. Um aussagekräftige und vergleichbare Statistiken zu bieten, sind feste Altersgrenzen unerlässlich, um den Begriff des „Jugendlichen" zu definieren.

Als Jugendlicher wird in den nachfolgend erwähnten Zahlen bezeichnet, wer das zwölfte Lebensjahr vollendet, das achtzehnte jedoch nicht vollendet hat. Damit wird angeknüpft an die Einstufung des Bundesministeriums für Gesundheit.[36] Insofern wird von der Definition des § 7 Abs. 1 Nr. 2 SGB VIII nach unten abgewichen, nach dem Jugendlicher ist, wer 14, aber noch nicht 18 Jahre alt ist. Menschen zwischen 18 und 25 Jahren werden dementsprechend nachfolgend

30 Drogen- und Suchtbericht 2008, S. 55.

31 *Schlieckau*, ZJJ 2009, 318 (318).

32 Drogen- und Suchtbericht 2009, S. 22; Drogen- und Suchtbericht 2008, S. 38.

33 Vgl. *Scherr*, Jugendsoziologie, S. 18.

34 *Scherr*, Jugendsoziologie, S. 17 f.

35 15. Shell Jugendstudie 2006, S. 30; ebenso: Drogenaffinitätsstudie 2008, S. 2.

36 Drogen- und Suchtbericht 2009, S. 38 ff.

als „junge Erwachsene“ bezeichnet. In den folgenden Ausführungen sind Jugendliche somit Menschen zwischen 12 und 18 Jahren.

aa) Allgemein

Der Alkoholkonsum Jugendlicher bewegt sich in Deutschland auf sehr hohem Niveau.

Im Jahr 2007 konsumierte der durchschnittliche Jugendliche 50,4 Gramm reinen Alkohol pro Woche.[37] Die ersten Erfahrungen mit Alkohol erfolgen i.d.R. im Alter von etwa 14 Jahren. Das Einstiegsalter sinkt seit einigen Jahren.[38] Es lässt sich – entgegen mancher Vermutung – kein nennenswerter Unterschied im Konsum zwischen Haupt-, Berufsschülern und Gymnasiasten erkennen.[39] Auch der soziale Status hat auf die getrunkene Alkoholmenge offenbar keinen besonderen Einfluss.[40] Zwei Unterschiede lassen sich innerhalb Deutschlands jedoch feststellen: Erstens trinken Kinder und Jugendliche mit Einwanderungshintergrund teils deutlich weniger, was größtenteils auf den zurückhaltenden Umgang mit Alkohol durch Muslime zurückzuführen sein dürfte.[41] Zweitens ist ein West-Ost-Gefälle vorhanden. In Ostdeutschland trinken Jugendliche mehr als in Süd- oder Westdeutschland.[42] Insgesamt war in allerjüngster Zeit ein leichter Rückgang des Alkoholkonsums zu beobachten.[43]

Bemerkenswert sind die Zahlen der Jugendlichen, die pro Jahr aufgrund akuter Alkoholintoxikation in Krankenhäuser eingeliefert werden:

---

37 Drogen- und Suchtbericht 2008, S. 58.

38 DHS, Aktionsplan, S. 8; DHS, Alkopops, S. 12; Kastenbutt, Narzissmus u. Jugendalkoholismus, S. 29; Teilweise erschreckende Berichte von Kindern und Jugendlichen bei *Stumpp/Stauber/Reinl*, Rauschtrinken, passim.

39 *Thomasius*, Wenn Jugendliche trinken, S. 23; *Kiewel*, KrV 2009, 164 (164).

40 *Thomasius*, Wenn Jugendliche trinken, S. 23; *Kiewel*, KrV 2009, 164 (164). Die Sprache in den Interviews bei *Stumpp/Stauber/Reinl*, Rauschtrinken, passim, deutet jedoch darauf hin, dass das Problem mit sinkender Bildung zunimmt.

41 *Thomasius*, Wenn Jugendliche trinken, S. 23.

42 *Thomasius*, Wenn Jugendliche trinken, S. 23.

43 Drogen- und Suchtbericht 2012, S. 19.

Bundesweit wurden im Jahr 2008 etwas über 25.700 Kinder und Jugendliche vollstationär aufgrund Alkoholmissbrauchs behandelt.[44] Dies stellt gegenüber dem Vorjahr 2007 einen Anstieg von elf Prozent dar. Verglichen mit dem Jahr 2000 ergibt sich ein Anstieg um 170%.[45] Im Jahr 2009 waren es 26.428, 2010 noch 25.995 Kinder und Jugendliche.[46] Aufgrund der demografischen Entwicklung bedeutet dieser absolute Rückgang jedoch relativ zur Anzahl der Kinder und Jugendlichen einen leichten Anstieg um 0,3 %.[47] Darüber, wo der Alkoholmissbrauch stattgefunden hat, der zur Krankenhauseinlieferung führte, gibt es soweit ersichtlich keine Statistiken. Es kann daher keine Aussage darüber getroffen werden, ob hauptsächlich Kinder und Jugendliche im Krankenhaus behandelt werden müssen, die in der Öffentlichkeit oder anderswo Alkohol trinken.

2008 lag die Zahl vollstationärer Behandlungen in Baden-Württemberg bei 4.014, was eine Steigerung gegenüber dem Vorjahr um neun Prozent oder 342 Fälle bedeutet. Davon waren 2.434 männliche und 1.580 weibliche Patienten. Seit dem Jahr 2001 hat sich die Zahl der Krankenhausaufenthalte mehr als verdoppelt. Sie stieg um 123%.[48] Seit 1990 hat sich die Zahl etwa verfünffacht.[49] Auch hier sind Parallelen zum Alkoholkonsum insgesamt sichtbar: Jungen machen den größeren Anteil aus, allerdings steigen die Zahlen bei Mädchen deutlich schneller an. Die Zahl der eingelieferten Mädchen stieg zwischen 2007 und 2008 um 15%.[50] Jeder zehnte stationäre Krankenhausaufenthalt bei Jungen im Alter von 16 Jahren resultiert aus übermäßigem Alkoholkonsum.[51] Eine Krankenhauseinweisung ist dabei mit Kosten i.H.v. 500 € verbunden.[52]

---

44 PM des Statistischen Bundesamts Nr. 486 vom 15.12.2009.

45 PM des Statistischen Bundesamts Nr. 486 vom 15.12.2009.

46 Drogen- und Suchtbericht 2012, S. 20.

47 Drogen- und Suchtbericht 2012, S. 20.

48 PM des Statistischen Landesamts BW Nr. 367/2009 vom 10.11.2009. Eine Aufschlüsselung nach Stadt- und Landkreisen in Baden-Württemberg findet sich bei Baumann/Günther, SM BW, S. 3 u. 7 ff.

49 GEK-Report 2009, S. 10.

50 PM des Statistischen Landesamts BW Nr. 367/2009 vom 10.11.2009.

51 PM des Statistischen Landesamts BW Nr. 367/2009 vom 10.11.2009.

52 *Kiewel*, KrV 2009, 164 (164).

bb) Besondere Erscheinungen

Im Wesentlichen haben in jüngerer Zeit zwei Erscheinungen jugendlichen Alkoholkonsums Beachtung gefunden.

(1) „Binge-Drinking"

Eine vor allem unter Jugendlichen und jungen Erwachsenen sehr verbreitete Form des Alkoholkonsums ist das sog. Binge-Drinking. Der Begriff stammt aus dem angloamerikanischen Sprachraum und wird meist übersetzt mit Rauschtrinken, Kampftrinken oder – etwas plakativer – Komasaufen.[53] In der Fachliteratur wird zumeist der englische Begriff verwendet.[54] Binge-Drinking beschreibt den übermäßigen Alkoholkonsum zu einer bestimmten Gelegenheit, bei der der Alkoholrausch gezielt gesucht oder jedenfalls bewusst einkalkuliert wird.[55] Dies findet in der Regel in der Gruppe statt.[56] Die WHO geht davon aus, dass beim Binge-Drinking fünf oder mehr alkoholische Standardgetränke in einem relativ kurzen Zeitraum – ca. zwei Stunden[57] - getrunken werden.[58] Ein Standardgetränk hat etwa 12 g Alkohol und entspricht daher einem Glas Bier (0,33 l), einem Glas Wein (1/8 l) oder einem Gläschen Schnaps (0,02 l). Dieser Definition des Binge-Drinkings folgen dementsprechend die allermeisten Studien.

Binge-Drinking ist unter Jugendlichen und jungen Erwachsenen weit verbreitet – nicht nur in Deutschland. Über ganz Europa hinweg zeigt sich dieses Phänomen unabhängig davon, ob es sich um Länder mit einem traditionell hohen oder niedrigen Pro-Kopf-Verbrauch von Alkohol in der Gesamtbevölkerung handelt.[59]

Im Jahr 2007 gaben 63% der männlichen und 37% der weiblichen Jugendlichen im Alter von 16-17 Jahren an, mindestens einmal innerhalb der letzten 30

53 *Schlieckau*, ZJJ 2009, 318 (319); *Thomasius*, Wenn Jugendliche trinken, S. 19.

54 Bspw. Drogen- und Suchtbericht 2008, S. 58; *Thomasius*, Wenn Jugendliche trinken, S. 19.

55 Drogen- und Suchtbericht 2008, S. 58; *Guckelberger*, LKV 2008, 385 (387).

56 *Schlieckau*, ZJJ 2009, 318 (319).

57 *Thomasius*, Wenn Jugendliche trinken, S. 19.

58 Drogen- und Suchtbericht 2008, S. 58; *Kiewel*, KrV 2009, 164 (164).

59 Drogen- und Suchtbericht 2008, S. 58.

Tage Binge-Drinking praktiziert zu haben.[60] Bei den Jugendlichen zwischen 12 und 17 Jahren lag der Anteil bei Jungen bei knapp 31%, bei Mädchen bei 20%.[61] Dies zeigt zum einen, dass Binge-Drinking keine Randerscheinung weniger Betroffener, sondern weit verbreitet ist. Zum anderen wird deutlich, dass Jungen offenbar viel anfälliger für das Binge-Drinking sind als Mädchen. Allerdings nimmt der Unterschied zwischen den Geschlechtern ab – jedoch nicht, weil der Anteil der Jungen sinkt, sondern der der Mädchen steigt.[62] Sie scheinen auch immer seltsamere Methoden zu finden, Alkohol zu sich zu nehmen: So mehren sich Berichte, nach denen junge Mädchen in Spirituosen getränkte Tampons vaginal oder Männer anal einführen, weil auf diese Weise der Alkohol schneller in die Blutbahn gerate. Der aus den USA stammende „Trend" ist bekannt unter der Bezeichnung „Slimming".[63]

(2) „Flatrate-Partys"

Als weitere auch in der Öffentlichkeit beachtete Form des Alkoholkonsums erscheinen die sog. Flatrate-Partys (auch: Flat-Rate-Partys oder -Parties[64]) bzw. Billigalkoholpartys in Diskotheken oder Tanzlokalen. Diese wiederum lassen sich in zwei Kategorien einteilen. Bei der „klassischen" Flatrate-Party bezahlt der Besucher einmalig einen Pauschalpreis. Anschließend können sämtliche Getränke ohne Mengenbegrenzung konsumiert werden.[65] Das System ist vergleichbar mit dem All-Inclusive-Urlaub. Alternativ gibt es außerdem Konzepte, bei denen für ein einzelnes Getränk jeweils ein gesonderter, aber sehr niedriger Betrag bezahlt werden muss. Daher tragen diese Veranstaltungen auch Namen wie „50-Cent-Party" oder „Ein-Euro-Fete" etc.[66] Diese Veranstaltungsart wird auch abgewandelt als „Doppeldeckerfeier", bei der für den Kauf jedes Getränks ein zweites gratis angeboten wird.[67] In diesem Zusammenhang lässt sich außerdem die sog. „Börsen-Party" nennen, bei der sich der Getränkepreis nach der Nach-

---

60 Drogen- und Suchtbericht 2008, S. 59.

61 Drogen- und Suchtbericht 2009, S. 39, Abb. 6.

62 Drogen- und Suchtbericht 2008, S. 59.

63 Südkurier (Ausgabe Konstanz) v. 24.03.2011.

64 Duden, Rechtschreibung, S. 409 u. 766.

65 *Guckelberger*, LKV 2008, 385 (385); *Schröder/Führ*, NVwZ 2008, 145 (145); *Krüger/van der Schoot*, DVBl. 2008, 697 (697).

66 *Scheidler*, DÖV 2008, 189 (190); *ders.*, DVP 2009, 24 (24).

67 *Kaller/Jukl*, KommJur 2007, 441 (441); *Guckelberger*, LKV 2008, 385 (385).

frage richtet und sich ständig verändert.[68] Der Flatrate-Party ähnlich ist das „Stechuhrprinzip", bei dem bspw. ein Pauschalpreis „pro Stunde" bezahlt wird und anschließend konsumierte Getränke nicht gesondert berechnet werden.[69]

Diese Veranstaltungen werden vielfach kritisiert. So wird vorgebracht, dass der Konsum von Alkohol in den Mittelpunkt des Geschehens gerückt werde.[70] Durch den Pauschalpreis werde der Gast verleitet, möglichst viel Alkohol zu konsumieren, damit er „auf seine Kosten kommt".[71] Dies ziehe zumindest die Gefahr von Alkoholexzessen nach sich.[72] Besonders Jugendliche sollen durch diese Angebote angesprochen werden.[73] Diese seien durch ihre meist beschränkten finanziellen Mittel anfällig für diese Veranstaltungen.[74] Aufgrund dieser Kritik schritten manche Gaststättenbehörden ein und untersagten diese Veranstaltungen auf Grundlage von § 5 Abs. 1 GaststG. Dies hat Rechtsprechung und Literatur seitdem rege beschäftigt.[75]

c) *Alkohol und Kultur*

Alkohol und übermäßiger Konsum sind keine Erscheinungen der Neuzeit. Seit Jahrtausenden werden bspw. Wein und Bier getrunken.[76] In der Regel wurde der

---

68 LT-Drs. BW 14/1042, S. 4.

69 Dazu VG Augsburg, GewArch 2000, 431; *Michel/Kienzle/Pauly*, GaststG, § 5 Rn. 8; *Pinegger*, GewArch 2001, 24 (33 f.).

70 *Kaller/Jukl*, KommJur 2007, 441 (442); *Guckelberger* LKV 2008, 385 (385).

71 *Scheidler*, DÖV 2008, 189 (190); *ders.*, DVP 2009, 24 (24); *Korden*, GewArch 2000, 11 (11).

72 *Scheidler*, DÖV 2008, 189 (190).

73 LT-Drs. BW 14/1042, S. 4; *Scheidler*, DÖV 2008, 189 (189 f.).

74 *Scheidler*, DVP 2009, 24 (24).

75 Bspw. VGH Kassel, GewArch 2009, 253; VG Hannover, GewArch 2007, 388; VG Berlin, Beschl. v. 16.11.2007, Az. 4 A 364.07 – juris; VG Gießen, Beschl. v. 08.12.2008, Az. 8 L 4454/08.GI – juris; *Wollenschläger/Lippstreu*, BayVBl. 2009, 56; *Schmehl*, JA 2010, 128; *Schmidt am Busch*, Jura 2009, 473; *Scheidler*, KommP BY 2009, 97; *ders.*, Gew-Arch 2007, 276 (279); *ders.*, DÖV 2008, 189; *ders.*, DVP 2009, 24; *Korden*, GewArch 200, 11; *Schröder/Führ*, NVwZ 2008, 145; *Guckelberger*, LKV 2008, 385. Zur Frage der Rechtmäßigkeit dieser Veranstaltungsverbote s. S. 272 ff.

76 *Rübenach*, WuS 2007, 278 (278); *Thomasius*, Wenn Jugendliche trinken, S. 29.

Alkohol durch Gärung des im Rohstoff (Obst, Getreide) enthaltenen Zuckers gewonnen.[77]

Alkohol ist und war in vielen Gesellschaften und Kulturen fester Bestandteil des Alltags. In der Antike hatten Griechen und Römer eigene Weingötter, die mit großen Festen gefeiert und verehrt wurden.[78] Die Germanen tranken schon vor zweitausend Jahren Bier und Met.[79]

Die Herkunft des Begriffs „Alkohol“ mag heute überraschen. Man führt ihn zurück auf das aus dem Arabischen stammende „al'khol“, was soviel bedeutet wie „feines, trockenes Pulver“.[80] Bezeugt ist das Wort seit dem 16. Jahrhundert, wobei es im europäischen Raum zunächst in Spanien auftrat. Dies ist bedingt durch die Herrschaft der arabischen Mauren auf der iberischen Halbinsel vom frühen 8. bis ins späte 15. Jahrhundert.[81] Durch die Alchimisten wurde das Wort dann im selben Jahrhundert in der heutigen Bedeutung geprägt. Sie ist auf die feine Stofflichkeit und hohe Flüchtigkeit des Alkohols bezogen.[82]

In Deutschland gehört Alkohol zum Alltag. Er wird als Genuss-, weniger als Suchtmittel betrachtet.[83] Der Konsum von Alkohol wird oftmals mit Geselligkeit und guter Laune gleichgesetzt. Auf einer Feier fällt derjenige, der nichts trinkt, eher als ungewöhnlich auf als derjenige, der ein Glas zu viel trinkt.[84] Ein Alkoholrausch wird i.d.R. gesellschaftlich nicht sanktioniert, sofern er nicht zu negativen Erscheinungen führt. Im Gegenteil wird oftmals sogar damit angegeben und man amüsiert sich über die verschiedenen Erzählungen.[85] Alkoholkonsum wird – nicht nur – in Deutschland als männlich angesehen. Ein „anständiger Kerl“ muss ordentlich etwas vertragen.[86]

---

77 *Thomasius*, Wenn Jugendliche trinken, S. 29.

78 *Wohlfarth*, LKRZ 2009, 47 (47).

79 *Rübenach*, WuS 2007, 278 (278).

80 Duden, Herkunftswörterbuch, S. 28.

81 S. dazu etwa *Crespi*, Die Araber in Europa, S. 87 ff.

82 Duden, Herkunftswörterbuch, S. 28.

83 *Schlieckau*, ZJJ 2009, 318 (318); *Rübenach*, WuS 2007, 278 (278); Zum ganzen Komplex s. *Wieser*, Trinkverhalten, passim.

84 *Thomasius*, Wenn Jugendliche trinken, S. 43.

85 *Schlieckau*, ZJJ 2009, 318 (318); *Thomasius*, Wenn Jugendliche trinken, S. 43.

86 *Thomasius*, Wenn Jugendliche trinken, S. 23; *Wieser*, Trinkverhalten, S. 169.

Heute finden in Deutschland zahlreiche Veranstaltungen statt, aus deren Anlass Alkohol getrunken werden „muss". Auf einen Geburtstag oder einen ähnlichen Anlass „muss" mit Sekt angestoßen werden. Fasching, Fasnet oder Karneval sind ohne Alkohol für viele Menschen genauso undenkbar wie Volks- oder Schützenfeste. Alleine auf dem Münchener Oktoberfest wurden 2011 7,5 Mio. Maß (Liter) Bier ausgeschenkt.[87]

Im internationalen Vergleich zeigt sich, dass nicht in jedem Land eine solch enge Verknüpfung von Alltag und Alkohol vorherrscht. Vor allem in islamischen Ländern findet man oftmals eine strenge Abstinenzkultur, die vor allem religiöse Wurzeln hat.[88] Andererseits gibt es sog. Trinkkulturen, vor allem in den Ländern Süd- und Westeuropas. Hier ist Alkohol zwar – besonders beim Essen – ein alltäglicher und regelmäßiger Begleiter, aber das Erreichen des Rauschzustandes wird vermieden.[89] Man trinkt zwar öfter, aber jeweils weniger und zeigt sich nicht betrunken in der Öffentlichkeit.[90] Anders wird Alkohol in Skandinavien oder Osteuropa konsumiert. Dort werden hauptsächlich harte Alkoholika konsumiert. Während aber in Skandinavien durch eine rigide Steuerpolitik Alkohol sehr teuer ist und auf diese Weise versucht wird, den Konsum einzuschränken, gehören Spirituosen und Trunkenheit in Osteuropa zum Alltagsleben.[91] Nach Untersuchungen des Max-Planck-Instituts für Demografische Forschung in Rostock betrug im Jahr 2007 die Lebenserwartung eines russischen Mannes nur 61 Jahre, was in erster Linie auf einen übermäßigen Alkoholmissbrauch zurückzuführen sei. Die Schätzungen des Instituts gehen davon aus, dass jeder dritte Todesfall von Männern im erwerbsfähigen Alter durch Alkoholmissbrauch verursacht wird.[92]

---

87 www.oktoberfest.de/de/article/Das+Oktoberfest/Zahlen/Die+Wiesn+in+Zahlen/1228/2/

88 *Thomasius*, Wenn Jugendliche trinken, S. 43.

89 *Thomasius*, Wenn Jugendliche trinken, S. 43.

90 *Schlieckau*, ZJJ 2009, 318 (318).

91 *Schlieckau*, ZJJ 2009, 318 (318).

92 Demgegenüber werden russische Frauen durchschnittlich 74 Jahre alt. Abrufbar unter http://www.demografische-forschung.org/archiv/defo0904.pdf, S. 4

2. Die Öffentlichkeit

Gegenstand der Untersuchung ist das behördliche Vorgehen gegen den Alkoholkonsum in der Öffentlichkeit. Dazu muss definiert werden, was unter „Öffentlichkeit" zu verstehen ist.

Dabei ist es zunächst naheliegend, die Öffentlichkeit negativ zu formulieren. Dann ist Öffentlichkeit, was nicht dem Privaten zuzuordnen ist.[93] Das Private dient als Rückzugsraum, die Öffentlichkeit gerade nicht: Sie ist einem unbestimmten Personenkreis zugänglich.[94] Jeder darf sie nutzen und zwar grds. nach gleichem Recht.[95]

Die Öffentlichkeit besteht klassischerweise aus den öffentlichen Straßen, Plätzen und Wegen i.S. des Straßen- und Wegerechts sowie den öffentlichen Grün- und Parkanlagen, die i.d.R. kommunale Einrichtungen sind.[96]

Auch Gaststätten sind öffentlich zugänglich. Gerade diese öffentliche Zugänglichkeit zeichnet die Gaststätte aus, vgl. § 1 Abs. 1 GaststG. Die vorliegende Untersuchung behandelt in den Kapiteln Zwei bis Vier Möglichkeiten der Behörden, Alkoholkonsum in der Öffentlichkeit zu verbieten. Gaststätten werden von diesem Ansatz nicht umfasst. Der Alkoholkonsum in Gaststätten – bspw. im Rahmen von Flatrate-Partys – wird anschließend in den Kapiteln Sechs und Sieben umfassend untersucht.

3. Erscheinungsformen des Alkoholkonsums in der Öffentlichkeit

Die Erscheinungsformen des Alkoholkonsums in der Öffentlichkeit sind vielfältig. Sie reichen vom Liebespaar, das es sich mit einer Flasche Wein am Ufer eines Sees gemütlich macht, bis zur Gruppe von mehreren dutzend Jugendlichen und jungen Erwachsenen, die ganze Plätze in Besitz nehmen. Vorliegend interessieren letztere.

Alleine trinken die wenigsten Jugendlichen. Wenn Jugendliche in der Öffentlichkeit trinken, dann tun sie dies in der Gruppe, meist in der sog. Gleichalt-

93 *Gusy*, JZ 2009, 217 (217).

94 *Gusy*, JZ 2009, 217 (217).

95 *Gusy*, VerwArch 2001, 344 (350); *ders.*, JZ 2009, 217 (218).

96 *Finger*, Die offenen Szenen der Städte, S. 44; *Dietz*, AöR 2008, 556 (557).

rigengruppe.[97] Für die Soziologie, die neuerdings gerne den Anglizismus der peer group (auch: peergroup[98]) verwendet, hat diese Gleichaltrigengruppe eine entscheidende Funktion im Sozialisierungsprozess des jungen Menschen. Sie ersetzt nach und nach die Familie als wichtigsten Bezugspunkt.[99] Wie ihr Name andeutet, sind die Mitglieder der Gruppe altershomogen und i.d.R., aber nicht notwendig, gleichen Geschlechts.[100] Sie kennzeichnet sich durch eine freiwillige Mitgliedschaft und eine unbeständige Rangordnung.[101] *Die* Gleichaltrigengruppe gibt es nicht. Es gibt kleinere mit wenigen Mitgliedern wie auch sehr große. Die Durchlässigkeit für neue Mitglieder ist meist umso höher, je größer die Gruppe ist.[102] Ebenfalls ist zu beobachten, dass die Alters- und Geschlechtsheterogenität mit der Gruppengröße zunehmen.[103] Trotzdem grenzen sich die Gruppen bewusst voneinander ab. Abgrenzungsmerkmal ist dann auch die Herkunft. Ausländer aus unterschiedlichen Kulturräumen – bspw. Osteuropäer und Araber – grenzen sich untereinander genauso ab wie Deutsche gegenüber Ausländern insgesamt.[104]

Wenn sich die Gruppe zum gemeinsamen Alkoholkonsum trifft, geschieht dies auf unterschiedliche Art und Weise. Meist jedoch sind Zeit und Ort ritualisiert. Man trifft sich also zu bestimmten Zeiten – meist freitag- und samstagabends – an bestimmten öffentlichen Orten. Durch die Regelmäßigkeit müssen sich die Jugendlichen nicht gezielt verabreden. Bei fehlender Regelmäßigkeit findet die Verabredung statt über moderne „soziale Netzwerke" („Facebook", „Twitter" etc.). Getrunken wird i.d.R. jedes Wochenende.[105] Die Wahl des jeweils genutzten öffentlichen Ortes hängt von den Gegebenheiten vor Ort ab. Die Gruppen sind dabei nicht besonders wählerisch: Sie nutzen neben Parkanlagen Bushaltestellen, Bahnhöfe, Parkplätze, Grillplätze, Sport- und Spielanlagen (sog. „Half-Pipes" etc.) o.ä. öffentliche Bereiche. Der Ablauf der Beschaffung des

---

97 *Stumpp/Stauber/Reinl*, Rauschtrinken, S. 19.

98 *Thomasius*, Wenn Jugendliche trinken, S. 52.

99 *Rammstedt*, Lexikon Soziologie, S. 246; *Thomasius*, Wenn Jugendliche trinken, S. 52.

100 *Endruweit/Trommsdorff*, Wörterbuch Soziologie, S. 202.

101 *Endruweit/Trommsdorff*, Wörterbuch Soziologie, S. 202.

102 Vgl. *Stumpp/Stauber/Reinl*, Rauschtrinken, S. 24.

103 *Stumpp/Stauber/Reinl*, Rauschtrinken, S. 25.

104 *Stumpp/Stauber/Reinl*, Rauschtrinken, S. 38.

105 *Stumpp/Stauber/Reinl*, Rauschtrinken, S. 28.

Alkohols (bspw. durch bestimmte Personen für die gesamte Gruppe), des Trinkens (bspw. Ort, Zeit und Dauer) und des eventuellen Weiterziehens (bspw. in eine Diskothek oder an einen anderen öffentlichen Ort, an dem sich andere Gruppen treffen) ist ebenfalls weitgehend ritualisiert.[106]

4. Gründe für Alkoholkonsum in der Öffentlichkeit

Im Rahmen dieser Arbeit kann und soll nicht erörtert werden, welche Gründe zum übermäßigen Alkoholkonsum allgemein führen. Dies stellt eine Frage dar, die in der Psychologie, der Medizin und den Sozialwissenschaften anzusiedeln ist und dort auch ausführlich untersucht wird. Im Folgenden soll schwerpunktmäßig untersucht werden, welche Möglichkeiten Behörden haben, Alkoholkonsum in der Öffentlichkeit zu verbieten. Dazu kann es hilfreich sein zu hinterfragen, welche Gründe gerade Jugendliche und junge Erwachsene veranlassen, ihren Alkoholkonsum zu steigern und ihn in die Öffentlichkeit zu verlagern. Wer ein Problem wirksam bekämpfen will, muss nicht nur nach Symptomen, sondern auch nach Ursachen fragen. Auch diesbezüglich ist an dieser Stelle keine ausführliche Darstellung möglich, doch sollen die wichtigsten Erkenntnisse der Jugend- und Suchtforschung im Folgenden vorgestellt werden.

Warum also trinken Jugendliche auf öffentlichen Plätzen und nicht etwa ausschließlich in Gaststätten?

Offenbar ist es für Jugendliche relativ einfach, Alkohol in Getränke- und Supermärkten zu erwerben. Obwohl das Jugendschutzrecht den Verkauf sämtlicher Alkoholika an Personen unter 16 Jahren sowie die Abgabe von Branntwein an Personen unter 18 Jahren verbietet, § 9 Abs. 1 JuSchG, scheint dadurch kein Hindernis zu entstehen.[107] In vielen Fällen wird von Seiten des Verkaufspersonals gegen diese Regelung verstoßen.[108] Hinzukommt, dass Personen, die über den Altersgrenzen des § 9 Abs. 1 JuSchG liegen, ihre jüngeren Freunde mitversorgen können. Eine Studie hat außerdem ergeben, dass auch manche Eltern ihre Kinder mit Alkohol versorgen.[109] Es ist Jugendlichen also ein Leichtes, Alkohol zu beschaffen. In Gaststätten ist dies nicht so einfach. Anscheinend wird dort besser auf die Einhaltung der Jugendschutzbestimmungen geachtet. Die Anwe-

106 Vgl. *Stumpp/Stauber/Reinl*, Rauschtrinken, S. 26 f.

107 *Gourmelon*, VR 2008, 127 (127).

108 *Schlieckau*, ZJJ 2009, 318 (321).

109 *Gourmelon*, VR 2008, 127 (127); dort insb. Abb. 1.

senheit von Erwachsenen in der Gaststätte trägt hierzu möglicherweise bei. Der auf diese Weise erworbene Alkohol wird dann auf öffentlichen Flächen konsumiert. Die Umgehung des Jugendschutzes ist ein wichtiger Grund für Alkoholkonsum in der Öffentlichkeit.[110]

Ein weiterer Grund für das Ausweichen in die Öffentlichkeit ist das meist beschränkte Budget der Jugendlichen. Es ist deutlich kostengünstiger, den Alkohol flaschen- oder kistenweise zu erwerben als in der Gaststätte. Teilweise kostet im Supermarkt bspw. eine Flasche Wodka (0,7 l) weniger als fünf Euro. I.d.R. wird diese dann mit einer Flasche Saft oder Limonade (sog. „Energy-Drinks") gemischt. So kann für wenig Geld viel Alkohol beschafft werden. Die Preise in Gaststätten liegen deutlich höher.

Zudem findet in der Öffentlichkeit weniger soziale Kontrolle statt als bspw. in der Gaststätte oder in der elterlichen Wohnung.[111] Soziale Kontrolle ist dabei nicht nur auf den Alkoholkonsum bezogen, sondern auch auf andere Verhaltensweisen. Die Gruppe ist in der Öffentlichkeit unter sich und ohne Aufsichtsperson. Niemand ist „zuständig". Obwohl sie sich in der Öffentlichkeit befinden, fühlen sich die jungen Menschen unbeobachtet und nicht belauscht.[112] In der Öffentlichkeit bewegt man sich – bzw. lässt sich nieder – als Fremder unter Fremden – jedenfalls in größeren Städten.[113]

Weiterer Grund für den öffentlichen Konsum mag sein, dass Alternativen für die jungen Leute fehlen. Vor dem Discobesuch zu späterer Stunde wird an anderer Stelle „vorgeglüht". Das bedeutet, dass die Jugendlichen versuchen, sich „rechtzeitig" einen Alkoholpegel anzutrinken, um in Stimmung zu kommen.

Endlich mag die zunehmende Verlagerung des Feierns in den öffentlichen Raum auch ganz banale Gründe haben. Es macht den jungen Menschen einfach Spaß, unter freiem Himmel – jedenfalls im Sommer – mit dutzenden oder gar hunderten Gleichgesinnten zu feiern. Oftmals bilden sich bestimmte Plätzen zu Treffpunkten heraus, die man aufsucht, ohne große Verabredungen getroffen zu

110 Vgl. *Stumpp/Stauber/Reinl*, Rauschtrinken, S. 27.

111 Vgl. *Stumpp/Stauber/Reinl*, Rauschtrinken, S. 27.

112 *Stumpp/Stauber/Reinl*, Rauschtrinken, S. 27.

113 Vgl. zu den genannten Problemen *Kappeler*, Öffentliche Sicherheit durch Ordnung, S. 12.

haben. Man kann davon ausgehen, dass irgendjemand immer da sein wird, mit dem man feiern und trinken kann.

II. Durch öffentlichen Alkoholkonsum verursachte Probleme

Der in die Öffentlichkeit hineingetragene Alkoholkonsum bringt nicht nur das Problem mit sich, dass junge Menschen zu viel Alkohol trinken und dadurch ihre Gesundheit schädigen, sondern auch dass bei öffentlichen Trinkgelagen andere Menschen geschädigt oder belästigt und fremde Sachen zerstört werden.

Im Umfeld der von Gruppen zum Trinken genutzten Plätze geschehen Ordnungswidrigkeiten und Straftaten. Zwischen verschiedenen Gruppen kommt es zu Handgreiflichkeiten und Schlägereien. Auch völlig Unbeteiligte werden plötzlich angegriffen. Passanten fühlen sich bedroht und belästigt sowie Anwohner in ihrer (Nacht-) Ruhe gestört. Betrunkene verschmutzen öffentliche Anlagen und Parks, beschädigen oder beschmieren Toilettenhäuschen u.a. öffentliche Sachen oder reißen Sitzbänke aus der Verankerung.[114] Glasscherben erschweren das Befahren öffentlicher Straßen und Wege. Menschen urinieren auf Straßen, an Häuser und in Parks.[115] Dadurch bilden sich Brennpunkte, die zu polizeilichen Einsatzschwerpunkten werden.[116] Die Zahl der auf öffentlichen Verkehrsflächen verübten Gewaltdelikte ist in den vergangenen Jahren deutlich gestiegen.[117] Bei vielen davon ist Alkohol im Spiel.[118] Je größer die Trinkgruppen sind, desto einschüchternder ist ihre Wirkung auf Passanten und andere Gruppen. Offenbar schwinden die Unterschiede in der Gewaltbereitschaft zwischen Jungen und Mädchen. Auch Mädchen scheinen teilweise sehr gewaltbereit zu sein.[119] Sie sind andererseits jedoch besonders gefährdet durch sexuelle Gewalt.[120]

---

114 S. etwa Südkurier (Ausgabe Konstanz) v. 12.05.2011.

115 Vgl. *Hebeler/Schäfer*, DVBl.2009, 1424 (1425); *Faßbender*, NVwZ 2009, 563 (563).

116 Vgl. die Ausführungen zur Situation in Freiburg bei VGH Mannheim, VBlBW 2010, 29 (31).

117 *Ruder*, KommJur 2009, 46 (46).

118 *Heckmann*, ZJJ 2009, 322 (323); *Ruder*, KommJur 2009, 46 (46).

119 *Stumpp/Stauber/Reinl*, Rauschtrinken, S. 39.

120 *Stumpp/Stauber/Reinl*, Rauschtrinken, S. 40.

Hinzu kommt, dass sich in den letzten Jahren besonders in Städten ohnehin schon ein stärkeres Unsicherheitsgefühl entwickelt hat.[121] Vor allem Frauen und ältere Menschen fühlen sich verstärkt bedroht. Bestimmte Straßen oder Plätze werden – jedenfalls nachts – oft gemieden. Wenn das nicht möglich ist, durchquert man sie schnellen Schrittes, mit gesenktem Kopf und fest gegriffener Handtasche.[122] Schon Ende der 1990er Jahre kam es im Zuge dieser Entwicklung zu Diskussionen über die Strategie der Null-Toleranz. Durch frühzeitiges polizeiliches Einschreiten mit Videoüberwachung und erhöhte Polizeipräsenz wollten Behörden das Unsicherheitsgefühl verringern.[123] Ausgelöst wurde die Strategie durch Drogen- und Punkerszenen, Skinheads mit Glatzen und Springerstiefeln, mit Graffiti verschmierte Gebäude, aggressive Bettler und betrunkene, unordentliche Obdachlose mit ihren Hunden. Betrunkene und herumlungernde Jugendliche werden heute ebenso als großes Problem wahrgenommen.[124] Der öffentliche Raum wird immer stärker als verwahrlost und mithin gefährlich betrachtet.[125]

Diese Unsicherheitsgefühle der Menschen haben die Behörden schon in den 1980er und 1990er Jahren zum Handeln veranlasst. In Städten und Gemeinden ergingen Satzungen und Verordnungen, die das aggressive oder teilweise jegliches Betteln verboten.[126] Die Polizeibehörden entfernten Obdachlose aus Innenstädten, erließen Platzverweise und Aufenthaltsverbote.[127] Ebenso bekämpften sie öffentliche Drogenszenen.[128] Die Verwahrlosung des öffentlichen Raums sollte gestoppt werden.

---

121 *Waechter*, DVBl. 1999, 809 (809 f.); *Volkmann*, NVwZ 2000, 361 (361 f.).

122 Vgl. auch *Waechter*. DVBl. 1999, 809 (810.).

123 *Dolderer*, NVwZ 2001, 130 (130).

124 *Janssen/Schollmeyer*, Unsicherheit, S. 67 ff.

125 *Volkmann*, NVwZ 2000, 361 (361 f.).

126 S. hierzu bspw.: *Bindzus/Lange*, JuS 1996, 482; *Höfling*, Die Verw. 33 (2000), 207; *Holzkämper*, NVwZ 1994, 146; *Keding*, KommPraxis MO 1998, 195.

127 S. hierzu bspw.: *Eckstein*, VBlBW 1994, 306; *Fahl*, DÖV 1996, 955; *Kohl*, NVwZ 1991, 620; *Schloer*, DVBl. 1989, 739; *Terwiesche*, VR 1997, 410; schon früher: *Franz*, DVBl. 1971, 249.

128 S. hierzu bspw.: *Deger*, VBlBW 1996, 90; *Haseloff-Grupp*, VBlBW 1997, 161; *Lesting*, KJ 1997, 214; Zum Begriff der Szenen, s. *Finger*, Die offenen Szenen der Städte, S. 31 ff.

Durch die öffentlichen Trinkgruppen verstärkt sich dieses Gefühl der Unsicherheit nun weiter.

III. Maßnahmen gegen den öffentlichen Alkoholkonsum

Die vielfältigen Probleme, die der öffentliche Alkoholkonsum vor allem von Jugendlichen hervorruft, sind in den letzten Jahren immer stärker in den Fokus der verschiedenen staatlichen Ebenen gerückt. Das Unsicherheitsgefühl und die tatsächlichen Probleme sollen bekämpft werden. Zur Lösung verfolgen die Hoheitsträger unterschiedliche Wege. Diese lassen sich einteilen in rechtliche und praktische Maßnahmen. Man spricht auch von Verhältnis- und Verhaltensprävention.[129] Die Verhältnisprävention richtet sich ans das Umfeld, also die rechtlichen und tatsächlichen Verhältnisse, während Maßnahmen der Verhaltensprävention auf die Menschen selbst abzielen.[130]

1. Rechtliche Maßnahmen

Zunächst sollen rechtliche Maßnahmen vorgestellt werden:

a) Maßnahmen durch den Bund

Der Bund hat in den letzten Jahren durch zwei Gesetze versucht, den Alkoholkonsum Jugendlicher einzuschränken. Beide sind nicht speziell auf den öffentlichen Konsum ausgerichtet, wirken sich aber trotzdem auf ihn aus.

aa) Alkopopsteuer

Erste Maßnahme des Bundes war das zum 01.07.2004 in Kraft getretene „Gesetz zur Verbesserung des Schutzes junger Menschen vor Gefahren des Alkohol- und Tabakkonsums“.[131] Sein wesentlicher Bestandteil ist das Alkopopsteuergesetz, durch welches eine Sondersteuer auf Alkopops (auch: Alcopops[132]) eingeführt wurde.[133] Dabei folgte Deutschland dem Vorbild der Schweiz und Frankreichs, die bereits eine solche Steuer eingeführt hatten.[134]

---

129 *Bätzing*, G+G 2007, Heft 7/8, 48 (48).

130 *Bätzing*, G+G 2007, Heft 7/8, 48 (48).

131 BGBl. I 2004, 1857.

132 Duden, Rechtschreibung, S. 172.

133 Zur Gesetzgebungsverlauf s. *Pfab*, DStZ 2006, 249 (249).

134 BT-Drs. 15/3084, S. 6 u. 10; *Pfab*, DStZ 2006, 249 (253).

Alkopops sind alkoholhaltige Mischgetränke, die fertig gemischt erworben werden. In der Regel dient als Grundlage eine süße Limonade, der ein alkoholhaltiges Destillat (i.d.R. Branntwein) zugefügt ist.[135] Das Gemisch hat einen Alkoholgehalt von bis zu sechs Prozent.[136] Durch die Süße wird der Alkoholeigengeschmack stark überdeckt, was vor allem Jugendliche ansprechen soll.[137] Dies ist insofern problematisch, als gem. § 9 Abs. 1 Nr. 1 JuSchG branntweinhaltige Getränke an Jugendliche überhaupt nicht abgegeben werden dürfen. Die vorhandene (geschmackliche) Hemmschwelle gegenüber Alkohol wird durch Alkopops abgeschwächt.[138]

Zum Handeln veranlasst wurde der Bund durch eine Untersuchung der Bundeszentrale für gesundheitliche Aufklärung aus dem Jahre 2003. Ihr zufolge trank beinahe jeder zweite Jugendliche zwischen 14 und 17 Jahren mindestens einmal im Monat Alkopops.[139] Im Jahr 1998 lag dieser Wert noch bei neun Prozent.[140] Die bestehende Altersgrenze für branntweinhaltige Getränke konnte die Entwicklung offenbar nicht stoppen.

Ziel der Einführung der Alkopopsteuer war erklärtermaßen, den Absatz und damit den Konsum von Alkopops deutlich zu verringern.[141] Gem. § 2 AlkopopStG bemisst sich die Steuer nach der Menge reinen Alkohols, die das Getränk enthält. Dieser Alkohol muss allerdings gleichzeitig der Branntweinsteuer unterfallen, § 1 Abs. 2 AlkopopStG. Somit werden Alkopops, die auf durch Gärung entstandenem Alkohol (bspw. auf Bier- oder Weinbasis) basieren, nicht erfasst. Pro Hektoliter reinen Alkohols liegt die Steuer bei 5.500 Euro. Die Höhe der Steuer beträgt bei einem handelsüblichen Flascheninhalt von 275 ml und dem üblichen Alkoholgehalt von ca. 5,5 % damit etwa 80 Cent.[142] Dies bedeutet eine

---

135 *Pfab*, DStZ 2006, 249 (250 f.); PM der BZgA vom 10.01.2004; Drogen- und Suchtbericht 2004, S. 21.

136 *Pfab*, DStZ 2006, 249 (251).

137 PM der BZgA vom 10.01.2004.

138 BT-Drs. 15/2587, S. 6; DHS, Alkopops, S. 12.

139 PM der BZgA vom 10.01.2004; Drogen- und Suchtbericht 2004, S. 22.

140 PM der BZgA vom 10.01.2004.

141 BT-Drs. 15/2587, S. 6; *Pfab*, DStZ 2006, 249 (250).

142 BT-Drs. 15/2587, S. 7; *Schmidt/Theis*, ZfZ 2004, 329 (331). Hinzu kommt die darauf noch anfallende Umsatzsteuer von 19%. Insgesamt beträgt die Verteuerung also knapp 1 Euro.

beträchtliche Verteuerung. Da die Steuer an die enthaltene Alkoholmenge und nicht etwa den Preis anknüpft, kann auch keine Umgehung durch Discounterpreise erfolgen. Das Ausmaß der Alkopopsteuer wird deutlich im Vergleich mit anderen Alkoholsteuern: Während ein Liter reinen Alkohols bei Alkopops mit 55,00 Euro besteuert wird, liegt die Summe bei Bier bei etwa 1,97 Euro[143], bei Branntwein 13,03 Euro und bei Schaumwein bei 13,60 Euro.[144] Auf Wein wird in Deutschland keine Sondersteuer erhoben. Die Alkopopsteuer ist also sehr hoch, die Biersteuer sehr niedrig angesetzt.

Ob die Einführung der Alkopopsteuer als erfolgreich zu bewerten ist, kommt auf die Betrachtungsweise an:

Zwar sind Absatz und Konsum von Alkopops seit 2004 gesunken. Nur noch jeder zehnte Jugendliche trank im Jahr 2007 mindestens einmal im Monat Alkopops.[145] Aus den Super- und Getränkemärkten sind Alkopops mittlerweile fast verschwunden. Insofern darf die Einführung der Steuer durchaus als Erfolg gewertet werden. Durch den starken Rückgang des Absatzes betrug das Aufkommen der Alkopopsteuer im Jahr 2007 lediglich drei Mio. Euro.[146] Zum Vergleich: Das Aufkommen der Branntweinsteuer belief sich auf zwei Mrd. Euro.[147]

Allerdings hat der Verzicht auf Alkopops nicht dazu geführt, den Alkoholkonsum Jugendlicher insgesamt zu reduzieren. Stattdessen liegt er heute auf einem noch höheren Niveau als vor der Einführung der Steuer.[148] Der Rückgang des Alkopop-Konsums wurde durch einen vermehrten Konsum von Bier und Biermischgetränken mehr als ausgeglichen.[149] Eine der Ursachen dafür ist, dass

143 Die Biersteuer wird nicht nach dem Alkoholgehalt, sondern nach der Stammwürze berechnet, daher wird hier ein Durchschnittswert angegeben.

144 http://dhs.de/web/datenfakten/alkohol.php am 18.02.2010. Eine Übersicht über die Besteuerung verschiedener alkoholischer Getränke in Europa gibt DHS, Jahrbuch 2009, S. 41.

145 Drogen- und Suchtbericht 2008, S. 58.

146 PM des Statistischen Bundesamts, Zahl der Woche Nr. 47 vom 25.11.2008.

147 PM des Statistischen Bundesamts, Zahl der Woche Nr. 47 vom 25.11.2008. Eine Übersicht über die Alkoholsteuereinnahmen der vergangenen Jahre bietet DHS, Jahrbuch 2009, S. 40.

148 Drogen- und Suchtbericht 2008, S. 58.

149 Drogen- und Suchtbericht 2008, S. 58.

diese Getränke von der Alkopopsteuer ausgeschlossen wurden.[150] Dabei wurden schon bei Einführung der Steuer deutlich mehr Mischgetränke auf Bier- und Weinbasis als auf Branntweinbasis verkauft.[151] Die Steuerpflicht ergibt sich beim AlkopopStG nicht etwa aus dem Alkoholgehalt, sondern der Alkoholbasis. Dieser Ansatz wurde schon im Gesetzgebungsverfahren als falsch bezeichnet[152] und die Ausweichmöglichkeit auf bier- und weinbasierten Alkohol erkannt.[153] Bemerkenswert ist außerdem, dass durch das Ausweichen der Konsumenten wie auch der Produzenten auf Mischgetränke auf Bier- und Weinbasis auch die Altersbeschränkung des § 9 Abs. 1 Nr. 1 JuSchG nicht mehr einschlägig ist, sondern § 9 Abs. 1 Nr. 2 JuSchG. Alkopops auf Bier- oder Weinbasis sind somit ab 16 Jahren legal zu erwerben. Zugespitzt könnte man ausdrücken, das Gesetz habe durch die Ausklammerung der bier- und weinhaltigen Alkopops das Ausweichen auf diese geradezu provoziert und damit faktisch zu einer Senkung der Altersgrenze geführt.[154]

Es lässt sich also festhalten, dass das primäre Ziel der Verringerung des Konsums von branntweinhaltigen Alkopops erreicht wurde. Das eigentliche Ziel der Verringerung des Alkoholkonsums der Jugendlichen insgesamt wurde hingegen verpasst.

bb) Alkoholverbot für Fahranfänger

Zum 01.08.2007 trat das „Gesetz zur Einführung eines Alkoholverbots für Fahranfänger und Fahranfängerinnen" in Kraft.[155]

Dadurch wurde § 24c StVG geschaffen, nach dem ordnungswidrig handelt, wer in der Probezeit nach § 2a StVG oder vor Vollendung des 21. Lebensjahres als Führer eines Kraftfahrzeugs im Straßenverkehr alkoholische Getränke zu sich nimmt oder die Fahrt antritt, obwohl er unter der Wirkung eines solches Getränks steht. Der Passus „oder vor Vollendung des 21. Lebensjahres" wurde

---

150 Vgl. hierzu *Mrozek/Vervooren*, ZfZ 2005, 182 (184).

151 Vgl. *Pfab*, ZfZ 2005, 110 (111).

152 S. die Sitzungsprotokolle des Deutschen Bundestags: 108. Sitzung der 15. WP am 06.05.2004, S. 9774 ff.

153 Bspw. Klaus Haupt MdB, 108. Sitzung der 15. WP am 06.05.2004, Protokoll S. 9781.

154 So auch: Georg Fahrenschon MdB, 108. Sitzung der 15. WP am 06.05.2004, Protokoll S. 9776.

155 BGBl. I 2007, 1460.

auf Betreiben des Bundesrats eingefügt.[156] Damit sollte verhindert werden, dass solche Personen aus dem Anwendungsbereich des § 24c StVG ausscheiden, die im Alter von 16 Jahren die Fahrerlaubnis der Klasse A1 (Krafträder) erworben haben und deren Probezeit mit 18 Jahren bereits beendet ist.[157]

Geahndet werden Verstöße gegen § 24c StVG als Ordnungswidrigkeit gem. Nr. 243 der Anlage zur BKatV mit einer Geldbuße von 125 Euro und gem. Nr. 6.1 der Anlage 13 zur FeV mit zwei Punkten. In Anbetracht der Tatsache, dass sich die Vorschrift i.d.R. an junge Menschen richtet, wird davon ausgegangen, dass 125 Euro eine schmerzhafte Sanktion darstellen.[158] Ein Fahrverbot ist nicht vorgesehen.

Die Einführung des Alkoholverbots im Straßenverkehr wurde seit längerem gefordert.[159] Der Deutsche Verkehrsgerichtstag sprach sich bereits 1998 für eine entsprechende, restriktive Regelung aus.[160] Auch andere europäische Länder haben eine ähnliche Regelung eingeführt.[161]

Ziel des Gesetzes ist es, die hohen Unfallzahlen von alkoholisierten Fahranfängern zu senken. Fahrer zwischen 18 und 25 Jahren sind statistisch betrachtet häufiger und mit schwereren Folgen in Verkehrsunfälle verwickelt als erfahrenere Verkehrsteilnehmer.[162] Das ausgesendete Signal ist eindeutig: Fahren und Trinken sind nicht vereinbar.[163]

Nach ersten – durch die noch kurze Geltungsdauer nur begrenzt aussagefähigen – Untersuchungen erreicht das Gesetz die angestrebte Wirkung. Die Zahl der alkoholbedingten Unfälle mit Beteiligung von Fahranfängern ging 2008 im

156 BT-Drs. 16/5047, S. 11.

157 BT-Drs. 16/5047, S. 11. Näher zum Gesetzgebungsverfahren: *Janker*, DAR 2007, 497 (497 f.); Zum ersten Entwurf noch in der 15. WP s. *Weibrecht*, NZV 2005, 563 (563 f.).

158 *Hufnagel*, NJW 2007, 2577 (2578); BT-Drs. 16/5047, S. 9.

159 S. etwa *D. Müller*, NZV 2000, 401 (401 f.), der aber eine Grenze von 0,05 Promille BAK vorschlägt und eine europaweite Regelung befürwortet. S. auch *Weibrecht*, NZV 2005, 563 (563).

160 *Berz*, NZV 1998, 144 (145).

161 So z.B. Spanien und die Niederlande. In Österreich besteht eine Grenze von 0,1 Promille BAK. S. *Weibrecht*, NZV 2005, 563 (563); BT-Drs. 16/5047, S. 8.

162 BT-Drs. 16/5047, S. 7.

163 *Janker*, DAR 2007, 497 (497 f.); *Hufnagel*, NJW 2007, 2577 (2577 u. 2580).

Vergleich zu 2007 um 11% zurück. Der Rückgang in Bezug auf alle Altersgruppen betrug 6,4%.[164]

b) Maßnahmen durch die Bundesländer

Auch die Bundesländer haben auf den verstärkten Alkoholkonsum Jugendlicher reagiert. Beispielhaft sei hier das baden-württembergische „Gesetz zur Abwehr alkoholbeeinflusster Störungen der öffentlichen Sicherheit und Ordnung während der Nachtzeit und zum Schutz vor alkoholbedingten Gesundheitsgefahren" (kurz: Alkoholverkaufsverbotsgesetz) vorgestellt.[165]

aa) Inhalt des baden-württembergischen Alkoholverkaufsverbotsgesetzes

Es enthält drei wesentliche Regelungen:

(1) Verbot des Alkoholverkaufs

Erstens wurde durch Art. 1 das baden-württembergische Ladenöffnungsgesetz[166] geändert. Nach dem neu eingefügten § 3a LadÖG ist es – bei wenigen Ausnahmen, bspw. für Hofläden – Verkaufsstellen i.S. des § 2 LadÖG verboten, zwischen 22 und 5 Uhr alkoholische Getränke jeder Art zu verkaufen.

Damit griff der Landesgesetzgeber Forderungen auf, die schon seit vielen Jahren von verschiedenen Seiten geäußert wurden: Ein wichtiger Bestandteil der Strategie zur Senkung des Alkoholkonsums sei nämlich die Verringerung der Verfügbarkeit.[167] Daneben gebe es nur zwei Möglichkeiten, wirksam den Alkoholkonsum zu senken: Werbeverbote und hohe Preise.[168]

Begründet hat der Gesetzgeber das Alkoholverkaufsverbot aber nicht mit gesundheitspolitisch-präventiven Gedanken. Argumentiert wird von allem mit

---

164 PM des Statistischen Bundesamts Nr. 253 vom 08.08.2009.

165 Zum Verfahrensgang: Gesetzentwurf der Landesregierung: LT-Drs. 14/4850, Beschlussempfehlung des Innenausschusses: LT-Drs. 14/5252, Gesetzesbeschluss v. 04.11.2009 in der Fassung des Entwurfs: LT-Drs. 14/5413. Verkündet im GBl. BW 2009, 628. In Kraft getreten am 01.03.2010.

166 GBl. BW 2007, 135.

167 DHS, Aktionsplan, S. 5 und passim; *von Hippel*, ZRP 1999, 132 (134 f.); DHS, Jahrbuch 2009, S. 239 ff.; LT-Drs. 14/4850, S. 10.

168 LT-Drs. 14/4850, S. 10.

einer Verbesserung der Sicherheit. Alkohol sei ein Gewaltkatalysator.[169] Der nächtliche Alkoholeinkauf an der Tankstelle – andere Verkaufsstellen sind nachts i.d.R. geschlossen – sei spontan und diene der einfachen, schnellen und billigen – jedenfalls im Vergleich zur nächtlichen Alternative der Gaststätten – Versorgung mit Alkohol. Wenn man diese Versorgungsmöglichkeit beseitige, sei ein Gewinn an Sicherheit zu erwarten. Vor allem im Umfeld von Tankstellen seien überdurchschnittlich viele Polizeieinsätze zwischen 22.00 und 05.00 Uhr im Zusammenhang mit unter Alkoholeinfluss begangenen Straftaten zu verzeichnen.[170]

Aus eben diesen Gründen hatte der Gemeindetag Baden-Württemberg im Namen der Gemeinden schon im Rahmen der Anhörung im Gesetzgebungsverfahren zum LadÖG ein nächtliches Alkoholverkaufsverbot gefordert.[171] Verwiesen wurde außerdem auf positive Erfahrungen in der Schweiz und in Frankreich, wo es schon seit zwanzig Jahren ein nächtliches Alkoholverkaufsverbot gibt.[172] Trotzdem ist nach Art. 3 Abs. 2 des Gesetzes das nächtliche Alkoholverkaufsverbot nach spätestens drei Jahren zu evaluieren.

Freilich erging das Gesetz nicht ohne Widerspruch seitens der vor allem betroffenen Tankstellenbetreiber. Der Anteil des Umsatzes alkoholischer Getränke am Gesamtumsatz der Tankstellen ist vor allem nachts sehr hoch.[173] Es wird außerdem vorgebracht, die Regelung sei unnötig, da auch auf anderem Wege nächtliche Alkoholverkaufsverbote bereits nach bisher geltendem Recht möglich gewesen seien.[174] Vorgeschlagen wird ein ladenschlussrechtliches Vorgehen durch die zuständigen Behörden.[175] Der Verweis auf das Ladenöffnungsrecht geht dabei jedoch größtenteils fehl, da Baden-Württemberg die werktäglichen Ladenschlusszeiten vollständig frei gegeben hat. Allenfalls sonntags könnte die Behörde ladenschlussrechtlich einschreiten. Außerdem besteht selbst nach dem vorgeschlagenen Ansatz lediglich die Möglichkeit für Kommunen, durch Ein-

169 LT-Drs. 14/4850, S. 7.

170 LT-Drs. 14/4850, S. 7 und passim.

171 LT-Drs. 14/727, S. 6.

172 LT-Drs. 14/4850, S. 11.

173 LT-Drs. 14/4850, S. 12 f.

174 So jedenfalls *Kranixfeld*, GewArch 2010, 154 (155), der von „Überregulierung" spricht. Ob dies bei der Einfügung *eines* Paragraphen zutreffend ist, ist durchaus fraglich.

175 *Kranixfeld*, GewArch 2010, 154 (155).

zelmaßnahmen gegen den Alkoholverkauf vorzugehen. Die landesweite und abschließende Regelung hat somit eine gänzlich andere Wirkung und ist mithin nicht überflüssig.

Dem Städte- und dem Gemeindetag Baden-Württemberg sowie der Deutschen Polizeigewerkschaft geht das Verbot hingegen nicht weit genug. Sie fordern die Ausdehnung auch auf Gewerbebetriebe, die nicht dem LadÖG unterfallen.[176] Dazu gehören bspw. Lieferdienste („Pizzaservice").

Kurz nach Inkrafttreten des Gesetzes wurde bereits über angebliche „Schlupflöcher" berichtet. Diverse Tankstellen boten an, der Kunde könne alkoholische Getränke tagsüber bestellen und bezahlen, um sie dann nach 22.00 Uhr abzuholen. Die Anbieter berufen sich wohl darauf, durch den vorgezogenen Vertragsschluss würde der Verkaufsvorgang ebenfalls vorgezogen und fände innerhalb der erlaubten Zeit statt. Dieser Auffassung trat der damalige baden-württembergische Innenminister *Heribert Rech* jedoch entgegen.[177]

Ein zweites „Schlupfloch" wollen findige Tankstellenpächter entdeckt haben. Sie betreiben zusätzlich zu ihrer Tankstelle ein Bistro oder Café, in dem sie einfache Speisen und Getränke, etwa Kaffee und Kuchen, anbieten. Durch die damit verbundene Einstufung als Gaststätte könne das Verbot umgangen werden, weil Gaststätten keine Verkaufsstellen i.S. des § 3a LadÖG sind. Gaststättenbetreiber dürfen gem. § 1 LGastG i.V. mit § 7 Abs. 2 Nr. 1 GaststG Getränke, die sie in der Gaststätte verabreichen, über die Straße abgeben.[178] Für diese sog. Mischbetriebe gilt jedoch, dass die Gaststätte, also das Bistro oder Café, sich nicht als ein bloßer Annex zum Ladengeschäft darstellen darf.[179] Die Gaststätte muss als Gaststätte erkennbar und vom Ladenlokal abgrenzbar sein. Ein Raum kann nicht gleichzeitig Verkaufsstelle und Gaststätte sein. Sonst könnte sich der Betreiber die jeweils günstigeren Regelungen aussuchen: Er könnte dann während der Ladenschlusszeiten eine Gaststätte und während der gaststättenrechtlichen Sperrzeit eine Verkaufsstelle betreiben. Es wird also nicht möglich sein, bspw. durch das Aufstellen zweier Stehtische im Verkaufsraum der

---

176 LT-Drs. 14/4850, S. 18.

177 PM des Innenministeriums BW v. 25.03.2010, abrufbar unter www.im.baden-wuerttemberg.de/
de/Meldungen/228206.html?referer=83357&template=min_meldung_html&_min=_im.

178 Dazu noch unten ab S. 242.

179 *Strohs*, KommJur 2010, 201 (205).

Tankstelle eine Gaststätte zu begründen. Liegt demnach eine Gaststätte vor und soll in dieser Gaststätte Alkohol ausgeschenkt werden, ist gem. § 1 LGastG i.V. mit § 2 Abs. 1 GaststG eine Gaststättenerlaubnis nötig. Zu beachten ist, dass der Betreiber nur solche Getränke über die Straße abgeben darf, die er in seiner Gaststätte auch ausschenkt.[180] Bietet er also in dem Bistro nur alkoholfreie Getränke und Bier an, darf er Schnaps nicht über die Straße verkaufen. Dabei muss es darauf ankommen, welche Getränke er auch tatsächlich ausschenkt. Das beschränkt sich auch nicht auf die Getränkeart (Bier, Wein, Spirituosen etc.), sondern gilt auch bzgl. der Getränkesorten oder -marken. Das bedeutet, dass es nicht ausreicht, eine Sorte Schnaps auszuschenken, um jede Art von Schnaps über die Straße verkaufen zu dürfen.[181] Ein Indiz dafür kann bspw. die Getränkekarte sein. Es ist kaum vorstellbar, dass im Bistro bzw. Café sämtliche Getränke, die in der Tankstelle verkauft werden, auch ausgeschenkt werden. Früher wurden diese Einschränkungen des Straßenverkaufs in erster Linie damit begründet, dass er als Ausnahme zum Ladenschlussrecht aus Gründen des Wettbewerbs restriktiv gehandhabt werden muss.[182] Dies ist wegen der Liberalisierung des Ladenschlussrechts entfallen. Vielmehr muss heute die restriktive Handhabung mit dem Alkoholverkaufsverbotsgesetz begründet werden.

In einer Pressemitteilung erklärte der Innenminister, dass nach einem Jahr der Geltung des Verbots die Zahl derjenigen Tankstellen, bei denen mindestens einmal im Monat die Polizei wegen alkoholbedingten Straftaten einschreiten musste, um mehr als die Hälfte gesunken sei.[183]

Unabhängig davon dürfen gem. § 15 Abs. 4 S. 2 FStrG Nebenbetriebe an Autobahnen – also Raststätten, Tankstellen etc. – zwischen 0.00 und 07.00 Uhr keinen Alkohol verkaufen oder ausschenken. Diese Regelung dient allerdings in erster Linie straßenverkehrsrechtlichen Gesichtspunkten. Zur abendlichen Alkoholversorgung junger Menschen dienen Autobahnraststätten in aller Regel

---

180 *Metzner*, GaststG, § 7 Rn. 28.

181 So auch *Metzner*, GaststG, § 7 Rn. 28 für Weinsorten.

182 *Metzner*, GaststG, § 7 Rn. 27.

183 PM des Innenministeriums BW v. 25.02.2011, abrufbar unter http://www.im.baden-wuerttemberg.de/de/Meldungen/248751.html?referer=83357&template=min_meldung_html&_min=_im.

nicht.[184] Schon vorher war es gem. § 9 Abs. 3 JuSchG verboten, in der Öffentlichkeit alkoholische Getränke jeder Art in Automaten anzubieten, es sei denn, er befindet sich an einem für Kinder und Jugendliche unzugänglichen Ort oder in einem gewerblich genutzten Raum und sichergestellt ist, dass Kinder und Jugendliche keinen Zugang haben. Dies gilt unbeschadet des § 1 LGastG i.V. mit § 20 Nr. 1 GaststG, der verbietet, Branntwein oder überwiegend branntweinhaltige Lebensmittel durch Automaten feilzubieten. Zielsetzung ist in beiden Fällen – anders als beim Alkoholverkaufsverbotsgesetz – der Jugendschutz.

(2) Überführung des GaststG in Landesrecht

Im Zuge der sog. Föderalismusreform I wurde die Bundeskompetenz für das Gaststättenrecht in Art. 74 Abs. 1 Nr. 11 a.F. GG gestrichen. Damit ging die Kompetenz auf die Länder über.[185] Das GaststG des Bundes konnte aber gem. Art. 125a Abs. 1 GG als Bundesrecht fortgelten. Durch Art. 2 § 1 des Alkoholverkaufsverbotsgesetzes wurde § 1 LGastG geschaffen und das GaststG komplett in Landesrecht überführt.

(3) Verbot von Flatrate-Partys

Drittens wurde durch Art. 2 § 2 ausdrücklich verboten, alkoholische Getränke in einer Weise zu vermarkten oder anzubieten, die geeignet ist, Alkoholmissbrauch oder übermäßigem Alkoholkonsum Vorschub zu leisten, § 2 LGastG. Dieses Verbot zielt auf die oben beschriebenen Flatrate-Partys u.ä. Konzepte ab.[186] Dabei geht auch der Gesetzgeber davon aus, dass bereits nach bisherigem Gaststättenrecht Flatrate-Partys verboten werden konnten. Diese Ansicht entspricht der herrschenden Literatur und Rechtsprechung.[187] Die ausdrückliche Aufnahme ins

---

184 Zum behördlichen Umgang mit Autohöfen, die mangels unmittelbarer Zufahrt zur Autobahn nicht unter den Begriff des „Nebenbetriebs" gem. § 15 Abs. 1 FStrG fallen, s. *Pfeifer/Fischer*, GewArch 2002, 232 (241).

185 Zur Ländergesetzgebungskompetenz im Gaststättenrecht nach der Föderalismusreform I: *Höfling/Rixen*, GewArch 2008, 1 (6 f.).

186 Siehe dazu LT-Drs. BW 14/4850, S. 16.

187 Etwa: VGH München GewArch 2007, 428 (428); VG Hannover, GewArch 2007, 388 (388); *Guckelberger*, LKV 2008, 385 (387 ff.); *Scheidler*, DVP 2009, 24 (25 ff.); *ders.*, DÖV 2008, 189 (190 ff.); *ders.*, GewArch 2007, 276 (279); *Korden*, GewArch 2000, 11 (11 ff.). Dies nur in Bezug auf Jugendliche annehmend: *Krüger/van der Schoot*, DVBl. 2008, 697 (698 ff.). Kritisch: *Schröder/Führ*, NVwZ 2008, 145 (148). Dazu s.u. ab S. 114.

Gesetz sollte ein eindeutiges politisches Zeichen setzen, dass diese Arten von Veranstaltungen unerwünscht sind.[188] Dies ist ein legitimes Ziel.[189] Gleichzeitig wurde ein Ordnungswidrigkeitstatbestand geschaffen. Bei Zuwiderhandeln kann ein Bußgeld bis zu 5.000 Euro verhängt werden, § 3 LGastG. Die Begründung zum Gesetzentwurf enthielt die Bemerkung, der Bußgeldrahmen sei zu niedrig.[190] Vor dem Hintergrund der hohen Einnahmen, die bspw. eine Großraumdiskothek mit einer entsprechenden Veranstaltung macht, scheint der Bußgeldrahmen in der Tat zu niedrig angesetzt. Trotzdem orientiert sich das Gesetz in der Höhe an den anderen Bußgeldhöhen im Gaststättenrecht, vgl. § 1 LGastG i.V. mit § 28 Abs. 3 GaststG. Dieser unbefriedigende Zustand soll allerdings nur vorübergehend vorliegen:[191]

(4) Weitere Planungen und Vorgehen anderer Bundesländer

Der Erlass des Alkoholverkaufsverbotsgesetzes soll nämlich nur ein erster Schritt im Rahmen einer umfassenden Neuregelung des Gaststättenrechts in Baden-Württemberg sein, die bereits angekündigt wurde.[192] In Brandenburg[193], Bremen[194] und in Thüringen wurden bereits eigene und umfassende Landesgaststättengesetze erlassen. Andere Bundesländer wollen folgen.[195] Bemerkenswert sind der brandenburgische und der thüringer Ansatz. Nach bisherigem Recht ist zum Betrieb einer Gaststätte grds. eine Erlaubnis nötig, § 2 Abs. 1 GaststG.[196] Die beiden Länder haben das bisherige gaststättenrechtliche Erlaubnisverfahren durch eine bloße Anzeigepflicht ersetzt. Diese ähnelt der aus dem allgemeinen Gewerberecht bekannten Anzeigepflicht gem. § 14 GewO. Die Anzeige hat vier bzw. zwei Wochen vor Betriebsbeginn zu erfolgen, § 2 Abs. 1 bbgGastG bzw. §

---

188 LT-Drs. BW 14/4850, S. 1 u. 16.

189 Vgl. dazu *Kugelmann*, DÖV 2003, 781 (782).

190 LT-Drs. 14/4850, S. 17.

191 S. dazu sogleich unter (4).

192 Erneut angekündigt in LT-Drs. 14/4850, S. 17. Dazu *Strohs*, KommJur 2010, 201 (206), in Fn. 51.

193 Dazu *Lehmann*, NVwZ 2009, 84; *Dürr*, GewArch 2009, 286; Darauf erwidernd *Lehmann*, GewArch 2009, 291.

194 Dazu *Dillenburger*, NordÖR 2009, 298.

195 Z.B. Bayern, s. *Scheidler*, GewArch 2009, 1 (1).

196 Ausnahmen von Erfordernis der Erlaubnis nennt § 2 Abs. 2 GaststG.

2 Abs. 1 thürGastG. Im Rahmen der Anzeige überprüft die Behörde die Zuverlässigkeit des Anzeigenden, § 3 Abs. 1 bbgGastG bzw. § 3 S. 1 thürGastG. Der Gastgewerbetreibende kann anschließend sein Gastgewerbe betreiben, ohne wie bisher auf die Erteilung einer Erlaubnis warten zu müssen. Dienen sollen diese Neuregelungen in erster Linie dem Bürokratieabbau und der Verfahrensbeschleunigung.[197] Kritisiert wird indes, dass der Gastwirt Rechts- und Planungssicherheit verliert, weil er keine Erlaubnis mehr hat, die nicht ohne Weiteres[198] zurückgenommen bzw. widerrufen werden kann.[199] Bremen ging diesen Weg nicht, sondern setzt gem. § 2 Abs. 1 S. 1 bremGastG für den Ausschank alkoholischer Getränke weiterhin das Bestehen einer Erlaubnis voraus, hält also am präventiven Verbot mit Erlaubnisvorbehalt fest. Außerdem wurde durch § 4 Nr. 5 bremGastG verboten, im Gaststättengewerbe alkoholische Getränke in einer Art und Weise anzubieten, die darauf gerichtet ist, zu übermäßigem Alkoholkonsum zu verleiten. Es handelt sich um ein Flatrate-Party-Verbot.[200]

In Baden-Württemberg besteht Uneinigkeit, welchem Ansatz das zu erlassende LGastG folgen soll.[201] Offenbar sollen die Erfahrungen der anderen Bundesländer abgewartet werden. Die abschließend geäußerte Befürchtung, es könne zum einem „Flickenteppich" unterschiedlicher Regelungen kommen, welcher die Situation länderübergreifend tätiger Betreiber verkomplizieren würde,[202] lässt sich im gegenwärtigen System des Föderalismus nicht verhindern. Vielmehr wurde das durch den verfassungsändernden Gesetzgeber gerade gewollt, da er die bisherige Bundeskompetenz im Art. 74 Abs. 1 Nr. 11 a.F. GG im Zuge der „Föderalismusreform I" gestrichen und dadurch das Gaststättenrecht vollständig in die Kompetenz der Länder überführt hat.[203] Es ist typisch für Länderrecht, dass es nicht bundeseinheitlich, sondern unterschiedlich ist.

197 *Lehmann*, NVwZ 2009, 84 (85); *ders.*, GewArch 2009, 291 (293); *Dürr*, GewArch 2009, 286 (288).

198 Dazu s.u. ab S. 249.

199 *Lehmann*, NVwZ 2009, 84 (85). Zustimmend zum Festhalten an der Erlaubnispflicht auch *Dillenburger*, NordÖR 2009, 298 (300).

200 *Dillenburger*, NordÖR 2009, 298 (300).

201 *Strohs*, KommJur 2010, 201 (206), in Fn. 51.

202 *Lehmann*, GewArch 2009, 291 (294).

203 *Höfling/Rixen*, GewArch 2008, 1 (9).

bb) Verfassungsmäßigkeit des Alkoholverkaufsverbotsgesetzes

Art. 1 des Gesetzes, also die Einführung des § 3a LÖG, war bereits Gegenstand zweier Verfassungsbeschwerden.

Eine Verfassungsbeschwerde, die sich gegen das Alkoholverkaufsverbot richtete, wurde vom BVerfG nicht zur Entscheidung angenommen. Das BVerfG hat das Gesetz am Maßstab des Art. 2 Abs. 1 GG geprüft[204] und in dem Alkoholverkaufsverbotsgesetz einen Eingriff in dieses Grundrecht gesehen. Dieser Eingriff sei jedoch gerechtfertigt. Das Ziel des Gesetzgebers, der Zunahme alkoholbedingter Straftaten zu begegnen, diene einem wichtigen Gemeinwohlbelang. Im Übrigen sei die Regelung verhältnismäßig.[205]

Eine zweite Verfassungsbeschwerde – dieses Mal von einer Tankstellenpächterin – wurde ebenfalls nicht zur Entscheidung angenommen.[206] Zwar liege ein Eingriff in das Recht auf freie Berufsausübung aus Art. 12 Abs. 1 GG vor, das auch das Recht beinhalte, die Art der angebotenen Waren selbst festzulegen. Der Eingriff sei jedoch gerechtfertigt. Das kompetenzgemäß erlassene Gesetz diene gewichtigen Gemeinwohlzielen, nämlich der Eindämmung der mit Alkoholmissbrauch verbundenen Gefahren sowohl für die öffentliche Sicherheit als auch die Volksgesundheit.[207] Das Gesetz sei zur Erreichung dieser Ziele geeignet, erforderlich und angemessen.[208] Insbesondere sei es nicht angezeigt, das Verkaufsverbot erst ab einem späteren Zeitpunkt anzusetzen oder auf bestimmte Getränke zu begrenzen.[209] Nicht zur Verfassungswidrigkeit führe außerdem die Zulassung von Ausnahmen bspw. für Hofläden. Dort sei schließlich kein enthemmter Alkoholkonsum mit Bildung von Szenetreffs zu erwarten.[210]

c) *Maßnahmen auf kommunaler Ebene*

Die Mehrzahl der rechtlichen Maßnahmen gegen öffentlichen Alkoholkonsum ergeht auf kommunaler Ebene. Sie sollen an dieser Stelle kurz vorgestellt wer-

---

204 Der Beschwerdeführer war kein Verkaufsstellenbetreiber.

205 BVerfG, Beschl. v. 11.06.2010, Az. 1 BvR 915/10 – juris, Rn. 5.

206 BVerfG, GewArch 2010, 489.

207 BVerfG, GewArch 2010, 489 (490).

208 BVerfG, GewArch 2010, 489 (490).

209 BVerfG, GewArch 2010, 489 (490).

210 BVerfG, GewArch 2010, 489 (490 f.).

den. Ihre ausführliche rechtliche Würdigung wird im Fortgang der Untersuchung erfolgen.

Im Wesentlichen lassen sich die Maßnahmen der Kommunen zwei Rechtsgebieten zuordnen: Dem allgemeinen Polizeirecht und dem Straßenrecht.

aa) Polizeirechtliches Vorgehen gegen den Alkoholkonsum

Die Kommunen sind gem. § 62 Abs. 4 PolG BW[211] Ortspolizeibehörden. Die Aufgaben nach dem PolG haben sie – nach dem in Baden-Württemberg gewählten monistischen System – als Pflichtaufgaben nach Weisung zu erfüllen.[212]

(1) Alkoholkonsumverbote durch Polizeiverordnung

Durch § 10 Abs. 1 PolG werden die Polizeibehörden ermächtigt, zur Gefahrenabwehr Polizeiverordnungen zu erlassen.

Viele Städte und Gemeinden haben von dieser Möglichkeit Gebrauch gemacht und Verordnungen erlassen, die den Alkoholkonsum in der Öffentlichkeit verbieten und an Verstöße gegen dieses Verbot Bußgeldtatbestände anknüpfen. Die Verbote sind in der Regel räumlich und zeitlich beschränkt.

Einige Kommunen haben solche Verordnungen erlassen, die ausschließlich den Alkoholkonsum zum Gegenstand haben. Dazu zählen bspw. die Stadt Konstanz[213] und die Stadt Freiburg im Breisgau.[214] Meist jedoch wurden Regelungen, die den Alkoholkonsum in der Öffentlichkeit betreffen, in die ohnehin bestehenden örtlichen Polizeiverordnungen aufgenommen. Die Musterpolizeiverordnung des baden-württembergischen Gemeindetags bspw. enthält in § 15 Abs.

211 Im Rahmen dieser Arbeit wird auf die baden-württembergischen Normen abgestellt, solange nicht explizit die Normen anderer Länder genannt werden.

212 Zu den verschiedenen Aufgabenarten siehe etwa *Dols/Plate*, Kommunalrecht BW, Rn. 45 ff.; *Gern*, Kommunalrecht BW, Rn. 107 ff.; *Burgi*, Kommunalrecht, § 8 Rn. 19. Zum dualistischen System bspw. *Burgi*, Kommunalrecht, Rn. 12 ff.; *Gern*, Deutsches Kommunalrecht, Rn. 227.

213 Polizeiverordnung über ein Alkohol- und Glasverbot im öffentlichen Raum am Rheinufer vom 07.07.2009, abrufbar unter www.konstanz.de/rathaus/02230/02334/index.html. Konstanz ist Große Kreisstadt und hat ca. 80.000 Einwohner.

214 Dazu VGH Mannheim VBlBW 2010, 29. Freiburg im Breisgau ist Stadtkreis und hat ca. 220.000 Einwohner.

1 Nr. 4 eine Regelung, die auf öffentlichen Alkoholkonsum zielt.[215] An dieser in enger Zusammenarbeit mit dem baden-württembergischen Innenministerium erstellte[216] Musterregelung haben sich viele Städte und Gemeinden in Baden-Württemberg – ggf. auf örtliche Besonderheiten Rücksicht nehmend – orientiert und Polizeiverordnungen erlassen, deren Text dem der Musterverordnung entspricht.[217]

(2) Alkoholkonsumverbote per Allgemeinverfügungen

Neben Verboten durch Polizeiverordnungen wurde durch einzelne Kommunen das Mittel der Allgemeinverfügung i.S.des § 35 S. 2 VwVfG[218] gewählt. Gestützt auf die polizeiliche Generalklausel der §§ 1, 3 PolG hat bspw. die Stadt Konstanz in einem bestimmten und näher bezeichneten Teil des Stadtgebiets am Bodenseeufer zwischen 20.00 und 06.00 Uhr den Konsum von Alkohol und die Verwendung von Glasflaschen untersagt.[219] Es bestünde eine Gefahr für die öffentliche Sicherheit, namentlich durch Zuwiderhandlungen gegen die städtische Polizei- und Umweltverordnung.[220] Diese untersagt u.a. in § 7 Abs. 1 das Verunreinigen öffentlicher Straßen, Wege und Plätze. Im betroffenen Bereich sei es zu spontanen Massenansammlungen von bis zu 250 Jugendlichen und jungen Erwachsenen gekommen, in deren Umfeld Körperverletzungen, Sachbeschädigungen, Ruhestörungen und Vermüllung durch Glasscherben zu beobachten seien. Dadurch handelte es sich um einen massiven Einsatzschwerpunkt der Polizei.[221]

---

215 MusterVO abgedruckt in BWGZ 1999, 778. § 15 Abs. 1 Nr. 4 lautet: Auf öffentlichen Straßen und Gehwegen sowie in Grün- und Erholungsanlagen ist untersagt das Lagern oder dauerhafte Verweilen außerhalb von Freischankflächen oder Einrichtungen, wie Grillstellen u.ä., ausschließlich oder überwiegend zum Zwecke des Alkoholgenusses, wenn dessen Auswirkungen geeignet sind, Dritte erheblich zu belästigen. Eine andere §§ aktualisierende Fassung ist abgedruckt bei BWGZ 2007, 54.

216 Vgl. die Ausführungen zur MusterVO in BWGZ 1999, 778 (804).

217 Beispiele für Kommunen außerhalb Baden-Württembergs finden sich bei *Hebeler/Schäfer*, DVBl. 2009, 1424 in Fn. 1. S. dazu die Ausführungen unten ab S. 109.

218 Die entsprechenden Ländervorschriften sind wortgleich.

219 Allgemeinverfügung abrufbar unter http://www.konstanz.de/rathaus/02230/02334/index.html.

220 PolVO abrufbar unter http://www.konstanz.de/rathaus/ortsrecht/03649/00030/index.html.

221 S. die Begründung der Allgemeinverfügung unter http://www.konstanz.de/rathaus/02230/02334/index.html.

Die sofortige Vollziehbarkeit gem. § 80 Abs. 2 S. 1 Nr. 4 VwGO wurde angeordnet, unmittelbarer Zwang bei Zuwiderhandlung gem. § 49 Abs. 2 i.V. mit § 52 PolG angedroht.[222]

(3) Einzelmaßnahmen

Unabhängig von evtl. ergangenen Verordnungen oder Allgemeinverfügungen nutzen die Ortspolizeibehörden die Möglichkeit zu Einzelmaßnahmen. Diese können entweder auf Spezialermächtigungen beruhen, bspw. Platzverweise oder Aufenthaltsverbote gem. § 27a Abs. 1, 2 PolG, oder auf der polizeilichen Generalklausel der §§ 1, 3 PolG.[223]

bb) Straßenrechtliches Vorgehen gegen den Alkoholkonsum

In der Vergangenheit haben sich Kommunen auch auf Straßenrecht berufen, um Alkoholkonsum in der Öffentlichkeit zu unterbinden. Bekannteste Beispiele hierfür sind Satzungen der Landeshauptstädte München und Saarbrücken[224]. Sie hatten jeweils gestützt auf die straßenrechtlichen Ermächtigungsgrundlagen Alkoholkonsum auf Straßen und Plätzen als Sondernutzung klassifiziert. Gleichzeitig wurde festgeschrieben, dass diese Sondernutzung nicht genehmigungsfähig ist.[225]

Beide Satzungen waren Gegenstand viel beachteter Gerichtsentscheidungen. Der VGH München[226] hat die dortige Satzung für rechtmäßig erklärt, während

222 S. dazu die Ausführungen unten ab S. 166.

223 S. dazu die Ausführungen unten ab S. 189.

224 § 2 II der Saarbrücker Satzung lautete: Sondernutzungen sind insbesondere [...] Nr. 16 das Niederlassen zum Genuss von Alkohol außerhalb der genehmigten Außenschankflächen.

§ 5 I lautete: Nachfolgende Sondernutzungen werden nicht genehmigt: [...] das Niederlassen zum Genuss von Alkohol außerhalb der genehmigten Außenschankflächen.

225 S. zur Satzung der Landeshauptstadt Saarbrücken etwa *Bindzus/Lange*, JuS 1998, 696 sowie zur Satzung der Landeshauptstadt München etwa *Wohlfarth*, BayVBl. 1997, 420 (424 ff.); *Fahl*, DÖV 1996, 955 (958 ff.); *Kohl*, NVwZ 620 (625 ff.).

226 VGH München, Beschl. v. 27.10.1982, Az. 8 N 82 A.277 – n.v.

das OLG Saarbrücken[227] – im Rahmen eines Bußgeldverfahrens – die dortige Satzung mangels Ermächtigungsgrundlage für rechtswidrig erachtete.[228]

cc) Vorgehen gegen den Alkoholverkauf

Neben dem direkten Vorgehen gegen Alkoholkonsum gehen einige Kommunen indirekt gegen diesen vor, indem sie den Alkoholverkauf reglementieren. Die Ansatzpunkte und Anlässe sind dabei unterschiedlich, wie folgende Darstellung zeigen soll.

(1) Verkaufsverbote durch Polizeiverordnung

Die Landeshauptstadt Dresden erließ zum 01.04.2007 eine auf § 9 Abs. 1 SächsPolG[229] gestützte Polizeiverordnung, die es in ihrem § 2 in einem räumlich bestimmten Bereich „Inhabern und Betreibern von Schank- und Speisewirtschaften [...] untersagt, in der Nacht von Freitag auf Samstag und in der Nacht von Samstag auf Sonntag zwischen 22:00 Uhr und 05:00 Uhr alkoholische Getränke an jedermann über die Straße abzugeben."[230] Ein Verstoß hiergegen ist als Ordnungswidrigkeit eingestuft und kann mit einer Geldbuße bis zu 1.000 Euro geahndet werden.

Im Geltungsbereich der Verordnung war es regelmäßig zu Ausschreitungen und Krawallen gekommen.

Einen Antrag auf vorläufigen Rechtsschutz im Verfahren nach § 47 Abs. 6 VwGO hat das OVG Bautzen abgelehnt.[231]

---

227 OLG Saarbrücken, NJW 1998, 251.

228 S. dazu die Ausführungen unten ab S. 201.

229 § 9 Abs. 1 SächsPolG ist wortgleich mit § 10 Abs. 1 PolG BW.

230 Polizeiverordnung über das Verbot der Alkoholabgabe an jedermann über die Straße durch Schank- und Speisewirtschaften in der Äußeren Neustadt vom 12.12.2006, abrufbar unter www.dresden.de/media/pdf/satzungen/polizeiverordnung_alkoholabgabeverbot_neu-stadt.pdf.

231 OVG Bautzen, Beschl. v. 27.09.2007, Az. 3 BS 100/07 – juris.

(2) Verkaufsverbote in Umsetzung des Ladenschlussrechts an Tankstellen durch VA

Das o.g. gesetzliche nächtliche Alkoholverkaufsverbot gibt es (bisher) nur in Baden-Württemberg. Solange andere Länder nicht ähnliche Regelungen erlassen, stellt sich dort für Kommunen die Frage, ob trotzdem gegen den nächtlichen Alkoholverkauf v.a. an Tankstellen vorgegangen werden kann. Dafür kommt in erster Linie das Ladenschlussrecht in Betracht.

Das OVG Rheinland-Pfalz hatte sich in zweiter Instanz mit Verfügungen der Stadt Frankenthal zu befassen, die allen Tankstellen im Stadtgebiet den Verkauf von Alkoholika zwischen 22.00 und 06.00 Uhr verboten.[232] Grundlage hierfür war § 14 Abs. 1 S. 1 i.V. mit § 6 LadÖffnG RP. Dadurch sollte verhindert werden, dass Personen an Tankstellen Alkohol kaufen und diesen vor Ort konsumieren, wodurch Anwohner sich gestört fühlten.[233] Der Bescheid enthielt Ausnahmen im Hinblick auf Reisebedarf i.S. des § 2 Abs. 2 LadÖffnG RP. In je nach Alkoholgehalt unterschiedlichen Mengen durfte Alkohol weiterhin an Reisende verkauft werden, wobei Reisende als Kraftfahrer und deren Mitfahrer definiert wurden.[234]

Das OVG Rheinland-Pfalz hat die Klage der Tankstellenbetreiber - wie schon in erster Instanz – abgewiesen und die Verfügung für rechtmäßig erklärt.

Zur Verdeutlichung muss darauf hingewiesen werden, dass das LadÖffnG RP – im Gegensatz zum LadÖG BW – die Ladenöffnung an Werktagen nicht völlig freigegeben hat, sondern gem. § 3 Nr. 2 LadÖffnG RP Verkaufsstellen werktags zwischen 22.00 und 06.00 Uhr geschlossen bleiben müssen. Ob Behörden anderer Länder ebenfalls diese Vorgehensweise wählen werden, bleibt abzuwarten.[235]

---

232 OVG Rheinland-Pfalz, GewArch 2009, 249; Vorinstanz: VG Neustadt a. d. Weinstraße, Urt. v. 13.11.2008, Az. 4 K 797/08.NW.

233 *Sitsen*, DVBl. 2009, 792 (792).

234 Im Einzelnen s. OVG Rheinland-Pfalz, GewArch 2009, 249 (249).

235 S. auch *Steinhauer*, BB 2009, 2386 (2389 f.).

(3) Vorübergehende Einschränkungen des Alkoholverkaufs bspw. bei Fußballspielen oder Veranstaltungen durch Verwaltungsakt

Neben dauerhaften Beschränkungen des Alkoholverkaufs wird im räumlichen oder zeitlichen Umfeld von besonderen Veranstaltungen wie Fußballspielen oder Dorffesten etc. häufig kurzzeitig der Alkoholverkauf verboten.

Einem Beschluss des VG Düsseldorf bspw. lag eine Allgemeinverfügung zugrunde, die aus Anlass eines Fußballbundesligaspiels in Mönchengladbach den Alkoholverkauf im direkten Umfeld vor dem Spiel untersagte.[236] Der Antrag auf Wiederherstellung der aufschiebenden Wirkung blieb erfolglos.

Der VGH Mannheim wies eine Berufungssache ab, die eine gaststättenrechtliche Auflage gegen einen im Umfeld eines Fußballstadions niedergelassenen Kioskbetreiber zum Gegenstand hatte.[237] Die Landeshauptstadt Stuttgart hatte ihm aufgegeben, vor, während und nach Bundesligaheimspielen nur Getränke bis zu einem Alkoholgehalt von 3% auszuschenken. Auch das VG Stuttgart hatte die Klage in erster Instanz abgewiesen.[238]

Dem VG Stuttgart lag zudem ein Antrag gem. § 80 Abs. 5 VwGO vor, mittels dem sich ein Gaststättenbetreiber gegen eine Verfügung der Landeshauptstadt Stuttgart wehrte.[239] Die Verfügung enthielt das Verbot, vor, während und nach Spielen der Deutschen Fußballnationalmannschaft bei der Europameisterschaft 2008 Getränke nach außen auszugeben. Die Gaststätte lag direkt an einer Straße, auf der nach jedem (erfolgreichen) Spiel der Deutschen ein Autokorso stattfand. Die auf § 5 Abs. 1 Nr. 3 GaststG gestützte Verfügung wurde vom Gericht als rechtmäßig eingestuft und aufrechterhalten.

Diese drei kurz angerissenen Beispiele sollen zeigen, wie Kommunen den Alkoholverkauf reglementieren.

d) Zusammenfassung

Alle staatlichen Ebenen haben sich dem Kampf gegen übermäßigen Alkoholkonsum – auch in der Öffentlichkeit – gewidmet. Das Problem des öffentlichen

236 VG Düsseldorf, NVwZ 2010, 71.

237 VGH Mannheim, NJW 2005, 238.

238 VG Stuttgart, GewArch 2003, 430.

239 VG Stuttgart, GewArch 2009, 214.

Alkoholkonsums wird weniger gesundheitspolitisch, sondern hauptsächlich unter Sicherheitsaspekten betrachtet. Daher sind die gesetzgeberischen Möglichkeiten des Bundes aufgrund von Art. 70 GG beschränkt, da das Sicherheitsrecht in die Kompetenz der Länder fällt. Der Bund kann daher nur indirekt und auf Rechtsgebieten agieren, die Alkohol anderweitig erfassen. Die eigentliche, auf den öffentlichen Alkoholkonsum ausgerichtete Gesetzgebung findet auf der Ebene der Länder statt. Bisher wurden diese jedoch kaum aktiv, sondern vertrauen darauf, dass die bestehenden Regelungen ausreichende Handhabe bieten. Umgesetzt werden die landesrechtlichen Vorgaben durch die kommunale Ebene. Städte und Gemeinden als Ortspolizeibehörden haben verschiedene Maßnahmen ergriffen, die teilweise auf dem allgemeinen Polizeirecht, dem Straßenrecht oder dem Gaststättenrecht beruhen. Inwiefern diese Maßnahmen rechtlich zulässig und sinnvoll sind, wird Gegenstand der nachfolgenden Untersuchung sein.

2. Praktische Maßnahmen

Die verschiedenen rechtlichen Maßnahmen werden durch vielfältige praktische Maßnahmen flankiert. Sie sollen die Menschen und vor allem die Jugendlichen und jungen Erwachsenen dazu bewegen, Ihr Verhalten freiwillig und von sich aus zu ändern. Man bezeichnet sie deswegen auch als Maßnahmen der Verhaltensprävention.[240]

a) Maßnahmen durch den Bund und die Länder

Die präventiven, praktischen Maßnahmen des Bundes bestehen im Wesentlichen in der allgemeinen Aufklärungsarbeit der BZgA sowie einigen Kampagnen, die meist mit den Ländern gemeinsam durchgeführt werden. Der Bund unterstützt die Projekte finanziell oder hilft bei der länderübergreifenden Koordination.

aa) Beispiel für eine solche Kampagne: „Don’t drink too much – Stay gold!“

Die Drogenbeauftragte der Bundesregierung ist Schirmherrin der Kampagne “Don’t drink too much – Stay gold!”[241] Es handelt sich um ein Projekt, welches von der Polizeilichen Kriminalprävention der Länder und des Bundes durchgeführt wird. Vor allem mit drastischen Fotos und Fakten sollen die Gefahren des Alkohols verdeutlicht werden. Ziel ist die Abschreckung der Jugendlichen. Da-

---

240 *Bätzing*, G+G 2007, Heft 7/8, 48 (48).

241 Der Internetauftritt der Kampagne lautet: www.staygold.eu.

bei soll nicht die völlige Abstinenz beworben werden – ein Ziel, welches wohl auch gänzlich unrealistisch wäre –, sondern die Beschränkung des Konsums auf ein, zwei Gläser Alkohol erreicht werden. Angesprochen werden sollen gezielt Jugendliche. Dementsprechend sind der Internetauftritt und die verwendete Sprache „jung“. Sportler und bei Jugendlichen populäre Künstler unterstützen die Aktion bspw. durch Auftritte in Werbespots oder auf Plakaten.[242]

Die Kampagne stieß teilweise auf Kritik, vor allem ihres Namens wegen. Insbesondere die Bedeutung des „Stay gold!“ (deutsch etwa: „Bleib anständig!“) sei unverständlich und ein unnötiger Anglizismus. Zusätzlich führen einige bekannte Brauereien Biere mit der Bezeichnung „Gold“.[243] „Stay gold“ bekommt dann eine unerwünschte Bedeutung.

Die Wirksamkeit von Kampagnen zur Verringerung des Alkoholkonsums von Jugendlichen wird jedoch insgesamt bezweifelt. In einer Studie wird Aufklärungskampagnen – seien sie auch noch so drastisch – die niedrigste aller möglichen Wirksamkeitsstufen verliehen.[244] Objektiv messbar ist der Erfolg von Kampagnen bislang nicht.

bb) Weitere Beispiele

Eine weitere, parallele Kampagne der BZgA ist „Kenn Dein Limit“. Die Kampagne verfügt über zwei unterschiedliche Internetauftritte, von denen sich jeweils einer an Jugendliche und einer an die Eltern oder interessierte Erwachsene richtet.[245] Unterstützt wird die Aktion vom Verband der privaten Krankenversicherung e.V. Mittels Werbespots und Plakaten soll Jugendlichen vermittelt werden, dass es nicht „cool“ sei, sich zu betrinken.

Einen ganz ähnlichen Ansatz verfolgt die ebenfalls von der BZgA geführte Kampagne „Na toll!“/“Bist Du stärker als Alkohol?“, die jedoch ein noch jüngeres Publikum ansprechen will.[246] Durch die Kampagne soll das Einstiegsalter in den Alkoholkonsum erhöht werden. Jugendliche mit einem kritischen Alkohol-

---

242 Drogen- und Suchtbericht 2009, S. 42.

243 Bspw. Beck's Gold, Fürstenberg Gold usw.

244 *Thomasius*, Wenn Jugendliche trinken, S. 122 f.

245 Für Jugendliche gedacht ist: www.kenn-dein-limit.info, an Erwachsene richtet sich: www.kenn-dein-limit.de.

246 www.bist-du-stärker-als-alkohol.de; Drogen- und Suchtbericht 2009, S. 42.

konsum sollen zu einer Verhaltensänderung animiert werden.[247] Ein weiteres Beispiel ist die Kampagne „Hart am LimiT – HaLT", die bundesweit umgesetzt wird.[248]

b) *Maßnahmen auf kommunaler Ebene*

Vor allem Kommunen haben sich in den letzten Jahren intensiv damit beschäftigt, dem Alkoholkonsum Jugendlicher und junger Erwachsener Grenzen zu setzen. Auf dieser Ebene sind Jugendliche im ihrem direkten Umfeld zu erreichen.[249] Praktische Maßnahmen verschiedener Art sollen – soweit vorhanden – rechtliche Maßnahmen flankieren. Etliche Kommunen, die bisher keine der unterschiedlichen rechtlichen Maßnahmen gewählt haben, führen als ersten Schritt praktische, in der Regel präventive Maßnahmen durch. Die Bandbreite ist dabei sehr groß und reicht vom Verzicht auf den Ausschank von Sekt beim jährlichen offiziellen Neujahrsempfang über die alkoholfreie Jugendveranstaltung bis zur mehrere Kommunen umfassenden, vernetzten Zusammenarbeit zur Alkohol- und Gewaltprävention.[250] Diese Maßnahmen werden meist nicht alleine von der Kommune, sondern im Zusammenspiel mit anderen örtlichen oder überörtlichen Organisationen durchgeführt. Oftmals sind enge Kooperationspartner die ortsansässigen (weiterführenden) Schulen, kirchliche Gruppen beider Konfessionen, soziale, kulturelle und Sportvereine sowie Jugendgruppen, aber auch der Einzelhandel und die Gastronomie.[251] Zudem werden i.d.R. auch Behörden anderer Verwaltungsträger – bspw. Jugend- oder Gesundheitsämter – jedenfalls beratend und unterstützend herangezogen.[252]

Im Bereich der praktisch-präventiven Maßnahmen ist freilich auf die örtlichen Gegebenheiten einzugehen. Eine auf alle Kommunen in Deutschland übertragbare perfekte Patentlösung gibt es selbstredend nicht.[253] In aller Regel sind

---

247 Drogen- und Suchtbericht 2009, S. 42 f.

248 Zu einem solchen Umsetzungsprojekt s. *Baumgartner/Kuttler*, BWGZ 2009, 1134.

249 *Bätzing*, KrV 2009, 162 (162).

250 S. etwa die (baden-württembergischen) Bsp. bei *Arndt*, BWGZ 2009, 1124; *Fieger/Broßmann*, BWGZ 2009, 1136; *Link/Habig*, BWGZ 2009, 1130; *M. Müller*, BWGZ 2009, 1132. Deutschlandweite Zusammenstellung mit zahlreichen Bsp. bei DStGB, Alkoholprävention, S. 8 ff.

251 Vgl. DStGB, Alkoholprävention, S. 8.

252 Vgl. DStGB, Alkoholprävention, S. 8.

253 Vgl. *Leonhardt*, Der Städtetag 2/2007, 5 (6).

die örtliche soziale Struktur, die Größe der Kommune, die geographisch-strukturelle Lage und viele andere Faktoren zu berücksichtigen. Ein Präventionsprogramm einer Großstadt hat andere Voraussetzungen zu beachten als das einer kleinen Gemeinde. An dieser Stelle ist es nicht möglich, sämtliche Kommunen aufzulisten, die in der Alkoholprävention Maßnahmen ergriffen haben.

c) *Maßnahmen nicht-hoheitlicher Träger*

Neben den genannten Maßnahmen der hoheitlichen Träger ergreifen auch andere Organisationen Schritte zur Reduzierung des Alkoholkonsums vor allem Jugendlicher. Dabei handelt es sich bspw. um die privaten und gesetzlichen Krankenkassen.[254] So stellt etwa die AOK Baden-Württemberg Veranstaltern von Festen Armbänder in verschiedenen Farben zur Verfügung. Diese werden dann an je nach Alter an die Besucher ausgegeben: Ein rotes Band für unter 16-Jährige als Symbol dafür, dass an sie kein Alkohol ausgeschenkt werden darf. Unter 18 Jahren erhalten die Besucher gelbe Bänder, weil sie keinen Branntwein trinken dürfen. Volljährige erhalten grüne, weil sie keinen Einschränkungen unterliegen.[255] Aber auch Organisationen wie Rotary International sind in diesem Bereich aktiv. Beispielhaft soll die Kampagne „be free“ verschiedener Rotary Clubs und des Landkreises Konstanz genannt werden.[256]

d) *Zusammenfassung*

Zusammenfassend ist festzuhalten, dass im Bereich der Prävention die kommunale Ebene die aktivste im Kampf gegen den öffentlichen Alkoholkonsum ist. Dies ist der Tatsache geschuldet, dass die Kommunen von seinen Auswirkungen unmittelbarer betroffen sind als der Bund oder die Länder. Deren wirksame Möglichkeiten im Bereich der Prävention beschränken sich auf finanzielle Unterstützung oder Koordinierung der kommunal durchgeführten Kampagnen. Bundes- oder landesweite Kampagnen, die sich auf Plakate und Werbespots konzentrieren, sind hingegen weitgehend als wirkungslos auf die Jugendlichen einzustufen.

---

254 S. dazu im Einzelnen Drogen- und Suchtbericht 2008, S. 61 ff.

255 Drogen- und Suchtbericht 2008, S. 61 f.

256 www.be-free-rotary.de.

B. Zusammenfassung

Zusammenfassend lässt sich festhalten, dass unter Erwachsenen in Deutschland der Konsum von Alkohol weit verbreitet und gesellschaftlich anerkannt ist. Der deutsche Pro-Kopf-Verbrauch liegt mit etwa zehn Litern reinen Alkohols pro Jahr in Europa und der Welt im vorderen Bereich, wobei der von Männern deutlich über dem von Frauen liegt. Im langfristigen Vergleich lässt sich allerdings ein leichter Rückgang verzeichnen. Dabei ist kein großes geografisches Gefälle innerhalb Deutschlands auszumachen. Ebenso wenig sind starke Unterschiede zwischen verschiedenen sozialen Schichten belegt.

Die gesellschaftliche Anerkennung von Alkohol und seine stetige Präsenz in Medien und Familie wirken sich auch auf Kinder und Jugendliche nachteilig aus. Der Alkoholkonsum Jugendlicher und junger Erwachsener steigt kontinuierlich an. Auch bei Jugendlichen ist ein Gefälle zwischen Männern und Frauen zu erkennen, welches allerdings abnimmt. Der Konsum junger Frauen und Mädchen steigt schneller an als der von jungen Männern und Jungen. Dramatisch entwickeln sich die Zahlen der alkoholbedingten stationären Krankenhausaufenthalte. Seit Beginn der 1990er Jahre hat sich ihre Zahl verfünffacht. Jeder zehnte Krankenhausaufenthalt bei 16-jährigen Jungen resultiert aus einer Alkoholintoxikation.

Die verstärkte Verlagerung des Alkoholkonsums in die Öffentlichkeit führt zu vielfältigen Problemen. Nicht nur vermeintlich harmlose Beeinträchtigungen der Sauberkeit oder Ruhestörungen, sondern schwerwiegende Vorkommnisse werden registriert. Es kommt zu Schlägereien und Sachbeschädigungen. Bestimmte öffentliche Bereiche werden zu Einsatzschwerpunkten der Polizei, während die Bevölkerung sie meidet. Neben statistisch zählbaren Vorfällen entsteht bei der Bevölkerung ein nicht messbares Gefühl der Unsicherheit und der Angst.

Bund, Länder und Kommunen haben sich dem Problem angenommen und verschiedene Lösungsversuche unternommen. Diese können in rechtliche und praktische Maßnahmen untergliedert werden, wobei in den meisten Fällen Maßnahmen aus beiden Gruppen sich gegenseitig flankieren sollen. Rechtliche Maßnahmen sind dem Bund im Bereich der Gefahrenabwehr kompetenzgemäß grds. nicht möglich. Er muss sich auf angrenzende Bereiche konzentrieren. Ergebnis dieser Bemühungen sind das Alkoholverbot für Fahranfänger sowie die Steuer auf Alkopops. Die Länder haben im Rahmen ihrer Kompetenzen bisher Zurückhaltung bewiesen. Lediglich Baden-Württemberg hat ein nächtliches Alkoholverkaufsverbot erlassen. Aktivste Ebene sind daher die Kommunen. Sie wenden Polizei- oder Straßenrecht an und handeln in Form von Polizeiverordnungen,

Allgemeinverfügungen oder Satzungen. Ansatzpunkte sind entweder der Alkoholkonsum oder der -verkauf. Praktische Maßnahmen sind auf übergeordneter Ebene schwer möglich. Der Bund beschränkt sich so auf Kampagnen. Wiederum sind es die Kommunen, die sich durch Einfallsreichtum auszeichnen. Inwieweit die unterschiedlichen Maßnahmen sinnvoll und nützlich oder nur als Aktionismus zu bezeichnen sind, kann im Rahmen dieser Arbeit nicht beantwortet werden.

Kapitel Zwei: Behördliches Vorgehen gegen den Alkoholkonsum auf polizeirechtlicher Grundlage

Unter allen möglicherweise betroffenen Rechtsgebieten wird vorliegend zunächst das Polizeirecht untersucht. Schwerpunkt der Arbeit ist es, Möglichkeiten der Behörden zu prüfen, durch abstrakt-generelles Vorgehen den öffentlichen Alkoholkonsum zu untersagen. Deshalb wird zuerst die Polizeiverordnung untersucht, bevor auf Alkoholkonsumverbote durch Allgemeinverfügungen eingegangen wird. Den Abschluss der polizeirechtlichen Untersuchung bilden Einzelmaßnahmen durch Verwaltungsakte.

A. Alkoholkonsumverbote durch Polizeiverordnung

Eine der traditionellen Formen polizeilichen Handelns ist seit jeher das Instrument der Polizeiverordnung.[257] Schon das preußische Recht kannte es.[258] Nach der Legaldefinition des § 10 Abs. 1 PolG werden Polizeiverordnungen als „Gebote und Verbote erlassen, die für eine unbestimmte Anzahl von Fällen an eine unbestimmte Anzahl von Personen gerichtet sind". Es handelt sich also um abstrakt-generelle Regelungen.[259] Wurde vor wenigen Jahren noch festgestellt, die Bedeutung der Polizeiverordnung sei rückläufig und nurmehr gering,[260] so ist durch die oben beschriebene Zunahme der durch öffentlichen Alkoholkonsum verursachten Probleme ebenfalls eine Renaissance der Polizeiverordnung zu beobachten.[261] Sie gilt als „unentbehrliches Instrument, um ein zeitlich, örtlich und

257 In Baden-Württemberg wird der Begriff der Polizeiverordnung verwendet. In anderen Bundesländern werden sie als „Gefahrenabwehrverordnungen" o.ä. bezeichnet. Außer der Bezeichnung ergeben sich keine Unterschiede. S. *Rachor* in Lisken/Denninger, E Rn. 53; *Schenke*, Polizei- und Ordnungsrecht, Rn. 607.

258 Näher: *Drews/Wacke/Vogel/Martens*, Gefahrenabwehr, S. 491.

259 *Belz/Mußmann*, PolG BW, § 10 Rn. 9.

260 Etwa *Rachor* in Lisken/Denninger, E Rn. 59. S. auch *Hamann*, NVwZ 1994, 669 (669); *Schoch*, Jura 2005, 600 (601); *Wohlfarth*, Städtetag 2/2007, 10 (10).

261 Weiteres zur wieder wachsenden Bedeutung beitragendes Regelungsfeld der PolVOen ist seit einigen Jahren der Umgang mit Kampfhunden. Im Unterschied zu den hier interessanten Alkoholverbotsverordnungen ergingen diese jedoch auf Landesebene, vgl. *Rachor* in Lisken/Denninger, E Rn. 63 ff. Zur Thematik insgesamt, s. *Stadler*, Schutz

sachlich flexibles Handeln auch ohne detaillierte Vorentscheidungen des parlamentarischen Gesetzgebers zu ermöglichen."[262] Wäre die gefahrenabwehrrechtliche Rechtsetzung alleine dem Gesetzgeber zugewiesen, wäre sie notwendigerweise lückenhaft.[263] Polizeiverordnungen basieren in allen Ländern auf polizeigesetzlichen Generalklauseln.[264] Lediglich Bayern kennt diese Vorgehensweise nicht. Dort sind Verordnungen nur aufgrund einer Spezialermächtigung zulässig.[265] In ständiger Rechtsprechung hat das BVerfG festgestellt, dass die Verwendung dieser Generalklauseln unter dem verfassungsrechtlichen Aspekt des Bestimmtheitsgebots unbedenklich ist. Ihre jahrelange Entwicklung durch die Rechtsprechung hat sie in Inhalt, Zweck und Ausmaß hinreichend präzisiert.[266]

Gegenstand der folgenden Untersuchung ist, ob und unter welchen Voraussetzungen Behörden in bestimmten öffentlichen Bereichen den Konsum von Alkohol durch Polizeiverordnungen generell verbieten können.

Die Voraussetzungen zu ihrem Erlass sind in den verschiedenen Ländergesetzen nahezu identisch geregelt. Feine Unterschiede bei den formellen Anforderungen können hier unberücksichtigt bleiben.[267] Die Schwierigkeiten bei Alkoholkonsumverboten in der Öffentlichkeit durch Polizeiverordnungen liegen nicht im formellen, sondern im materiellen Bereich. Als Ermächtigungsgrundlage i.S. des Art. 61 LV dient § 10 PolG. In Baden-Württemberg hat gem. § 13 S. 1 PolG der Bürgermeister die Organkompetenz, Polizeiverordnungen zu er-

---

vor Kampfhunden, passim. *Möller/Wilhelm*, Allgemeines Polizei- und Ordnungsrecht, Rn. 256, sprechen von „Regelungshysterie".

262 VGH Mannheim, VBlBW 2002, 293.

263 Ausführlich dazu *Drews/Wacke/Vogel/Martens*, Gefahrenabwehr, S. 484.

264 Neben § 10 PolG BW sind dies: §§ 25 Abs. 1, 26 Abs. 1 bbgOBG; § 55 berlASOG; § 49 bremPolG; § 1 Abs. 1 hambSOG; §§ 72, 73, 74 hessSOG; § 17 mvSOG; § 55 ndsSOG; §§ 26 Abs. 1, 27 Abs. 1 nwOBG; § 43 rpPOG; § 59 Abs. 1 saarlPolG; § 9 Abs. 1 sächsPolG; § 94 saSOG; § 175 Abs. 1 shLVwG; § 27 Abs. 1 ThürOBG.

265 Diese sind enthalten in den Art. 12 - 41 bayLStVG. Von diesem System rückte das baden-württembergische Polizeirecht anfangs der 1970er Jahre ab, vgl. dazu *Wolf/Stephan/Deger*, Polizeigesetz BW, § 10 Rn. 1. Zu den Unterschieden, Vor- und Nachteilen der jeweiligen Ansätze schon *Schack*, FS Haff, S. 356 f.

266 Etwa BVerfGE 14, 245 (253); 54, 143 (144 f.).

267 Bspw. unterschiedliche ausgestaltete Mitwirkungsrechte oder -pflichten der kommunalen Vertretungen oder der Aufsichtsbehörden, dazu *Drews/Wacke/Vogel/Martens*, Gefahrenabwehr, S. 499 ff.

lassen. Soll die Verordnung allerdings länger als einen Monat gelten, muss gem. § 15 Abs. 2 PolG der Gemeinderat[268] zustimmen. Dieses Erfordernis kann auch nicht dadurch umgangen werden, dass die Polizeibehörde in kurzen Abständen Verordnungen kürzerer Geltungsdauer erlässt.[269] Neben Ge- und Verboten kann eine Polizeiverordnung auch daran anknüpfende Bußgeldvorschriften enthalten, § 18 PolG. Sollte keine kürzere Geltungsdauer in der Polizeiverordnung selbst angeordnet sein, tritt sie nach 20 Jahren automatisch außer Kraft, § 17 Abs. 1 PolG.

I. Nichteinschlägigkeit von Spezialermächtigungen

Die Generalklausel des § 10 Abs. 1 PolG ist indes nur anwendbar, wenn keine besondere Spezialermächtigung einschlägig ist. Dann ginge die spezielle Vorschrift vor.[270] Die Regelung öffentlichen Alkoholkonsums ist jedoch nicht von besonderen Vorschriften umfasst, sodass auf die Generalklausel zurückzugreifen ist.

II. Öffentliche Sicherheit und Ordnung

Schutzgüter des Polizeirechts sind in allen Bundesländern die öffentliche Sicherheit und – mit wenigen Ausnahmen[271] – die öffentliche Ordnung.

1. Öffentliche Sicherheit

Die Polizeigesetze der Bundesländer definieren – mit Ausnahme von § 2 Nr. 2 bremPolG, § 3 Nr. 1 saSOG und § 54 Nr. 1 thürOBG – den Begriff der öffentlichen Sicherheit nicht, sondern überlassen es der Rechtsprechung und der Literatur, diese unbestimmten Rechtsbegriffe zu definieren.[272] Die öffentliche Sicherheit umfasst die Unverletzlichkeit der objektiven Rechtsordnung, der subjekti-

268 Gem. § 25 Abs. 1 S. 2 GemO heißt der Gemeinderat in Städten Stadtrat.

269 *Wolf/Stephan/Deger*, Polizeigesetz BW, § 15 Rn. 2.

270 *Deger*, VBlBW 2004, 96 (99).

271 § 1 Abs. 1 bremPolG und § 162 Abs. 1 shLVwG.

272 Siehe dazu etwa: *Schoch*, Jura 2004, 612.

ven Rechte und Rechtsgüter des Einzelnen sowie den Bestand und das Funktionieren des Staates und seiner Einrichtungen.[273]

2. Öffentliche Ordnung

Ebenfalls nicht gesetzlich definiert ist der Begriff der öffentlichen Ordnung. Ausnahmen bilden wiederum § 3 Nr. 2 saSOG und § 54 Nr. 2 thürOBG. Öffentliche Ordnung wird – in Anlehnung an das preußische Recht – allgemein definiert als die Gesamtheit jener ungeschriebenen Regeln für das Verhalten des Einzelnen in der Öffentlichkeit, deren Beobachtung nach den jeweils herrschenden Anschauungen als unerlässliche Voraussetzung eines geordneten staatsbürgerlichen Gemeinschaftslebens betrachtet wird.[274] Durch den Begriff der Öffentlichkeit werden Ordnungsverstöße in der Privatsphäre ausgeklammert.[275]

III. Bestehen einer Gefahr für die öffentliche Sicherheit?

Zunächst soll untersucht werden, ob und unter welchen Voraussetzungen öffentlicher Alkoholkonsum eine Gefahr für das Schutzgut der öffentlichen Sicherheit darstellt.

1. Die abstrakte Gefahr als Voraussetzung

Der Erlass einer Polizeiverordnung setzt gem. § 10 Abs. 1 i.V. mit § 1 Abs. 1 PolG das Bestehen einer Gefahr für die öffentliche Sicherheit oder die öffentliche Ordnung voraus. Auch in den anderen Bundesländern ist das der Fall. Das PolG bestimmt den Begriff der Gefahr allerdings nicht näher. Lediglich in Bremen, Niedersachsen und Sachsen-Anhalt ist er legaldefiniert.[276] Allgemein wird die Gefahr definiert als Sachlage, in der bei ungehindertem Ablauf des objektiv zu erwartenden Geschehens ein Zustand oder ein Verhalten mit hinreichender

273 *Schenke*, Polizei- und Ordnungsrecht, Rn. 53; *Denninger* in Lisken/Denninger, D Rn. 16; *Klein*, DVBl. 1971, 233 (233); *Götz*, Polizei- und Ordnungsrecht, § 4 Rn. 3. Zu den einzelnen Bestandteilen *Schoch*, JuS 1994, 570 (571 ff.); *ders.*, Jura 2003, 177 (178 ff.).

274 *Schenke*, Polizei- und Ordnungsrecht, Rn. 63; *Denninger* in Lisken/Denninger, D Rn. 35; *Klein*, DVBl. 1971, 233 (233).

275 *Belz/Mußmann*, PolG BW, § 1 Rn. 30.

276 § 2 Nr. 3 a) bremPolG; § 2 Nr. 1 a) ndsSOG; § 3 Nr. 3 a) saSOG.

Wahrscheinlichkeit zu einem Schaden für eines der Schutzgüter der öffentlichen Sicherheit oder Ordnung führen würde.[277]

Sowohl der Erlass einer Polizeiverordnung, als auch einer Verfügung im Einzelfall setzen das Vorliegen einer Gefahr voraus. Dabei ist zu unterscheiden zwischen der konkreten und der abstrakten Gefahr. Die konkrete Gefahr ist gegeben, wenn im Einzelfall eine Gefahr vorliegt. Sie ist daher bei Einzelmaßnahmen der Polizei vorausgesetzt, deren Regelungsgegenstände ihrer Natur nach konkret sind. Bei einer Polizeiverordnung handelt es sich aber um eine abstrakt-generelle Regelung. Sie ist vom Einzelfall losgelöst. Deshalb kann die hierfür vorausgesetzte Gefahr nur eine abstrakte sein. Im Gegensatz dazu muss für den Erlass einer polizeilichen Allgemeinverfügung eine konkrete Gefahr vorliegen. Sie stellt einen Verwaltungsakt dar, der grds. auf §§ 1, 3 PolG gestützt wird.[278]

Das BVerwG hat zur abstrakten Gefahr Grundsätze entwickelt.[279] Die abstrakte unterscheidet sich demnach von der konkreten Gefahr nicht etwa im Grad der Wahrscheinlichkeit des Schadeneintritts.[280] Insbesondere ist sie kein Minus zur konkreten Gefahr, d.h. ihre Voraussetzungen sind nicht geringer.[281] In beiden Fällen muss der Schadenseintritt hinreichend wahrscheinlich sein.[282] Der Unterschied liegt vielmehr in der Betrachtungsweise bzw. im Betrachtungsgegenstand: Eine abstrakte Gefahr liegt dann vor, wenn in typischen Fällen nach der Lebenserfahrung aus einer bestimmten Art von Handlungen oder Zuständen ein Schaden mit hinreichender Wahrscheinlichkeit einzutreten pflegt und daher Anlass besteht, diese Gefahr mit abstrakt-generellem Handeln – also insbeson-

277 *Drews/Wacke/Vogel/Martens*, Gefahrenabwehr, S. 220; *Denninger* in Lisken/Denninger, D Rn. 39; *Wolf/Stephan/Deger*, Polizeigesetz BW, § 1 Rn. 20; *O. Schneider*, DVBl. 1980, 406 (406).

278 Möglicherweise kann ein Alkoholverbot auch durch Allgemeinverfügung erfolgen. Dazu näher unten ab S. 174.

279 BVerwG, DÖV 1970, 713.

280 BVerwG, DÖV 1970, 713 (715); *Wolf/Stephan/Deger*, Polizeigesetz BW, § 10 Rn. 14; *Voßkuhle*, JuS 2007, 908 (908); *Hansen-Dix*, Gefahr im Polizeirecht, S. 56. A.A. scheint *Leisner*, DÖV 2002, 326 (327), zu sein.

281 Die oft gelesene Formulierung, für den Erlass eine Polizeiverordnung *genüge* eine abstrakte Gefahr, ist daher zumindest irreführend. Dazu *Nell*, Wahrscheinlichkeitsurteile, S. 64. Ausführlich zur Unterscheidung der konkreten von der abstrakten Gefahr auch *Köppert*, Alkoholverbotsverordnungen, S. 119.

282 BVerwG, DÖV 1970, 713 (715).

dere einer Polizeiverordnung – zu bekämpfen.[283] Auf den Nachweis der Gefahr eines Schadenseintritts im Einzelfall kann dann verzichtet werden.[284] Es ist also gerade nicht nötig, dass in jedem Einzelfall eine konkrete Gefahr vorliegt, vielmehr reicht es aus, dass in typischen Fällen eine Gefahrenlage entsteht. Die Gefahr darf dabei nicht lediglich theoretisch denkbar sein, sondern muss nach der Lebenserfahrung oder den Erkenntnissen fachkundiger Stellen möglich sein. Auch bei der abstrakten Gefahr ist eine genügend durch Tatsachen abgesicherte Prognose vonnöten.[285] Das bloße Gefühl einer Unsicherheit genügt nicht. Die „hinreichende Wahrscheinlichkeit" ist dabei aber nicht als mathematische Wahrscheinlichkeit wie etwa eine Eintrittshäufigkeit von mehr als 50% bzw. 0,5 zu verstehen.[286] Diese mathematische Wahrscheinlichkeit kann nur empirisch etwa aufgrund von Statistiken errechnet werden. Dazu müsste die Zahl der eingetretenen Störungen oder Schäden zur Gesamtzahl der Fälle ins Verhältnis gesetzt werden. Weil aber die polizeiliche Maßnahme gerade den Eintritt der Schäden verhindert, indem eingeschritten wird, kann diese Rechnung nicht erfolgen.[287]

Die Anforderungen dürfen trotzdem nicht überspannt werden, damit das Wesen einer *abstrakten* Gefahr nicht umgangen wird, bei der notwendigerweise typisiert werden muss.[288] Im Rahmen einer Prognoseentscheidung besteht immer die Möglichkeit, dass die erwarteten Entwicklungen ausbleiben und Fälle erfasst werden, in deren Ablauf keine konkrete Gefahr entsteht.[289] Eine Polizeiverordnung muss generalisieren.[290]

Der hinreichende Grad der Wahrscheinlichkeit des Schadenseintritts kann nicht abstrakt bestimmt werden, sondern ist abhängig von der Bedeutung des

---

283 So oder so ähnlich bspw. BVerwG, DÖV 1970, 713 (715); *Wolf/Stephan/Deger*, Polizeigesetz BW, § 10 Rn. 14; *Drews/Wacke/Vogel/Martens*, Gefahrenabwehr, S. 495; *Voßkuhle*, JuS 2007, 908 (908 f.); *Pils*, DÖV 2008, 941 (943); *Ruder/Schmitt*, Polizeirecht, Rn. 217; *Ruder*, KommP spezial 2007, 180 (180).

284 BVerwG, DÖV 1970, 713 (715); *Ruder/Schmitt*, Polizeirecht, Rn. 218.

285 *Kugelmann*, Polizei- und Ordnungsrecht, 5. Kap. Rn. 143; *Rachor* in Lisken/Denninger, E Rn. 97.

286 *Di Fabio*, Jura 1996, 566 (568).

287 *Nell*, Wahrscheinlichkeitsurteile, S. 62 f.

288 *Stein*, NdsVBl. 2010, 193 (195).

289 VGH Mannheim, VBlBW 2010, 29 (31); *Möstl*, Jura 2005, 49 (53).

290 *Schroeter*, DVBl. 1957, 415 (416).

Schutzgutes, welches betroffen ist. Es kommt nicht darauf an, dass die tatbestandliche Handlung in der Mehrzahl oder überhaupt in einer größeren Zahl von Fällen in eine konkrete Gefahr mündet oder gar eine Störung eintritt.[291] Je schwerer dieses Gut wiegt und je größer der möglicherweise eintretende Schaden wäre, desto geringer sind die Anforderungen an die Wahrscheinlichkeit.[292] Es besteht eine umgekehrte Proportionalität. Die hinreichende Wahrscheinlichkeit ist relativ.[293] Je nachdem, welches Schutzgut in welcher Intensität betroffen ist, ist ein anderer Wahrscheinlichkeitsgrad „hinreichend" zum Einschreiten. Die maßgebliche Wahrscheinlichkeit kann daher nicht anhand eines feststehenden Wahrscheinlichkeitsgrads bestimmt werden.[294] Erforderlich ist eine wertende, alle Faktoren einschließende Prognose.[295] Statistiken aus der Vergangenheit alleine können nicht genügen, stützen jedoch die Prognose erheblich.[296] Bei besonders hochwertigen Rechtsgütern – etwa Leben und Gesundheit von Menschen – reicht es aus, dass sich der Eintritt einer Störung der öffentlichen Sicherheit oder Ordnung nicht als ein so seltener und atypischer Kausalverlauf darstellt, dass ein unbefangener Beobachter mit dem Schadenseintritt nicht hätte rechnen können.[297] Die Anforderungen, die an die Annahme einer abstrakten Gefahr gestellt werden müssen, sind also bei hochwertigen Rechtsgütern gemindert.[298]

2. Einschlägigkeit der öffentlichen Sicherheit

Nachfolgend soll untersucht werden, ob Alkoholkonsum in der Öffentlichkeit eine abstrakte Gefahr für die öffentliche Sicherheit darstellt. Dazu kommen verschiedene Ansatzpunkte in Betracht:

291 VGH Mannheim, Urt. v. 26.07.2012, Az. 1 S 2603/11 – juris, Rn. 30.

292 BVerwG, DÖV 1970, 713 (715); *Schoch*, Jura 2003, 472 (473); *Martens*, DÖV 1982, 89 (93); *Pils*, DÖV 2008, 941 (943). Dazu ausführlich *Hansen-Dix*, Gefahr im Polizeirecht, S. 134 ff.

293 *Nell*, Wahrscheinlichkeitsurteile, S. 123.

294 *Nell*, Wahrscheinlichkeitsurteile, S. 123 ff.

295 *Nell*, Wahrscheinlichkeitsurteile, S. 126.

296 Darnstädt, Gefahrenabwehr und Gefahrenvorsorge, S. 102.

297 VGH Mannheim, Urt. v. 26.07.2012, Az. 1 S 2603/11 – juris, Rn. 30.

298 VGH Mannheim, Urt. v. 26.07.2012, Az. 1 S 2603/11 – juris, Rn. 31.

a) Anknüpfungspunkt Alkoholkonsum

Als erster Anknüpfungspunkt für eine abstrakte Gefahr für die öffentliche Sicherheit soll der Alkoholkonsum an sich untersucht werden. Diese Betrachtungsweise lässt Folge- und Begleiterscheinungen außer Betracht und konzentriert sich auf den Vorgang des Alkoholkonsums.

In Deutschland ist Alkoholkonsum freilich nicht strafbewehrt. Ein Verstoß gegen die objektive Rechtsordnung liegt im öffentlichen Alkoholkonsum nicht.[299] Schon *Walter Jellinek* sprach – während in den USA die Prohibition herrschte – von der Nichtdurchsetzbarkeit eines Alkoholverbots in Deutschland.[300] Sigmund Freud schrieb etwa zur selben Zeit, auch in den USA werde das Alkoholverbot nicht lange Bestand haben.[301] Vielmehr ist der Alkoholkonsum – auch in der Öffentlichkeit – innerhalb einer erheblichen Bandbreite akzeptiert und toleriert.[302] Ein generelles Alkoholverbot fordert auch niemand. Bloßer Alkoholkonsum stellt daher auch keine grob ungehörige Handlung i.S. des § 118 OWiG dar, so dass eine Gefahr für die öffentliche Sicherheit nicht mit einem Verstoß gegen diese Rechtsnorm begründet werden kann.[303]

Durch den bloßen Alkoholkonsum ohne Folgeerscheinungen ist das Schutzgut der öffentlichen Sicherheit daher nicht betroffen.[304]

b) Anknüpfungspunkt Gesundheitsschutz

Als weiterer Anknüpfungspunkt für ein Alkoholverbot wird der Schutz der Gesundheit der Normadressaten untersucht.

---

299 Zum Jugendschutz s.u. ab S. 130.

300 *Jellinek*, Verwaltungsrecht, S. 467: „[…] von der völligen Unmöglichkeit, ein Alkoholverbot in Bayern einzuführen, ganz zu schweigen."

301 *Freud*, Die Zukunft einer Illusion, S. 79: „Dort [in Amerika, d. Verf.] will man jetzt den Menschen – offenbar unter dem Einfluss der Frauenherrschaft – alle Reiz-, Rausch- und Genussmittel entziehen und übersättigt sie zur Entschädigung mit Gottesfurcht. Auch auf den Ausgang dieses Experiments braucht man nicht neugierig zu sein."

302 *Kaiser*, Kriminologie, § 54 Rn. 5; *Göppinger*, Kriminologie, § 27 Rn. 45; *Schmitz*, Vorgehen gegen Randgruppen, S. 201.

303 VGH Mannheim, VBlBW 1999, 101 (103).

304 So auch OVG Sachsen-Anhalt, Az. 3 K 319/09 – juris, Rn. 43.; *Faßbender*, NVwZ 2009, 563 (564); *Hebeler/Schäfer*, DVBl. 2009, 1424 (1426).

Wer kraft eigener Entscheidung Alkohol trinkt und sich selbst dadurch unter Umständen in eine Gesundheitsgefahr bringt, trägt dafür selbst die Verantwortung. Diese Selbstgefährdung ist von Art. 2 Abs. 1 GG geschützt.[305] Der Polizei steht es insofern nicht zu, den Bürger zu einem gesünderen Lebensstil zu verpflichten bzw. ihn an der Ausübung seiner ungesunden Lebensführung zu hindern.[306] Das BVerfG hat dementsprechend ausgeführt, dass es nicht die Aufgabe des Staates ist, seine Bürger zu „bessern“.[307] Insbesondere gehen von bloßem Alkoholgenuss keine Fremdgefährdungen wie etwa beim Rauchen aus. Es gibt keinen Passivrausch.[308] Deshalb ist das Schutzgut der öffentlichen Sicherheit nicht betroffen.

c) *Zusammenhang zwischen Alkoholkonsum und Gewalt? Anknüpfungspunkt Gewaltursache*

Möglicherweise liegt aber eine abstrakte Gefahr für die öffentliche Sicherheit doch vor. Dazu wird nicht an den öffentlichen Alkoholkonsum an sich angeknüpft,[309] sondern untersucht, ob er für weitere Erscheinungen verantwortlich ist, die ihrerseits Gefahren oder Störungen der öffentlichen Sicherheit darstellen. Es ist entscheidend, ob ein hinreichender Zusammenhang zwischen dem Alkoholkonsum und anschließender Delinquenz besteht.

aa) Die Ansicht des VGH Mannheim

Diesen Zusammenhang verneint der VGH Mannheim in ständiger Rechtsprechung.

(1) Die Entscheidung vom 06.10.1998

Im Wege eines Normenkontrollverfahrens erklärte der VGH Mannheim eine Verordnung der Stadt Ravensburg[310] für nichtig, die im gesamten Stadtgebiet

---

305 *Terwiesche*, VR 1997, 410 (414); *Stein*, NdsVBl. 2010, 193 (195); *Kohl*, NVwZ 1991, 620 (623); *Stolleis/Kohl*, Rechtsgutachten, S. 58.

306 VGH Mannheim, VBlBW 1999, 101 (104). *Stolleis/Kohl*, Rechtsgutachten, S. 58; *Drews/Wacke/Vogel/Martens*, Gefahrenabwehr, S. 230 f.; *Köppert*, Alkoholverbotsverordnungen, S. 132 f.

307 BVerfGE 22, 180 (219 f.).

308 *Stolleis/Kohl*, Rechtsgutachten, S. 58.

309 Dazu s.o. S. 108.

310 Ravensburg ist Große Kreisstadt und hat knapp 50.000 Einwohner.

auf öffentlichen Straßen und Gehwegen sowie in Grün- und Erholungsanlagen das Niederlassen außerhalb von Freiausschankflächen ausschließlich oder überwiegend zum Zwecke des Alkoholkonsums untersagte.[311]

Die Verordnung war als Reaktion auf Punkertreffen in der Innenstadt gedacht, in deren Verlauf sehr viel Alkohol getrunken wurde. Dabei kam es u.a. zu öffentlichem Urinieren, Verunreinigungen bspw. durch Bierflaschen, Lärm und Sachbeschädigungen.[312] Die Stadt berief sich darauf, dass der Alkoholkonsum zu einer Enthemmung führe und regelmäßig die o.g. Folgen habe.

Der VGH hingegen verneinte den direkten Zusammenhang zwischen dem Alkoholkonsum und dessen Folgen. Vielmehr seien sie nur mittelbar auf den Alkoholkonsum zurückzuführen.[313] Erst durch weiteres Zutun der Betroffenen entstünden die von der Polizeibehörde zu unterbindenden Probleme.

Alle weiteren Erscheinungen des Alkoholkonsums seien als bloße Ärgernisse und Belästigungen nicht polizeirelevant. Das Polizeirecht habe nicht die Aufgabe, den guten Eindruck, den eine Stadt auf Fremde oder Touristen machen möchte, zu schützen. Deswegen müsse auch keine besondere Wertung erfolgen für Städte, die aufgrund ihrer wirtschaftlichen Ausrichtung auf die Anziehung Außenstehender angewiesen sind.[314]

Somit liege kein hinreichender Zusammenhang zwischen dem Alkoholkonsum und evtl. Folgen vor. Damit scheide auch das Vorliegen einer abstrakten Gefahr aus, weshalb die Polizeiverordnung nicht auf § 10 PolG (i.V. mit § 1 Abs. 1 PolG) gestützt werden könne.

(2) Die Entscheidung vom 28.07.2009

In einer neueren Entscheidung hat der VGH Mannheim im Wege eines Normenkontrollverfahrens eine Polizeiverordnung der Stadt Freiburg im Breisgau für nichtig erklärt.[315] Die Verordnung hatte den Konsum jeglicher alkoholischer Getränke in einem genau bestimmten Bereich der Freiburger Altstadt in den Abendstunden am Wochenende verboten. Zusätzlich wurde untersagt, alkoholi-

---

311 VGH Mannheim, VBlBW 1999, 101.

312 VGH Mannheim, VBlBW 1999, 101 (104).

313 VGH Mannheim, VBlBW 1999, 101 (104).

314 VGH Mannheim, VBlBW 1999, 101 (103).

315 VGH Mannheim, VBlBW 2010, 29.

sche Getränke mit sich zu führen, wenn aufgrund der konkreten Umstände die Absicht erkennbar ist, dass diese im Geltungsbereich der Verordnung konsumiert werden sollen. Ausgenommen waren wiederum konzessionierte Freiflächen, d.h. die Außenbewirtschaftung von Gaststätten, die über eine Gaststättenerlaubnis verfügen. Da viele Kommunen zu ähnlichen Regelungen gegriffen haben und auch in anderen Bundesländern entsprechende Verfahren begonnen wurden, darf die Entscheidung als Leitentscheidung bezeichnet werden.[316]

Die Stadt Freiburg wollte mit der Verordnung darauf reagieren, dass es in dem betreffenden Gebiet vermehrt zu Straftaten und Ordnungswidrigkeiten gekommen sei. Vor allem sei die Zahl der Körperverletzungsdelikte und daraus folgend der Polizeieinsätze sprunghaft gestiegen.

Der VGH Mannheim hat erneut das Vorliegen einer abstrakten Gefahr verneint und folgte damit dem Antrag des Klägers.

Maßgebliches Kriterium zur Feststellung einer Gefahr sei die hinreichende Wahrscheinlichkeit des Schadenseintritts.[317] Es müssten hinreichende Anhaltspunkte vorhanden sein, die den Schluss auf den drohenden Eintritt von Schäden rechtfertigen. Diese Schäden müssten regelmäßig und typischerweise, wenn auch nicht ausnahmslos zu erwarten sein.[318] Das verbotene Verhalten – also hier der Konsum alkoholischer Getränke – müsste typischerweise und regelmäßig die Gefahr von Körperverletzungen mit sich bringen. Diesen Schluss ließen die dargelegten polizeilichen Erkenntnisse nicht zu. Zwar sei seit dem Verbot die Zahl der Gewalttaten im Bereich gesunken, aber nur leicht. Es hätte aber zu einem massiven Rückgang der Zahlen kommen müssen, wenn tatsächlich der Alkoholkonsum für sie verantwortlich ist.[319]

Es widerspreche der Lebenserfahrung, dass Alkoholgenuss generell zu Aggressivität führt.[320] Vielmehr sei der Alkohol nur eine Ursache unter vielen, die zu Straftaten und Problemen führen, aber nur selten die einzige. Der VGH führt auch Ergebnisse der kriminologischen Forschung an, die den Zusammenhang

316 Auch *Hecker* spricht von der „Ausstrahlungswirkung“ der Entscheidung, *Hecker*, NVwZ 2010, 359 (362).

317 VGH Mannheim, VBlBW 2010, 29 (30).

318 VGH Mannheim, VBlBW 2010, 29 (31).

319 Vgl. dazu näher die Ausführungen bei VGH Mannheim, VBlBW 2010, 29 (32).

320 VGH Mannheim, VBlBW 2010, 29 (32).

zwischen Alkohol und Gewaltdelinquenz bezweifeln.[321] Dort werde gelegentlich von einem „Scheinzusammenhang" gesprochen, da es auch möglich sein könne, dass alkoholisierte Täter leichter zu überführen seien als andere. Näher ausgeführt und begründet wird diese These – und mehr als eine These ist die Aussage nicht – allerdings nicht.

Der Senat setzte somit seine unter (1) beschriebene Rechtsprechung fort. Wie genau die Behörden Nachweise oder Erkenntnisse gewinnen sollen, um einen Zusammenhang zwischen Alkoholkonsum und Delinquenz zu belegen, bleibt nach dem Urteil unklar. Schließlich gewährt der VGH ihnen keinen Erprobungsspielraum.[322]

(3) Parallelen zur Bettelproblematik

Die Entscheidungen zu Alkoholkonsumverboten weisen Parallelen zu früheren Entscheidungen des VGH Mannheim auf, in denen sog. Bettelverbote ebenfalls für nichtig erklärt wurden. Auch ihnen lagen Polizeiverordnungen zugrunde, mit denen das Betteln[323] oder ähnliche Verhaltensweisen wie etwa die Stadtstreicherei verboten wurden, um negative Folgeerscheinungen zu verhindern.

(a) Die Entscheidung vom 29.04.1983

Im Wege eines Normenkontrollverfahrens erklärte der VGH Mannheim eine Verordnung der Stadt Baden-Baden[324] für nichtig, die es untersagte, „sich nach Art eines Land- oder Stadtstreichers herumzutreiben".[325] Erstens wurde ein – hier nicht weiter interessierender – Verstoß gegen das Bestimmtheitsgebot angenommen und zweitens das Vorliegen einer abstrakten Gefahr für die öffentliche Sicherheit und Ordnung abgelehnt.

Anlass für das Verbot waren auch hier die Folgen der verbotenen Tätigkeit, bspw. öffentliche Trunkenheit, Verwahrlosung und vermeintliche Folgekriminalität wie Diebstähle etc. Der VGH Mannheim sah in dem Fall die Grenze der Belästigung zur Gefahr für die öffentliche Sicherheit nicht als überschritten an. Verhalten, welches nur als lästig empfunden, aber im Grundsatz toleriert wird,

---

321 VGH Mannheim, VBlBW 2010, 29 (32).

322 Dazu auch *Pewestorf*, DVBl. 2009, 1396 (1397).

323 Zur historischen Entwicklung des Bettelns *Bindzus/Lange*, JuS 1996, 482.

324 Baden-Baden ist Stadtkreis und hat knapp 55.000 Einwohner.

325 VGH Mannheim, NJW 1984, 507.

ist polizeirechtlich irrelevant.[326] Das Schutzgut der öffentlichen Sicherheit ist noch nicht berührt. Die entstehenden Störungen der öffentlichen Sicherheit seien nicht durch die verbotene Tätigkeit an sich verursacht, es bedürfe vielmehr weiterer Schritte durch die Personen selbst. Nicht jeder Stadtstreicher begehe automatisch Straftaten. Hinzu kam, dass der Bundesgesetzgeber den vorherigen Straftatbestand der Landstreicherei abgeschafft hatte und dadurch zum Ausdruck brachte, dass eben dieses Verhalten nicht länger in die Zuständigkeit staatlichen Handelns fallen solle.[327] Auch hier wurde also der unmittelbare Zusammenhang zwischen dem verbotenen Tun und den Erscheinungen verneint, weshalb keine abstrakte Gefahr vorliege.

Deswegen war die Verordnung für nichtig zu erklären, da die Voraussetzungen der Ermächtigungsgrundlage, § 10 PolG (i.V. mit § 1 Abs. 1 PolG), nicht erfüllt waren.

(b) Die Entscheidung vom 06.07.1998

Eine Polizeiverordnung der Landeshauptstadt Stuttgart war Gegenstand eines weiteren Normenkontrollverfahrens am VGH Mannheim. Sie untersagte auf öffentlichen Straßen und in öffentlichen Anlagen das Betteln.[328] Das Betteln[329] sei „Nährboden" für Straftaten und Ordnungswidrigkeiten, bspw. Bettelbetrug nach § 263 StGB oder Nötigungen nach § 240 StGB.[330] Als gefährdete Rechte Dritter kämen das Recht auf körperliche Unversehrtheit sowie das allgemeine Persönlichkeitsrecht in Betracht.[331]

Der VGH Mannheim erklärte die Verordnung für nichtig. Es fehle wiederum an der Voraussetzung der abstrakten Gefahr. Erstens sei Betteln seit 1974

---

326 VGH Mannheim, NJW 1984, 507 (509).

327 VGH Mannheim, NJW 1984, 507 (509).

328 Der genaue Wortlaut der PolVO findet sich bei VGH Mannheim, VBlBW 1998, 428 (429).

329 Betteln wird definiert als „die Bitte um Gewährung eines geldwerten Geschenks, die sich auf wirkliche oder angebliche eigene Hilfsbedürftigkeit oder solche einer dem Täter nahestehenden Person stützt und die Mildtätigkeit einer Person in Anspruch nimmt, zu der keine entsprechenden persönlichen Beziehungen bestehen", OLG Köln, NJW 1961, 2172 (2172).

330 VGH Mannheim, VBlBW 1998, 428 (430).

331 Vgl. *Hecker*, Rechtsgutachten, S. 14.

nicht mehr strafbar. Zweitens sei der geforderte regelmäßige und typische Verstoß gegen strafrechtliche Normen nicht erkennbar. Dies sei im Einzelfall durchaus möglich, aber keineswegs in typischen Fällen.[332] Denn es werde durch die Verordnung auch der stille Bettler getroffen, der aber regelmäßig niemandem schade. Dass der ein oder andere Passant sich durch den (massierten) Anblick von Bettlern unangenehm berührt fühle und ein schlechtes Gewissen bekomme, sei polizeirechtlich irrelevant.[333] Die Anwesenheit auf dem Bürgersteig sitzender Menschen, die in Not geraten seien und an das Mitleid und an die Hilfsbereitschaft von Passanten appellierten, müsse von der Gemeinschaft jedenfalls in Zonen des öffentlichen Straßenverkehrs als eine Erscheinungsform des Zusammenlebens hingenommen werden und könne folglich nicht - generell - als ein sozial abträglicher und damit polizeiwidriger Zustand gewertet werden.[334] Nur wenn im Einzelfall Normverstöße vorkommen, ist ein polizeiliches Einschreiten möglich.

Ein pauschales Bettelverbot enthielt außerdem die o.g. Polizeiverordnung der Stadt Ravensburg, welches ebenfalls für rechtswidrig erklärt wurde. Die Begründung verweist im Wesentlichen auf das eben genannte Urteil zur Stuttgarter Verordnung.

(c) Bewertung der Entscheidungen zur Bettelei

Die Entscheidungen wurden durch die Literatur zustimmend aufgenommen bzw. im Vorfeld prognostiziert. Die Argumentation entsprach im Wesentlichen der des Gerichts. Das Bestehen einer abstrakten Gefahr wird verneint. Keinesfalls könne angenommen werden, dass es *typischerweise* zu polizeiwidrigem Verhalten komme. Teilweise wird bereits die Einschlägigkeit der öffentlichen Sicherheit bezweifelt.[335]

Lediglich einzelne Argumente verdienen keine Unterstützung. Zu weit geht der Einwand, der „die deutsche Geschichte“ – vielmehr einen unsäglichen Teil davon – ins Feld führt und vor möglicher Verfolgung von Minderheiten

---

332 VGH Mannheim, VBlBW 1998, 428 (430 f.).

333 VGH Mannheim, VBlBW 1998, 428 (430 f.).

334 VGH Mannheim, VBlBW 1998, 428 (430 f.).

335 Siehe etwa *Höfling*, Die Verw. 33 (2000), 207 (212 f.); *Terwiesche*, VR 1997, 410 (411 ff.); *Stolleis/Kohl*, Rechtsgutachten, S. 56 f.; *Kohl*, NVwZ 1991, 620 (621); *Keding*, KommPraxis MO 1998, 195 (196 f.); *Holzkämper*, NVwZ 1994, 146 (147 ff).

warnt.[336] Diese Vergleiche sind nicht nur unangebracht und unzutreffend, sondern auch als Argument unbrauchbar. Zu weit geht ebenfalls die harsche Aussage, „Teile der kommunalen Praxis [hätten] den Ausstieg aus dem liberalen Rechtsstaat des GG bereits vollzogen“[337].

Gemeinsam ist allen genannten Entscheidungen, dass der VGH Mannheim es für unzulässig erachtet, bestimmte Verhaltensweisen zu untersagen, die unter Umständen im Einzelfall zu Rechtsverstößen oder Rechtsverletzungen führen können. Die kausale Verbindung zwischen dem Verhalten und auftretenden Störungen sei nicht typischerweise – wie bei der abstrakten Gefahr vorausgesetzt – gegeben.

Beide vorgestellten Entscheidungen verdienen trotzdem Zustimmung. Alleine an die Stadtstreicherei anzuknüpfen, ist nicht haltbar. Eine abstrakte Gefahr ist nicht gegeben. Gleiches gilt für die generellen Bettelverbote: Die meisten Bettler sitzen mehr oder weniger ruhig auf dem Boden und bitten durch Ansprache oder ein Schild um eine Gabe. Dieses „stille“ Betteln kann die Annahme einer abstrakten Gefahr nicht begründen.

Es kommt vor, dass Bettler nicht nur still auf dem Boden sitzen, sondern Passanten bedrängen, verfolgen, sich ihnen in den Weg stellen oder aufdringlich ansprechen. Dabei kann es auch zu körperlichen Berührungen bspw. durch Festhalten oder Zupfen an der Kleidung kommen.[338] Diese Aufdringlichkeit soll die Passanten dazu bewegen, etwas zu geben, um weiteren Unannehmlichkeiten zu entgehen.[339] Ob dieses „aggressive“ oder das organisierte Betteln durch Banden eine abstrakte Gefahr für die öffentliche Sicherheit darstellt, wird differenziert betrachtet, aber überwiegend verneint.[340] Ansatzpunkt ist teilweise eine Verletzung des allgemeinen Persönlichkeitsrechts der Passanten, das auch die Freiheit der Willensbetätigung umfasst.[341] Dieses werde verletzt, weil die Aufdringlich-

---

336 *Kohl*, NVwZ 1991, 620 (623); *Stolleis/Kohl*, Rechtsgutachten, S. 57.

337 *Hecker*, Rechtsgutachten, S. 19, der auch festzustellen meint, dass „das liberal-rechtsstaatliche Modell in der BRD zunehmend brüchig“ wird.

338 *Holzkämper*, NVwZ 1994, 146 (146).

339 *Holzkämper*, NVwZ 1994, 146 (148).

340 Eine Gefahr ablehnend *Hecker*, Rechtsgutachten, S. 17; *Terwiesche*, VR 1997, 410 (411 f.); *Holzkämper*, NVwZ 1994, 146 (147 ff.). Kritisch auch *Finger*, KommJur 2006, 441 (442 f.).

341 S. etwa *Holzkämper*, NVwZ 1994, 146 (148).

keit des Bettlers den Passanten dazu bringe, zur Verhinderung weiterer Belästigungen etwas zu geben.[342] Diese Einschätzung geht aber zu weit. Auch ein bedrängter Fußgänger ist noch in der Lage, frei zu entscheiden, ob er dem Bettler etwas geben will oder nicht. Dass Bettler die Passanten beeinflussen wollen, ist normal.[343]

Besonders aggressives Betteln kann die Grenze zur Strafbarkeit überschreiten, wenn Passanten genötigt (§ 240 StGB), beleidigt (§ 185 StGB) oder geschlagen (§ 223 StGB) werden. Dann liegt eine konkrete Gefahr für die öffentliche Sicherheit vor. Solche Auswüchse stellen aber außergewöhnliche Einzelfälle dar und sind nicht typisch.[344] Weil sie aber ohnehin strafbar sind, bedarf es insoweit keines Verbots mittels einer Polizeiverordnung mehr.

bb) Die Ansicht des OVG Sachsen-Anhalt

Einer Entscheidung des OVG Sachsen-Anhalt vom 17.03.2010 lag ein ähnlicher Sachverhalt zugrunde wie der des VGH Mannheim vom 28.07.2009, s.o. S. 112. Aufgrund der Verordnungsermächtigung des § 94 saSOG, welcher § 10 Abs. 1 PolG entspricht, hatte die Landeshauptstadt Magdeburg auf zwei genau bestimmten Plätzen im Stadtgebiet „den Konsum von Alkohol in der Öffentlichkeit“ ganztägig bzw. abends und während der Nacht bußgeldbewehrt verboten.[345] Die Behörde hatte das Verbot begründet mit alkoholbedingten Straftaten (Körperverletzungen, Sachbeschädigungen etc.) und Belästigungen durch angetrunkene Personen, die dort in größeren Gruppen Alkohol konsumierten. Außerdem brachte sie vor, es sei zu Verschmutzungen und Verletzungsgefahren durch zerbrochene Glasflaschen gekommen.[346]

Neben – hier wiederum nicht interessierenden – Mängeln an der Bestimmtheit erklärte das Gericht die Polizeiverordnung mangels Bestehens einer abstrakten Gefahr für nichtig.

---

342 *Holzkämper*, NVwZ 1994, 146 (148).

343 Auch *Hecker*, Rechtsgutachten, S. 16.

344 *Hecker*, Rechtsgutachten, S. 14 f.

345 Der genaue Wortlaut der PolVO findet sich bei OVG Sachsen-Anhalt, Az. 3 K 319/09 – juris, Rn. 5 ff.

346 Siehe dazu das Vorbringen der Behörde bei OVG Sachsen-Anhalt, Az. 3 K 319/09 – juris, Rn. 20.

Im Wesentlichen folgte das OVG Sachsen-Anhalt der Argumentation des VGH Mannheim. Der Nachweis, dass der Alkoholkonsum zu Delinquenz führe, sei nicht erbracht worden.[347] Zwar könne aus polizeilichen Untersuchungen und Studien der Schluss gezogen werden, dass bei vielen Gewalttätern ein Alkoholkonsum stattgefunden habe, jedoch folgten nicht bei jedem Alkoholkonsumenten Gewalttaten.[348] Das müsse aber der Fall sein, um eine abstrakte Gefahr – also die Schadenswahrscheinlichkeit in *typischen* Fällen – annehmen zu können.[349]

Mangels Bestehen einer abstrakten Gefahr war damit nach Ansicht des Gerichts die Voraussetzung für den Erlass einer Polizeiverordnung nicht gegeben.

cc) Die Ansicht der herrschenden Meinung in der Literatur

Der VGH Mannheim und das OVG Sachsen-Anhalt können sich bei ihren Entscheidungen auf die ganz herrschende Meinung in der Literatur berufen.[350]

Auch die Literatur konzentriert sich auf die Frage, ob ein ausreichend enger Ursachenzusammenhang besteht zwischen dem öffentlichen Alkoholkonsum und seinen polizeirechtlich relevanten Folgen. Nur wenn dieser vorhanden sei, könne bereits der Alkoholkonsum selbst als abstrakte Gefahr für die öffentliche Sicherheit betrachtet werden.[351] Daher müsse mit einer hohen Wahrscheinlichkeit nachgewiesen werden, dass die negativen Folgen gerade auf den Alkoholkonsum zurückzuführen sind.

Dieser Zusammenhang wird bestritten. Der typische Kausalverlauf fehle.[352] Insbesondere stelle Alkohol u. U. *eine* Ursache für Gewalttaten etc. dar, aber

---

347 OVG Sachsen-Anhalt, Urt. v. 17.03.2010, Az. 3 K 319/09 – juris, Rn. 40 ff.

348 OVG Sachsen-Anhalt, Urt. v. 17.03.2010, Az. 3 K 319/09 – juris, Rn. 46.

349 OVG Sachsen-Anhalt, Urt. v. 17.03.2010, Az. 3 K 319/09 – juris, Rn. 45.

350 Vor der Entscheidung des VGH: Etwa *Finger*, KommJur 2006, 441; *ders.*, Die Verw. 40 (2007), 105; *ders.*, Die offenen Szenen der Städte; *Wohlfarth*, LKRZ 2009, 47; *Ruder*, KommJur 2009, 46; *Stolleis/Kohl*, Rechtsgutachten; *Hecker*, NVwZ 1999, 261; *ders.*, NVwZ 2009, 1016; *ders.*, Rechtsgutachten; *Hebeler/Schäfer*, DVBl. 2009, 1424; *Deger*, VBlBW 2004, 96; insoweit auch *Otterbach*, Zero-Tolerance, S. 162. Zustimmend nach der Entscheidung des VGH: Etwa *Kaufmann*, ZJS 2010, 261; *Pewestorf*, DVBl. 2009, 1396; *Hecker*, NVwZ 2010, 359; *Ruder*, KommP spezial 2009, 174.

351 *Hebeler/Schäfer*, DVBl. 2009, 1424 (1426).

352 *Kaufmann*, ZJS 2010, 261 (265).

nicht die einzige. Der Konsument müsse noch weitere Schritte unternehmen, damit es zu diesen Folgen komme.[353] Deswegen sei Alkoholkonsum nur eine mittelbare Ursache, während Voraussetzung für die Annahme einer abstrakten Gefahr eine unmittelbare sei.[354] Verstöße ereigneten sich lediglich „bei Gelegenheit“ des Alkoholkonsums und damit des verbotenen Tuns.[355] Dieser sei nur die erste Stufe einer langen Kausalkette.[356] Selbst ein evtl. sogar überproportionaler starker Anstieg von Gewalttaten in einem zum öffentlichen Alkoholkonsum genutzten Bereich könne den Zusammenhang nicht belegen.[357] Dazu müssten in einem hoch frequentierten Bereich wie bspw. einem Ausgehviertel viel höhere Gewaltzahlen vorliegen als dies tatsächlich der Fall ist.[358] Außerdem zeige die i.d.R. vorgenommene Herausnahme des Alkoholkonsums auf konzessionierten Freischankflächen, dass die Gefahr nicht im Alkoholkonsum liegen könnte. Wenn wirklich der Alkoholkonsum zu den Problemen führte, würde man ihn auch dort verbieten müssen.[359] Es könne entweder jeglicher Alkoholkonsum eine Gefahr darstellen oder überhaupt keiner.[360] Gleichzeitig werden Parallelen zu anderen Anlässen gezogen, zu denen Alkohol konsumiert wird. Bei Stadt- oder Weinfesten werde von vielen Menschen Alkohol in großen Mengen konsumiert, ohne dass es zu Gefahren für die öffentliche Sicherheit komme.[361] Die meisten Menschen vertrugen Alkohol, ohne aggressiv und gewalttätig zu werden.[362] Daher sei die Rechtslage „eindeutig“ und dem VGH in seiner Entscheidung zuzustimmen.[363]

Gleichzeitig wird vorgebracht, als weiteres Erfordernis sei eine personelle Komponente nötig: Es müsse nämlich die Mehrzahl der Personen, die das verbotene Verhalten an den Tag legten, sich gefährlich im polizeirechtlichen Sinne

---

353 *Hebeler/Schäfer*, DVBl. 2009, 1424 (1426).

354 *Hebeler/Schäfer*, DVBl. 2009, 1424 (1426); *Hecker*, NVwZ 2009, 1016 (1017).

355 *Kaufmann*, ZJS 2010, 261 (265).

356 *Kaufmann*, ZJS 2010, 261 (265).

357 *Hecker*, NVwZ 2009, 1016 (1017).

358 *Hecker*, NVwZ 2009, 1016 (1017).

359 *Hecker*, Rechtsgutachten, S. 32 f.

360 *Hecker*, NVwZ 2009, 1016 (1017); *Ruder*, KommJur 2009, 46 (48).

361 *Ruder*, KommP spezial 2009, 174 (175).

362 *Ruder*, KommJur 2006, 46 (48).

363 *Ruder*, KommP spezial 2009, 174 (175).

verhalten.[364] Dazu müsste also die Mehrzahl der Menschen, die in der Öffentlichkeit Alkohol trinken, anschließend Sachbeschädigungen oder Körperverletzungen begehen.[365] Nur dann könne eine abstrakte Gefahr vorliegen. Allerdings könne keineswegs davon ausgegangen werden, dass die Mehrzahl derer, die Alkohol trinken, die o.g. Verhaltensweisen an den Tag legt.[366] Daher liege auch aus diesem Grund keine abstrakte Gefahr für die öffentliche Sicherheit i.S. der §§ 10 Abs. 1, 1 Abs. 1 PolG vor.

dd) Kritik der herrschenden Ansicht und eigene Bewertung

Die Literatur im Vorfeld der jüngeren Entscheidung des VGH Mannheim basierte im Wesentlichen auf dessen älterer Entscheidung.[367] Dabei wird jedoch verkannt, dass die Zielrichtungen und Hintergründe der Alkoholverbote heute andere sind als in den 1990er Jahren oder noch früher. Vielerorts wird von falschen Vorstellungen ausgegangen. Es handelt sich nicht (mehr) um einige wenige Angehörige bestimmter Randgruppen wie Punker, Skinheads oder Obdachlose mit ihren Hunden, die tagsüber in den Fußgängerzonen Bier trinken und meist eine zwar lästige, aber erträgliche Erscheinung bilden.[368]

Selbst in Klein- und Mittelstädten bilden sich Szenen, die weit über diese Vorstellung der 1990er Jahre hinausgehen. Wenn sich 200 Jugendliche am Abend zusammenrotten, um gezielt viel (harten) Alkohol in kurzer Zeit zu trinken, liegt eine ganz andere Lage vor als die Literatur zugrunde legt. Der vom VGH Mannheim,[369] OVG Sachsen-Anhalt[370] und der Literatur erwähnte friedliche und stille Mann, der nach Feierabend in Ruhe und alleine ein Bier an der frischen Luft trinkt, existiert in dieser romantisierten Form nicht – jedenfalls nicht an den entsprechenden Orten zu den entsprechenden Zeiten.[371]

---

364 *Hebeler/Schäfer*, DVBl. 2009, 1424 (1426).

365 *Hebeler/Schäfer*, DVBl. 2009, 1424 (1426).

366 *Hebeler/Schäfer*, DVBl. 2009, 1424 (1426).

367 VGH Mannheim, VBlBW 1999, 101. S.o. S. 51.

368 Davon geht aber bspw. *Deger*, VBlBW 2004, 96 (96) aus.

369 VGH Mannheim, VBlBW 1999, 101 (103).

370 OVG Sachsen-Anhalt, Az. 3 K 319/09 – juris, Rn. 56.

371 So auch *Dietz*, AöR 2008, 556 (602).

Wenn aber die Lage nicht vergleichbar ist, dann können auch die rechtlichen Bewertungen nicht ohne weitere Überlegungen übertragen werden. Daher sollen hier diese Bewertungen erneut hinterfragt werden:

Es trifft zunächst zu, dass kein Automatismus besteht zwischen Alkoholkonsum und dem Begehen von Straftaten. Einen Automatismus braucht es aber nicht, denn die Annahme einer abstrakten Gefahr ist eine Wertungsentscheidung. Die Verweise, die der VGH Mannheim auf die Kriminologie vornimmt und auf diese Weise die Zusammenhänge zwischen Alkohol und Delinquenz als zu lose verneint, greifen zu kurz.[372] So einig, wie es der VGH Mannheim darstellt, ist die Kriminologie sich nicht. Zwar ist unbestritten, dass nicht jeder Alkoholkonsument ständig Straftaten verübt.[373] Das behauptet indes auch niemand. Doch es ist durchaus anerkannt, dass Alkohol sehr enthemmend wirkt und vor allem bei Gewaltdelikten – um die es in diesem Zusammenhang hauptsächlich geht – bedeutsam ist. Die Aggressionsbereitschaft steigt stark an, während die Selbstkontrolle verloren geht. Dies ist auch bei sonst sehr ruhigen und besonnenen Menschen zu beobachten.[374] Die Aussage, alkoholisierte Täter seien lediglich leichter zu überführen, weswegen die Aussagekraft der Statistiken zu bezweifeln sei, wird weder näher ausgeführt noch begründet.

Die Wirkung des Alkohols spiegelt sich wider in der Polizeilichen Kriminalstatistik: Von allen Tatverdächtigen standen 2009 13,7 % bei Begehung ihrer Tat unter Alkoholeinfluss.[375] Bei den Gewaltdelikten (v.a. schwere und gefährliche Körperverletzungen, einfache Körperverletzung zählt nicht dazu) hingegen beträgt ihr Anteil etwa ein Drittel (33,1 %).[376] Im Jahr 2007 hatte dieser Anteil noch 27,0 % betragen.[377] Freilich kann dadurch nicht darauf geschlossen werden, dass automatisch jeder Alkoholisierte ein Gewaltdelikt verüben wird. Jedoch legen diese Zahlen zumindest nahe, dass es eine starke Verbindung zwischen Alkoholkonsum und Gewaltdelinquenz gibt. In diesem Zusammenhang sei ebenfalls auf das – sehr zynisch klingende – „Happy Slapping“ (vom Engli-

372 VGH Mannheim, VBlBW 2010, 29 (32), verweist auf *Schwind*, Kriminologie, § 26 Rn. 30, und *Kaiser*, Kriminologie, § 54 Rn. 22.

373 *Eisenberg*, Kriminologie, § 54 Rn. 11.

374 *Kaiser*, Kriminologie, § 54 Rn. 23; *Schwind*, Kriminologie, § 26 Rn. 31;

375 PKS 2009, S. 11.

376 PKS 2009, S. 8.

377 PKS 2007, S. 7.

schen to slap = ohrfeigen, schlagen) hingewiesen. Dabei werden Menschen ohne Veranlassung und Grund tätlich angegriffen und die Gewalttaten per Mobiltelefon gefilmt.[378] Gewalt dient hierbei der Unterhaltung und Belustigung. Bei diesen Taten scheint auch Alkohol eine Rolle zu spielen.[379]

Die Aussage des VGH Mannheim, aus einem nicht erfolgten signifikanten Rückgang der Zahl der Gewaltdelikte seit Erlass des Verbots in Freiburg könne auf das Nichtbestehen einer abstrakten Gefahr geschlossen werden,[380] verdient keine Zustimmung. Der fehlende Rückgang könnte auf mehrere Arten gedeutet werden. Er zeigt evtl., dass die Polizeiverordnung nicht durchgesetzt und sie nicht beachtet wurde. Vielleicht wäre ohne das Alkoholverbot die Zahl – wie jedes Jahr zuvor – noch weiter gestiegen und deswegen ist der leichte Rückgang in Wahrheit ein großer. Oder es wurden seit Erlass des Verbots viel genauere Statistiken geführt bzw. erfolgte Delikte konsequenter beachtet, weshalb die Zahl höher ist. Man sieht also, dass die Argumentation mit dem Rückgang der Gewalttaten sehr spekulativ und damit untauglich ist.

Teilweise wird zur Verneinung der abstrakten Gefahr vorgebracht, Betrunkene würden phlegmatisch und wären zu größeren Anstrengungen nicht mehr in der Lage, sie würden vielmehr sogar einschlafen. Von ihnen könne also gar keine Gefahr ausgehen.[381] Dieses Vorbringen darf als lebensfremd bezeichnet werden.

Einzelne Stimmen in der Literatur wenden ein, die unterschiedliche Bewertung des Alkoholkonsums in Gaststätten und dem im öffentlichen Raum sei unzulässig.[382] Nachfolgend soll untersucht werden, ob diese Kritik überzeugt:

Wie eingangs festgestellt wurde, findet Alkoholkonsum nicht grundlos in der Öffentlichkeit statt. Oft soll gezielt die mangelnde soziale Kontrolle ausgenutzt werden, der man sich in Gaststätten trotz aller auch dort vorhandenen Anonymität ausgesetzt sieht. Nicht zuletzt spielt hier das Gaststättenrecht eine Rolle, denn der Inhaber der Gaststättenerlaubnis ist unter anderem dazu verpflichtet, seine Gäste vor Gefahren aus dem Alkoholkonsum zu schützen. Diese

---

378 PKS 2009, S. 13; *von Prondzinski*, DPolBl 6/2007, 2 (4).

379 Dazu auch *Ruder*, KommJur 2009, 46 (46); *ders.*, KommP spezial 2009, 174 (174).

380 VGH Mannheim, VBlBW 2010, 29 (32).

381 *Finger*, Die offenen Szenen der Städte, S. 176; *Terwiesche*, VR 1997, 410 (414).

382 *Hecker*, NVwZ 2009, 1016 (1017); *Ruder*, KommJur 2009, 46 (48).

Pflicht wird deutlich durch § 1 LGastG i.V. mit § 20 Nr. 2 GaststG, nach dem es verboten ist, Alkohol an erkennbar Betrunkene auszuschenken. Im öffentlichen Raum fehlen diese Kontrollmechanismen.[383] Das rechtlich und sozial begründete Ordnungsgeflecht für Alkoholgenuss in Gaststätten ist mit unkontrollierten Trinkgelagen auf der Straße oder im Park unvergleichbar.[384] Somit kann auch die Gefahrqualität des öffentlichen und des Alkoholkonsums in Gaststätten unterschiedlich sein.

Ein weiterer Unterscheid praktischer Art besteht: Der Alkoholkonsum wird gerade auch aus finanziellen Gründen in die Öffentlichkeit verlagert. Während man sich über den Einzelhandel billig mit Alkoholika eindecken kann und schon wenige Euro für einen größeren Rausch ausreichen, ist das in Gaststätten kaum möglich – nicht nur aufgrund des bereits erwähnten Flatrate-Party-Verbots. Der öffentliche Alkoholkonsum birgt somit andere, größere Gefahren als der in Gaststätten. Deswegen ist eine Unterscheidung hier zulässig. *Den* Alkoholkonsum gibt es nicht.

Teilweise wird die Ablehnung des hinreichenden Zusammenhangs zwischen Alkoholkonsum und Delinquenz mit der Theorie der unmittelbaren Verursachung begründet.[385] Danach werde „nur dasjenige Verhalten als polizeirechtlich relevante angesehen, das selbst die Gefahrengrenze überschreitet, d.h. selbst unmittelbar die Gefahr verursacht“.[386] Weil aber nach dem Konsum von Alkohol weitere Schritte bis zur Delinquenz nötig seien, sei der Alkohol demnach nicht unmittelbare Ursache. Dabei muss zunächst erläutert werden, wozu die Theorie der unmittelbaren Verursachung dient: Polizeirechtlicher Störer ist, wer eine Gefahr für die öffentliche Sicherheit verursacht hat.[387] Es braucht daher eine Methode, den Verursacher zu bestimmen. Straf- oder zivilrechtliche Kausalitätslehren, wie etwa die Äquivalenz- oder die Adäquanztheorie, sind für das Polizeirecht unbrauchbar und können daher nicht übernommen werden.[388] Stattdessen wurde die Theorie der unmittelbaren Verursachung entwickelt. Mit ihrer Hilfe

---

383 So auch *Faßbender*, NVwZ 2009, 563 (567); *Winkelmüller/Misera*, LKV 2010, 259 (263).

384 *Wohlfarth*, SKZ 1995, 148 (152).

385 *Stolleis/Kohl*, Rechtsgutachten, S. 58; *Kohl*, NVwZ 1991, 620 (623).

386 *Stolleis/Kohl*, Rechtsgutachten, S. 58 und *Kohl*, NVwZ 1991, 620 (623), die insoweit wortgleich sind.

387 *Schoch*, JuS 1994, 932 (932).

388 Dazu im Einzelnen *Schoch*, JuS 1994, 932 (932).

soll polizeiwidriges Handeln dem Verursacher zugeordnet werden;[389] daher auch der Name der „Theorie". Sie kommt also zur Anwendung bei der Suche nach demjenigen Störer, der in Anspruch genommen werden kann.[390] Das ist bspw. wichtig, wenn mehrere Personen in Frage kommen. Dann soll derjenige verantwortlich gemacht werden, der unmittelbar die Gefahr verursacht hat, wobei das Merkmal der Unmittelbarkeit nicht zu restriktiv gehandhabt wird. Es reicht für die Zurechnung ein enger Wirkungs- und Verantwortungszusammenhang.[391] Die Theorie der unmittelbaren Verursachung ist indes in der Literatur nicht unumstritten. Sie führe zu unbilligen Ergebnissen: Eine Handlung könne entweder zur Bejahung oder Verneinung der Störereigenschaft führen, je nachdem, an welcher Stelle der zeitlichen Abfolge der verschiedenen Handlungsbeiträge sie stehe.[392] Deswegen wird teilweise eine wertende Betrachtung des Zusammenhangs von Verhalten und Gefahr gefordert.[393] Unabhängig davon bleibt festzuhalten: Die Theorie der unmittelbaren Verursachung dient der Bestimmung der Verantwortlichkeit.[394] Bei der Beurteilung, ob eine Gefahr vorliegt oder nicht, spielt die Theorie deswegen keine Rolle. Daher kann dieses Argument auch keine Richtigkeit beanspruchen.

Zudem wird das Bestehen einer Gefahr verneint, da es sich bei den Auswirkungen des öffentlichen Alkoholkonsums allenfalls um Belästigungen handele.[395] Bloße Belästigungen als unerhebliche Beeinträchtigungen stellen für sich betrachtet tatsächlich keine Störung und damit keine Gefahr dar.[396] Allerdings ist ebenso anerkannt, dass örtlich oder zeitlich gehäuft auftretende Belästigungen in ihrer Gesamtheit als Summe durchaus einen Schaden darstellen können.[397] Somit scheidet auch für den Fall, dass der öffentliche Alkoholkonsum

---

389 *Schoch*, JuS 1994, 932 (932).

390 Dazu etwa *Selmer*, JuS 1992, 97 (98 f.); *Schoch*, JuS 1994, 932 (932 f.); *Drews/Wacke/Vogel/Martens*, Gefahrenabwehr, S. 313 f; *Hollands*, Gefahrenzurechnung; *Denninger* in Lisken/Denninger, D Rn. 77.

391 *Götz*, Polizei- und Ordnungsrecht, § 9 Rn. 12; *Wohlfarth*, LKRZ 2009, 47 (51).

392 *Schwerdtner*, NVwZ 1992, 141 (142).

393 Vgl. *Herrmann*, DÖV 1987, 666 (668).

394 *Herrmann*, DÖV 1987, 666 (666).

395 *Ruder*, KommJur 2009, 46 (47).

396 *Drews/Wacke/Vogel/Martens*, Gefahrenabwehr, S. 221; *Dittmann*, Polizeirecht, S. 282.

397 *Drews/Wacke/Vogel/Martens*, Gefahrenabwehr, S. 221 f.; *Dittmann*, Polizeirecht, S. 282.

bzw. seine Folgeerscheinungen nur als Belästigung erachtet werden, die Annahme einer Gefahr nicht notwendig aus. Die Kumulation bspw. von Lärmemissionen durch trinkende Gruppen kann durchaus zu einer Gefahr führen für das Schutzgut der öffentlichen Sicherheit, wenn dadurch Menschen Schlafmangel erleiden und an ihrer Gesundheit geschädigt werden.[398]

Mit der Anerkennung des Alkoholkonsums als Gefahr unter bestimmten Umständen geht auch nicht die gelegentlich befürchtete Erosion des Gefahrenbegriffs einher.[399] Vielmehr hat die Realität zu einer Steigerung der Gefahren des öffentlichen Alkoholkonsums geführt. Bildlich gesprochen wird nicht etwa der Gefahrenbegriff „nach unten“ ausgedehnt, sondern die Gefährlichkeit des öffentlichen Alkoholkonsums wuchs „nach oben“.

Die von Rechtsprechung und Literatur angestellten Vergleiche mit der Bettelei und der Obdachlosigkeit[400] gehen fehl. Dass das stille Betteln keine Störung der bzw. Gefahr für die öffentliche Sicherheit ist, wurde oben ab S. 116 dargestellt. Über die polizeirechtliche Qualität des öffentlichen Alkoholkonsums sagt diese Feststellung hingegen nichts aus.

Im Unterschied zur Verordnung der Stadt Ravensburg, die Gegenstand der ersten o.g. Entscheidung war, wurde durch die Stadt Freiburg auch nicht der Alkoholkonsum zu jeder Zeit an jedem Ort verboten. Stattdessen wurde gezielt auf den am Wochenende und abends stattfindenden Konsum abgestellt. Diese Einschränkung ist nicht nur aus Gründen der Verhältnismäßigkeit von Bedeutung, sondern sie präzisiert das als Gefahr eingestufte Verhalten. Deswegen muss auch nicht die Gefährlichkeit des Alkoholkonsums per se, sondern desjenigen zur Abendzeit untersucht werden.

Nach allem Gesagten steht somit fest, dass Alkoholkonsum in der Öffentlichkeit grds. eine Gefahr für die öffentliche Sicherheit darstellen kann. Trotzdem ist zuzugeben, dass nicht an jeder Stelle und zu jeder Zeit eine Gefahr vorliegen wird. Nicht jeder Alkoholkonsum ist als Gefahr einzuordnen. *Den* öffentlichen Alkoholkonsum gibt es nicht.

---

398 Vgl. die Bspe. bei *Drews/Wacke/Vogel/Martens*, Gefahrenabwehr, S. 222.

399 Bspw. *Hamann*, NVwZ 1994, 669 (671).

400 Ausführlich zur rechtlichen Bewertung der Obdachlosigkeit und den Maßnahmen von Behörden gegen Obdachlose *Wolf*, Leben auf der Straße.

Daher empfiehlt sich eine genauere Differenzierung. Eine solche Differenzierung wird auch in anderen Materien vorgenommen, die durch Polizeiverordnungen geregelt werden: Bspw. wird nicht jeder Hund als „gefährlich“ angesehen, sondern nur sog. Kampfhunde und andere gefährliche Hunde.[401] Nicht jedes Schwimmen im Bodensee ist „gefährlich“, sondern nur das im Bereich von Hafeneinfahrten. Nur diese Differenzierung ermöglicht es, tatsächlich gefährliches von ungefährlichem Verhalten zu unterscheiden. Das als gefährlich erkannte Verhalten kann dann präventiv untersagt werden, während das ungefährliche nicht betroffen wird. Natürlich hat eine Differenzierung auch Grenzen: Eine ganz ins Detail gehende Feindifferenzierung ist regelmäßig nicht möglich, da ansonsten im äußersten Fall doch wieder eine Einzelfallbetrachtung nötig würde.[402]

Nach obigen Ausführungen kann davon ausgegangen werden, dass die Gefahrenqualität an jeweils gleichen Orten zu unterschiedlichen Zeiten unterschiedliche Ausmaße annimmt. Die Gefahrenschwelle wird i.d.R. überschritten sein an den Abenden der Wochenenden, also freitag-, samstag- und sonntagabends bzw. -nachts.

Unter der Woche und vor allem tagsüber stellt sich das Problem trinkender Menschen selten(er). Es handelt sich dann meist tatsächlich um den „harmlosen“ und stillen Zecher, der nach Feierabend ein Bier trinkt, oder um den Obdachlosen. Dann kann jedoch nur in einzelnen Fällen eine abstrakte Gefahr angenommen werden, die den Erlass einer Polizeiverordnung ermöglicht. Das bedeutet somit, dass es regelmäßig möglich ist, Alkoholkonsum abends und am Wochenende durch eine Polizeiverordnung zu untersagen, untertags jedoch regelmäßig nicht. Diese zeitliche Einschränkung ist also nicht etwa erst eine Frage der Verhältnismäßigkeit (s.u. S. 157), sondern bereits bei der Feststellung der Gefahr relevant. Abendlicher Alkoholkonsum in der Öffentlichkeit – noch dazu in Gruppen – begründet mindestens am Wochenende eine abstrakte Gefahr i.S. des Polizeirechts.

Auch die räumliche Komponente spielt eine wichtige Rolle. Wenn es in einer Stadt oder Gemeinde bestimmte, von Trinkergruppen bevorzugt genutzte Örtlichkeiten gibt, ist dort das Entstehen einer Gefahr eher möglich als im restlichen Gebiet. Der nötige Ursachenzusammenhang zwischen Alkoholkonsum und Delinquenz kann in aller Regel nicht für das gesamte Stadtgebiet angenommen

401 S. §§ 1 f. GefHuVO.

402 Vgl. *Götz*, Polizei- und Ordnungsrecht, § 22 Rn. 4.

werden. Jedoch muss er dort akzeptiert werden, wo Erfahrungen zeigen, dass Alkoholkonsum und Delinquenz jeweils verstärkt auftreten.

Das Erfordernis einer abstrakten Gefahr setzt nicht voraus, dass sie immer vorliegt. Sie muss dann gegeben sein, wenn durch eine Polizeiverordnung ein Tun verboten werden soll. Wenn nur zu bestimmten Zeiten eine abstrakte Gefahr vorliegt, kann das Tun nur ebendann verboten werden. Umgekehrt ausgedrückt braucht eine abstrakte Gefahr aber auch nur dann vorzuliegen, wenn das Tun durch Polizeiverordnung verboten werden soll. Eine Polizeiverordnung, die nur an den Abenden der Wochenenden den öffentlichen Alkoholkonsum verbietet, setzt dementsprechend voraus, dass der zu dieser Zeit stattfindende Alkoholkonsum eine abstrakte Gefahr begründet.

Endlich bleibt mithin festzuhalten, dass Alkoholgenuss örtlich und zeitlich eingegrenzt eine abstrakte Gefahr für die öffentliche Sicherheit darstellen kann, die dann zum Erlass einer Polizeiverordnung berechtigt.

ee) Nachweisbarkeit

Sowohl der VGH Mannheim als auch das OVG Sachsen-Anhalt haben einen nachgewiesenen Zusammenhang zwischen Alkoholkonsum und Gewalt verneint. Die Polizeibehörden hätten kein brauchbares Material angeboten, mit welchem dieser Nachweis hätte gelingen können.

(1) Ausgangssituation

Fraglich ist also, wie der Nachweis stattdessen zu erfolgen hat. Die Vorgaben, die durch die beiden o.g. Urteile gemacht wurden, sind sehr weitgehend und es ist fraglich, ob vor diesem Hintergrund der Nachweis überhaupt möglich ist.[403]

Zwar lagen dem OVG Sachsen-Anhalt Untersuchungen vor, nach denen ein Großteil der angetroffenen bzw. ermittelten Tatverdächtigen alkoholisiert war. Da das OVG aber den Rückschluss nicht zulässt, dass dadurch Alkoholisierte eher delinquent werden, reichen solche Statistiken nicht aus. Vielmehr fordert das Gericht Zahlen darüber, wie viele Personen die betroffenen Räume insgesamt – bezogen auf das Kalenderjahr – aufsuchten und wie viele davon Alkohol konsumierten. Dann könne ermittelt werden, wie groß der Anteil der Delinquenten an der Gesamtheit der Alkoholisierten insgesamt ist. Danach wiederum könne dann festgestellt werden, ob der Alkohol tatsächlich typischerweise die Be-

403 Auch *Pewestorf*, DVBl. 2009, 1396 (1397).

gehung von Straftaten zur Folge hat oder nicht, also eine abstrakte Gefahr vorliegt oder nicht.[404] Alleine aus der Tatsache, dass Tatverdächtige alkoholisiert waren, lasse sich außerdem nicht der Schluss ziehen, dass die Alkoholisierung auch wirklich im betroffenen Bereich erfolgte. Möglicherweise kämen die Personen bereits alkoholisiert und in aggressiver Stimmung in den jeweiligen Bereich.[405]

Wie die Behörden solche Statistiken vorlegen sollen, bleibt das Gericht indes schuldig. Auch der VGH Mannheim lehnt lediglich die vorgelegten Zahlen ab, ohne zu benennen, wie stattdessen argumentiert werden müsse.[406] Ähnlich urteilte das VG Köln. In einer unten ab S. 160 näher zu untersuchenden Entscheidung verneinte es einen hinreichend belegten Zusammenhang zwischen dem Mitführen von Glasflaschen und Verletzungen durch Glasbruch.[407] Die vorgebrachten Statistiken seien nicht (genügend) aussagekräftig. Es gestand dabei zu, „dass die Gewinnung gesicherter Erkenntnisse durch den Beklagten auf praktische Schwierigkeiten stoßen mag."[408] Nähere Ausführungen, wie die Behörden solche Statistiken führen sollen bzw. wie deren Führung zu bewerkstelligen sein soll, finden sich auch hier nicht.

(2) Vorschlag von *Köppert*: Gestuftes Vorgehen

Einen Vorschlag, dieses Problem zu lösen, liefert *Köppert*.[409] Er schlägt ein vierstufiges Vorgehen vor: Erster Schritt soll das Ausmachen eines bestimmten Bereichs als Einsatzschwerpunkt sein, zweiter Schritt das Aufstellen von Datenmaterial für diesen Einsatzschwerpunkt und dritter Schritt der Erlass eines zeitlich befristeten Alkoholkonsumverbots zur Schaffung von Vergleichswerten. Als Zeitraum für das Sammeln von Daten in den Schritten zwei und drei schlägt er jeweils ein Jahr vor.[410] Vierter und letzter Schritt soll der Vergleich der Daten und die Entscheidung über den Erlass eines endgültigen Verbots sein. Die gesammelten Daten, ein Jahr ohne Alkoholkonsumverbot und ein Jahr mit einem

404 OVG Sachsen-Anhalt, Az. 3 K 319/09 – juris, Rn. 48.

405 OVG Sachsen-Anhalt, Az. 3 K 319/09 – juris, Rn. 46.

406 VGH Mannheim, VBlBW 2010, 29 (32).

407 VG Köln, Urt. v. 16.09.2010, Az. 20 K 441/10 – juris.

408 VG Köln, Urt. v. 16.09.2010, Az. 20 K 441/10 – juris, Rn. 31.

409 *Köppert*, Alkoholverbotsverordnungen, S. 162 ff.

410 *Köppert*, Alkoholverbotsverordnungen, S. 172 ff.

Verbot, sollen verglichen werden. Sinkt nach dem Erlass des Verbots die Zahl der Straftaten im Vergleich zum Vorjahr, soll der Nachweis des Gefahrzusammenhangs erbracht sein.[411] Dann könne ein endgültiges Alkoholkonsumverbot erlassen werden. *Köppert* scheint also davon auszugehen, dass ein (befristetes) Alkoholkonsum auf Probe zulässig sein soll, ein (befristetes) endgültiges jedoch nicht.

(3) Stellungnahme

Zunächst ist festzuhalten, dass die ersten beiden Schritte des Konzepts selbstverständlich sein dürften. Natürlich wird die Polizeibehörde nur an solchen Stellen und Bereichen ein Alkoholkonsumverbot in Betracht ziehen, an denen sie Einsatzschwerpunkte ausgemacht hat oder an denen sie Gründe für ein solches Verbot sieht. Ganz ohne Anlass wird keine Behörde ein Alkoholkonsumverbot verhängen. Ebenso selbstverständlich sollte sein, dass für diesen Einsatzschwerpunkt Daten über einen längeren Zeitraum gesammelt werden. Eben durch diese Datensammlung wird ein Bereich ja ohnehin erst zu einem Einsatzschwerpunkt bzw. als ein solcher wahrgenommen.

Der entscheidende Schritt und die eigentliche Neuerung in *Köpperts* Konzept ist also der dritte, nämlich der Erlass eines befristeten Verbots zum Zwecke der Datensammlung. Dabei stellen sich jedoch drei Probleme:

Dass die Rechtsprechung erstens ein versuchsweises Alkoholkonsumverbot zu Testzwecken für rechtmäßig halten wird, ist nahezu ausgeschlossen. Schließlich führte der VGH Mannheim im Urteil zum Freiburger Alkoholverbot aus: „Ein Erprobungsspielraum bei der Beurteilung, ob die bisherigen Erkenntnisse eine abstrakte Gefahr belegen oder nicht, kommt ihr [der Behörde, d. Verf.] nicht zu.“[412] Der dritte und eigentlich bedeutende Schritt in *Köpperts* gestuftem Vorgehen ist schon dadurch unmöglich. Es ist rechtlich nicht möglich, eine Polizeiverordnung probeweise zu erlassen. Das bedeutete nämlich, eine Polizeiverordnung gerade im Bewusstsein zu erlassen, dass keine abstrakte Gefahr vorliegt. Das will man erst herausfinden. Für ein solches Vorgehen gibt es hingegen keine Rechtsgrundlage.

Zweitens wird auch mit einer Versuchsphase die Rechtsprechung den Zusammenhang zwischen Alkoholkonsum und Delinquenz verneinen. Die strengen

411 *Köppert*, Alkoholverbotsverordnungen, S. 174 f.

412 VGH Mannheim, VBlBW 2010, 29 (32).

Anforderungen des VGH Mannheim und des OVG Sachsen-Anhalt dürfte *Köppert* mit diesem Vorschlag auch nicht erfüllen. Im Freiburger Fall hatte der VGH Mannheim solche Vergleichszahlen: Die Freiburger Behörden hatten vor dem Erlass des Alkoholverbots Daten gesammelt und danach auch. Wie oben ab S. 121 dargestellt, zweifelte der VGH Mannheim deren Aussagekraft an und verneinte das Vorliegen einer abstrakten Gefahr, obwohl seit dem Erlass des Alkoholverbots die Zahl der Straftaten gesunken war. Das Absinken reichte dem VGH Mannheim nicht aus.

Dies bedeutet, dass nach diesem Konzept der vierte Schritt, der Erlass eines endgültigen Alkoholkonsumverbots nicht erfolgen kann.

Drittens ist bei näherer Betrachtung *Köpperts* dritter Schritt unnötig. Die Versuchsphase kann ergeben, dass ein Alkoholkonsumverbot nicht zu einer Senkung der Straftaten etc. führt. Dann könnte nach *Köpperts* Ansicht ebenfalls kein endgültiges Verbot verhängt werden, weil gerade keine abstrakte Gefahr vorläge. Dazu ist aber keine Versuchsphase nötig: Auch wenn sofort ein „richtiges", nicht auf Probe ausgelegtes Alkoholkonsumverbot verhängt wird, muss die Behörde stets und unaufgefordert überprüfen, ob die Voraussetzungen zu seinem Erlass noch vorliegen. Stellt sich also heraus, dass im Geltungsbereich eines Alkoholkonsumverbots trotzdem die Zahl der Straftaten gleich oder auf ähnlichem Niveau bleibt, und deswegen die Behörde zum Ergebnis kommt, eine abstrakte Gefahr liege nicht vor, muss sie das Verbot aufheben. Das ergibt sich aus dem Rechtsstaatsprinzip.

Es lässt sich also zusammenfassen, dass auch *Köpperts* Stufenkonzept keine Lösung der durch die Rechtsprechung verursachten Nachweisprobleme bietet.

d) Anknüpfungspunkt Umweltverschmutzung

Denkbar wäre auch, als Anknüpfungspunkt für ein Alkoholkonsumverbot die Umweltverschmutzungen zu wählen, die in Form von zurückgelassenen, oftmals zerbrochenen Flaschen, Dosen oder anderen Gebinden entstehen. Oftmals nehmen Menschen, die in der Öffentlichkeit Alkohol trinken, ihre Alkoholgebinde nicht wieder mit nach Hause und entsorgen sie auch nicht in Mülltonnen vor Ort. Eine Gefahr für die öffentliche Sicherheit liegt dann bspw. in einem Verstoß gegen § 61 Abs. 1 Nr. 1 u. 2 KrW-/AbfG a.F. bzw. § 69 Abs. 1 Nr. 2 KrWG oder die in aller Regel von den Kommunen erlassenen Polizeiverordnungen zum Schutze der Umwelt.

Problematisch ist auch in diesem Zusammenhang, ob eine ausreichend enge Ursachenverbindung besteht zwischen dem Alkoholkonsum und dem gefährdenden Anschlussverhalten. Nach hier vertretener Ansicht ist diese Ursachenverbindung – parallel zur oben beantworteten Frage des Zusammenhangs zwischen Alkoholkonsum und Delinquenz – anzunehmen.

Eine Gefahr für die öffentliche Sicherheit könnte auch durch die oftmals zurückgelassenen Glasscherben bestehen, die nicht nur Reifenschäden bei Kraftfahrzeugen und Fahrrädern verursachen, sondern zu Schnittverletzungen bei Personen führen können. Auf die Frage, ob diese Erscheinungen ein Alkoholverbot rechtfertigen können, wird im weiteren Verlauf der Untersuchung näher einzugehen sein (s. S. 160 ff.). Möglicherweise ist dann ein Glasflaschenverbot als milderes Mittel dem Alkoholkonsumverbot vorzuziehen.

e) Anknüpfungspunkt Jugendschutzrecht

Weiterer tauglicher Anknüpfungspunkt für eine Gefahr für die öffentliche Sicherheit könnte das Jugendschutzrecht sein. § 9 Abs. 1 JuSchG verbietet aber lediglich die *Abgabe* sämtlicher alkoholischer Getränke an Kinder und Jugendliche unter 16 Jahren sowie von branntweinhaltigen Getränke an alle Minderjährigen. Abgabe ist jede Form der Verabreichung eines Getränks, unabhängig davon, ob sie entgeltlich oder unentgeltlich erfolgt.[413] Zudem ist untersagt, ihnen den Verzehr solcher Getränke zu gestatten. Die Gestattung des Verzehrs meint die Billigung des Konsums von Getränken, in deren Besitz der Minderjährige schon gelangt ist.[414] Nach § 9 Abs. 2 JuSchG gilt dies nicht für Jugendliche (ab 14 Jahren), die von personensorgeberechtigten Person begleitet werden. Der Alkohol*konsum* durch Kinder und Jugendliche selbst hingegen ist nicht verboten. Deswegen bietet das Jugendschutzrecht keine Handhabe gegen Jugendliche.[415] Die Bußgeldvorschrift des § 28 Abs. 1 Nr. 10, Abs. 4 JuSchG, die § 9 JuSchG anknüpft, betrifft nur Veranstalter und Gewerbetreibende bzw. andere Erwachsene und nimmt selbst Personensorgeberechtigte aus.

Ob diese Regelungen möglicherweise angepasst werden sollten, ist an dieser Stelle nicht zu beantworten. Das ist eine politische Frage. Bei der Einführung des JuSchG zum 01.04.2003 stützte der Bund seine Gesetzgebungskompetenz

---

413 *Ukrow*, Jugendschutzrecht, Rn. 174.

414 *Ukrow*, Jugendschutzrecht, Rn. 174.

415 *Stein*, NdsVBl. 2010, 193 (196).

auf Art. 74 Abs. 1 Nr. 7 GG („öffentliche Fürsorge") und Art. 74 Abs. 1 Nr. 11 GG („Recht der Wirtschaft").[416] Für eine Änderung der Vorschriften liegt die Kompetenz damit ebenfalls beim Bund.

3. Zwischenergebnis

Als Zwischenergebnis lässt sich daher festhalten, dass nach der bislang ganz herrschenden Ansicht in Rechtsprechung und Literatur öffentlicher Alkoholkonsum keine abstrakte Gefahr für die öffentliche Sicherheit darstellt, da es am hinreichend wahrscheinlichen Zusammenhang zwischen Alkoholkonsum und anschließender Delinquenz fehle. Dieser Ansicht wird vorliegend widersprochen. Alkoholkonsum kann nicht pauschal betrachtet werden, sondern muss in seinen verschiedenen Erscheinungsformen unterschiedlich bewertet werden. Nach hier vertretener Ansicht unterscheidet sich der öffentliche Alkoholkonsum am Wochenende und abends von dem tagsüber oder bei Stadtfesten etc. Seine Gefahreignung ist daher unterschiedlich zu beurteilen. Daher kann öffentlicher Alkoholkonsum zu bestimmten Zeiten und an bestimmten Orten eine Gefahr darstellen und gleichzeitig an anderen Orten oder zu anderen Zeiten nicht.

IV. Bestehen einer Gefahr für die öffentliche Ordnung?

In bestimmten Konstellationen stellt Alkoholkonsum in der Öffentlichkeit also eine Gefahr für die öffentliche Sicherheit dar. Zu untersuchen bleibt, ob er gleichzeitig oder darüber hinaus in anderen Konstellationen eine Gefahr für die öffentliche Ordnung ist. Ihre Definition soll nochmals in Erinnerung gerufen werden: Öffentliche Ordnung umfasst die Gesamtheit jener ungeschriebenen Regeln für das Verhalten des Einzelnen in der Öffentlichkeit, deren Beobachtung nach den jeweils herrschenden Anschauungen als unerlässliche Voraussetzung eines geordneten staatsbürgerlichen Gemeinschaftslebens betrachtet wird.[417] Nach der Rechtsprechung muss für ein Einschreiten der Polizei ein sozial abträgliches Verhalten vorliegen, welches das menschliche Miteinander

---

416 *Ukrow*, Jugendschutzrecht, Rn. 73. Die Kompetenz für den Jugendmedienschutz im Rundfunk liegt gem. Art. 30, 70 GG bei den Ländern.

417 *Schenke*, Polizei- und Ordnungsrecht, Rn. 63; *Denninger* in Lisken/Denninger, D Rn. 35; *Thiel*, „Entgrenzung" der Gefahrenabwehr, S. 55; *Götz*, Polizei- und Ordnungsrecht, § 5 Rn. 1.

nicht unerheblich beeinträchtigt und Gegenmaßnahmen geradezu herausfordert.[418]

1. Akzeptanz der öffentlichen Ordnung

Das Schutzgut der öffentlichen Ordnung ist durch seine relative Offenheit seit Jahrzehnten vehementer Kritik ausgesetzt. Bevor in der folgenden Untersuchung auf das Schutzgut zurückgegriffen werden kann, muss diese Kritik dargestellt und bewertet werden. Überzeugt sie, bleibt für die Anwendung der öffentlichen Ordnung kein Raum.

a) Kritik

Die Kritik am Schutzgut der öffentlichen Ordnung kam ab Mitte der 1960er Jahre auf und stützt sich auf verschiedene Argumente:

Kritiker führen ins Feld, der Begriff der öffentlichen Ordnung verstoße gegen den verfassungsrechtlich normierten Bestimmtheitsgrundsatz, der aus dem Rechtsstaatsprinzip des Art. 20 Abs. 3 GG folgt. Dieser Grundsatz besagt, dass eine Norm inhaltlich so klar bestimmt sein muss, dass der normunterworfene Bürger wissen kann, was von ihm verlangt wird.[419] Zwar sind unbestimmte Rechtsbegriffe, die Auslegung erfordern, regelmäßig zulässig.[420] Ein Verzicht auf unbestimmte Rechtsbegriffe wäre dem Gesetzgeber unmöglich, müsste er sonst alle erdenklichen Fälle bis ins kleinste Detail normieren.[421] Doch wird beim Begriff der öffentlichen Ordnung teilweise bezweifelt, ob die öffentliche Ordnung noch den Anforderungen des Bestimmtheitsgrundsatzes genügt, da die Zulässigkeit unbestimmter Rechtsbegriffe nicht uferlos möglich sei.[422]

Anknüpfungspunkt für Kritik ist zunächst die Frage, wie die die Definition der öffentlichen Ordnung mitbestimmende „herrschende Anschauung“ zu verstehen ist.[423] Dabei wird auf zwei Probleme aufmerksam gemacht: Erstens wird infrage gestellt, wie die maßgebliche Bezugseinheit festgestellt werden soll. Da-

418 VGH Mannheim, VBlBW 1999, 101 (103).

419 *Jarass* in Jarass/Pieroth, GG, Art. 20Rn. 58.

420 *Jarass* in Jarass/Pieroth, GG, Art. 20Rn. 58.

421 *Peine*, Die Verw. 12 (1979), 25 (31).

422 *Peine*, Die Verw. 12 (1979), 25 (31).

423 *Achterberg*, FS Scupin, S. 32.

bei geht es um die Frage, wessen Anschauungen entscheidend sind. Dies sei völlig unklar. Wird lediglich auf die örtliche Gemeinschaft abgestellt oder das Volk der Region oder gar die gesamte deutsche Bevölkerung?[424] Andere beantworten diese Frage damit, dass es auf die Anschauungen all derer ankomme, die im vorgesehenen Geltungsbereich der Maßnahme leben.[425] Bei einer ortspolizeilichen Maßnahme käme es dann auf die Anschauungen der örtlichen Gemeinschaft an. Diese Ansicht überzeugt: Sie ermöglicht es, auf örtliche Gegebenheiten Rücksicht zu nehmen. In einem heterogenen Land wie dem unseren ist dies ein großer Vorteil der öffentlichen Ordnung. Außerdem leuchtet nicht ein, wieso die Anschauungen von Menschen, die nicht von einer Maßnahme betroffen sind, bedeutsam sein sollen. Was in einem bayerischen Wallfahrtsort gegen die Anschauungen verstößt, gehört bspw. in St. Pauli zum Alltag.[426]

Ein weiteres Problem stellt sich bei der Frage, wie – für den Fall, dass ein Bezugsobjekt gefunden wurde – dessen Anschauungen bestimmt werden sollen.[427] Hier liegt tatsächlich die größte Schwierigkeit im Umgang mit der öffentlichen Ordnung. Teilweise wird vorgeschlagen, diese empirisch festzustellen.[428] Im Wege der Demoskopie dürfte das jedoch praktisch unmöglich sein. Wenn man als Bezugsobjekt die örtliche Gemeinschaft nimmt, müsste jede Gemeinde für sich eine eigene, repräsentative Untersuchung vornehmen. Aufwand und Ertrag stünden in keinem Verhältnis.[429] Ebenso ist völlig unklar, wie etwa die Fragestellung einer solchen Untersuchung aussehen sollte. Leider bleibt die Literatur, die die Demoskopie vorschlägt, nähere Ausführungen schuldig.

---

424 *Denninger* in Lisken/Denninger, E Rn. 36.

425 *Wolf/Stephan/Deger*, Polizeigesetz BW, § 1 Rn. 66.

426 *Mußgnug*, FS Quaritsch, S. 351; *Erbel*, DVBl. 1972, 475 (476). Dem widersprach *Götz*, Polizei- und Ordnungsrecht 1985, Rn. 98, vehement: Die „Maßgeblichkeit der lokalen Auffassungen […] stammt aus der Zeit der Postkutsche und sollte mit ihr dahingehen." Er bestritt dort allerdings auch jegliche Unterschiede in den Anschauungen zwischen Stadt und Land. In neueren Auflagen findet sich diese Passage jedoch nicht mehr. *Köppert*, Alkoholverbotsverordnungen, S. 90, vertritt die Ansicht, regionale Besonderheiten dürfe es nicht geben.

427 *Achterberg*, FS Scupin, S. 32.

428 *Wolf/Stephan/Deger*, Polizeigesetz BW, § 1 Rn. 66; *Drews/Wacke/Vogel/Martens*, Gefahrenabwehr, S. 250; *Erbel*, DVBl. 2001, 1714 (1719).

429 Das geben auch *Drews/Wacke/Vogel/Martens*, Gefahrenabwehr, S. 250, zu.

Im Falle von Polizeiverordnungen, die durch den Gemeinderat beschlossen wurden, könnte man hingegen annehmen, durch ihre Eigenschaft als Volksvertreter hätten die Gemeinderäte die Anschauungen der örtlichen Gemeinschaft eingebracht.[430] Wenig praktikabel erscheint hingegen der Vorschlag, die Gemeindevertretungen sollten durch Verordnungen oder Satzungen den Inhalt der öffentlichen Ordnung festlegen.[431]

Darauf soll es jedoch nach der Kritik gar nicht ankommen. Entscheidendes Argument gegen die öffentliche Ordnung sei nämlich, dass in einer pluralistischen Gesellschaft wie der unseren es gar nicht möglich sei, der Minderheit die sozialethischen Anschauungen der Mehrheit durch polizeiliche Mittel aufzuzwingen. Es sei gerade das Wesen des Pluralismus‘, dass sich die Minderheit gegenüber der Mehrheit auf den Schutz ihrer Auffassungen berufen könne.[432] Jedoch sprechen selbst Kritiker der öffentlichen Ordnung diesem Argument seine Berechtigung ab. Wenn nämlich schon das Gesamtvolk nicht zu einer einhelligen Auffassung in der Lage ist, so muss sich doch wenigstens die Auffassung durchsetzen, die von der Mehrheit der Bevölkerung getragen wird.[433] Die Kritik verkennt gerade, dass es auch ein wesentliches Merkmal der Demokratie ist, dass die Mehrheit sich gegen die Minderheit durchsetzt.[434] Dies muss keineswegs etwas Schlechtes sein. Vielmehr wird es oft so sein, dass die Minderheit rücksichtslos gegenüber der Mehrheit auftritt.[435] Außerdem kann sich eine Mehrheitsmeinung nur durchsetzen, wenn sie sich im Rahmen vom Verfassung und Gesetz hält.[436] Die Minderheit ist zudem durch die Möglichkeit, die Gerichte anzurufen, und durch die Grundrechte, die durch die Verfassungsbeschwerde verteidigt werden können, geschützt.

Die öffentliche Ordnung diene dazu, Normen in das Recht zu überführen, die allerdings nicht Teil des positiven Rechts sind.[437] Daher dürften jedenfalls

---

430 So etwa *Erbel*, DVBl. 2001, 1714 (1719).

431 So aber *Hill*, DVBl. 1985, 88 (94).

432 *Denninger* in Lisken/Denninger, D Rn. 36; *Denninger*, Polizeirecht, S. 264 f. So auch *Brandt/Smeddinck*, Jura 1994, 225 (226).

433 *Achterberg*, FS Scupin, S. 34.

434 Ähnlich *Martens*, DÖV 1982, 89 (91).

435 *Mußgnug*, FS Quaritsch, S. 358.

436 *Martens*, DÖV 1982, 89 (91).

437 *Waechter*, NVwZ 1997, 729 (729).

solche Verhaltensweisen nicht unter Rückgriff auf die öffentliche Ordnung unterbunden werden, die explizit durch den Gesetzgeber legalisiert wurden, bspw. durch Streichung bestimmter (Straf-) Vorschriften.[438] Gegenstand der öffentlichen Ordnung könne daher nur sein, was *noch* nicht in positives Recht überführt wurde.[439] Sonst würde jede Änderung des Strafrechts faktisch mit polizeirechtlichen Mitteln unterlaufen.[440] Dies ist in dieser Pauschalität jedoch unzutreffend. Die Streichung einer Strafvorschrift besagt nämlich keineswegs, dass ein bestimmtes Verhalten plötzlich positiv anerkannt ist. Es soll lediglich keine Bestrafung mehr erfolgen. Trotzdem kann noch eine Gefahr für die öffentliche Ordnung vorliegen.[441] Es besteht ein Unterschied darin, ob ein Verhalten nicht mehr strafbewehrt ist oder tatsächlich sozial anerkannt ist.[442] Die Streichung einer Strafnorm ist i.d.R. jedoch Ausdruck einer veränderten gesellschaftlichen Anschauung und auf diese Weise bei der Ausfüllung und Auslegung der öffentlichen Ordnung bedeutend.[443]

Andere Stimmen halten die öffentliche Ordnung für unnötig. Sie beziehen sich darauf, dass ihr Anwendungsbereich immer geringer geworden ist. Das liege daran, dass immer größere Bereiche des Lebens umfassend gesetzlich geregelt seien.[444] Der Gesetzesperfektionismus[445] habe dazu geführt, dass die Polizei den Rückgriff auf die öffentliche Ordnung nicht mehr brauche, da nun stets die öffentliche Sicherheit einschlägig sei.[446] Daraus allerdings zu schließen, die öf-

---

438 *Waechter*, NVwZ 1997, 729 (729); *Knemeyer*, Polizei- und Ordnungsrecht, Rn. 76.

439 *Waechter*, NVwZ 1997, 729 (729); *Knemeyer*, Polizei- und Ordnungsrecht, Rn. 76.

440 *Stolleis/Kohl*, Rechtsgutachten, S. 57.

441 So auch *Schenke*, Polizei- und Ordnungsrecht, Rn. 67; *Finger*, Die Verw. 40 (2007), 105 (114).

442 So auch *Otterbach*, Zero-Tolerance, S. 137.

443 A.A. *Otterbach*, Zero-Tolerance, S. 138, der in der Änderung oder Abschaffung strafrechtlicher Normen überhaupt keine Auswirkungen auf die Anwendung der öffentlichen Ordnung sieht.

444 *Götz*, Polizei- und Ordnungsrecht, § 5 Rn. 6; *Gusy*, Polizeirecht, Rn. 99; *Pieroth/Schlink/Kniesel*, Polizeirecht, § 8 Rn. 51; *Würtenberger/Heckmann*, Polizeirecht, Rn. 409. Wohl auch *Trute*, Die Verw. 1999 (32), 73 (78).

445 Begriff übernommen *von Mußgnug*, FS Quaritsch, S. 356, mit einem etwas ironischen Verweis auf das Immissionsschutzrecht und die sog. Rasenmäherverordnung. Dazu auch *Götz*, Polizei- und Ordnungsrecht, § 5 Rn. 6.

446 *Wolf/Stephan/Deger*, Polizeigesetz BW, § 1 Rn. 65; *Nolte*, NordÖR 1999, 52 (54).

fentliche Ordnung sei überflüssig und daher abzuschaffen, erscheint übertrieben. Die bloße Tatsache, ein Schutzgut komme nur selten zur Anwendung, genügt nicht, seine Abschaffung zu rechtfertigen. Dabei ist auch zu beachten, wieso die öffentliche Ordnung nur noch selten Gegenstand behördlicher und gerichtlicher Verfahren ist. Dies könnte auch daran liegen, dass die Polizeibehörden - wie *Mußgnug* zu vermuten scheint – (zu) häufig untätig bleiben.[447]

Aus den von den Kritikern angeführten Gründen haben einige Bundesländer die öffentliche Ordnung aus ihren Polizeigesetzen gestrichen: Zunächst hat Bremen 1983 auf die öffentliche Ordnung verzichtet.[448] Diesem Beispiel folgten 1989 das Saarland[449], 1992 Schleswig-Holstein[450] und 1994 Niedersachsen. Nordrhein-Westfalen hat 1990 die öffentliche Ordnung aus dem nwPolG, nicht jedoch aus dem nwOBG gestrichen.[451] Trotz aller bekannten Kritik wurde die öffentliche Ordnung in allen der damals neuen Bundesländern in die Polizeigesetze übernommen.[452] Mittlerweile haben jedoch Niedersachsen[453] und das Saarland das Schutzgut der öffentlichen Ordnung wieder in ihre Polizeigesetze aufgenommen.[454]

b) Verteidigung

Trotz aller Kritik hält die wohl noch herrschende Ansicht an der öffentlichen Ordnung fest.

Während die einen die öffentliche Ordnung für überflüssig halten, gehen andere Stimmen davon aus, sie sei unverzichtbar. Nicht sämtliche denkbaren Sachverhalte seien detailliert geregelt, weshalb die öffentliche Sicherheit keineswegs immer einschlägig sei. Auch diese Sachverhalte bedürften einer Rege-

---

447 *Mußgnug*, FS Quaritsch, S. 352.

448 Hierzu näher: *Alberts*, NVwZ 1983, 585 (585).

449 Hierzu näher: *Mandelartz*, DVBl. 1989, 704 (706).

450 Hierzu näher: *Bäumler*, NVwZ 1992, 638 (639).

451 Hierzu näher: *Kniesel*, NVwZ 1990, 743 (743). In Nordrhein-Westfalen gilt das PolG für die Vollzugspolizei, das OBG für die Ordnungsbehörden.

452 *Störmer*, Die Verw. 30 (1997), 233 (235).

453 Hierzu näher *Ipsen*, NdsVBl. 2003, 281 (281 ff.).

454 Dazu *Götz*, Polizei- und Ordnungsrecht, § 5 Rn. 25.

lung. Dadurch komme der öffentlichen Ordnung eine Reservefunktion zu, die an ihr festhalten lasse.[455]

Auch dem angeblich hohen Fehlerpotenzial wird entgegen getreten. Alleine die Erkenntnis, dass mancher Rückgriff auf die öffentliche Ordnung falsch durchgeführt wurde bzw. die ihr zugrunde liegenden Anschauungen falsch bestimmt wurden, besagt nicht, dass die öffentliche Ordnung generell nicht richtig zu handhaben ist. Es ist nicht ungewöhnlich, dass ein unbestimmter Rechtsbegriff fehlerhaft ausgelegt wird.[456] Zwar werden vereinzelt der behördlichen Arbeit Anschauungen zugrunde gelegt, die nicht mehr der aktuellen Zeit entsprechen. Schon *Otto Mayer* hatte erkannt, „dass in diesen Dingen mit täppischem Dreinfahren viel geschadet werden kann“.[457] Dies spricht jedoch nicht gegen die öffentliche Ordnung. Davon abgesehen, dass es sich um Ausnahmen handeln dürfte, ist vom Unvermögen einzelner Anwender nicht auf die Untauglichkeit der angewandten Vorschrift zu schließen.[458]

Dass über die öffentliche Ordnung keine Anschauungen geschützt bzw. durchgesetzt werden können, die ihrerseits gegen geschriebenes (Verfassungs-) Recht verstoßen, ist selbstverständlich.[459]

c) *Ergebnis*

Ihre o.g. Reservefunktion macht das Schutzgut der öffentlichen Ordnung unentbehrlich.[460] Zwar sind weite Lebensbereiche verrechtlicht, jedoch wird es eine vollständige Verrechtlichung niemals geben.[461] Übrigens wäre das auch gar nicht wünschenswert.[462] Die Verrechtlichung erfolgt erst durch das Schutzgut der öffentlichen Ordnung.

---

455 *Erbel*, DVBl. 2001, 1714 (1718); *Fechner*, JuS 2003, 734 (735).

456 Auch die „Unzuverlässigkeit“ oder die „guten Sitten“ i.S. des Gewerberechts werden bisweilen fehlerhaft bestimmt, trotzdem kann es keinen Zweifel an der Berechtigung des Begriffs geben. Vgl. dazu *Schenke*, Polizei- und Ordnungsrecht, Rn. 65; *Fechner*, JuS 2003, 734 (735).

457 *Mayer*, Verwaltungsrecht, S. 215.

458 So auch *Erbel*, DVBl. 1972, 475 (480).

459 *Fechner*, JuS 2003, 734 (738).

460 Ebenso für das Versammlungsrecht *Sander*, NVwZ 2002, 831 (833).

461 *Fechner*, JuS 2003, 734 (735).

462 Zur ausufernden Spezialgesetzgebung schon kritisch *Martens*, DÖV 1982, 89 (95).

Sachverhalte bspw. mit rein örtlichem Bezug können durch die öffentliche Ordnung sachgerechter gelöst werden als über das Erfordernis ausdrücklicher gesetzlicher Regelung, um ein Einschreiten über die öffentliche Sicherheit zu ermöglichen.[463]

Die von den Gegnern der öffentlichen Ordnung vorgebrachten rechtlichen Argumente sind nicht überzeugend. Soweit sie rechtspolitischer Art sind, sind sie unangebracht. Wenn der Gesetzgeber in nahezu allen Bundesländern die öffentliche Ordnung akzeptiert, einführt oder wieder einführt, ist für eine rechtspolitische Diskussion wenig Raum.

Es kann also festgehalten werden, dass der ebenfalls berühmte Satz *Otto Mayers* „Verfassungsrecht vergeht, Verwaltungsrecht besteht"[464] ob der langen (Anwendungs-) Geschichte der öffentlichen Ordnung – zumindest in diesem Fall – durchaus zutrifft. Die öffentliche Ordnung verrechtlicht das Nichtrecht[465] – nicht aber das Unrecht.

Die nachfolgende Untersuchung kann sich daher auch auf das Schutzgut der öffentlichen Ordnung stützen.

2. Ansicht des VGH Mannheim

Wie eben festgestellt wurde, ist der Rückgriff auf das Schutzgut der öffentlichen Ordnung nach wie vor möglich und grds. geboten.

Der VGH Mannheim hat geurteilt, dass durch den öffentlichen Alkoholkonsum als solchen nicht gegen die öffentliche Ordnung verstoßen werde.[466] Dazu müsse nach Ansicht des VGH Mannheim ein sozial abträgliches Verhalten vorliegen, welches das menschliche Miteinander nicht unerheblich beeinträchtigt und Gegenmaßnahmen geradezu herausfordert.[467] Dies sei beim öffentlichen Alkoholkonsum nicht der Fall. Vielmehr sei öffentlicher Alkoholkonsum z.B. in Freiausschankflächen, aber auch zu Anlässen wie Fasching oder anderen Festen durchaus üblich und weit verbreitet. Somit sei Alkoholkonsum in der Öffent-

---

463 *Fechner*, JuS 2003, 734 (738).

464 *Mayer*, Erster Band, Vorwort zur dritten Auflage.

465 *Mußgnug*, FS Quaritsch, S. 353.

466 VGH Mannheim, VBlBW 1999, 101 (103).

467 VGH Mannheim, VBlBW 1999, 101 (103).

lichkeit akzeptiert. Alkohol sei gerade keine heimliche Droge, die sonst nur hinter verschlossenen Türen konsumiert werde.[468] Daher widerspreche Alkoholkonsum in der Öffentlichkeit auch nicht den herrschenden sozialen Anschauungen und könne nicht durch Rückgriff auf die öffentliche Ordnung untersagt werden.[469]

Nachfolgend soll untersucht werden, ob diese Schlussfolgerung des VGH Mannheim zutrifft. Dabei soll differenziert werden zwischen dem Alkoholkonsum Einzelner und dem Alkoholkonsum in der (größeren) Gruppe.

3. Alkoholkonsum Einzelner

Es gibt Orte, an denen nur wenige Menschen öffentlich Alkohol konsumieren. Zu denken ist bspw. an Obdachlose, die in der Fußgängerzone etwas trinken. Wenn Einzelne öffentlich trinken, ist der Rechtsprechung zuzustimmen. Alkoholkonsum wird insoweit überall gesellschaftlich toleriert, selbst wenn der Einzelne über die Stränge schlägt und zu viel trinkt. Die Gesellschaft kann den Anblick einzelner Alkohol konsumierender Menschen durchaus ertragen. Das gilt auch dann, wenn es sich um die eben erwähnten Obdachlosen handelt, der durch ihre Erscheinung oder ihre Existenz manche Menschen stören. Dieses unangenehme Gefühl wird dabei nicht in erster Linie durch den Alkoholkonsum, sondern durch die Obdachlosigkeit oder die äußere Verwahrlosung der Obdachlosen entstehen.[470] Es ist jedoch hinzunehmen, denn auch Armut und ihre Erscheinungen gehören zur Gesellschaft. Das gedeihliche Zusammenleben der Menschen wird dadurch nicht in einem unzumutbaren Maße beschränkt.[471] Das wäre aber Voraussetzung für eine Störung bzw. eine Gefahr für die öffentliche Ordnung. Auch die Obdachlosigkeit stellt keinen Verstoß gegen die öffentliche Ordnung dar.

Der öffentliche Alkoholkonsum weniger oder einzelner Personen ist also regelmäßig keine Gefahr für die öffentliche Ordnung.[472] Er kommt indes nur sel-

---

468 *Stein*, NdsVBl. 2010, 193 (196).

469 VGH Mannheim, VBlBW 1999, 101 (103). Das OVG Schleswig-Holstein, NordÖR 1999, 381 (382 f.), gibt in einem obiter dictum zu verstehen, dass es sich dieser Auffassung anschließen möchte.

470 Dazu auch *Wolf*, Leben auf der Straße, S. 34 f.

471 So auch *Otterbach*, Zero-Tolerance, S. 143.

472 So auch *Otterbach*, Zero-Tolerance, S. 143; *Kohl*, NVwZ 1991, 620 (623); *Stolleis/Kohl*, Rechtsgutachten, S. 58; wohl auch *Kramer*, LKRZ 2008, 317 (319).

ten vor.[473] Man nimmt in Städten und Gemeinden weniger Menschen wahr, die alleine Alkohol trinkend herumsitzen, als solche, die in Gruppen trinken.

Anzumerken ist außerdem, dass kaum eine Kommune ein Alkoholverbot für einen Bereich erlassen wird, an dem nur einige wenige Einzelne Alkohol konsumieren. Einzelne Obdachlose, die in der Fußgängerzone trinken, sind regelmäßig nicht das Ziel von Alkoholverboten durch Polizeiverordnungen.

4. Alkoholkonsum in der Gruppe

Anders stellt sich die Situation dar, wenn sich nicht einige wenige Einzelne, sondern Gruppen im zwei-, drei- oder in Extremfällen vierstelligen Bereich öffentlich betrinken und feiern.[474] Sie sind die Konstellationen, die kommunale Alkoholverbote durch Polizeiverordnung im Blick haben. Ob in diesen Fällen ein Verstoß gegen die öffentliche Ordnung vorliegt, soll nachfolgend untersucht werden:

Große Teile der Literatur verneinen diese Frage: Alkohol sei gesellschaftlich anerkannt. Dies gelte auch dann, wenn er in der Öffentlichkeit konsumiert werde.[475] Angesichts der Trinkgewohnheiten der Deutschen könne „nicht davon ausgegangen werden, dass der Alkoholkonsum den herrschenden sozialen und ethischen Anschauungen auch nur ansatzweise widerspricht."[476] *Finger* verweist etwa auf „den Bauarbeiter, der nach beendeter Arbeit mit seinen Arbeitskollegen vor dem Kiosk zwei oder drei Flaschen Bier trinkt."[477] Dabei verkennt er die Situation. Der Bauarbeiter, der am späten Nachmittag ein paar Flaschen Bier trinkt, ist gar nicht das Ziel des hier zu untersuchenden behördlichen Vorgehens. Keine Kommune wird ein Alkoholverbot durch Polizeiverordnung erlassen, weil Bauarbeiter nach der Arbeit vor dem Kiosk ein Feierabendbier trinken. Hier interessierende Alkoholverbote stellen auf Jugendliche und junge Erwachsene ab,

---

473 So auch *Otterbach*, Zero-Tolerance, S. 143.

474 Vgl. bspw. Stuttgarter Nachrichten vom 17.07.2010.

475 S. etwa *Finger*, Die offenen Szenen der Städte, S. 193; *Finger*, Die Verw. 40 (2007), 105 (114 f.); *Schmitz*, Vorgehen gegen Randgruppen, S. 202; *Köppert*, Alkoholverbotsverordnungen, S. 152.

476 *Kohl*, NVwZ 1991, 620 (623); *Stolleis/Kohl*, Rechtsgutachten, S. 58. Ähnlich sieht das auch *Hecker*, Rechtsgutachten, S. 32.

477 *Finger*, Die offenen Szenen der Städte, S. 193, bzw. *Finger*, Die Verw. 40 (2007), 105 (114).

die sich vor allem an Wochenenden abends und nachts in größeren Gruppen betrinken. Daher muss nicht untersucht werden, ob der einzelne Bauarbeiter, sondern ob die Menschen, die in größeren Gruppen trinken, eine Gefahr für die öffentliche Ordnung darstellen. Wenn es sich dabei um Jugendliche handelt, ist ein Verstoß gegen die öffentliche Ordnung noch eher anzunehmen, da sie von der Gesellschaft als besonders schutzwürdig angesehen werden und exzessiver Alkoholkonsum bei ihnen weniger toleriert wird als bei Erwachsenen.[478] Die von *Stolleis/Kohl* angesprochenen Trinkgewohnheiten der Deutschen führen zu keinem anderen Ergebnis. Es geht nicht um die Frage, ob Alkoholkonsum per se zulässig sein soll, sondern darum, ob er in der Öffentlichkeit und in Gruppen außerhalb von Gaststätten nach den herrschenden Anschauungen akzeptiert ist.

Es trifft zunächst zu, dass zu besonderen Anlässen auch exzessiver Alkoholkonsum in Gruppen oder ganzer Menschenmengen im öffentlichen Raum akzeptiert und üblich ist. Als Beispiel lassen sich in der Tat der Fasching oder das Oktoberfest anführen. Zu solchen Anlässen wird in auch in der Öffentlichkeit viel Alkohol getrunken, das wird sogar fast erwartet. Auch am Anblick von erheblich Betrunkenen stört sich dann praktisch niemand. Die Anlässe sind regional unterschiedlich, teils einzigartig, und gehören zur Tradition. Sie sind oftmals der Höhepunkt des Jahres im lokalen Veranstaltungskalender. Da sie meist auf überkommenen Bräuchen beruhen und Alkoholkonsum akzeptiert wird, widerspricht dementsprechender öffentlicher Alkoholkonsum freilich nicht den herrschenden Anschauungen, die zu einem gedeihlichen Zusammenleben unabdingbar sind. Ein Verstoß gegen die öffentliche Ordnung kann daher zu solchen Anlässen nicht angenommen werden.[479]

Trotzdem ist es dadurch nicht akzeptiert und üblich, sich ohne solche Anlässe an jedem beliebigen Tag oder Wochenende öffentlich zu betrinken. Eben genannte Maßstäbe können nicht auf den Alltag übertragen werden. Die zugezogenen Beispiele stellen gerade Ausnahmen dar, nicht die Regel. Die örtliche öffentliche Anschauung toleriert zu diesen Ausnahmen das öffentliche Trinken, weil es eben Ausnahme bleiben soll, weil man zu diesen Anlässen Dinge tun „darf", die man sonst nicht „darf". Das öffentliche Trinken ohne besonderen Anlass ist nicht nur unübliches, sondern nicht gehöriges Verhalten.[480] Auch der ge-

---

478 S. auch *Stein*, NdsVBl. 2010, 193 (196).

479 Ob auf gewerbe- oder gaststättenrechtlicher Grundlage bei Volksfesten etc. der Alkoholausschank eingeschränkt werden kann, wird unten ab S. 291 untersucht.

480 *Wolf*, Leben auf der Straße, S. 36.

zogene Vergleich mit Freischankflächen ist nicht zutreffend. Die soziale Anerkennung ist eine völlig andere, ob bspw. in einem Biergarten mehrere alkoholische Getränke getrunken werden oder im öffentlichen Raum größere Trinkgelage gefeiert werden. In einer Freischankfläche im Speziellen oder einer Gaststätte im Allgemeinen ist Alkoholkonsum üblich. Dafür sind diese Flächen da. Die Menschen sollen den Alkohol gerade nicht auf der Straße oder sonstwo in der Öffentlichkeit trinken, sondern in der Gaststätte. Nicht zuletzt ist der Alkoholkonsum dort reglementiert. An Jugendliche und erkennbar Betrunkene darf bspw. gem. § 9 Abs. 1 JuSchG bzw. § 1 LGastG i.V. mit § 20 Nr. 2 GaststG kein Alkohol ausgeschenkt werden. Auch die Preise der Gastronomie sorgen dafür, dass es nicht regelmäßig zu Trinkexzessen kommt. Das zeigt, dass entsprechende Vergleiche fehlgehen.[481] Alkoholkonsum ist nicht allgemein zu betrachten, sondern in seinen unterschiedlichen Erscheinungsformen auch unterschiedlich zu werten. *Der* Alkoholkonsum existiert nicht.

Die öffentliche Ordnung schützt „ein gedeihliches Zusammenleben". Das bloße Anderssein stellt noch keinen Verstoß gegen die öffentliche Ordnung dar.[482] Ein gedeihliches Zusammenleben kann allerdings nur dort möglich sein, wo gewisse Anstandsregeln beachtet werden.[483] Diese setzen gegenseitige Rücksicht voraus und sollen ein friedliches, respektvolles Miteinander ermöglichen. Sozial abträgliches Verhalten verstößt gegen die öffentliche Ordnung, wenn es dieses menschliche Miteinander nicht unerheblich beeinträchtigt.[484] Es gibt also gewisse soziale Spielregeln. Sie zu bestimmen obliegt der Behörde, wobei die Gerichte sie überprüfen können. Das VG Berlin führt dazu aus: „Für die Feststellung der heute anerkannten sozialethischen Wertvorstellungen in unserer Gesellschaft darf der Richter nicht auf sein persönliches sittliches Gefühl abstellen, sondern muss auf empirische Weise objektive Indizien ermitteln; dazu kann es geboten sein, neben Rechtsprechung, Behördenpraxis, Medienecho und (mit Einschränkungen) demoskopischen Erhebungen auch Äußerungen von Fachleuten und demokratisch legitimierten Trägern öffentlicher Belange einzuholen, um den Inhalt von ‚öffentlicher Ordnung' […] weiter zu konkretisieren."[485] Die so-

---

481 So auch *Wohlfarth*, BayVBl. 1997, 420 (426).

482 *Belz/Mußmann*, PolG BW, § 1 Rn. 33.

483 Vgl. *Finger*, Die offenen Szenen der Städte, S. 191; *Finger*, Die Verw. 40 (2007), 105 (113).

484 *Belz/Mußmann*, PolG BW, § 1 Rn. 33.

485 VG Berlin, NJW 2001, 983 (983). Zustimmend etwa *Erbel*, DVBl. 2001, 1714 (1719).

zialen Spielregeln positiv und erschöpfend zu bestimmen und zu formulieren, ist unmöglich. Einfacher ist es, eine negative Abgrenzung vorzunehmen, also festzulegen, dass bestimmte Handlungen von den Spielregeln nicht mehr umfasst sind. Gem. § 15 Abs. 2 PolG muss der Gemeinderat einer Polizeiverordnung zustimmen, wenn sie länger als einen Monat gelten soll. Der Gemeinderat ist Hauptorgan und unmittelbare Volksvertretung.[486] Die Anschauungen der Bevölkerung werden durch ihn repräsentiert. Beschließt der Gemeinderat mit Mehrheit ein Alkoholverbot, drückt er dadurch aus, dass er Alkoholkonsum in der Öffentlichkeit an den vom Verbot umfassten Orten oder zu den umfassten Zeiten als nicht von den sozialen Spielregeln umfasst ansieht. Das kann etwa der Fall sein, wenn bestimmte Plätze regelmäßig und dauerhaft von einer Trinkerszene in Beschlag genommen werden.[487]

Eine genaue Abgrenzung, ab welcher Schwelle, d.h. etwa ab welcher Personenzahl, ein Verstoß gegen die öffentliche Ordnung vorliegt, kann jedoch nicht pauschal getroffen werden. Sie ist von den örtlichen Gegebenheiten abhängig. Im innerstädtischen Bereich, in Wohngegenden oder Parkanlagen dürfte die Schwelle niedriger sein als im Außenbereich oder auf einem abgelegenen Parkplatz. Gleichzeitig ist ein Verstoß gegen die öffentliche Ordnung in einem Dorf schon bei weniger Beteiligten anzunehmen als in einer Großstadt. Generell wird man sagen können, dass eine einstellige Anzahl an Trinkern wohl noch akzeptabel sein muss. Sollten sich in einem bestimmten Bereich regelmäßig mehr Trinker gemeinsam aufhalten und ist zu erwarten, dass sie dies auch zukünftig tun werden, liegt eine abstrakte Gefahr für die öffentliche Ordnung vor.[488]

Eine Gefahr für die *öffentliche* Ordnung setzt gemäß der Definition ein Verhalten in der Öffentlichkeit voraus.[489] Das beanstandete Verhalten muss in der Öffentlichkeit stattfinden oder zumindest in die Öffentlichkeit ausstrahlen.[490] Es können sich daher vom eben Gesagten Ausnahmen ergeben. Das Schutzgut der öffentlichen Ordnung wird nicht berührt, wenn sich der Gruppentreff abgeschottet von der restlichen Öffentlichkeit befindet, bspw. in einer alten Industriebrache. Dann strahlt das Verhalten nicht in die Öffentlichkeit aus und es liegt kein

486 *Geis*, Kommunalrecht, § 11 Rn. 10 f.

487 S. auch *Stein*, NdsVBl. 2010, 193 (196).

488 So im Ergebnis auch *Otterbach*, Zero-Tolerance, S. 143 f., 148 f.

489 S.o. S. 104.

490 *Belz/Mußmann*, PolG BW, § 1 Rn. 30; *Drews/Wacke/Vogel/Martens*, Gefahrenabwehr, S. 248; *Martens*, Öffentlich als Rechtsbegriff, S. 198.

Verstoß gegen die öffentliche Ordnung vor. Insofern besteht eine Parallele zu Swingerclubs oder Gaststätten, die der Anbahnung von Prostitution dienen: Solche verstoßen nicht gegen die öffentliche Ordnung oder sind sittenwidrig, wenn das dortige Geschehen nicht in die Allgemeinheit hinausdringt.[491] Allerdings kann dann ggf. die öffentliche Sicherheit betroffen sein, wenn ohne Zustimmung des Eigentümers oder gegen dessen Willen ein Grundstück betreten oder zum Trinken genutzt wird. Das stellt einen Hausfriedensbruch gem. § 123 StGB dar.

Bei jährlich einmaligen Trinkanlässen wie etwa dem „Vatertag" (Christi Himmelfahrt) liegt keine abstrakte Gefahr vor, die ein generelles Alkoholverbot rechtfertigen würde. Dafür müsste es in typischen Fällen zu Verstößen gegen die öffentliche Ordnung kommen. Bei jährlich einmaligen Anlässen ist dies jedoch nicht der Fall.

Die gegenteilige Auffassung der Rechtsprechung und Teilen der Literatur, Alkoholkonsum in der Öffentlichkeit verstoße regelmäßig nicht gegen die öffentliche Ordnung, beruht darauf, dass sie sich auf nicht mehr aktuelle Lagen bezieht, sondern von den Problemen der 1980er und 1990er Jahren ausgeht: Punkern und Obdachlosen.[492] Hier wurde bereits mehrfach darauf hingewiesen, dass Sozialromantik[493] dabei zu falschen Einschätzungen führt.

Dass Einzelne sich am öffentlichen Alkoholkonsum nicht stören, spielt keine Rolle. Die öffentliche Ordnung knüpft an die *herrschenden* Anschauungen an. Es muss also keineswegs völlige Einigkeit unter der bei ortspolizeibehördlichen Polizeiverordnungen maßgeblichen örtlichen Bevölkerung herrschen.

5. Zwischenergebnis

Im Bereich des Schutzguts der öffentlichen Ordnung muss also differenziert werden. Der Alkoholkonsum einzelner Personen stellt regelmäßig keine Gefahr dar. Wird allerdings in größeren Gruppen getrunken, ist dies abgesehen von besonderen Anlässen regelmäßig der Fall. Weil sie typischerweise vorliegt, ist eine abstrakte Gefahr i.S.d § 10 PolG gegeben. Dann ist ein polizeirechtliches Ein-

---

491 S. etwa VG Berlin, NJW 2001, 983 (985).

492 Auch *Otterbach*, Zero-Tolerance, S. 161, geht fälschlicherweise davon aus, dass es sich bei Menschen, die in der Öffentlichkeit trinken, nur um Obdachlose handle.

493 Den Begriff verwenden auch *Dietz*, AöR 2008, 556 (602) und *Wohlfarth*, BayVBl. 1997, 420 (423).

schreiten möglich – nicht nur in Einzelfällen, sondern auch und gerade durch eine Polizeiverordnung.

V. Polizeiliche Verantwortlichkeit

Auch für Polizeiverordnungen gelten die allgemeinen Grundsätze des PolG über die polizeiliche Verantwortlichkeit.[494] Nur wer für die abstrakte Gefahr verantwortlich ist, darf grds. Adressat der Polizeiverordnung sein.[495] Ein Alkoholverbot durch Polizeiverordnung verbietet in einem bestimmten Bereich jedermann, Alkohol zu trinken. Daher müsste auch jedermann Störer i.S. des Polizeirechts sein.

Oben wurde festgestellt, dass Alkoholkonsum in der Öffentlichkeit an den Abenden der Wochenenden eine abstrakte Gefahr für die öffentliche Sicherheit[496] und in Gruppen auch eine abstrakte Gefahr für die öffentliche Ordnung[497] darstellt. Das bedeutet, jeder verursacht die abstrakte Gefahr, der in der Öffentlichkeit zu diesen Zeiten Alkohol trinkt. Weil es sich um eine abstrakte Gefahr handelt und nicht um eine konkrete, ist es unerheblich, ob jeder einzelne eine konkrete Gefahr verursacht. Die Störerregelungen der §§ 6 ff. PolG sind daher auch nur entsprechend anzuwenden,[498] da sie in direkter Anwendung nach dem Wortlaut („Maßnahmen") auf Einzelmaßnahmen beschränkt sind. Das störende Verhalten ist dasjenige, das die Gefahr verursacht,[499] bei Alkoholverboten also das Trinken von Alkohol. Weil jeder, der Alkohol trinkt, eine abstrakte Gefahr für die öffentliche Sicherheit oder Ordnung verursacht, ist jede dieser Personen Verhaltensstörer i.S. des § 6 PolG analog. Daher kann eine Polizeiverordnung allen diesen Verhaltensstörern untersagen, Alkohol zu trinken.

Daher steht das Erfordernis der Polizeipflichtigkeit einem Alkoholverbot durch Polizeiverordnung nicht entgegen.

---

494 *Götz*, Polizei- und Ordnungsrecht, § 9 Rn. 2, § 22 Rn. 6; *Schenke/Schenke*, Polizei- und Ordnungsrecht, Rn. 329.

495 *Schenke/Schenke*, Polizei- und Ordnungsrecht, Rn. 329.

496 Dazu oben ab S. 104.

497 Dazu oben ab S. 138.

498 *Schenke/Schenke*, Polizei- und Ordnungsrecht, Rn. 329.

499 Dazu *Poscher*, Jura 2007, 801 (801).

VI. Mögliche Formulierungen von Alkoholkonsumverboten und das Bestimmtheitsgebot

Polizeiverordnungen unterliegen als Rechtsnormen und Ortsgesetze wie alle anderen Normen dem verfassungsrechtlichen Bestimmtheitsgebot des Art. 20 Abs. 3 GG. Dabei ist es für die Polizeibehörden mitunter schwierig, dem Bestimmtheitsgebot entsprechende Formulierungen zu finden. Einerseits soll das verbotene Verhalten möglichst genau beschrieben werden, andererseits soll die Regelung jedoch weit genug gefasst sein, um möglichst alle unerwünschten Verhaltensweisen zu erfassen.

Das aus dem Rechtsstaatsprinzip des Grundgesetzes in Art. 20 Abs. 3 GG abzuleitende Gebot der hinreichenden Bestimmtheit und Klarheit der Norm fordert vom Normgeber, seine Regelungen so genau zu formulieren, dass der Normunterworfene den Inhalt und die Grenzen von Ge- oder Verbotsnormen erkennen und sich danach richten kann.[500] Er muss wissen, was er zu tun oder zu lassen hat.[501] Grundsätzlich darf der Normgeber auch unbestimmte Rechtsbegriffe verwenden, denn die Auslegungsbedürftigkeit einer Norm steht ihrer Bestimmtheit nicht entgegen. Vielmehr muss es gestattet sein, durch die Verwendung unbestimmter Rechtsbegriffe zukunftsoffene Regelungen zu schaffen.[502] Allerdings muss die Norm auslegungsfähig sein, also es müssen sich aus ihrem Wortlaut, Zweck und Zusammenhang objektive Kriterien gewinnen lassen, um einen verlässlichen Vollzug zu gewährleisten. Dadurch soll die Verwaltung gebunden und die Gerichte in die Lage versetzt werden, deren Handeln zu kontrollieren.[503] Die Erkennbarkeit der Rechtslage durch den Betroffenen darf nicht wesentlich eingeschränkt, Zielrichtung und Rahmen der Regelung müssen erkennbar sein.[504] Dabei soll gelten, dass die Anforderungen an die Bestimmtheit umso höher sind, je intensiver in ein Recht des Normadressaten eingegriffen wird.[505]

---

500 BVerfGE, 113, 348 (375 f.); VGH Mannheim, VBlBW 2010, 29 (30); *Schulze-Fielitz* in Dreier, GG II, Art. 20 Rn. 117.

501 *Maurer*, Staatsrecht I, § 8 Rn. 47.

502 *Sommermann* in v. Mangoldt/Klein/Starck, GG II, Art. 20 Rn. 289.

503 BVerfGE, 113, 348 (376 f.); *Sommermann* in v. Mangoldt/Klein/Starck, GG II, Art. 20 Rn. 289.

504 *Maurer*, Staatsrecht I, § 8 Rn. 47.

505 VGH Mannheim, VBlBW 2010, 29 (30).

In aller Regel sind Alkoholkonsumverbote bußgeldbewehrt. Das bedeutet indes, dass dann nicht nur das einfache, sondern das spezielle Bestimmtheitsgebot des Art. 103 Abs. 2 GG zu beachten ist. Dieses ist nicht nur auf Strafvorschriften, sondern auch auf Bußgeldtatbestände anwendbar.[506]

Praktisch sind die Unterschiede zwischen Art. 20 Abs. 3 und Art. 103 Abs. 2 GG indes gering,[507] sodass hier nicht ausführlicher darauf einzugehen ist. Auch nach Art. 103 Abs. 2 GG sind auslegungsbedürftige Vorschriften zulässig.[508]

Für die Bestimmtheit ist auch das Gewicht der angedrohten Strafe oder Buße von Bedeutung: Je schwerer sie ist, desto höher sind die Anforderungen an die Bestimmtheit zu stellen.[509] Im Falle von Ordnungswidrigkeiten mit geringen Bußgeldern sind hier daher keine übertriebenen Anforderungen zu stellen. Meist verweisen Polizeiverordnungen auf § 18 Abs. 1 PolG. Verstöße gegen ein Alkoholkonsumverbot stellen daher Ordnungswidrigkeiten dar. Diese können gem. § 18 Abs. 2 PolG mit einer Geldbuße geahndet werden, die mindestens fünf und höchstens 5.000 Euro beträgt. In der Praxis werden sie 50 Euro kaum überschreiten.

1. „Verbot, alkoholische Getränke zu konsumieren“

Unproblematisch im Zusammenhang mit dem Bestimmtheitsgebot stellen sich generelle Alkoholverbote dar. Formulierungen, nach denen in einem genannten Bereich „der Konsum alkoholischer Getränke verboten“ ist, sind hinreichend bestimmt. Für den Normadressaten ist klar erkennbar, was er zu tun oder unterlassen hat.[510]

2. „Mitsichführen von Alkohol in der Absicht, zu konsumieren“

Neben dem „klassischen“ Alkoholverbot enthalten Polizeiverordnungen teilweise auch das Verbot, „alkoholische Getränke mit sich zu führen, wenn aufgrund

---

506 S. etwa BVerfG, LKV 2010, 171 (171); OVG Sachsen-Anhalt, Az. 3 K 319/09 – juris, Rn. 29.

507 *Schulze-Fielitz* in Dreier, GG II, Art. 20 Rn. 38; *Nolte* in v. Mangoldt/Klein/Starck, GG III, Art. 103 Rn. 138.

508 *Schulze-Fielitz* in Dreier, GG II, Art. 20 Rn. 35.

509 *Nolte* in v. Mangoldt/Klein/Starck, GG III, Art. 103 Rn. 145; *Schulze-Fielitz* in Dreier, GG III, Art. 103 Rn. 34.

510 So auch *Köppert*, Alkoholverbotsverordnungen, S. 213.

der konkreten Umstände die Absicht erkennbar ist, diese konsumieren zu wollen".[511]

Diese Formulierung entspricht nach Ansicht des VGH Mannheim dem Bestimmtheitsgebot.[512] Es sei erkennbar, dass derjenige nicht vom Verbot erfasst werde, der – etwa auf dem Rückweg von einem Lebensmittelgeschäft – lediglich den Geltungsbereich durchqueren möchte. Vielmehr müsse durch konkrete Umstände erkennbar sein, dass der mitgeführte Alkohol vor Ort konsumiert werden soll. Dies sei etwa der Fall, wenn Trinkgefäße oder Strohhalme mitgeführt würden oder die Flaschen bereits geöffnet seien.[513] Daher sei eine zuverlässige Handhabung durch das Vollzugspersonal gewährleistet. Dieser Ansicht ist zuzustimmen. Wer auf dem Rückweg vom Lebensmitteleinkauf ist, hat regelmäßig noch andere Lebensmittel dabei, sodass erkennbar ist, dass er den Alkohol nicht in Konsumabsicht mit sich führt. Außerdem sind bereits geöffnete Flaschen ein deutlicher Hinweis darauf, dass der mitgeführte Alkohol sofort getrunken werden soll. Ein verlässlicher Vollzug durch die Polizeibehörde ist gewährleistet. Für den Normadressaten ist ebenfalls erkennbar, welches Verhalten ihm verboten ist: Er darf keinen Alkohol mit sich führen, wenn er ihn vor Ort trinken will.

3. „Belästigungen" *und* „Beeinträchtigungen"

Anstelle eines generellen Alkoholverbots wollen manche Polizeibehörden nur den Alkoholkonsum in der Öffentlichkeit verbieten, den sie als besonders schädlich betrachten. Grund dafür kann einerseits die strenge Rechtsprechung sein, die generelle Alkoholverbote nicht zulässt. Andererseits kann dies kommunalpolitisch begründet sein, wenn sich uneingeschränkte Verbote politisch nicht durchsetzen lassen.

Als Reaktion auf die o.g. Entscheidung des VGH Mannheim vom 06.10.1998[514] hat der baden-württembergische Gemeindetag in Zusammenarbeit mit dem Innenministerium sein Muster für eine Polizeiverordnung angepasst.[515]

---

511 S. VGH Mannheim, VBlBW 2010, 29 (30).

512 VGH Mannheim, VBlBW 2010, 29 (30). Bestätigt in VGH Mannheim, Urt. v. 26.07.2012, Az. 1 S 2603/11 – juris, Rn. 25.

513 VGH Mannheim, VBlBW 2010, 29 (30).

514 VGH Mannheim, VBlBW 1999, 101.

515 Abgedruckt bei BWGZ 1999, 778 bzw. erneut bei BWGZ 2007, 54.

Deren § 15 Abs. 1 lautet: Auf öffentlichen Straßen und Gehwegen sowie in Grün- und Erholungsanlagen ist untersagt: [...] 4. das Lagern oder dauerhafte Verweilen außerhalb von Freiausschankflächen oder Einrichtungen, wie Grillstellen u.ä., ausschließlich oder überwiegend zum Zwecke des Alkoholgenusses, wenn dessen Auswirkungen geeignet sind, Dritte erheblich zu belästigen.[516]

Durch die Beschränkung auf solchen Alkoholgenuss, dessen Auswirkungen geeignet sind, andere erheblich zu belästigen, sollte der vom VGH Mannheim ins Feld geführte „stille Zecher" vom Verbot ausgenommen werden und nur derjenige, der tatsächlich negativ auffällig wird, erfasst sein. Wenn schon nicht *jeder* Alkoholkonsum verboten werden könne, dann doch wenigstens der erheblich belästigende. In der Einleitung zur Musterverordnung wurde zwar die Überzeugung geäußert, die Formulierung müsste einer rechtlichen Überprüfung standhalten,[517] jedoch hat sie der VGH Mannheim in einer weiteren Entscheidung vom 28.07.2009 wegen fehlender Bestimmtheit für unwirksam erklärt.[518] Die Stadt Freiburg hatte den Vorschlag des Gemeindetags übernommen.

Laut VGH Mannheim seien vom Normadressaten die Grenzen nicht auszumachen, ab wann bzw. unter welchen Voraussetzungen das Verweilen geeignet ist, sich erheblich belästigend auf Dritte auszuwirken und Sanktionen nach sich zu ziehen.[519] Weder Wortlaut noch Regelungszusammenhang oder Zweck der Regelung ließen die Erkennbarkeit des abgeforderten Verhaltens zu.

Diese Rechtsprechung ist nicht unumstritten.[520] Insbesondere wird die „erhebliche Belästigung" in etlichen Vorschriften verwendet. Alleine die Musterverordnung des Gemeindetags enthält drei weitere Vorschriften, die auf „erhebliche Belästigungen" abstellen.[521] Auch im Immissionsschutzrecht spielt der Begriff eine bedeutende Rolle.[522] Gleiches gilt für das Straßenverkehrsrecht.[523] Die

---

516 BWGZ 1999, 778 (784) bzw. BWGZ 2007, 54 (56).

517 BWGZ 1999, 778 (778).

518 VGH Mannheim, VBlBW 2010, 33. Nicht zu verwechseln mit der unter gleichem Datum ergangenen Entscheidung in VBlBW 2010, 29.

519 VGH Mannheim, VBlBW 2010, 33 (34).

520 A.A. bspw. *Ruder*, KommJur 2009, 46 (47); *Deger*, VBlBW 2004, 96 (99).

521 §§ 2 Abs. 1, 3 und 13, s. BWGZ 2007, 54 f.

522 § 3 Abs. 1 BImSchG lautet: Schädliche Umwelteinwirkungen im Sinne dieses Gesetzes sind Immissionen, die nach Art, Ausmaß oder Dauer geeignet sind, Gefahren, erhebliche Nachteile oder erhebliche Belästigungen für die Allgemeinheit oder die Nachbar-

häufige Verwendung eines unbestimmten Rechtsbegriffs führt noch nicht dazu, dass er dem Bestimmtheitsgebot entspricht. Allerdings führt die häufige Anwendung zu Präzisierungen durch die Rechtsprechung, ähnlich etwa den Begriffen der öffentlichen Sicherheit und der öffentlichen Ordnung. Die Formulierung „erheblich belästigen" stellt richtigerweise keinen Verstoß gegen das Bestimmtheitsgebot dar.

Eine ähnliche Formulierung wählte die Stadt Magdeburg in einer Polizeiverordnung. Danach wurde „das Lagern oder dauerhafte Verweilen in Verbindung mit Alkoholkonsum in der Öffentlichkeit verboten, wenn dessen Auswirkungen geeignet sind, Dritte erheblich zu beeinträchtigen." Zusätzlich wurde bestimmt: „Eine solche erhebliche Beeinträchtigung liegt insbesondere bei Anpöbeln, Beschimpfen, lautes Singen, Johlen, Schreien, Lärmen, Liegenlassen von Flaschen und ähnlichen Behältnissen, Notdurftverrichtungen oder Erbrechen vor."[524]

Auch diese Formulierung hielt einer richterlichen Prüfung nicht stand.[525] Trotz der näheren Umschreibung sei nicht erkennbar, wann eine nicht mehr tolerable Beeinträchtigung vorliegt.[526]

Die zur Umschreibung verwendeten „Regelbeispiele" wurden vom Gericht teilweise ihrerseits als zu unbestimmt eingestuft. Insbesondere sei unklar, wann Singen „laut" oder was unter „Lärmen" zu verstehen sei. Ein betroffener Bürger könne nicht erkennen, wie lange und wie laut er singen dürfe.[527] Dabei ist eine Auslegung dieser Begriffe ohne Weiteres möglich. Ergänzend könnten bspw. die Werte der TA Lärm herangezogen werden. Gerade die nähere Konkretisierung der „erheblichen Belästigungen oder Beeinträchtigungen" dient dazu, dem

schaft herbeizuführen. Dazu etwa *Jarass*, BImSchG, § 3 Rn. 27, 46 ff; *Kloepfer*, Umweltrecht, § 14 Rn. 65. Siehe auch BT-Drs. 7/1513, S. 2.

523 Belästigungen werden erwähnt bspw. in §§ 1 Abs. 2, 30 Abs. 1, 33 Abs. 1, 45 Abs. 1a. Siehe dazu etwa *König* in Hentschel/König/Dauer, Straßenverkehrsrecht, § 1 StVO Rn. 42 f; *Heß* in Burmann/Heß/Jahnle/Janker, Straßenverkehrsrecht, § 1 StVO Rn. 82.

524 Abgedruckt bei OVG Sachsen-Anhalt, Az. 3 K 319/09 – juris, Rn. 5.

525 OVG Sachsen-Anhalt, Az. 3 K 319/09 – juris, Rn. 37.

526 A.A. wohl Kaufmann, ZJS 2010, 261 (267).

527 OVG Sachsen-Anhalt, Az. 3 K 319/09 – juris, Rn. 38.

Bestimmtheitsgebot Rechnung zu tragen.[528] Werden diese strengen Maßstäbe angelegt, können unbestimmte Rechtsbegriffe in Zukunft nicht mehr verwendet werden. Es wurde verkannt, dass evtl. verbleibende Unsicherheiten durch rechtsstaatliche Verfahren, insbesondere durch gerichtliche Kontrolle im Rahmen eines Bußgeldverfahrens ausgeräumt werden können.[529]

Der VGH Mannheim gestand ein, dass sich auf diese Weise Formulierungsschwierigkeiten für die Polizeibehörden ergäben. Diese seien jedoch nicht auf zu hohe Anforderungen an die Bestimmtheit zurückzuführen. Vielmehr seien sie begründet durch den Versuch, einen eine Einzelfallentscheidung erfordernden Tatbestand in eine abstrakt-generelle Regelung zu gießen.[530] Diese Rechtsprechung macht es den Behörden fast unmöglich, entsprechende Verordnungen zu erlassen. Pauschale Alkoholverbote, an deren Bestimmtheit keine Zweifel bestehen, sollen mangels abstrakter Gefahr unzulässig sein. Einschränkende Alkoholverbote seien hingegen zu unbestimmt und deshalb unzulässig.

4. „Lagern“ oder „Dauerhaftes Verweilen“

Die Formulierung des „Lagern[s] oder dauerhafte[n] Verweilen[s]“ hingegen wurde vom VGH Mannheim als hinreichend bestimmt anerkannt.[531] Beide Merkmale seien der Auslegung zugänglich. „Lagern“ stelle nicht darauf ab, ob der Betroffene während des Alkoholgenusses sitzt, liegt oder steht. Insofern gäbe es also keine Unklarheiten. Auch die Dauerhaftigkeit könne konkretisiert werden. Das kurzzeitige Stillen des Durstes mit einer Flasche Bier sei nicht erfasst. Vielmehr müsse das Verweilen so lange andauern, dass sich die Auswirkungen des Alkoholgenusses überhaupt erst zeigen könnten.[532]

Ähnlich lautete indes eine Formulierung, die vom OVG Schleswig-Holstein als zu unbestimmt verworfen wurde. In einer straßenrechtlichen Satzung fand sich die Formulierung, „geduldet [werde] das vorübergehende Niederlassen zum

---

528 So auch *Köppert*, Alkoholverbotsverordnungen, S. 216 f., der dieses Vorgehen gerade empfiehlt.

529 Vgl. VGH Mannheim, VBlBW 2002, 292 (293); VGH Mannheim, VBlBW 2010, 29 (30).

530 VGH Mannheim, VBlBW 2010, 33 (34 f.).

531 VGH Mannheim, VBlBW 2010, 33 (34).

532 VGH Mannheim, VBlBW 2010, 33 (34).

Genuss geringer Mengen Alkohols."[533] Es sei weder für das Gericht noch für potenziell Normbetroffene möglich zu erkennen, wo die zeitliche Grenze des „vorübergehenden Niederlassens" liege. Außerdem sei nicht klar, welche Menge Alkohol noch als gering einzustufen ist.[534] Dabei wird verkannt, dass diese Begriffe der Auslegung zugänglich sind und daher keine Unbestimmtheit vorliegt. Dabei kann auf die o.g. Argumentation des VGH Mannheim verwiesen werden.[535]

5. „Niederlassen zum Alkoholgenuss"

Teilweise findet sich auch die Formulierung, das Niederlassen zum Alkoholgenuss (außerhalb geschlossener Freischankflächen) sei verboten.[536] Die Bestimmtheit des Begriffs „Niederlassen" wird teilweise bestritten oder bezweifelt[537], vom VGH München jedoch anerkannt.[538] Das Niederlassen sei nicht notwendigerweise mit einem „Hinsetzen" verbunden, sondern stelle ein über zeitlich begrenztes Verweilen hinaus gehendes Verharren am selben Ort dar.[539] Dies sei nach äußeren Merkmalen leicht feststellbar, so dass sich dadurch keine Schwierigkeiten in der Anwendung der Norm ergäben.[540] Der Alkoholkonsum im Vorübergehen unterfalle dem Begriff erkennbar nicht.[541] Auch die Verbindung mit dem Alkoholgenuss sei bestimmt und an äußeren Merkmalen ablesbar. Das Niederlassen erfolge etwa dann „zum" Alkoholkonsum, wenn eine Person Alkohol mitführt oder sich einer bereits Alkohol konsumierenden Gruppe anschließt.[542]

---

533 S. bei OVG Schleswig-Holstein, NordÖR 1999, 381.

534 OVG Schleswig-Holstein, NordÖR 1999, 381 (382).

535 VGH Mannheim, VBlBW 2010, 33 (34).

536 S. etwa VGH München, Az. 8 N 82 A.277 – n.v., S. 2.

537 *Fahl*, DÖV 1996, 955 (959).

538 VGH München, Beschl. v. 27.10.1982, Az. 8 N 82 A.277 – n.v., S. 15.

539 VGH München, Beschl. v. 27.10.1982, Az. 8 N 82 A.277 – n.v., S. 11.

540 VGH München, Beschl. v. 27.10.1982, Az. 8 N 82 A.277 – n.v., S. 15.

541 VGH München, Beschl. v. 27.10.1982, Az. 8 N 82 A.277 – n.v., S. 14.

542 VGH München, Beschl. v. 27.10.1982, Az. 8 N 82 A.277 – n.v., S. 15.

Dieser Bewertung ist zuzustimmen.[543] Zu weit geht aber die Aussage des VGH München, das „Niederlassen“ könne am besten mit „es sich bequem machen“ umschrieben werden. Diese weite Auslegung ist mit dem Wortlaut nicht mehr vereinbar.[544] Der ist bei Ver- und Geboten die Grenze der Auslegung.[545] Daher sollten Behörden eher auf die Formulierung des „dauerhaften Verweilens“ zurückgreifen. Dann ist es unerheblich, ob der Alkohol liegend, stehend, sitzend oder wie auch immer konsumiert wird. Das „Sich-Herumtreiben“ entspricht nach Ansicht des VGH Mannheim dem Bestimmtheitsgebot.[546] Es sei gekennzeichnet durch den Aufenthalt in der Öffentlichkeit, der im Gegensatz zum reinen Müßiggang sozial missbilligt werde. Diese Definition ist jedoch ihrerseits zu unbestimmt. Ist schon die Bestimmung des „reinen Müßiggangs“ unmöglich, so kann dieser erst recht nicht vom sozial missbilligten Aufenthalt in der Öffentlichkeit abgegrenzt werden. Es ist daher nicht erkennbar, welches Verhalten vom „Sich-Herumtreiben“ erfasst sein soll. Deshalb ist von dieser Formulierung abzuraten.[547]

6. „Ausschließlich oder überwiegend zum Zwecke des Alkoholgenusses“

Auch diese auf den Zweck des Verweilens abstellende Formulierung wurde vom VGH Mannheim als hinreichend bestimmt anerkannt. Dem Betroffenen sei es in der Regel bewusst, welches der (Haupt-) Zweck seines Verweilens ist. Insbesondere aufgrund der Art und der Menge des mitgeführten Alkohols sowie anderer äußerer Umstände sei der Zweck erkennbar sowohl für den Betroffenen als auch die Vollzugspersonen.[548] Dem ist zuzustimmen. Ähnlich wie bei der „Ab-

543 So auch *Wohlfarth*, BayVBl. 1997, 420 (425).

544 So auch *Schmitz*, Vorgehen gegen Randgruppen, S. 125 f.; *Fahl*, DÖV 1996, 955 (959).

545 *Rüthers/Fischer*, Rechtstheorie, Rn. 731 ff.; *Sauer* in Krüper, Grundlagen des Rechts, § 9 Rn. 34; *Röhl/Röhl*, Allgemeine Rechtslehre, S. 614; a.A. *Wank*, Die Auslegung von Gesetzen, S. 44, der den Sinn als letzte Grenze sieht. Zur Wortlautgrenze im Verfassungsrecht *Depenheuer*, Der Wortlaut als Grenze, insb. S. 42 ff.

546 VGH Mannheim, NVwZ 1984, 507 (508). Nicht hinreichend bestimmt war die der Entscheidung zugrunde liegende Formulierung, weil sie an das „Herumtreiben nach Art eines Land- und Stadtstreichers“ anknüpfte. Hier ist in der Tat nicht erkennbar, welche Verhaltensweisen dem Verbot unterfallen sollten und welche nicht. Daher entschied der VGH Mannheim zu Recht auf die Unbestimmtheit der Formulierung.

547 S. auch *Fahl*, DÖV 1996, 955 (957).

548 VGH Mannheim, VBlBW 2010, 33 (34).

sicht, Alkohol zu konsumieren", s.o. S. 149, kann aufgrund der Umstände ermittelt werden, welchem Zweck der Aufenthalt dient. Vor allem die Menge des Alkohols gibt darüber Aufschluss: Je mehr Alkohol jemand dabei hat, desto eher hält er sich zum Zwecke des Alkoholgenusses auf.

Das OVG Sachsen-Anhalt hat indes eine ähnliche Formulierung als zu unbestimmt verworfen.[549]

7. „Außerhalb von Freischankflächen"

Auch die Beschränkung auf Flächen außerhalb von (konzessionierten) Freischankflächen stellt keinen Verstoß gegen das Bestimmtheitsgebot dar. Anders als teilweise gerügt[550], ist klar erkennbar, welche Flächen durch die Formulierung erfasst werden sollen und welche nicht.[551] Auch der Normalbürger kann eine konzessionierte Freischankfläche, d.h. den Außensitzbereich einer Gaststätte oder eines Cafés, von einer öffentlichen Sitzbank unterscheiden. Durch Sonnenschirme, Tische und dort abgestellte Speisenkarten oder Aschenbecher usw. und nicht zuletzt die Anwesenheit der Bedienung kann man eine Freischankfläche deutlich erkennen.

8. Räumlicher und zeitlicher Geltungsbereich

Eine Polizeiverordnung muss den Geltungsbereich eines Alkoholverbots erkennen lassen. Dabei ergeben sich keine Probleme, wenn wie üblich zur Verdeutlichung des räumlichen Geltungsbereichs ein Lageplan beigegeben wird und/oder die umfassten Straßen oder Plätze genau bezeichnet werden.[552] Dabei muss auch deutlich werden, ob die bezeichneten Straßen noch im Geltungsbereich enthalten sein sollen oder nicht. Der Lageplan wird der Polizeiverordnung als Anlage beigefügt. In den Text der Polizeiverordnung wird dann ein Paragraph aufgenommen, der auf die Anlage Bezug nimmt und sie als Teil der Verordnung bezeichnet. Als Teil der Polizeiverordnung muss auch die Anlage verkündet werden. Die zeitliche Geltung sollte durch klare Uhrzeiten beschrieben werden und nicht

549 OVG Sachsen-Anhalt, Az. 3 K 319/09 – juris, Rn. 36. Verboten war im zugrunde liegenden Fall „das Lagern oder dauerhafte Verweilen in Verbindung mit Alkoholkonsum in der Öffentlichkeit […]".

550 Vgl. VGH München, Beschl. v. 27.10.1982, Az. 8 N 82 A.277 – n.v., S. 5.

551 VGH München, Beschl. v. 27.10.1982, Az. 8 N 82 A.277 – n.v., S. 16.

552 So auch *Köppert*, Alkoholverbotsverordnungen, S. 213.

durch Umschreibungen wie etwa „während der Abendstunden". Dann ist das Bestimmtheitsgebot gewahrt.[553]

9. Ausnahmen

Wie dargestellt (s.o. ab S. 142) gibt es lokale oder regionale Bräuche und Veranstaltungen, bei denen öffentlicher Alkoholkonsum keinen Verstoß gegen die öffentliche Ordnung darstellt. Wird ein Alkoholverbot durch Polizeiverordnung in erster Linie auf die öffentliche Ordnung gestützt, müssen daher zu diesen Anlässen Ausnahmen aufgenommen werden. Diese müssen so formuliert sein, dass klar erkennbar ist, wann die Ausnahme greift und wann nicht. Freilich wird es nicht möglich oder angezeigt sein, über Jahre hinaus die jeweiligen Daten in die Alkoholverbote aufzunehmen. Das Bestimmtheitsgebot wird jedoch auch dann gewahrt sein, wenn die Anlässe umschrieben werden. Begriffe wie „Rosenmontag" oder „Faschingsdienstag" sind hinreichend bestimmbar und daher tauglich. Auch regelmäßig wiederkehrende Stadtfeste etc. werden zu nennen sein. Sie können ebenfalls mit dem lokal geläufigen Namen umschrieben werden. Sinn und Zweck des Bestimmtheitsgebots ist vor allem, dass der Normunterworfene erkennen kann, was vom ihm verlangt wird und was nicht.[554] Normunterworfene einer ortsgesetzlichen Regelung sind i.d.R. Ortskundige. Bei einer kommunalen Regelung wie einer örtlichen Polizeiverordnung ist für die Bestimmtheit folglich maßgebend, dass verwendete Begriffe im örtlichen Bereich verstanden werden. Daher können auch Begriffe verwendet werden, die außerhalb der Gemeinde nicht geläufig sind.[555] Der Bestimmtheit stehen sie nicht entgegen.

VII. Verhältnismäßigkeit

Ein Alkoholkonsumverbot durch Polizeiverordnung greift in das Grundrecht der allgemeinen Handlungsfreiheit nach Art. 2 Abs. 1 GG ein.[556] Wie jedes mit einem Eingriff verbundene staatliche Handeln muss auch eine Polizeiverordnung

---

553 Vgl. VGH Mannheim, VBlBW 2010, 29 (30).

554 *Sachs* in Sachs, GG, Art. 20 Rn. 129; *Sommermann* in v. Mangoldt/Klein/Starck, GG II, Art. 20 Rn. 289; *Hofmann* in Schmidt-Bleibtreu, GG, Art. 20 Rn. 85.

555 Ein Bsp. unter vielen hierfür wäre der „Schwörmontag", der in der Stadt Ulm als „Nationalfeiertag" begangen wird.

556 Vgl. nur *Winkelmüller/Misera*, LKV 2010, 259 (263); *Faßbender*, NVwZ 2009, 563 (566).

dem Grundsatz der Verhältnismäßigkeit entsprechen.[557] Der Grundsatz hat einfachgesetzlich in § 5 Abs. 1 PolG Niederschlag gefunden.[558] Da das Verhältnismäßigkeitsprinzip im Rechtsstaatsprinzip wurzelt, hat es Verfassungsrang.[559] Die einfachgesetzlichen Regelungen in den Landespolizeigesetzen können daher nur noch deklaratorischer Natur sein.[560]

1. Legitimer Zweck

Zunächst muss ein Alkoholkonsumverbot durch eine Polizeiverordnung einem legitimen Zweck dienen.[561] Legitim ist ein Zweck dann, wenn er nicht verfassungsrechtlich oder durch formelles Gesetz ausgeschlossen ist.[562] Zweck eines Alkoholkonsumverbots ist es, die Allgemeinheit vor Straftaten wie bspw. Körperverletzungen, Sachbeschädigungen oder Beleidigungen durch Alkoholisierte zu schützen. Dieser Zweck ist legitim. Der Schutz vor Verletzungen etc. ist nicht verfassungsrechtlich ausgeschlossen. Allerdings darf der Zweck einer Polizeiverordnung nicht lediglich darin bestehen, die Arbeit der Behörde zu erleichtern.[563] Der Schutz der Konsumenten selbst vor Gesundheitsschäden durch zu heftigen Alkoholkonsum ist kein legitimer Zweck, da in diesem Fall schon kein polizeiliches Schutzgut betroffen ist.[564]

Wird das Alkoholverbot auf eine abstrakte Gefahr für die öffentliche Ordnung gestützt,[565] ist sein Zweck, die herrschenden sozialen Spielregeln zu schützen, um ein gedeihliches Zusammenleben zu ermöglichen. Dieser Zweck ist ebenfalls legitim. Wie oben festgestellt, ist das Schutzgut der öffentlichen Ord-

557 *Rachor* in Lisken/Denninger, E Rn. 142.

558 Weitere landesrechtliche Ausprägungen bei *Rachor* in Lisken/Denninger, E Rn. 145.

559 *Maurer*, Allg. Verwaltungsrecht, § 10 Rn. 17; *Jarass* in Jarass/Pieroth, GG, Art. 20 Rn. 80.

560 *Rachor* in Lisken/Denninger, E Rn. 147.

561 *Pieroth/Schlink/Kniesel*, Polizeirecht, § 10 Rn. 16.

562 *Jarass* in Jarass/Pieroth, GG, Art. 20 Rn. 83a.

563 *Winkelmüller/Misera*, LKV 2010, 259 (263).

564 S. dazu bereits oben, S. 108.

565 S. o. ab S. 138.

nung verfassungsgemäß.[566] Sein Schutz kann deswegen nicht verfassungsrechtlich ausgeschlossen sein.

2. Geeignetheit

Ein Alkoholverbot muss außerdem geeignet sein. Geeignet ist das Mittel dann, wenn mit seiner Hilfe der angestrebte Zweck gefördert werden kann.[567] Dabei ist es nicht erforderlich, dass vollständige Zweckerreichung erzielt wird. Vielmehr muss das Mittel ein „Schritt in der richtigen Richtung" sein.[568] Es darf lediglich nicht schlechthin ungeeignet sein.

Teilweise wird die Geeignetheit von Alkoholkonsumverboten bezweifelt.

Erstens könne in Gaststätten weiterhin getrunken werden, da diese i.d.R. von den Verboten ausgenommen sind, und zweitens könne im privaten Umfeld Alkohol konsumiert werden.[569] Dann könnten die Menschen den vom Alkoholverbot umfassten Bereich bereits in angetrunkenem Zustand betreten und es bestünde kein Unterschied, ob die Alkoholisierung vor Ort oder anderswo erfolgte. Das Gefahrenpotenzial dieser Menschen sei gleich groß. Das ist zwar richtig, doch ändert dies nichts an der Geeignetheit eines Alkoholverbots. Das Verbot muss nicht dazu führen, dass es überhaupt keine Vorfälle mehr gibt. Eine Maßnahme ist auch dann geeignet, wenn sie den angestrebten Zweck *fördert*. Diese Zweckförderung wird man bei einem Alkoholverbot annehmen können, unabhängig davon, ob Betrunkene von anderswo in den Geltungsbereich kommen oder nicht.[570]

Drittens finde lediglich eine Verdrängung der Probleme statt.[571] Statt im nunmehr vom Verbot erfassten Bereich tränken die Menschen an anderer Stelle. Dieses Argument – unabhängig von der Frage, ob es zutrifft oder nicht – hat auf

566 S.o. ab S. 132.

567 *Voßkuhle*, JuS 2007, 429 (430); *Jarass* in Jarass/Pieroth, GG, Art. 20 Rn. 84.

568 Zitat von *Götz*, Polizei- und Ordnungsrecht, § 11 Rn. 21. Ähnlich *Schoch*, Polizei- und Ordnungsrecht, Rn. 106.

569 *Ruder*, KommJur 2009, 46 (48).

570 Vgl. zur Drogenszene und gegen sie gerichtete Aufenthaltsverbote mit entsprechender Argumentation *Deger*, VBlBW 1996, 90, 93.

571 Vgl. *Faßbender*, NVwZ 2009, 563 (567); *Winkelmüller/Misera*, LKV 2010, 259 (263).

die Geeignetheit eines Alkoholverbots jedoch keine Auswirkungen.[572] Selbst wenn es zu Verdrängungen in andere Bereiche kommen sollte, wurde für den von der Polizeiverordnung umfassten Bereich das angepeilte Ziel erreicht. Der Zweck des Verbots ist es, in einem *bestimmten* Gebiet die Entstehung polizeirechtlich relevanter Gefahren zu verhindern. Bei Alkoholverboten geht es regelmäßig darum, in bestimmten Bereichen Körperverletzungen und Sachbeschädigungen zu vermeiden. Diese Ziele werden erreicht, wenn sich an diesen Orten keine Menschen mehr treffen, um Alkohol zu trinken. Deshalb ist an der Geeignetheit nicht zu zweifeln. Ob und wie ggf. an anderen Stellen erneut eingeschritten werden muss, weil sich nun dort die vorher an anderer Stelle auftretenden Probleme mehren, ist eine andere Frage. Möglicherweise muss auch dort ein Alkoholverbot verhängt werden. Mit der Geeignetheit des (ersten) Alkoholverbots hat dies jedoch nichts zu tun.

3. Erforderlichkeit

Zudem müsste ein Alkoholverbot erforderlich sein. Es dürfte also kein milderes Mittel ersichtlich sein, das die Adressaten des Verbots weniger stark beeinträchtigt, aber trotzdem gleich gut geeignet ist, den legitimen Zweck zu erreichen.[573] Möglicherweise kommen mildere Mittel in Betracht.

a) Mögliches milderes Mittel: Glasflaschenverbot

Die Wahl des mildesten Mittels hängt davon ab, welcher Anknüpfungspunkt für die öffentliche Sicherheit gewählt wurde. Wird nur darauf abgestellt, dass es durch zerbrochene Glasflaschen zu Verletzungen bei Passanten und/oder Beteiligten kam, kommt als milderes, weil weniger intensives Mittel ein Glasflaschenverbot in Betracht. Anstatt den Alkoholkonsum insgesamt zu verbieten, wäre es möglich, den Konsum jeglicher oder nur alkoholischer Getränke aus gläsernen Behältnissen im jeweiligen Bereich zu untersagen.

Das OVG Sachsen-Anhalt hat dazu ausgeführt, dass ein Alkoholverbot nicht zulässig sei, wenn ausschließlich die Gefahren des Glasbruchs vermieden werden sollen.[574] Dann ist als milderes Mittel nur das Verbot von Glasflaschen zulässig. Der geringere Grundrechtseingriff besteht darin, dass trotzdem noch Al-

572 Vgl. zur ähnlichen Problematik bei Aufenthaltsverboten *Deger*, VBlBW 1996, 90 (93).

573 *Pieroth/Schlink/Kniesel*, Polizeirecht, § 10 Rn. 25; *Götz*, Polizei- und Ordnungsrecht, § 11 Rn. 24; *Jarass* in Jarass/Pieroth, GG, Art. 20 Rn. 85.

574 OVG Sachsen-Anhalt, Urt. v. 17.03.2010, Az. 3 K 319/09 – juris, Rn. 56.

kohol getrunken werden dürfe und lediglich auf andere Gefäße – bspw. Kunststoffflaschen oder Tetra-Packs – ausgewichen werden müsste.[575] Dem ist zuzustimmen. Sofern ausschließlich Gefahren des Glasbruchs verhindert werden sollen, ist ein gänzliches Alkoholverbot nicht erforderlich.

Gleiches gilt, wenn Umweltverschmutzungen als Anknüpfungspunkt für die öffentliche Sicherheit gewählt wurden.

Angemerkt sei jedoch, dass in den seltensten Fällen ein Alkoholverbot nur auf Gefahren des Glasbruchs abstellen dürfte. Wie oben ausgeführt, verursacht der Alkoholkonsum weitere Gefahren, die durch ein Glasverbot alleine nicht bekämpft werden können. Nur wenn außer dem Glasbruch keine weiteren Gefahren bekämpft werden sollen, ist ein Alkoholverbot durch Polizeiverordnung mangels Erforderlichkeit rechtswidrig. Andernfalls ist ein Glasverbot kein milderes Mittel. Dann kann ein Glasverbot ein Alkoholverbot jedoch ergänzen. Glas- und Alkoholverbot stehen dann nicht in einem Konkurrenzverhältnis, sondern bestehen nebeneinander.

aa) Die Ansichten des VG Köln und des OVG Münster

Allerdings hat das VG Köln[576] ein Glasverbot für rechtswidrig erachtet. Die Stadt Köln hatte per Allgemeinverfügung, die auf die ordnungsrechtliche Generalklausel[577] gestützt war, für die Zeit des Karnevals in einem bestimmten Bereich des Stadtgebiets das Mitführen von Getränken in Glasbehältnissen untersagt. Gleichzeitig wurde Sofortvollzug angeordnet.[578] Grund dafür waren (Schnitt-) Verletzungen in der Vergangenheit durch Glasbruch infolge nicht ordnungsgemäß entsorgter Glasbehältnisse sowie die Behinderung von Einsatzkräften durch Reifenschäden durch Scherben auf den Straßen. Im Rahmen des Rechtsschutzes nach § 80 Abs. 5 VwGO ordnete zunächst das VG Köln die Wiederherstellung der aufschiebenden Wirkung der eingelegten Rechtsbehelfe an.[579] Im Beschwerdeverfahren hob das OVG Münster sie wieder auf.[580] In der

575 OVG Sachsen-Anhalt, Urt. v. 17.03.2010, Az. 3 K 319/09 – juris, Rn. 56.

576 VG Köln, Urt. v. 16.09.2010, Az. 20 K 441/10 – juris.

577 In diesem Fall § 14 Abs. 1 nrwOBG.

578 Zum Sachverhalt s. *Durner*, JA 2010, 398 (398).

579 VG Köln, Beschl. v. 03.02.2010, Az. 20 L 88/10 – juris. S. dazu auch *Durner*, JA 2010, 398 (398 f.).

580 OVG Münster, NWVBl. 2010, 360.

Hauptsache gab schließlich das VG Köln der Klage statt.[581] Es sah im Mitführen von Glasbehältnissen die Gefahrenschwelle als nicht überschritten. Seine Erwägungen entsprechen großteils denen des VGH Mannheim zum Alkoholverbot. Die hinreichende Wahrscheinlichkeit sei nicht gegeben, dass durch das Mitführen von Glasbehältnissen Verletzungen entstünden. Zwar bestehe eine lose Kausalkette, doch müssten weitere, individuelle Verursachungsbeiträge hinzukommen.[582] Es gäbe keinen Erfahrungssatz dahin, dass jeder, der Glasbehältnisse mit sich führt, diese anschließend unsachgemäß entsorgt und dadurch Verletzungen verursacht werden. Dass die vorgebrachten Rückgänge bei den Verletzungen und Reifenschäden mit dem Glasverbot in Zusammenhang stünden, bezweifelt das Gericht. Sie könnten auch durch den Rückgang der Besucherzahlen im Vergleich zum Vorjahr verursacht sein.[583]

Endlich sei an den Statistiken auch nicht erkennbar, ob die Schnittverletzungen überhaupt im öffentlichen Straßenraum entstanden sind. Das Gericht verweist darauf, dass die Zahl der Schnittverletzungen, Körperverletzungen und Reifenschäden bezogen auf die Gesamtzahl der Feiernden im Promillebereich bewegten.[584] Ein hinreichender Zusammenhang zwischen Glasbehältnissen und Verletzungen sei daher nicht gegeben.

Endlich bleibt damit festzuhalten, dass das Gericht das Vorliegen einer Gefahr verneinte und den Sachverhalt der bloßen Gefahrenvorsorge zugewiesen hat.

Das Gericht lies die Berufung zu.[585] Das OVG Münster hat der Berufung stattgegeben und die Allgemeinverfügung für rechtmäßig erklärt.[586]

---

581 VG Köln, Urt. v. 16.09.2010, Az. 20 K 441/10.

582 VG Köln, Urt. v. 16.09.2010, Az. 20 K 441/10 – juris, Rn. 24 ff.

583 VG Köln, Urt. v. 16.09.2010, Az. 20 K 441/10 – juris, Rn. 29 f. Die Zahl der Reifenschäden ging zurück von 33 auf 2, die der Schnittverletzungen an Weiberfastnacht von 58 auf 18. Diesen starken Rückgang lediglich der etwas geringeren Personenzahl zuweisen zu wollen, scheint gewagt. Insb. der starke Rückgang der Reifenschäden immerhin um 94% kann m.E. nicht lediglich so begründet werden.

584 VG Köln, Urt. v. 16.09.2010, Az. 20 K 441/10 – juris, Rn. 29.

585 VG Köln, Urt. v. 16.09.2010, Az. 20 K 441/10 – juris, Rn. 39.

586 OVG Münster, Urt. v. 09.02.2012, Az. 5 A 2375/10 – juris.

Bereits im Eilverfahren hielt das OVG Münster das Vorliegen einer Gefahr im Eilverfahren nämlich zumindest für möglich, weshalb die folgende Interessenabwägung nach seiner Ansicht zugunsten der Stadt Köln ausfallen musste. Es vertrat dabei einen Ansatz, der der oben entwickelten Idee zur Gefahr des Alkoholkonsums zu ähneln scheint.[587] Möglicherweise – im Eilverfahren äußerte sich das OVG Münster nicht detaillierter – müsse eine Differenzierung vorgenommen werden. Die Besonderheiten des Karnevals, namentlich der großen Menschenmassen, der unüberschaubaren Menge an Glasflaschen und -scherben sowie des umfangreichen Alkoholkonsums, erforderten eine besondere Beurteilung und führten dadurch möglicherweise zur Überschreitung der Gefahrenschwelle.[588] Für ähnliche Veranstaltungen – bspw. die sog. Loveparade – erlassene Glasverbote hätten außerdem gezeigt, dass diese zu einem ganz erheblichen Rückgang der Verletzungen führten, während sich die Belastung der Betroffenen durch ausreichende Alternativen – Plastikflaschen, Dosen etc. – in Grenzen hielten.[589] Bestätigt sah sich die Stadt Köln durch einen erheblichen Rückgang der Verletzungen und Reifenschäden sowie einen Rückgang der zu entsorgenden Müllmenge.[590]

Auch im Hauptsacheverfahren blieb das OVG Münster bei seiner Ansicht und hielt das Glasverbot für rechtmäßig.[591] Das Gericht bejahte eine konkrete[592] Gefahr. Es stellte dabei auch auf die Kölner Straßenordnung[593] ab. Diese verbie-

587 S.o. ab. S. 119.

588 OVG Münster, NWVBl. 2010, 360 (360).

589 OVG Münster, NWVBl. 2010, 360 (360).

590 S. bei VG Köln, Urt. v. 16.09.2010, Az. 20 K 441/10 – juris, Rn. 13.

591 OVG Münster, Urt. v. 09.02.2012, Az. 5 A 2375/10 – juris. Zustimmend *Heckel*, NVwZ 2012, 88 (92).

592 Weil es sich um eine Allgemeinverfügung handelte, war eine konkrete Gefahr gefordert. Der Maßstab bzgl. des hinreichenden Wahrscheinlichkeitszusammenhangs ist derselbe.

593 Dabei handelt es sich um die „Ordnungsbehördliche Verordnung über die öffentliche Sicherheit und Ordnung im Gebiet der Stadt Köln, insbesondere auf den Straßen und in den U-Bahn-Anlagen (Kölner Straßenordnung – KStO)“, somit um eine Polizeiverordnung. Ihr § 5 Abs. 1 lautet: „Die Verunreinigung der in § 1 genannten Anlagen und Einrichtungen sowie Sachen ist verboten. Dies gilt insbesondere für das Wegwerfen von Abfällen (z. B. Pappteller, Kunststoffbecher, Blechdosen, Zigarettenschachteln, Zigarettenkippen, Zeitungen etc.) sowie das Spucken und Ausspucken von Kaugummis.“ Abrufbar unter http://www.stadt-koeln.de/mediaasset/content/satzungen/koelner_strassenordnung_15_06_2011.pdf.

tet in ihrem § 5 Abs. 1 das Verunreinigen der dem öffentlichen Verkehr dienenden Straßen, Wege und Plätze. Das schließt das Wegwerfen von Abfall ein. Das Wegwerfen von Glasflaschen, das im Straßenkarneval häufig vorkommt, stelle daher in jedem einzelnen Fall einen Verstoß gegen diese Straßenordnung dar und sei daher eine Störung der öffentlichen Sicherheit.[594] Diese massenhaften Verstöße führten dazu, bereits das Mitführen von Glasbehältnissen als Gefahr für die öffentliche Sicherheit anzusehen. Dabei spiele es keine Rolle, dass nicht jedes oder nahezu jedes Glasbehältnis, nicht einmal der überwiegende Teil des Glases ordnungswidrig entsorgt würde. Insbesondere die Verhältnisse im Karneval ließen einen hinreichenden Wahrscheinlichkeitszusammenhang erkennen zwischen dem Mitführen von Glasflaschen und dem Entstehen eines „Scherbenmeeres".[595] Gerade bei Großveranstaltungen auf engem Raum, in dem sich dicht gedrängte Menschenmassen aufhalten, sei mit besonders ausgelassenem und alkoholbedingt aggressivem Verhalten zu rechnen. Dort seien Glasflaschen aus Sicherheitsgründen nicht zu verantworten.[596]

bb) Ansicht des VGH Mannheim und Bewertung dieser Ansicht

Für unzulässig hielt der VGH Mannheim ein Glasverbot am Konstanzer Bodensee- und Seerheinufer.[597] Die Stadt Konstanz hatte in einer Polizeiverordnung das Mitführen von Glasflaschen, Gläsern und jeglichen sonstigen Behältnissen aus Glas, Porzellan oder anderen zerbrechlichen Materialien in einem genau bestimmten Bereich untersagt, wenn aufgrund der konkreten Umstände die Absicht erkennbar sei, dass deren Inhalt beim dauerhaften Verweilen konsumiert werden solle. Ziel war es, Schnittverletzungen von Badenden zu vermeiden, die aufgrund des hohen Scherbenaufkommens an den umfassten Uferbereichen vorgekommen seien. Mit Erlass des Glasverbots sei die Zahl der Schnittverletzungen zurückgegangen.

Der VGH Mannheim führte in seiner kurzen Entscheidung aus, die Polizeiverordnung diene zwar einem legitimen Zweck, nämlich dem Schutz der menschlichen Gesundheit, einem hochwertigen Rechtsgut.[598] Dadurch seien die

594 OVG Münster, Urt. v. 09.02.2012, Az. 5 A 2375/10 – juris, Rn. 39.

595 OVG Münster, Urt. v. 09.02.2012, Az. 5 A 2375/10 – juris, Rn. 41.

596 OVG Münster, Urt. v. 09.02.2012, Az. 5 A 2375/10 – juris, Rn. 41.

597 VGH Mannheim, Urt. v. 26.07.2012, Az. 1 S 2603/11 – juris. Zustimmend *Marsch*, VBlBW 2013, 15.

598 VGH Mannheim, Urt. v. 26.07.2012, Az. 1 S 2603/11 – juris, Rn. 31.

Anforderungen an die Annahme einer abstrakten Gefahr gemindert. Jedoch konnte die Stadt Konstanz „nicht ansatzweise“[599] Statistiken oder Angaben darüber vorlegen, in welchem Umfang und in welchen Zeiträumen in den vom Glasverbot umfassten Bereichen Schnittverletzungen vorgekommen waren. Ebenso wenig konnte die Stadt nachweisen, dass es seit Erlass des Glasverbots zu einem Rückgang der Schnittverletzungen gekommen ist. Die pauschale Behauptung der Stadt Konstanz, die Scherben stellten eine abstrakte Gefahr da, genügte dem VGH Mannheim nicht.

Die Entscheidung kam nicht überraschend.[600] Ihr ist zuzustimmen. Der pauschale Vortrag, es komme zu Verletzungen, ohne diese belegen zu können, genügt nicht den Anforderungen der Rechtsprechung an die für die Prognoseentscheidung über das Bestehen einer abstrakten Gefahr notwendige Tatsachenbasis.[601] Diese Anforderungen hatte der VGH Mannheim in der Entscheidung zum Alkoholverbot in Freiburg aufgestellt und präzisiert.[602] Die Entscheidung enthält nicht die ausdrückliche Feststellung, ein Glasverbot sei generell unzulässig. Hätte die Stadt Konstanz eine aussagekräftige Tatsachenbasis geschaffen, hätte das Urteil anders ausfallen können.

cc) Zusammenfassung

Bei einem Glasverbot stellen sich somit die gleichen Probleme wie bei Alkoholverboten. Entscheidend ist, ob der Nachweis gelingen kann, dass das verbotene Verhalten ursächlich für Folgeerscheinungen ist. Dabei kommt es für die Rechtsprechung darauf an, dass in der Vergangenheit Verletzungen oder Schäden durch Scherben in einer nicht unerheblichen Anzahl verursacht wurden. Wenn Ortspolizeibehörden solche Statistiken weder führen noch vorlegen können, werden die Gerichte das Vorliegen einer abstrakten Gefahr verneinen.

Endlich sei angemerkt, dass die Bürgerschaft der Freien und Hansestadt Hamburg ein (förmliches) „Gesetz über das Verbot des Mitführens und des Verkaufs von Glasgetränkebehältnissen in bestimmten Gebieten“ beschlossen hat.[603] Darin ist u.a. festgelegt, dass an den Abenden am Wochenende in bestimmten

---

599 VGH Mannheim, Urt. v. 26.07.2012, Az. 1 S 2603/11 – juris, Rn. 31.

600 Ebenso *Marsch*, VBlBW 2013, 15 (16).

601 Zu den Anforderungen an die abstrakte Gefahr s.o. ab S. 111.

602 VGH Mannheim, VBlBW 2012, 29. Dazu oben ab S. 119.

603 hambGVBl. 2009, 222.

und genau bezeichneten Bereichen des Gebiets der Freien und Hansestadt Hamburg der Verkauf und das Mitführen von Glasgetränkebehältnissen verboten sind.[604] Dort stellt sich die Frage, ob die Polizeibehörde durch Polizeiverordnung ein Glasverbot verhängen kann, daher nicht (mehr).

b) Mögliches milderes Mittel: Einschränkungen hinsichtlich der räumlichen und zeitlichen Geltung

Ein unbeschränktes Alkoholverbot ist i.d.R. rechtswidrig.[605] Erstens dürfte es schon an der Gefahrvoraussetzung scheitern. Nach der hier vertretenen Auffassung kann der öffentliche Alkoholkonsum abends und nachts am Wochenende als Gefahr für die öffentliche Sicherheit und Ordnung einzustufen sein, derjenige tagsüber und unter der Woche hingegen regelmäßig nicht. Außerdem treten die entsprechenden Gefahren nicht überall, sondern an bestimmten Treffpunkten auf. Daher ist eine Einschränkung der räumlichen und zeitlichen Geltung nach der hier vertretenen Ansicht keine Frage der Erforderlichkeit, sondern spielt schon bei der Ermittlung der Gefahr eine Rolle.

Nach herkömmlicher Sicht wird der Alkoholkonsum alleine entweder ganz als Gefahr eingestuft oder gar nicht. Eine wie hier vorgenommene Differenzierung findet nicht statt. Dann ist ein unbeschränktes Alkoholverbot regelmäßig nicht erforderlich und damit nicht verhältnismäßig.[606] Es muss beschränkt werden auf die Bereiche und die Zeiten, in denen es zu alkoholbedingten negativen Folgen kommt. Denn Zweck ist es ja, diese zu verhindern. Wird der Alkoholkonsum umfassender verboten, wird mehr als nötig in das Recht des Betroffenen aus Art. 2 Abs. 1 GG eingegriffen, als zur Erreichung des Zwecks notwendig wäre.

4. Angemessenheit

An der Angemessenheit bzw. Verhältnismäßigkeit i.e.S. wird ein Alkoholverbot nicht scheitern. Das durch Art. 2 Abs. 1 GG geschützte Trinken in der Öffentlichkeit überwiegt nicht die Interessen der Allgemeinheit bzw. der Anwohner, vor Delinquenz geschützt zu werden, Gesundheitsbeeinträchtigungen abzuweh-

---

604 Zu den Gründen im Einzelnen siehe den Entwurf des Senats, hambDrs. 19/3253.

605 So auch *Faßbender*, NVwZ 2009, 563 (567).

606 Das VG Karlsruhe, Beschl. v. 25.08.2011, Az. 6 K 2261/11 – juris, Rn. 17, nimmt sogar bei einem Alkoholverbot, das aus einmaligem Anlass von Samstag, 18.00 Uhr, bis Sonntag, 24.00 Uhr, gelten soll, an, es sei wegen der Dauer bereits unverhältnismäßig.

ren, Umweltverschmutzungen zu vermeiden usw. Die Freiheit des Einzelnen ist nur geschützt, soweit der Freiheitsraum anderer nicht verletzt wird.[607] Wird das Alkoholverbot auf eine abstrakte Gefahr für die öffentliche Ordnung gestützt, überwiegt das Interesse der Allgemeinheit an der Gewährung eines gedeihlichen Zusammenlebens das Interesse des Einzelnen, in der Öffentlichkeit Alkohol zu trinken.[608]

VIII. Durchsetzung

Entscheidender Vorteil einer Polizeiverordnung ist, dass ein Verstoß gegen ihre Verbote eine Störung der öffentlichen Sicherheit ist.[609] Sie ist Teil der objektiven Rechtsordnung und daher vom Schutzgut der öffentlichen Sicherheit umfasst. Bei einem Verstoß kann unter Rückgriff auf die polizeiliche Generalklausel oder Standardmaßnahmen gegen die Störer durch Verwaltungsakt vorgegangen werden. Es muss dann kein Nachweis einer konkreten Störung oder Gefahr im Einzelfall durch den Alkoholkonsum erfolgen. Der Verstoß gegen die Polizeiverordnung ist selbst die konkrete Störung der öffentlichen Sicherheit.[610] Der Verstoß gegen die Polizeiverordnung muss dabei nachgewiesen werden. Man nennt die so erlassenen Verfügungen auch unselbständige Verfügungen.[611]

Freilich muss festgestellt werden, dass ein Verbot nur Wirkung entfalten kann, wenn es durchgesetzt wird. Erfolgt dies nicht, bleibt jedes noch so strenge Verbot praktisch bedeutungslos.[612] Das bedeutet aber auch, dass ohne entsprechenden Personalansatz für die Kontrolle eines Alkoholverbots keine Besserung der Zustände zu erwarten ist. Der stetige Personalabbau bei Landespolizei und Ordnungsbehörden und die dadurch logisch folgende geringere Präsenz auch in der Nacht tragen sicher nicht zu einer Erhöhung des Sicherheitsgefühls der Bevölkerung bei.

---

607 *Dietz*, AöR 2008, 556 (603).

608 *Dietz*, AöR 2008, 556 (603).

609 *Wolf/Stephan/Deger*, Polizeigesetz BW, § 10 Rn. 14.

610 Insofern irrt *v. Köhler*, DVBl. 1957, 73 (73), wenn er ausführt, bei der Durchsetzung einer Polizeiverordnung sei eine Polizeiverfügung ohne das Vorliegen einer konkreten Gefahr zulässig ist.

611 *Drews/Wacke/Vogel/Martens*, Gefahrenabwehr, S. 496; *Wolf/Stephan/Deger*, Polizeigesetz BW, § 10 Rn. 14.

612 Auch *Belz/Mußman*, PolG BW, § 10 Rn. 23.

Zur Durchsetzung eines Alkoholverbots kommen mehrere Maßnahmen in Betracht. Praktisch die häufigsten Maßnahmen werden Platzverweise, Aufenthaltsverbote und die Beschlagnahme des mitgeführten Alkohols sein, die es im Folgenden kurz zu untersuchen gilt. Ebenfalls in Betracht kommt die Aufforderung an die Störer, den Alkohol wegzuleeren. Die in Frage kommenden Ermächtigungsgrundlagen entstammen dem PolG. Die Polizeiverordnung selbst darf gem. § 18 Abs. 1 PolG nur Ge- und Verbote enthalten, die für eine unbestimmte Anzahl von Fällen an eine unbestimmte Anzahl von Personen gerichtet sind. Keine Ermächtigung gibt es für die Polizeibehörden, sich in ihren Polizeiverordnungen eigenständige Ermächtigungsgrundlagen zur Durchsetzung ihrer Verbote zu schaffen. Weil durch den Verstoß gegen das in der Polizeiverordnung geregelte Verbot eine Störung der öffentlichen Sicherheit vorliegt, ist der Anwendungsbereich der polizeirechtlichen Ermächtigungsgrundlagen (bspw. § 27a Abs. 1 PolG, §§ 1, 3 PolG) eröffnet.

Abschließend soll im Folgenden der Einsatz privater Sicherheitsdienste untersucht werden, der durch die Anwohner veranlasst sein kann, die sich gegen störende Trinker in ihrer Nachbarschaft wehren wollen. Als Auftraggeber kommen aber auch Kommunen in Betracht.

1. Platzverweise

In § 27a Abs. 1 PolG ist der Platzverweis[613] geregelt. Als letztes aller Bundesländer hat Baden-Württemberg diese spezielle Regelung geschaffen. Zuvor konnten Platzverweise auf die polizeiliche Generalklausel der §§ 1, 3 PolG gestützt werden.[614] Nach § 27a Abs. 1 PolG ist der Platzverweis die vorübergehende Verweisung von einem Ort oder ein vorübergehendes Betretungsverbot eines Ortes.

Voraussetzung für den Erlass eines Platzverweises ist gem. § 27a PolG eine Gefahr oder eine Störung der öffentlichen Sicherheit oder Ordnung. Die öffentliche Sicherheit schützt die gesamte objektive Rechtsordnung. Wenn jemand entgegen einer rechtmäßigen Polizeiverordnung Alkohol trinkt, stellt dies also einen Verstoß gegen die öffentliche Sicherheit dar. Die Voraussetzung des § 27a PolG ist dann erfüllt.

---

613 Der Platzverweis wird teilweise auch als Platzverweisung bezeichnet.

614 *Wolf/Stephan/Deger*, Polizeigesetz BW, § 27a Rn. 1. Zur Rechtslage bis 2008 s. *Kopp*, Platzverweisverfahren, S. 30 ff.

Umstritten ist, wie der Begriff der „vorübergehenden“ Verweisung auszulegen ist. Dabei geht es um die Frage, für welche Dauer ein Platzverweis angeordnet werden kann. Anders als beim Aufenthaltsverbot (dazu gleich) und beim Wohnungsverweis wird im Gesetz keine Höchstdauer genannt. Überwiegend wird für den Platzverweis eine Höchstdauer von 24 Stunden vorgeschlagen.[615] Andere gehen von drei bis vier Tagen aus.[616] *Schmidbauer* knüpft an die Dauer der Gefahr an, lehnt also eine absolute zeitliche Höchstgrenze ab.[617]

Für eine enge Auslegung des Merkmals „vorübergehend“ spricht, dass die Tatbestandsvoraussetzungen einen weiten Anwendungsbereich eröffnen: Weder an die Gefahr noch an die betroffenen Rechtsgüter werden besondere Anforderungen gestellt.[618] Diese tatbestandliche Weite müsse durch eine enge zeitliche Befristung kompensiert werden.[619] Dies spricht für eine Begrenzung auf 24 Stunden. Ein weiteres Argument ergibt sich aus Art. 11 Abs. 1 GG: Kurzfristige Platzverweise stellen nur Eingriffe in Art. 2 Abs. 1 GG, der allgemeinen Handlungsfreiheit in Gestalt der (Fort-) Bewegungsfreiheit, dar.[620] Länger andauernde Platzverweise würden in den Schutzbereich des Art. 11 Abs. 1 GG eingreifen. Dieser umfasst die Möglichkeit, an jedem Ort innerhalb des Bundesgebiets Aufenthalt und Wohnsitz zu nehmen.[621] In Abgrenzung zur allgemeinen Handlungsfreiheit wird eine gewisse Dauer vorausgesetzt.[622] Dabei geht man von 24 Stunden aus.[623] Das bedeutet, dass Maßnahmen ab einer Dauer von 24 Stunden am strengen Maßstab des qualifizierten Gesetzesvorbehalts des Art. 11 Abs. 2 GG

---

615 *Schenke*, Polizei- und Ordnungsrecht, § 3 Rn. 132; *Rachor* in Lisken/Denninger, E Rn. 435; *Möller/Wilhelm*, Allgemeines Polizei- und Ordnungsrecht, Rn. 350; *Trurnit*, VBlBW 2009, 205 (206); *Lang*, VerwArch 2005, 283 (299 f.); *Kopp*, Platzverweisverfahren, S. 94.

616 *Gusy*, Polizeirecht, Rn. 277.

617 *Schmidbauer*, BayVBl. 2002, 257 (263).

618 *Lang*, VerwArch 2005, 283 (299).

619 VGH München, BayVBl. 2001, 529 (530); *Lang*, VerwArch 2005, 283 (299); *Tettinger/Erbguth/Mann*, Rn. 583.

620 *Lang*, VerwArch 2005, 283 (300).

621 *Jarass* in Jarass/Pieroth, GG, Art. 11 Rn. 2; *Gnatzy* in Schmidt-Bleibtreu, GG, Art. 11 Rn. 2.

622 *Jarass* in Jarass/Pieroth, GG, Art. 11 Rn. 2; *Gnatzy* in Schmidt-Bleibtreu, GG, Art. 11 Rn. 8; *Pieroth/Schlink*, Rn. 858 f.

623 *Lang*, VerwArch 2005, 283 (300).

zu rechtfertigen sind.[624] Das spricht dafür, bei Platzverweisen von einer Höchstdauer von 24 Stunden auszugehen.[625]

Vom Merkmal „vorübergehend“ umfasst ist es daher, einen gegen das Alkoholverbot Verstoßenden für den Rest des Tages bzw. Abends aus dem Geltungsbereich des Verbots – i.d.R. ein bestimmter Platz oder eine Straße – zu verweisen. Sollte der Betroffene in dem Bereich wohnen, ist der Zugang zur Wohnung auszunehmen.

Nach § 27a Abs. 1 PolG ist der Platzverweis die vorübergehende Verweisung von einem Ort oder ein vorübergehendes Betretungsverbot eines Ortes. Dabei ist „Ort“ nicht im Sinne einer Gemeinde oder Ortschaft, sondern als Örtlichkeit zu verstehen, die eng umgrenzt sein muss.[626] Eine allgemeine Größenangabe etwa nach Quadratmetern ist nicht möglich.[627] Nun stellt sich die Frage, wie der „Ort“ zu bestimmen ist, wenn der Platzverweis wegen eines Verstoßes gegen eine Polizeiverordnung erteilt wird, die nur für einen bestimmten Bereich ein Verhalten verbietet. Außerhalb ihres Geltungsbereichs ist bei Alkoholverboten das Trinken nicht verboten. Weil das Alkoholverbot dort nicht gilt, stellt es keine automatische konkrete Störung der öffentlichen Sicherheit dar, wenn jemand Alkohol trinkt. Der Platzverweis muss gem. § 27a PolG zur Abwehr einer Gefahr für die öffentliche Sicherheit oder Ordnung erfolgen. Der Platzverweis muss dafür erforderlich sein. Ziel des Platzverweises ist es, die Störung der öffentlichen Sicherheit oder Ordnung zu beenden. Daher ist es nicht möglich, einen Platzverweis für ein Gebiet zu erteilen, das über das von der Polizeiverordnung umfasste hinausgeht. Sobald der Verwiesene nämlich den Geltungsbereich verlässt, darf er wieder Alkohol trinken und stellt keine Gefahr oder Störung für die öffentliche Sicherheit mehr dar.

Die Anordnung eines Platzverweises muss auch sonst verhältnismäßig sein. Insbesondere dürfte kein milderes, gleich gut geeignetes Mittel ersichtlich sein. Zur Beseitigung der Störung der öffentlichen Sicherheit durch Verstoß gegen ein Alkoholverbot ist es denkbar, den Störer dazu aufzufordern, den Alkohol weg zu leeren. Dann läge keine Störung der öffentlichen Sicherheit mehr vor. Ein Platzverweis wäre dann rechtswidrig. Die Aufforderung zum Wegleeren ist als mil-

---

624 *Götz*, NVwZ 1998, 679 (683).

625 So auch *Lang*, VerwArch 2005, 283 (300); *Rachor* in Lisken/Denninger, E Rn. 435.

626 *Schenke*, Polizei- und Ordnungsrecht, § 3 Rn. 132.

627 *Götz*, Polizei- und Ordnungsrecht, § 8 Rn. 21; *Kopp*, Platzverweisverfahren, S. 100.

deres Mittel gleich gut zur Beseitigung der Störung geeignet. Diese Aufforderung zum Wegleeren könnte auf §§ 1, 3 PolG gestützt werden.

Der Platzverweis ist ein Verwaltungsakt i.S. des § 35 S. 1 LVwVfG.

Ein Platzverweis kann ein Alkoholverbot nur wirksam durchsetzen, wenn er selbst durchgesetzt wird. Dies geschieht im Wege der Anwendung der allgemeinen Regelungen des Vollstreckungsrechts. Zur Verfügung stehen grds. die Mittel des Zwangsgelds bzw. der Zwangshaft (§§ 23, 24 LVwVG), der Ersatzvornahme (§ 25 LVwVG) oder des unmittelbaren Zwangs (§ 26 LVwVG). Beim Verlassen eines Ortes in Folge eines Platzverweises handelt es sich um eine unvertretbare Handlung. Dadurch scheidet das Mittel der Ersatzvornahme aus, die nur bei vertretbaren Handlungen möglich ist, wenn die Handlung also auch durch einen anderen vorgenommen werden kann.[628] Auch das Mittel des Zwangsgelds scheidet in der Praxis aus. Es ist zwar bei unvertretbaren Handlungen anwendbar, wegen der nötigen Eile bei der Vollstreckung eines Platzverweises jedoch ungeeignet. Daher wird in der Praxis auf den unmittelbaren Zwang zurückgegriffen.[629]

Gem. § 2 Nr. 2 LVwVG können Verwaltungsakte dann vollstreckt werden, wenn die aufschiebende Wirkung eines Rechtsbehelfs entfällt. Gem. § 80 Abs. 2 S. 1 Nr. 2 VwGO entfällt die aufschiebende Wirkung bei unaufschiebbaren Anordnungen von Polizeivollzugsbeamten. Dies ist bei Platzverweisen der Fall, somit können sie sofort vollstreckt werden.

Grundsätzlich muss gem. § 20 Abs. 1 LVwVG die Anwendung von Zwangsmitteln schriftlich mit einer angemessenen Frist angedroht werden. Praktisch ist dies unmöglich. Wenn der Vollzugsbeamte einen Platzverweis erteilt, wird dies i.d.R. mündlich geschehen. Die schriftliche Androhung mit anschließender Zustellung ist ihm regelmäßig nicht möglich. Nach § 21 LVwVG kann von § 20 Abs. 1 LVwVG daher abgewichen werden, wenn die Abwehr einer Gefahr für die öffentliche Sicherheit dies erfordert. Es handelt sich also um eine Ausnahme für das Gebiet der Gefahrenabwehr.[630] Da die Anordnung des Platzverweises hier erfolgt, weil gegen ein Alkoholverbot verstoßen wird, liegt – wie gesagt – i.d.R. eine Störung der öffentlichen Sicherheit vor. Somit kann von der schriftlichen Androhung nach § 20 Abs. 1 LVwVG abgesehen werden.

628 *Sadler*, Polizei 2004, 4 (5); *Schneider*, LVwVG, § 25 Erl. 1.

629 *Sadler*, Polizei 2004, 4 (5).

630 *Fliegauf/Maurer*, LVwVG, § 21 Rn. 1.

2. Aufenthaltsverbote

Im Gegensatz zum vorübergehenden Platzverweis ist das in § 27a Abs. 2 PolG geregelte Aufenthaltsverbot die länger wirkende Maßnahme.[631] Es darf gem. S. 3 in seiner Dauer drei Monate nicht überschreiten.

Voraussetzung für ein Aufenthaltsverbot ist indes, dass Tatsachen die Annahme rechtfertigen, dass diese Person dort eine Straftat begehen oder zu ihrer Begehung beitragen wird, § 27a Abs. 2 S. 1 PolG. § 18 Abs. 1 PolG bestimmt, dass Polizeiverordnungen durch Verweis auf diese Vorschrift bestimmen können, dass eine Zuwiderhandlung gegen eine Polizeiverordnung eine Ordnungswidrigkeit darstellt. Gem. § 18 Abs. 2 PolG kann diese Ordnungswidrigkeit mit einer Geldbuße geahndet werden, die zwischen fünf und 5.000 Euro beträgt, wenn es sich um Polizeiverordnungen der Ortspolizeibehörde handelt. § 27a Abs. 2 S. 1 PolG setzt für den Erlass eines Aufenthaltsverbots indes eine Straftat voraus, also die mögliche Verletzung eines Strafgesetzes. Eine Ordnungswidrigkeit genügt daher nicht für den Erlass eines Aufenthaltsverbots.

Da es außerdem nur um den *öffentlichen* Alkoholkonsum gehen kann, kommen Maßnahmen nach § 27a Abs. 3 PolG (Wohnungsverweise) nicht in Betracht.

3. Beschlagnahme

Weiter kommt nach § 33 PolG die Beschlagnahme des mitgeführten Alkohols in Betracht. Hinsichtlich ihrer Rechtsnatur ist zu unterscheiden: Die Beschlagnahmeverfügung stellt einen Verwaltungsakt dar, während die tatsächliche Vollziehung ein Realakt ist.[632] Sofern Spezialgesetze einschlägig sind, verdrängen sie § 33 PolG.[633] Vorliegend sind solche jedoch nicht ersichtlich. Die Beschlagnahme wird insbesondere angewendet, wenn durch eine Polizeiverordnung bereits das Mitsichführen von Alkohol mit Konsumabsicht (s.o. S. 149) untersagt ist. Nach § 33 Abs. 1 Nr. 1 PolG ist sie zulässig zur Beseitigung einer bereits eingetretenen Störung der öffentlichen Sicherheit oder Ordnung. Ein Verstoß gegen ein mittels Polizeiverordnung verhängtes Verbot stellt eine Störung der

631 Zur Handhabung von Aufenthaltsverboten vor Einfügung des § 27a PolG s. *Cremer*, NVwZ 2001, 1218 (1220).

632 *Dolderer*, VBlBW 2003, 222 (222).

633 S. die Bspe. bei *Dolderer*, VBlBW 2003, 222 (223).

öffentlichen Sicherheit dar. Um sie zu beseitigen, kann daher der Alkohol beschlagnahmt werden.

Fraglich ist aber, ob eine Beschlagnahme aus Sicht der Polizei sinnvoll wäre. Sie begründet nämlich ein öffentlich-rechtliches Verwahrungsverhältnis.[634] Die Eigentumsverhältnisse werden nicht berührt. Die Polizei muss die beschlagnahmte Sache sorgfältig verwahren. Tut sie es nicht, kann sie eine Haftung treffen.[635] Schließlich ist die Sache wieder herauszugeben, wenn die Voraussetzungen der Beschlagnahme nicht mehr vorliegen. Dieser erhebliche Aufwand für die Polizeibediensteten spricht gegen eine Beschlagnahme des Alkohols. Vielmehr wird die Polizei anordnen, den Alkohol weg zu leeren oder Platzverweise aussprechen.

4. Einsatz privater Sicherheitsdienste

Weil es der Polizei regelmäßig nicht möglich ist, Alkoholverbote durchgehend zu überwachen, können sich Anwohner veranlasst sehen, private Sicherheitsdienste in Anspruch zu nehmen. Diesen stehen jedoch lediglich die ihnen vom Auftraggeber vertraglich übertragenen Rechte zu.[636] Diese sog. Jedermannrechte sind etwa Notwehr bzw. -hilfe und Notstandsrechte.[637] Das bedeutet, sie könnten gegen Vandalismus oder Schlägereien einschreiten. Wie jedermann können sie gem. § 127 Abs. 1 S. 1 StPO eine Person vorläufig festnehmen, die sie auf frischer Tat betroffen oder verfolgt haben. Die Tat muss jedoch eine Straftat sein, eine Ordnungswidrigkeit oder gar eine Belästigung reichen dafür nicht aus.[638] Sie haben jedoch keine Befugnisse, die öffentliche Sicherheit oder Ordnung aufrechtzuerhalten.[639] Sie dürfen sich gerade nicht wie Polizisten verhalten und ver-

634 *Götz*, Polizei- und Ordnungsrecht, § 8 Rn. 55.

635 *Götz*, Polizei- und Ordnungsrecht, § 8 Rn. 55.

636 *Finger/Müller*, NVwZ 2004, 953 (953 f.).

637 § 227 BGB u. § 32 StGB; §§ 228, 904 BGB u. §§ 34, 35 StGB.

638 Weil der öffentliche Alkoholkonsum keine Straftat ist, kann regelmäßig keine vorläufige Festnahme erfolgen.

639 *Finger/Müller*, NVwZ 2004, 953 (953 f.); *Stober/Braun*, Der Städtetag 11/2002, 17 (19); *Stober*, GewArch 2002, 129 (133). Derweil behauptet *Hecker*, Gemeinde als Ordnungsraum, S. 88, die Kommunen würden ein Übergreifen von privaten Sicherheitsdiensten auf den öffentlichen Raum sogar fördern. Belege dafür bleibt er freilich schuldig.

fügen über keine polizeilichen Eingriffsbefugnisse.[640] Die o.g. Maßnahmen stehen ihnen daher nicht zu. Auch wenn Kommunen private Sicherheitsdienste einsetzen,[641] kann nichts anderes gelten.[642] Sie können ihre hoheitlichen Befugnisse nicht vertraglich übertragen. Es bedürfte dazu einer gesetzlichen Beleihung.[643] Insbesondere Art und Umfang der übertragenen Befugnisse müssten Gegenstand dieser gesetzlichen Regelung sein.[644] Diese existiert nicht. Ob es verfassungsrechtlich zulässig wäre, einen gesetzlichen Beleihungstatbestand zu schaffen, wird bestritten: Es stellte einen Verstoß gegen Art. 33 Abs. 4 GG dar.[645] Danach ist die Ausübung hoheitsrechtlicher Befugnisse als ständige Aufgabe in der Regel Angehörigen des öffentlichen Dienstes, die in einem öffentlich-rechtlichen Dienst- und Treueverhältnis stehen, zu übertragen.[646]

IX. Zusammenfassung

Durch Polizeiverordnungen festgelegte Alkoholkonsumverbote begegnen in Rechtsprechung und Literatur großen Bedenken und stoßen auf Ablehnung. Das Vorliegen einer abstrakten Gefahr für die öffentliche Sicherheit als Voraussetzung ihres Erlasses wird überwiegend verneint. Dabei werden auch Parallelen zur Bettelproblematik der 1990er Jahre gezogen. Die aktuelle Rechtsprechung hält an ihren früher getroffenen Bewertungen fest. Dabei verkennt sie jedoch, dass die Situation nicht mit der damaligen vergleichbar ist. Grund für Alkoholverbote sind nicht „bloß belästigende" Obdachlose oder Punker, sondern Jugendliche und junge Erwachsene, die in größeren Gruppen öffentlich trinken. Alkoholkonsum in der Öffentlichkeit kann an bestimmten Orten zu bestimmten Zeiten – i.d.R. am Wochenende abends und nachts – zur Begehung von Straftaten und Ordnungswidrigkeiten führen. Deswegen kann er eine abstrakte Gefahr

---

640 *Stober/Braun*, Der Städtetag 11/2002, 17 (19). Darin irrt bspw. *Köppert*, Alkoholverbotsverordnungen, S. 199, wenn er ausführt: „Auch private Sicherheitsdienste könnten grundsätzlich an Stelle der Polizei oder zu deren Unterstützung großflächig eingesetzt werden."

641 S. dazu etwa Südkurier (Ausgabe Konstanz) v. 15.08.2010.

642 Zu Problematik gemischter oder gemeinsamer Streifen von staatlicher Polizei und privaten Sicherheitsdiensten s. *Rixen*, DVBl. 2007, 221 (224 ff.).

643 *Finger/Müller*, NVwZ 2004, 953 (954.); *Stober/Braun*, Der Städtetag 11/2002, 17 (19).

644 *Burgi*, FS Maurer, S. 588.

645 *Stober/Braun*, Der Städtetag 11/2002, 17 (19); *Krölls*, NVwZ 1999, 233 (235).

646 Dazu ausführlich *Burgi*, FS Maurer, S. 590.

für die öffentliche Sicherheit darstellen. An den Nachweis der vorliegenden Gefahr dürfen keine unrealistischen Vorgaben gemacht werden. Wenn Behörden jahrelang genaue Statistiken führen müssen, wird das Polizeirecht seinem Anspruch, Gefahren effektiv abzuwehren, nicht mehr gerecht. Auch das Schutzgut der öffentlichen Ordnung kann durch öffentlichen Alkoholkonsum betroffen sein, wodurch sich ein weiterer Ansatzpunkt ergibt. Damit ist es möglich, den Alkoholkonsum in der Öffentlichkeit durch den Erlass von Polizeiverordnungen zu untersagen. Diese wiederum müssen verhältnismäßig sein. Daher ist ein Glasverbot milderes Mittel – und damit ein Alkoholkonsumverbot unzulässig – wenn lediglich verhindert werden soll, dass durch zerbrochene Glasflaschen Menschen zu Schaden kommen.

Strenge Anforderungen an die Bestimmtheit der Polizeiverordnungen machen es den Behörden schwer, die nicht pauschal jeden, sondern nur den als besonders störend empfundenen Alkoholkonsum verbieten wollen. Insbesondere o.g. Entscheidung des OVG Sachsen-Anhalt[647] geht in den Anforderungen viel zu weit. Das Ergebnis, dass pauschale Alkoholverbote mangels Gefahr und einschränkende mangels Bestimmtheit rechtswidrig sind, ist eben nicht zwingend.

B. Alkoholkonsumverbote durch Allgemeinverfügung

Anstelle von Alkoholverboten, die als Polizeiverordnungen erlassen werden, kommt möglicherweise das Mittel der Allgemeinverfügung i.S. des § 35 S. 2 LVwVfG in Betracht. Eine Allgemeinverfügung ist im Polizei- und Ordnungsrecht der an einen bestimmten oder bestimmbaren Personenkreis gerichtete, zum Zwecke der Beseitigung einer bereits eingetretenen Störung oder zur Abwehr einer im Einzelfall bevorstehenden Gefahr erlassene Verwaltungsakt.[648]

647 OVG Sachsen-Anhalt, Az. 3 K 319/09 – juris, Rn. 38.

648 *Götz*, Polizei- und Ordnungsrecht, § 22 Rn. 14.

I. Ermächtigungsgrundlage und formelle Voraussetzungen

Die Ermächtigungsgrundlage für den Erlass einer Allgemeinverfügung bildet die Generalklausel der §§ 1, 3 PolG. Eine Spezialermächtigung für den Erlass von Alkoholverboten gibt es nicht. Allgemeinverfügungen sind Verwaltungsakte und daher mit Rechtsbehelfsbelehrung zu versehen. Gem. § 28 Abs. 2 Nr. 4 LVwVfG kann auf die Anhörung der Beteiligten verzichtet werden.[649] Wird die Allgemeinverfügung öffentlich bekannt gegeben, § 43 Abs. 3 S. 2 LVwVfG,[650] bedarf sie gem. § 39 Abs. 2 Nr. 5 LVwVfG keiner Begründung.

Unterschiede zur Polizeiverordnung bestehen zunächst in der äußeren Form und im Verfahren ihres jeweiligen Erlasses. Insbesondere sind Polizeiverordnungen gem. § 15 Abs. 2 PolG ab einer Geltungsdauer von einem Monat zustimmungsbedürftig durch den Gemeinderat. Durch § 12 PolG sind bestimmte Formerfordernisse vorgegeben, die teilweise (Abs. 2) als Soll-Vorschriften formuliert sind. Für Allgemeinverfügungen bestehen solche besonderen Formvorschriften nicht.

II. Materielle Voraussetzungen

1. Konkrete Gefahr

Der Erlass einer polizeilichen Allgemeinverfügung als Verwaltungsakt setzt gem. §§ 1, 3 PolG eine Gefahr für die öffentliche Sicherheit oder Ordnung voraus. Im Unterschied zur Polizeiverordnung, die abstrakte Regelungen trifft und deswegen eine abstrakte Gefahr voraussetzt,[651] regelt der Verwaltungsakt eine konkrete Gefahr. Darunter ist eine Sachlage zu verstehen, die im Einzelfall bei verständiger Würdigung der Sachlage in naher Zukunft die hinreichende Wahrscheinlichkeit eines Schadenseintritts in sich birgt.[652] Die Allgemeinverfügung als Verwaltungsakt setzt daher eine konkrete Gefahr voraus.

---

649 Zu den Gründen dieser Ausnahme, s. *Wandschneider*, Allgemeinverfügung, S. 285 f.

650 Ausführlich zur Bekanntgabe einer Allgemeinverfügung, *Wandscheider*, Allgemeinverfügung, S. 288 ff.

651 Dazu s.o. ab S. 104.

652 *Schenke*, Polizei- und Ordnungsrecht, Rn. 69.

Vereinzelt wird das allerdings bestritten: Die Allgemeinverfügung sei einer Polizeiverordnung vergleichbar, da ihre generellen Regelungen auch nur typisierte Fälle erfassten. Daher brauche die Gefahr auch bei der Allgemeinverfügung nur eine abstrakte sein.[653]

Aus der jüngsten Rechtsprechung wird deutlich, dass sich diese Ansicht nicht durchgesetzt hat: Das VG Osnabrück hat entschieden, die rechtliche Zulässigkeit der Form der Allgemeinverfügung setze gerade voraus, dass inhaltlich mit ihr keine abstrakt-generelle Regelung für eine unbestimmte Vielzahl von Gefahrenlagen und Personen getroffen worden ist. Denn in diesem Fall hätte das Verbot in der Rechtsform – und im dafür gebotenen Verfahren – der im Polizeirecht zur Bekämpfung abstrakter Gefahren ausdrücklich vorgesehenen Polizeiverordnung erlassen werden müssen.[654] Auch die Polizeirechtsliteratur geht ganz mehrheitlich davon aus, dass ausschließlich die Polizeiverordnung eine abstrakte Gefahr voraussetzt, nicht jedoch die Allgemeinverfügung.[655]

Würde man auf das Vorliegen einer konkreten Gefahr verzichten und eine abstrakte genügen lassen, würden die Unterschiede zwischen der polizeilichen Allgemeinverfügung und der Polizeiverordnung noch fließender und kaum mehr voneinander zu trennen. Die Zuordnung als konkret-genereller Verwaltungsakt würde aufgehoben. Dies gilt umso mehr, als manche Stimmen in der Literatur die Abgrenzung zwischen Allgemeinverfügung und Rechtsverordnung anhand der Unterscheidung zwischen konkreter und abstrakter Gefahr vornehmen.[656]

Deswegen ist für die Allgemeinverfügung am Vorliegen einer konkreten Gefahr festzuhalten.

Für die Frage, ob eine konkrete Gefahr für die öffentliche Sicherheit oder Ordnung vorliegt, stellen sich die gleichen Probleme wie bei der abstrakten Gefahr. Die Behörde muss den hinreichenden Zusammenhang zwischen dem verbotenen Tun, also dem Alkoholkonsum, und den Verstößen gegen die öffentli-

653 Nur *Geis*, Verwaltungsrecht BW, S. 59.

654 VG Osnabrück, Beschl. v. 11.02.2010, Az. 6 B 9/10 – juris, Rn. 16. Ebenso VG Karlsruhe, Beschl. v. 25.08.2011, Az. 6 K 2261/11 – juris, Rn. 9.

655 S. etwa *Gusy*, Polizeirecht, Rn. 126; *Götz*, Polizei- und Ordnungsrecht, § 6 Rn. 20; *Schenke*, Polizei- und Ordnungsrecht, Rn. 70; *Denninger* in Lisken/Denninger, D Rn. 43.

656 Bspw. *Rachor* in Lisken/Denninger, E Rn. 56; *Götz*, Polizei- und Ordnungsrecht, § 22 Rn. 16.

che Sicherheit oder Ordnung nachweisen. Insoweit ist auf die o.g. Ausführungen ab S. 106 zu verweisen.

2. In Abgrenzung zur Polizeiverordnung: Konkretheit der Maßnahme

Vorliegend wird untersucht, ob Alkoholverbote in der Öffentlichkeit in der Form der Allgemeinverfügung ergehen können. Dazu muss herausgearbeitet werden, welche Voraussetzungen eine Allgemeinverfügung hat, um anschließend zu prüfen, ob diese bei einem Alkoholverbot erfüllt sind.

a) Bestimmter oder bestimmbarer Personenkreis

Die Allgemeinverfügung richtet sich „an einen nach allgemeinen Merkmalen bestimmten oder bestimmbaren Personenkreis“, § 35 S. 2 VwVfG. Dabei wird teilweise vorausgesetzt, dass bereits im Zeitpunkt des Erlasses der Allgemeinverfügung der angesprochene Personenkreis bestimmt sein muss.[657] Diese Ansicht lehnt sich an den überkommenen Begriff der Allgemeinverfügung an, mit dem vor Erlass des VwVfG gearbeitet wurde.[658] Der Wortlaut des § 35 S. 2 VwVfG spricht eindeutig gegen diese Ansicht. Sie verkennt den Unterschied zwischen „bestimmt“ und „bestimmbar“. Letzteres stellt gerade darauf ab, dass im Zeitpunkt des Erlasses die betroffenen Personen noch nicht bestimmt sind, aber eben nach allgemeinen Merkmalen bestimmt werden können, also bestimm*bar* sind.[659] So werden die Adressaten nicht individuell bestimmt, sondern anhand gattungsmäßiger Merkmale: also etwa alle Personen in einem bestimmten Bereich etc.[660] Eine trennscharfe Abgrenzung zur Polizeiverordnung lässt sich anhand des Personenkreises jedoch nicht treffen.

b) Konkreter Regelungsgegenstand

Betrachtet werden muss deswegen die Frage, wann ein Verbot, Alkohol zu konsumieren, einen konkreten Einzelfall erfasst. Da die Allgemeinverfügung mit Ausnahme der Adressaten die Kriterien des Verwaltungsakts voraussetzt, muss

657 *Henneke* in Knack/Henneke, VwVfG, § 35 Rn. 129; *Obermayer*, NJW 1980, 2386 (2389); *v. Mutius*, FS Wolff, S. 197.

658 Vgl. dazu *Maurer*, Allg. Verwaltungsrecht, § 9 Rn. 29.

659 *Kopp/Schenke*, VwGO, Anh. § 42 Rn. 52.

660 Vgl. *Maurer*, Allg. Verwaltungsrecht, § 9 Rn. 30.

sich die Regelung auf einen Einzelfall beziehen. Nur dann wäre eine Allgemeinverfügung zulässig.[661] Wenn indes eine Vielzahl unbestimmter Fälle erfasst werden soll, bliebe lediglich das Mittel der Polizeiverordnung.

Alkoholverbote per Allgemeinverfügung waren bereits Gegenstand gerichtlicher Prüfung.[662] Die Frage, ob das Mittel der Allgemeinverfügung zulässig war, wurde jeweils nicht beantwortet. Die zu prüfenden Regelungen wurden aus anderen Gründen für rechtswidrig erachtet. Überhaupt wird das Vorliegen einer Allgemeinverfügung in der Rechtsprechung gelegentlich unterstellt, aber nicht näher begründet.[663]

c) Mögliche Vergleichskonstellationen aus der Rechtsprechung

Um zu untersuchen, ob ein Alkoholverbot in der Öffentlichkeit als Allgemeinverfügung erlassen werden kann, werden daher nachfolgend einige Beispiele aus der Rechtsprechung herangezogen. Möglicherweise lassen sich Vergleiche zu oder Rückschlüsse auf Alkoholverbote ziehen.

aa) BVerwG: Das „Endiviensalat-Urteil“

Eine der Standardentscheidungen des BVerwG zur Abgrenzung von Rechtsverordnungen und Allgemeinverfügungen ist das sog. „Endiviensalat-Urteil“ aus dem Jahr 1961:[664] Im Großraum Stuttgart traten Ende 1952 epidemische Erkrankungen an Typhus auf. Anfang des Jahres 1953 wurden als deren Quelle verseuchte Endiviensalate vermutet. Deswegen wurde durch das Innenministerium der Verkauf von Endiviensalat in allen betroffenen Städten und Kreisen in Nord- und Südwürttemberg verboten.[665] Nach Ansicht des BVerwG handelte es sich

661 *Kopp/Ramsauer*, VwVfG, § 35 Rn. 161.

662 Bspw. VG Osnabrück, Beschl. v. 11.02.2010, Az. 6 B 9/10 – juris; VG Karlsruhe, Beschl. v. 25.08.2011, Az. 6 K 2261/11; VG Karlsruhe, Beschl. v. 27.08.2010, Az. 5 K 2156/10. Mit einem Aufenthaltsverbot für Punker hatte sich der VGH Mannheim, VBlBW 2003, 31, zu beschäftigen. Die rechtlichen Probleme sind ähnlich. Vgl. auch die o.g. (ab S. 96) Entscheidungen zu Glasverboten durch Allgemeinverfügungen der Stadt Köln.

663 *U. Stelkens* in Stelkens/Bonk/Sachs, VwVfG, § 35 Rn. 283 m. entspr. Nachw.; *Waldhoff*, JuS 2011, 575 (575). Auch die eben genannten Entscheidungen enthalten keine Aussagen zur Zulässigkeit der Rechtsform der Allgemeinverfügung.

664 BVerwGE 12, 87.

665 Der detaillierte Ablauf findet sich bei BVerwGE 12, 87 (88 f.).

bei dieser Anordnung um eine Allgemeinverfügung:[666] Das Verkaufsverbot habe keine abstrakten Anweisungen getroffen, sondern einen Einzelfall des öffentlichen Rechts geregelt.[667] „Gegenstand des Verkaufsverbots war ein einzelnes reales Vorkommnis, nämlich die konkrete Seuchengefahr, in deren Regelung es sich erschöpfte."[668] Zwar sei richtig, dass der Kreis der Adressaten des Verbots im Zeitpunkt seines Erlasses nicht genau bestimmbar war. Dabei handele es sich jedoch nur um partielle und ausscheidbare Unbestimmtheiten, „die die Allgemeinverfügung vielleicht insoweit fehlerhaft erscheinen lassen, sie jedoch nicht begrifflich ausschließen. Gegen die Annahme einer Rechtsnorm sprach schließlich insbesondere auch die Erwägung, dass es sich im vorliegenden Fall um eine polizeiliche Maßnahme handelt. Als Rechtsnorm könnte das Verkaufsverbot nur eine Polizeiverordnung sein. Polizeiverordnungen dienen aber der Abwehr abstrakter Gefahren. Die Abwehr einer konkreten Gefahr geschieht im Wege der polizeilichen Verfügung."[669]

Die Entscheidung des BVerwG wird in der Literatur bis heute kontrovers diskutiert.[670] Insbesondere wird die Konkretheit der Maßnahme wegen der Vielzahl der Adressaten bezweifelt. Einleuchtend und anschaulich ist dazu die Erklärung von *Maurer*: Je nachdem, ob auf den konkreten Fall Typhusseuche oder die Vielzahl der gedachten Verkaufsfälle abgestellt wird, liegt eine konkrete oder abstrakte Regelung vor.[671] Nach der Gegenansicht liege hier eine abstrakte Regelung und damit keine Allgemeinverfügung vor, weil die Seuche nur Anlass, der Verkauf aber Gegenstand der Regelung sei.[672]

---

666 Das BVerwG folgte damit der Ansicht der Vorinstanz des damaligen VGH Stuttgart.

667 BVerwGE 12, 87 (89).

668 BVerwGE 12, 87 (89).

669 BVerwGE 12, 87 (90).

670 Vgl. alleine die zahlreichen Nachweise bei *Laubinger*, FS Rudolf, S. 305, in Fn. 3. Eine ausführliche Besprechung findet sich bei *Walther*, JA 1994, 457.

671 *Maurer*, Allg. Verwaltungsrecht, § 9 Rn. 17.

672 Bspw. *Maurer*, Allg. Verwaltungsrecht, § 9 Rn. 17. Die Entscheidung des BVerwG ablehnend *Bull/Mehde*, Allg. Verwaltungsrecht, Rn. 701; *Laubinger*, FS Rudolf, S. 319.

bb) BVerwG: Das Verkehrszeichen als Allgemeinverfügung

Als weitere Leitentscheidung des BVerwG kann ein Urteil aus dem Jahr 1967 gelten, in dem das Gericht das Aufstellen von Verkehrszeichen gem. § 4 StVO als Allgemeinverfügung und damit Verwaltungsakt einstufte.[673]

Verkehrsbeschränkende oder verkehrsverbietende Anordnungen beinhalteten konkrete Regelungen und bezögen sich auf konkrete Sachverhalte.[674] Sie beträfen „die konkrete örtliche Verkehrssituation, die über die allgemeinen Regeln der Straßenverkehrsordnung hinaus eine situationsbedingte Verkehrsregelung erfordert."[675] „Besonders deutlich wird der konkrete Charakter dieser Maßnahmen dadurch, dass sie häufig zeitlich begrenzt und unter Umständen von nur ganz kurzer Geltungsdauer sind."[676]

cc) BVerwG: Festsetzung der Höchstgeschwindigkeit auf einer Autobahn

In einer weiteren Entscheidung hielt das BVerwG an der Einstufung von Verkehrszeichen als Allgemeinverfügung fest.[677] Dabei gab es zu, dass Verkehrszeichen einen „typischen Grenzfall" darstellten, dessen Einordnung als Rechtsnorm oder Allgemeinverfügung Schwierigkeiten bereite.[678] Entscheidend sei – wie bereits in o.g. Entscheidung ausgeführt –, dass Verkehrszeichen eine konkrete örtliche Verkehrssituation betreffen und eine situationsbezogene Verkehrsregelung zum Inhalt haben.[679] Ein Verkehrsschild, das die zulässige Höchstgeschwindigkeit einer Straße anordnet, stelle eine Regelung der Benutzung der Straße durch die Allgemeinheit dar. Damit sei es eine Allgemeinverfügung.

In der Literatur ist mittlerweile weithin anerkannt, dass es sich bei Verkehrszeichen um Allgemeinverfügungen handelt.[680]

---

673 BVerwGE 27, 181. Der Bundesgesetzgeber hatte mit der Schaffung des § 35 Abs. 2 VwVfG die Verkehrszeichen im Sinn, s. *Maurer*, JuS 1976, 485 (490).

674 BVerwGE 27, 181 (183).

675 BVerwGE 27, 181 (183).

676 BVerwGE 27, 181 (183 f.).

677 BVerwGE 59, 221.

678 BVerwGE 59, 221 (224).

679 BVerwGE 59, 221 (225).

680 Ebenso für die rechtliche Behandlung von Fahrverboten wegen Schneefalls *Brosche*, DVBl. 1979, 718 (719).

a) BVerwG: Einrichtung eines militärischen Schutzbereichs

Gem. § 2 Abs. 1 S. 1 i.V. mit § 9 Abs. 1 SchBerG[681] kann der Bundesminister der Verteidigung Gebiete zu militärischen Schutzbereichen erklären. Ein Schutzbereich ist gem. § 1 Abs. 1 SchBerG ein Gebiet, in dem die Benutzung von Grundstücken auf Grund besonderer Anordnung der zuständigen Bundesbehörde für Zwecke der Verteidigung, insbesondere auch, um die Verpflichtungen des Bundes aus zwischenstaatlichen Verträgen über die Stationierung und Rechtsstellung von Streitkräften auswärtiger Staaten im Bundesgebiet zu erfüllen, nach Maßgabe dieses Gesetzes beschränkt ist. Gem. § 1 Abs. 2 SchBerG dient der Schutzbereich zum Schutz und zur Erhaltung der Wirksamkeit von Verteidigungsanlagen. Solche Schutzbereiche befinden sich bspw. um Munitions- oder Betriebsstoffniederlagen etc. In den Schutzbereichen gelten verschiedene, in den §§ 3 ff. SchBerG normierte Ge- und Verbote.[682] Sie dienen dem (Geheim-) Schutz der Verteidigungsanlage selbst, sollen aber auch Leib und Leben Dritter bspw. gegen Gefahren durch Munition und Explosivstoffe schützen.[683]

(1) Einstufung als Rechtsverordnung

Eine solche Schutzbereichsanordnung war Gegenstand eines Revisionsverfahrens im Jahr 1968.[684] Das BVerwG entschied, dass die Anordnung nach § 2 Abs. 1 S. 1 SchBerG durch Rechtsverordnung zu treffen ist. Der von einer Schutzbereichsanordnung betroffene Personenkreis sei unbestimmt und auch nicht bestimmbar. Das Fotografierverbot des § 5 Abs. 2 SchBerG bestehe für jedermann, nicht etwa nur für die beim Erlass dinglich oder obligatorisch Berechtigten.[685] Gleiches gelte für das Veränderungsverbot nach § 3 Abs. 1 SchBerG.[686] Daraus ergebe sich, dass es bei der Schutzbereichsanordnung um eine

681 Gesetz über die Beschränkung von Grundeigentum für die militärische Verteidigung – Schutzbereichsgesetz.

682 Bspw. besondere Genehmigungspflichten oder Fotografierverbote. Dazu näher *Tiemann*, NVwZ 1984, 759 (760).

683 *Tiemann*, NVwZ 1984, 759 (760).

684 BVerwGE 30, 287.

685 BVerwGE 30, 287 (290 f.).

686 BVerwGE 30, 287 (290 f.).

abstrakte Regelung handle, die „ihrem Wesen nach Rechtsverordnung ist“.[687] Daran ändere auch die Bezeichnung als „Anordnung“ nichts, obwohl sie auf die Einstufung als Verwaltungsakt hindeutet.[688] Gleiches gelte für die Möglichkeit, die Anordnung nur den Eigentümern der Grundstücke und anderen daran Berechtigten bekanntzugeben, anstatt sie öffentlich bekanntzumachen.[689]

Teilweise wurde in der Literatur davon ausgegangen, die Schutzbereichsanordnung könne weder Rechtsverordnung noch Allgemeinverfügung sein. Die Anordnung sei als Regierungsakt anzusehen und sollte der gerichtlichen Prüfung entzogen bleiben.[690]

(2) Änderung der vormaligen Rechtsprechung und Einstufung als Allgemeinverfügung

In einer späteren Entscheidung änderte das BVerwG seine Rechtsprechung und stufte Schutzbereichsanordnungen als Allgemeinverfügungen ein.[691] Insbesondere die Möglichkeit der individuellen Bekanntgabe anstatt der öffentlichen Bekanntmachung sowie die Bezeichnung als „Anordnung“ führten zwingend zur Einordnung als Allgemeinverfügung.[692] Eine Rechtsnorm ist nämlich so zu verkünden, dass der Allgemeinheit Kenntnis verschafft wird und nicht lediglich Einzelnen.[693]

Diese Gründe für die Einordnung als Allgemeinverfügung sind auf polizeirechtliche Alkoholverbote nicht übertragbar, da besondere Vorschriften für deren Bekanntgabe etc. nicht existieren. Von Interesse könnten jedoch die folgenden, weitergehenden Aussagen des BVerwG sein: „Unbestimmtheit und Unbestimmbarkeit des betroffenen Personenkreises sind Strukturmerkmale dieser besonderen, jetzt durch Legaldefinition bestimmten Form eines Verwaltungsakts [gemeint ist die Allgemeinverfügung, d. Verf.]. Zur Abgrenzung des Einzelakts vom Rechtssatz taugen diese Merkmale daher im vorliegenden Zusammenhang

687 BVerwGE 30, 287 (291). Daher war die im Fall zu entscheidende Anfechtungsklage mangels Vorliegen eines VA unzulässig.

688 BVerwGE 30, 287 (290).

689 BVerwGE 30, 287 (290).

690 *Bauch/Schmidt*, SchBerG, § 2 (2).

691 BVerwGE 70, 77.

692 BVerwGE 70, 77 (78).

693 BVerwGE 70, 77 (79).

prinzipiell nicht."[694] Es handele sich um eine Allgemeinverfügung gem. § 35 S. 2 2. Alt. VwVfG. Die Schutzbereichsanordnung lege „eine öffentlichrechtliche Eigenschaft des von ihr erfassten Geländes fest und regelt dadurch öffentlich- sachenrechtlich seine Benutzbarkeit in ähnlicher Weise, wie das etwa durch die Widmung eines öffentlichen Weges geschieht."[695]

Die Änderung der Rechtsprechung führte dazu, dass gegen Schutzbereichsanordnungen die Anfechtungsklage gem. § 42 Abs. 1 1. Alt. VwGO richtige Klageart ist.[696]

b) VGH Mannheim: Windsurfen auf dem Bodensee

Durch eine gemeinsame Allgemeinverfügung hatten die Landratsämter Bodenseekreis und Konstanz in großen Teilen des Bodensees[697] das „Benutzen von Segelsurfbrettern" untersagt. Grundlage für das Verbot war Art. 16.02 Abs. 5 der Bodensee-Schifffahrtsordnung.[698] Nach Ansicht des VGH Mannheim hätte es durch Rechtsverordnung erlassen werden müssen.[699]

Das Gericht stellte zur Abgrenzung zwischen einer Allgemeinverfügung und einer Rechtsverordnung darauf ab, ob das Windsurf-Verbot auf dem Bodensee eine konkrete Maßnahme ist: „Wenn eine Anordnung ergeht, die einen größeren räumlichen Bereich mit unterschiedlichen örtlichen Verhältnissen erfasst und die sich eine längere Geltungsdauer beimisst, muss diese Anordnung im Form einer Rechtsverordnung getroffen werden."[700] Eine Allgemeinverfügung komme „nur dann in Betracht, wenn es sich [beim Regelungsgegenstand] um ein kleines, überschaubares Gewässer handelt."[701] Dass der Bodensee nur ein einziges Gewässer ist, spiele aufgrund seiner Größe daher keine Rolle.

694 BVerwGE 70, 77 (81).

695 BVerwGE 70, 77 (81).

696 S. dazu *Tiemann*, NVwZ 1985, 26 (27).

697 Die genauen Abgrenzungen finden sich bei VGH Mannheim, VBlBW 1987, 377 (378).

698 Dabei handelt es sich um eine Verordnung des baden-württembergischen Landesinnenministers.

699 VGH Mannheim, VBlBW 1987, 377 (380).

700 VGH Mannheim, VBlBW 1987, 377 (381).

701 VGH Mannheim, VBlBW 1987, 377 (381).

c) VGH Mannheim: Tauchverbot am „Teufelstisch“

Einer weiteren Entscheidung des VGH Mannheim lag ein Tauchverbot im Umkreis von 500 Metern an einer dem Ufer vorgelagerten Felsformation (dem sog. Teufelstisch) im Bodensee zugrunde.[702] Das zuständige Landratsamt hatte es als Allgemeinverfügung auf Grundlage von § 28 Abs. 2 WG erlassen, nachdem mehrere Sporttaucher dort tödlich verunglückt waren.

Der VGH Mannheim hatte „keine Bedenken“, dass das Landratsamt das Tauchverbot als Allgemeinverfügung erlassen konnte.[703] Der Erlass einer Allgemeinverfügung sei „jedenfalls dann zulässig, wenn es sich nicht um eine abstrakte Anordnung für einen größeren räumlichen Bereich“ handle, sondern „um eine konkrete, örtlich begrenzte Anordnung“.[704] Die vom Tauchverbot erfasste Stelle des Bodensees sei – im Unterschied zur eben dargestellten Konstellation des Windsurf-Verbots – eng umgrenzt und wolle nur dort einer besonderen Gefahrensituation begegnen.[705]

d) OVG Münster und VG Köln: Glasverbot im Karneval

Den bereits oben ab S. 160 vorgestellten Entscheidungen des OVG Münster[706] und des VG Köln[707] zum Glasflaschenverbot lagen jeweils Allgemeinverfügungen zugrunde. Beide Gerichte verzichteten auf Ausführungen zur Zulässigkeit der Allgemeinverfügung als Rechtsform, sondern konzentrierten sich auf das (Nicht-) Vorliegen einer Gefahr. Offenbar erachteten sie es als unproblematisch, ein zeitlich (während des Karnevals) und räumlich (bestimmte Bereiche der Kölner Innenstadt) begrenztes Verbot in Form einer Allgemeinverfügung zu erlassen.

d) Zusammenfassung und Übertragung auf Alkoholverbote

Nachfolgend soll versucht werden, die Ergebnisse der Vergleichsuntersuchung auf Alkoholverbote in der Öffentlichkeit zu übertragen. Dadurch soll die Frage

702 VGH Mannheim, VBlBW 1998, 25.

703 VGH Mannheim, VBlBW 1998, 25 (26).

704 VGH Mannheim, VBlBW 1998, 25 (26).

705 Zustimmend *Geis*, Verwaltungsrecht BW, S. 52.

706 OVG Münster, NWVBl. 2010, 360.

707 VG Köln, Urt. v. 16.09.2010, Az. 20 K 441/10 – juris.

beantwortet werden, ob solche Alkoholverbote durch Allgemeinverfügung angeordnet werden können.

Als Vergleich eignen sich besonders die beiden Entscheidungen des VGH Mannheim. Sie lassen sehr gut Rückschlüsse bzgl. des räumlichen Bereichs zu, der noch durch Allgemeinverfügung geregelt werden kann: Ein großes Gebiet wie der Bodensee ist nicht mehr konkret und daher nicht durch Allgemeinverfügung regelbar. Dagegen ist ein Bereich von 500 Metern Radius örtlich begrenzt und damit konkret.[708] Eine genau festgelegte Grenze gibt es nicht. Je enger der Geltungsbereich ist, desto eher kann eine Allgemeinverfügung angenommen werden.[709]

Für Alkoholverbote in der Öffentlichkeit ergibt sich daher, dass es zunächst darauf ankommt, wie groß das Gebiet ist, für das ein Alkoholverbot erlassen werden soll. Handelt es sich um einen Bereich von wenigen hundert Metern, bspw. eine Uferpromenade, einen Platz etc., kann die Behörde das Alkoholverbot durch Allgemeinverfügung anordnen. Handelt es sich jedoch um einen größeren Bereich, bspw. die gesamte Altstadt etc., muss die Behörde eine Polizeiverordnung erlassen.

Die zeitliche Geltung eines Verbots scheint nach Ansicht des VGH Mannheim mit der räumlichen Geltung zu korrelieren: Das Windsurf- und das Tauchverbot waren jeweils zeitlich unbegrenzt. Das Gericht hat diese Tatsache beim räumlich eng umgrenzten Tauchverbot nicht einmal angesprochen, sondern ging davon aus, das dies der Zulässigkeit einer Allgemeinverfügung nicht entgegensteht. Beim räumlich weit umgrenzten Windsurf-Verbot führte der VGH aus, soweit „eine Anordnung ergeht, die einen größeren räumlichen Bereich […] erfasst *und* die sich eine längere Geltungsdauer beimisst, muss diese Anordnung in Form einer Rechtsverordnung getroffen werden."[710] Je größer der Geltungsbereich, desto eher muss also eine zeitliche Begrenzung vorliegen.

Auch die Verkehrszeichenentscheidung des BVerwG[711] stützt diese Annahme: Das Gericht stützte die Einordnung als Allgemeinverfügung und damit als konkreten Sachverhalt auch auf die Erwägung, dass Verkehrsanordnungen zeit-

708 VGH Mannheim, VBlBW 1998, 25 (26).

709 *Lübbe*, BayVBl. 1995, 97 (98).

710 VGH Mannheim, VBlBW 1998, 377 (381). Hervorhebung durch den Verfasser.

711 BVerwGE 27, 181.

lich begrenzt und von kurzer Geltungsdauer sind.[712] Ähnliches klingt im Endivi-ensalat-Urteil an: Dort grenzte das BVerwG die Rechtsformen Allgemeinverfügung und Polizeiverordnung ab anhand der Unterscheidung zwischen abstrakter und konkreter Gefahr und kam dabei zum Ergebnis, die Begrenztheit auf ein reales Vorkommnis führe zur Annahme einer konkreten Gefahr.[713] Deshalb liege eine Allgemeinverfügung vor. Andererseits führte das BVerwG in einer weiteren Entscheidung zu Verkehrszeichen aus, das Verkehrszeichen regle zwar dauerhaft, aber nur eine konkrete örtliche Verkehrssituation.[714] Es stellt also wiederum eine Verbindung her zwischen der zeitlichen und der räumlichen Komponente, die bei einem Verkehrsschild sehr eng umgrenzt ist. Sie umfasst i.d.R. eine Straßenkreuzung, einen Parkplatz, eine Gefahrensituation etc.

Dass in der Literatur davon gesprochen wird, dass die Grenzziehung zwischen Allgemeinverfügung und Rechtsverordnung fließend sei, verwundert nach allem Gesagten nicht.[715] Zur Abgrenzung von der Polizeiverordnung muss daher auch nach Ansicht von *Maurer* auf die verschiedenen Indizien, wie etwa die Zeitdauer, den räumlichen Geltungsbereich oder die Differenziertheit der Regelung abgestellt werden. Diese Indizien können je nachdem mehr für die Allgemeinverfügung oder für die Polizeiverordnung sprechen.[716] Dabei gilt, dass eine längere Geltungsdauer für eine Polizeiverordnung spricht, eine kürzere eher für eine Allgemeinverfügung.[717] Eine scharfe Abgrenzung ist nicht möglich, die Grenzen sind daher tatsächlich fließend. Dies mag unbefriedigend erscheinen, weil die Abgrenzung von Rechtsnorm und Verwaltungsakt nicht trennscharf formal erfolgt, sondern auch anhand ihres Inhalts.

Die Bestimmtheit oder Bestimmbarkeit des Personenkreises ist hingegen nach den Vergleichsbeispielen nicht entscheidend: Bei Erlass einer Verkehrsan-

---

712 BVerwGE 27, 181 (183 f.). Tatsächlich werden Verkehrszeichen i.d.R. nicht nur vorübergehend, sondern dauerhaft aufgestellt. Das BVerwG ging in seiner Entscheidung jedoch von jener Prämisse aus, sodass seine rechtlichen Würdigungen auch auf die vorübergehende Dauer bezogen sind. In BVerwGE 92, 32 (34) geht das Gericht davon aus, Verkehrsschilder seien dauerhaft angelegt.

713 BVerwGE 12, 87 (90).

714 BVerwGE 92, 32 (34).

715 Z.B. *Jarass*, NVwZ 1987, 95 (97). Vgl. *Maurer*, VBlBW 1987, 361 (363).

716 *Maurer*, VBlBW 1987, 361 (363).

717 *Jarass*, NVwZ 1987, 95 (98).

ordnung steht noch nicht fest, wer von ihr betroffen wird.[718] Gleiches gilt für die Adressaten eines Tauchverbots.[719] Nach Ansicht des BVerwG sind die Unbestimmtheit und die Unbestimmbarkeit des betroffenen Personenkreises Strukturmerkmale der Allgemeinverfügung und taugen daher für die Abgrenzung von der Rechtsverordnung nicht.[720]

Vom Sachverhalt sehr gut vergleichbar sind auch die Entscheidungen zum Glasverbot im Karneval. Die zugrunde liegenden Anordnungen verbieten ein Verhalten, das für gefährlich im polizeirechtlichen Sinne gehalten wird, in einem bestimmten engen räumlichen Bereich und für eine bestimmte kurze Zeit. Weil die Gerichte zur Frage der Zulässigkeit der Wahl der Allgemeinverfügung keine Ausführungen gemacht haben, können die Entscheidungen jedoch keine weiteren Erkenntnisse liefern.

Daher ist als Zwischenergebnis festzuhalten, dass die Konkretheit des Sachverhalts vor allem durch die räumliche und zeitliche Geltung bestimmt wird. Die meisten Alkoholverbote sollen nicht nur für einige Tage oder Wochen, sondern dauerhaft gelten. Eine konkrete Maßnahme liegt dann nicht vor. In solchen Fällen ist eine Allgemeinverfügung nicht das richtige Mittel.

3. Inhalt

Auch Allgemeinverfügungen müssen bestimmt sein. Das Bestimmtheitsgebot ist für sie einfachgesetzlich durch § 37 Abs. 1 LVwVfG ausgestaltet. Bezüglich zulässiger Formulierungen im Hinblick auf die Bestimmtheit kann auf die obigen Ausführungen ab S. 148 verwiesen werden.

Die handelnde Behörde wird i.d.R. die sofortige Vollziehbarkeit ihrer Allgemeinverfügung gem. § 80 Abs. 2 Nr. 4 VwGO anordnen. Andernfalls hätte jeder eingelegte Widerspruch für den Widerspruchsführer aufschiebende Wirkung nach Abs. 1, wodurch das Alkoholverbot praktisch sinnlos würde.

718 BVerwGE 27, 181 (183).

719 VGH Mannheim, VBlBW 1998, 25 (26).

720 BVerwGE 70, 77 (81).

4. Rechtsschutzunterschiede zwischen Allgemeinverfügung und Polizeiverordnung

Nicht zuletzt ist die Rechtsform eines Alkoholverbots bedeutend für den Rechtschutz des betroffenen Bürgers.[721] Gegen eine Polizeiverordnung steht ihm das Normenkontrollverfahren nach § 47 Abs. 1 Nr. 2 VwGO zur Verfügung, wenn das Bundesland von dieser Möglichkeit Gebrauch gemacht hat. In Baden-Württemberg ist dies durch § 4 AGVwGO geschehen. Gegen eine Allgemeinverfügung muss sich der Bürger mit der Anfechtungsklage nach § 42 Abs. 1 1. Alt. VwGO bzw. einem Antrag auf Wiederherstellung der aufschiebenden Wirkung nach § 80 Abs. 5 VwGO wehren. Insbesondere die unterschiedliche gerichtliche Zuständigkeit ist zu beachten: So ist bei der Polizeiverordnung das OVG bzw. der VGH zuständig, bei der Allgemeinverfügung das VG in erster Instanz. Außerdem bestehen Unterschiede bei den Klage- bzw. Antragsfristen.

III. Ergebnis und Bewertung

Aus dem Gesagten folgt, dass – unabhängig von der Frage, ob überhaupt eine Gefahr gegeben ist – eine auf die polizeiliche Generalklausel gestützte Allgemeinverfügung zum Erlass eines Alkoholverbots nur begrenzt taugt. Sie ist nur für räumlich oder zeitlich eng begrenzte Situationen zulässig. In allen anderen Fällen ist eine Allgemeinverfügung nicht zulässig, da das Polizeirecht dafür die Polizeiverordnung als Handlungsinstrument vorschreibt.[722] Ein Wahlrecht gibt es in diesen Fällen nicht. Polizeibehörden ist zu raten, auf das Mittel der Polizeiverordnung nach § 10 PolG zurückgreifen anstatt eine Allgemeinverfügung zu erlassen. Dort stellt sich „nur" das Problem des Gefahrennachweises, während bei der Allgemeinverfügung schon die Rechtsform (mindestens) problematisch ist. Insbesondere sind keine überzeugenden Gründe vorhanden, der Allgemeinverfügung den Vorzug zu geben. Die Zuständigkeit der Gemeinde als Ortspolizeibehörde ist in beiden Fällen gegeben. Der einzige nennenswerte Unterschied besteht in der bereits erwähnten Zustimmungspflicht des Gemeinderats nach § 15 Abs. 2 PolG, wenn die Polizeiverordnung länger als einen Monat – was i.d.R. der Fall sein wird – gelten soll. Die Umgehung dieser Zustimmungspflicht sollte indes nicht Motivation für die Wahl der Form der Allgemeinverfügung sein. Vielmehr bedeutet die Zustimmung durch den Gemeinderat eine stärkere demokratische Legitimation, die bei der Akzeptanz eines erlassenen Alko-

---

721 *Bier*, VBlBW 1991, 81 (81).

722 OVG Bremen, NordÖR 2012, 38 (39); *Schoch*, Jura 2012, 26 (30).

holverbots nicht unterschätzt werden darf. Soll lediglich „probeweise" und für kurze Zeit ein Alkoholverbot erlassen werden, käme eine Allgemeinverfügung grds. in Betracht. Trotzdem bietet sich die Polizeiverordnung an, die in diesen Fällen zustimmungsfrei und alleine durch den Bürgermeister erlassen werden kann. Es gibt also auch dann keine Veranlassung, durch Allgemeinverfügung zu handeln.

Diese Wahlmöglichkeit bietet sich aber nur dann, wenn sowohl eine konkrete, als auch eine abstrakte Gefahr vorliegen. Es ist nicht automatisch eine konkrete Gefahr im Einzelfall gegeben, wenn eine abstrakte Gefahr vorliegt.

C. Selbstständige Einzelmaßnahmen

Ohne den Erlass eines Alkoholkonsumverbots durch Polizeiverordnung oder Allgemeinverfügung bleibt der Polizei eine Reihe von Einzelmaßnahmen, die ergriffen werden können. Sie sind abzugrenzen von denjenigen sog. unselbstständigen Standardmaßnahmen, die zur Durchsetzung von abstrakt-generellen Alkoholverboten ergriffen werden (dazu s.o. ab S. 167). Weil es kein Alkoholverbot als Ansatzpunkt für die konkrete Gefahr für die öffentliche Sicherheit gibt, handelt es sich um sog. selbstständige Einzelmaßnahmen. Hier kommen außer dem „klassischen" Trunkenheitsgewahrsam (sog. Ausnüchterungszelle) v.a. Platzverweise, (dauerhafte) Aufenthaltsverbote sowie die Beschlagnahme von Alkoholika in Betracht.

Auch der VGH Mannheim hat in seinen Entscheidungen zur Unzulässigkeit von Verboten durch Polizeiverordnungen ausdrücklich darauf hingewiesen, dass diese Einzelfallmaßnahmen durch die Unzulässigkeit einer generellen Regelung nicht berührt würden.[723] Die folgenden Ausführungen beziehen sich daher auf die Fälle, in denen ein solches Verbot nicht vorhanden ist.

Gemeinsam ist den genannten Standardmaßnahmen das Erfordernis einer konkreten Gefahr für die öffentliche Sicherheit oder Ordnung. Im Unterschied zu den o.g. unselbstständigen Einzelmaßnahmen, bei denen alleine durch die Verletzung eines bestehenden Alkoholverbots bereits eine Störung der öffentlichen Sicherheit vorliegt, muss hier die konkrete Gefahr im Einzelfall positiv festgestellt werden. Im Rahmen der vorliegenden Arbeit kann freilich keine Einzelfallbetrachtung vorgenommen werden.

---

723 VGH Mannheim, VBlBW 1999, 101 (104). Bei VBlBW 2010, 29, ist der Passus nicht abgedruckt, insofern ist auf Az. 1 S 2200/08 (juris), Rn. 54, zu verweisen.

Zu richten sind die Maßnahmen gegen den jeweiligen Störer. Es gelten die allgemeinen Bestimmungen der §§ 6 ff. PolG, wobei Maßnahmen gegen den Verursacher einer Gefahr für die oder Störung der öffentlichen Sicherheit oder Ordnung am ehesten in Frage kommen. Die konkrete Störung kann etwa darin liegen, dass eine Alkohol trinkende Person ihre Flasche wegwirft oder zerbricht, andere Menschen anpöbelt, die Ruhe stört, Sachen beschädigt oder öffentlich uriniert. Als Verhaltensstörer kann dann gegen diese Person vorgegangen werden. In der Praxis wird sich das Problem stellen, dass nur schwer zu ermitteln ist, wer aus einer Gruppe heraus tatsächlich derjenige war, der die Störung verursacht hat.

D. Bundespolizeirechtliche Maßnahmen: Alkoholkonsum auf Bahnhöfen und in Zügen der Eisenbahnunternehmen

Auch auf Bahnhöfen und anderen Bahnanlagen wird Alkohol getrunken. Sie liegen meist zentral in den Städten[724] und bieten etwa Schutz vor schlechter Witterung.[725] Nachfolgend soll untersucht werden, ob und ggf. welche Maßnahmen getroffen werden können, um diesen Alkoholkonsum zu unterbinden. Dabei werden zwei Bereiche untersucht: das Hausrecht der Eisenbahnunternehmen, insb. der Deutschen Bahn AG, und mögliche Maßnahmen der Bundespolizei in ihrer Aufgabe als Bahnpolizei.

I. Das Hausrecht der Eisenbahnunternehmen

Als Eigentümerin[726] der Bahnhöfe steht der DB AG[727] wie jedem anderen Eigentümer ein Hausrecht zu. Sie kann grds. frei darüber disponieren, wem sie Zutritt zu ihren Anlagen gestattet oder versagt.[728]

---

724 Dadurch unterscheiden sie sich von Flughäfen, die i.d.R. außerhalb der Stadtzentren liegen und daher als Treffpunkt zum gemeinsamen Trinken nicht in Frage kommen.

725 Viel zu weit gehen allerdings *Kersten/Meinel*, JZ 2007, 1127 (1127), die davon sprechen, Bahnhöfe verwandelten sich zu „Malls und Urban Entertainment Centern mit Gleisanschluss“.

726 Die deutschen Bahnhöfe befinden sich im Eigentum der DB Station & Service AG, die eine hundertprozentige Tochter der DB AG ist, *Kersten/Meinel*, JZ 2007, 1127 (Fn. 11).

727 Im Folgenden wird der Lesbarkeit wegen von der DB AG gesprochen. Bzgl. anderer privater Eisenbahnunternehmen gelten die Ausführungen entsprechend.

Schon das Hausrecht der Deutschen Bundesbahn war privatrechtlicher Natur und leitete sich ab aus §§ 859, 904, 1004 BGB.[729] Nach der Privatisierung zur DB AG kann erst recht nichts anderes gelten.[730] Die Eisenbahnen des Bundes sind gem. Art. 87e Abs. 3 S. 1 GG als privatrechtliche Wirtschaftsunternehmen zu führen. Daraus ergibt sich, dass Verkehrsdienstleistungen als Wirtschaftsgut zu verstehen sind, die am Markt, mithin privatrechtlich, gehandelt werden.[731]

Das Hausrecht der DB AG beschränkt sich wie jedes Hausrecht nicht darauf, Hausverbote auszusprechen, sondern ist die umfassende Befugnis, Gebrauch und Benutzung der Bahnhofsgebäude etc. zu regeln.[732] Es gewährt also die Befugnis, für das Verhalten in diesem Bereich verbindliche Regeln aufzustellen, mithin eine Hausordnung zu erlassen.[733] Weil die DB AG (noch) vollständig im Eigentum des Bundes steht, ist sie trotz ihrer privatrechtlichen Organisationsform Grundrechtsadressatin. Sie ist daher in der Wahrnehmung ihres Hausrechts und einer darauf gestützten Hausordnung nicht völlig frei, sondern muss die Grundrechte beachten. Insofern lässt sich die Entscheidung des BVerfG zur Grundrechtsbindung der privatrechtlich organisierten, aber zum entscheidungserheblichen Zeitpunkt mehrheitlich in öffentlicher Hand befindlichen Betreiberin des Frankfurter Flughafens übertragen.[734] Demnach können Versammlungen mit Hinblick auf Art. 8 GG nicht generell durch eine Hausordnung ausgeschlossen werden.[735] Alkoholkonsum auf Bahnhöfen ist auch in der Gruppe keine Versammlung und auch keine Meinungsäußerung, sondern lediglich von der allgemeinen Handlungsfreiheit, Art. 2 Abs. 1 GG, geschützt. Diese Grundrechte schränken daher die Befugnis der DB AG nicht ein, durch eine Hausordnung den Alkoholkonsum im Bahnhofsbereich zu untersagen.

728 OLG Hamburg, Urt. v. 02.12.2004, Az. II – 143/04 - 1 Ss 216/04 – juris, Rn. 23.

729 *Kunz*, BayVBl. 1983, 421 (425).

730 *Schäfer* in MünchKomm StGB, § 123 Rn. 47; *Lilie* in Leipziger Komm StGB, § 123 Rn. 26.

731 OLG Hamburg, Urt. v. 02.12.2004, Az. II – 143/04 - 1 Ss 216/04 – juris, Rn. 22; *Schmidt-Aßmann/Röhl*, DÖV 1994, 577 (581).

732 *Kunz*, BayVBl. 1983, 421 (425).

733 *Kunz*, BayVBl. 1983, 421 (425).

734 Vorgehend BGH, NJW 2006, 1054.

735 BVerfGE 128, 226 ; *Kersten/Meinel*, JZ 2007, 1127 (1133). A.A. noch *Kunz*, BayVBl. 1983, 421 (427). Bei reinen Privatbahnen besteht keine Grundrechtsbindung.

Daher kann die DB AG – zusätzlich zu den auf Bahnhöfen bereits bestehenden Rauchverboten – ein Alkoholverbot anordnen. Ebenso kann die DB AG in Zügen oder S-Bahnen ein Alkoholverbot erlassen, wie etwa jüngst in den S-Bahnen im Raum München[736] oder Hamburg[737] geschehen. Ein solches Alkoholverbot ist jedoch privatrechtlicher, nicht polizeirechtlicher Natur. Das bedeutet, ein Verstoß stellt keine automatische Störung der öffentlichen Sicherheit dar, wie es etwa bei Verstößen gegen Alkoholverbote der Fall ist, die durch Polizeiverordnungen erlassen wurden.[738]

Ein Verstoß gegen die öffentliche Sicherheit käme in Betracht, wenn es einen Hausfriedensbruch gem. § 123 Abs. 1 StGB darstellte, entgegen einem in der Hausordnung verankerten Alkoholverbot im Bahnhofsbereich Alkohol zu trinken. Als Teil der objektiven Rechtsordnung unterfällt § 123 Abs. 1 StGB dem Schutzgut der öffentlichen Sicherheit. Zunächst soll § 123 Abs. 1 1. Alt. StGB untersucht werden. Danach macht sich strafbar, wer in die Wohnung, in die Geschäftsräume oder in das befriedete Besitztum eines anderen oder in abgeschlossene Räume, welche zum öffentlichen Verkehr bestimmt sind, widerrechtlich eindringt. Zum öffentlichen Verkehr bestimmte Räume sind Räume, die dem Personen- und Gütertransportverkehr dienen und allgemein zugänglich sind,[739] bspw. Bahnhöfe und dort befindliche Wartehallen, aber auch Eisenbahnzüge und einzelne Zugabteile.[740] Dies gilt unabhängig davon, ob Träger des Verkehrsbetriebs ein privates Unternehmen oder die öffentliche Hand ist; es reicht, dass der Raum tatsächlich öffentlich zugänglich ist.[741] Eine Erlaubnis des Hausrechtinhabers zum Betreten schließt eine Strafbarkeit nach § 123 Abs. 1 1. Alt. StGB bereits tatbestandlich aus. Es liegt dann kein „Eindringen" vor.[742] Das ist der Fall, wenn Räume dem allgemeinen Publikumsverkehr offen stehen und eine generelle Eintrittserlaubnis erteilt wurde. Diese erlischt nicht automatisch, wenn eine Person sie zu widerrechtlichen Zwecken ausnutzen will. So

---

736 Dazu etwa Süddeutsche Zeitung v. 31.12.2011, S. 2.

737 Drogen- und Suchtbericht 2012, S. 140.

738 Dazu s.o. ab S. 165.

739 OLG Hamburg, Urt. v. 02.12.2004, Az. II – 143/04 - 1 Ss 216/04 – juris, Rn. 34; *Lackner/Kühl*, StGB, § 123 Rn. 4.

740 *Lackner/Kühl*, StGB, § 123 Rn. 4; *Fischer*, StGB, § 123 Rn. 12; *Lilie* in Leipziger Komm StGB, § 123 Rn. 24.

741 *Lilie* in Leipziger Komm StGB, § 123 Rn. 24.

742 *Lilie* in Leipziger Komm StGB, § 123 Rn. 49.

begeht bspw. selbst derjenige keinen Hausfriedensbruch, der ein Kaufhaus betritt, um dort etwas zu stehlen.[743] Nur in Ausnahmefällen, wenn das äußere Erscheinungsbild des Täters wesentlich vom gestatteten Verhalten abweicht, liegt ein Hausfriedensbruch vor. Das ist etwa der Fall beim Bankräuber, der bereits maskiert und mit vorgehaltener Waffe den Schalterraum betritt.[744] Solch eine wesentliche Abweichung liegt noch nicht vor, wenn entgegen einer Hausordnung ein Bahnhof betreten wird, um dort Alkohol zu trinken. Dies gilt selbst dann, wenn die Person die Flasche bereits beim Betreten in der Hand hat.

Nähere Betrachtung verdient auch § 123 Abs. 1 2. Alt. StGB, wonach einen Hausfriedensbruch begeht, wer sich auf die Aufforderung des Berechtigten nicht aus der Wohnung, den Geschäftsräumen oder dem befriedeten Besitztum eines anderen oder aus abgeschlossenen Räumen entfernt, die zum öffentlichen Dienst oder Verkehr bestimmt sind. Aufforderungsberechtigt sind neben dem Hausrechtinhaber alle Personen, auf die er sein Hausrecht übertragen hat.[745] Die Aufforderung ist die Erklärung des Willens, der andere solle sich entfernen. Sie kann auch konkludent erklärt werden oder durch eine tatsächliche Handlung erfolgen.[746] Erforderlich ist jedoch ein auf den Einzelfall konkretisiertes Handlungsgebot.[747] Eine Hausordnung, die bestimmte Verhaltensweisen, wie hier das Trinken von Alkohol, abstrakt verbietet, genügt dafür nicht.[748] Das abstrakte Verbot, Alkohol im Bahnhof zu trinken, enthält nicht automatisch die gleichzeitige Aufforderung, den Bahnhof zu verlassen, gegenüber demjenigen, der trotzdem dort trinkt. Erst wenn ein Hausverweis ausgesprochen wird, ist § 123 Abs. 1 2. Alt. StGB einschlägig.

Als Reaktion auf Missachtungen der Hausordnung kann die DB AG auf ihr Hausrecht gestützt privatrechtliche Hausverbote aussprechen.[749] Bahnhofsverbo-

---

743 *Lilie* in Leipziger Komm StGB, § 123 Rn. 52.

744 *Lilie* in Leipziger Komm StGB, § 123 Rn. 52.

745 *Lilie* in Leipziger Komm StGB, § 123 Rn. 61.

746 *Fischer*, StGB, § 123 Rn. 28 ff.

747 *Fischer*, StGB, § 123 Rn. 32.

748 *Fischer*, StGB, § 123 Rn. 32.

749 Weil die Hausverbote privatrechtlicher Natur sind, können sie nicht durch einen Verwaltungsakt ausgesprochen werden. § 35 S. 1 LVwVfG setzt eine Verfügung auf dem Gebiet des öffentlichen Rechts voraus. Daher stellt sich die Frage nicht, welche Auswirkungen es hat, wenn der Verwaltungsakt zur Tatzeit anfechtbar war, aber ein Widerspruch (noch) nicht erfolgte und keine aufschiebende Wirkung vorlag. Dazu ausführlich

te kann die DB AG indes nicht unbeschränkt verhängen.[750] Die bestimmungsgemäße Nutzung des Bahnhofs darf wegen der Beförderungspflicht aus § 10 AEG i.V. mit § 8 EVO nicht ausgeschlossen werden.[751] Wenn der Betroffene reisen will, darf er trotz eines Bahnhofsverbots eine angemessene Zeit vor Abfahrt den Bahnhof betreten und sich dort an öffentlich zugänglichen Stellen aufhalten.[752] Zudem gelten für Hausverbote der DB AG die allgemeinen Beschränkungen, denen jedermann unterliegt, der seine Räume der Öffentlichkeit zugänglich macht: Die Hausverbote dürfen nicht gegen gesetzliche Verbote verstoßen (§ 134 BGB) oder sittenwidrig sein (§ 138 BGB). Insbesondere dürfen nicht bestimmte Personengruppen, etwa Ausländer oder – im Gegensatz zu früheren Vorstellungen[753] – Homosexuelle, diskriminiert werden.[754]

II. Maßnahmen der Bundespolizei als Bahnpolizei

1. Die Bundespolizei als Bahnpolizei

Zum 01.07.2005 wurde der Bundesgrenzschutz in Bundespolizei umbenannt. Die Umbenennung war dabei nicht mit einer Veränderung der bestehenden Aufgaben verbunden.[755] Daher ist die Bundespolizei gem. § 3 Abs. 1 BPolG, der § 3 Abs. 1 BGSG entspricht, Bahnpolizei. Diese Aufgabe hatte der damalige BGS 1992 von der Bahnpolizei der Deutschen Bundesbahn übernommen.[756] Die

---

Lilie in Leipziger Komm StGB, § 123 Rn. 56 f.; *Lorenz*, DVBl. 1971, 165. S. ebd. (insb. S. 169 ff.) auch zu der Frage der Strafbarkeit wegen Hausfriedensbruchs, wenn ein rechtswidriger VA nachträglich aufgehoben wird.

750 *Schäfer* in MünchKomm StGB, § 123 Rn. 47.

751 *Fischer*, StGB, § 123 Rn. 22; *Schäfer* in MünchKomm StGB, § 123 Rn. 47.

752 *Fischer*, StGB, § 123 Rn. 22.

753 *Kunz*, BayVBl. 1983, 424.

754 OLG Hamburg, Urt. v. 02.12.2004, Az. II – 143/04 - 1 Ss 216/04 – juris, Rn. 26.

755 *Scheuring*, NVwZ 2005, 903 (903). Zur Umbenennung und organisationsmäßigen Veränderungen in ihrer Folge s. *Schneider*, Entwicklung der Polizei, S. 135 ff.

756 Dazu und zu den Gründen näher *Schneider*, Entwicklung der Polizei, S. 103 ff.; S. auch *Peilert/Kösling*, Bundespolizei, S. 556. Zur Verfassungsmäßigkeit dieser Aufgabenübertragung s. BVerfGE 97, 198. Dazu *Ronellenfitsch*, VerwArch 1999, 139 (153 f.).

Bahnpolizei ist eine der wesentlichen Aufgaben der Bundespolizei.[757] Dementsprechend umfasst die Polizeihoheit der Bundesländer nicht die Bahnpolizei.[758]

Gem. § 3 Abs. 1 BPolG hat die Bundespolizei die Aufgabe, auf dem Gebiet der Bahnanlagen der Eisenbahnen des Bundes Gefahren für die öffentliche Sicherheit oder Ordnung abzuwehren, die 1. den Benutzern, den Anlagen oder dem Betrieb der Bahn drohen oder 2. beim Betrieb der Bahn entstehen oder von den Bahnanlagen ausgehen. Weil es um den Alkoholkonsum von Menschen auf Bahnhöfen geht, ist die Nr. 2 hier uninteressant. Die Begriffe Gefahr[759], öffentliche Sicherheit[760] und öffentliche Ordnung[761] entsprechen denen des allgemeinen Polizeirechts. Eine Einschränkung enthält § 14 Abs. 2 S. 1 BPolG lediglich dahingehend, dass die Gefahr im Bereich der Aufgaben bestehen muss, die der Bundespolizei nach den §§ 1 bis 7 BPolG obliegen.

2. Platzverweisungen gem. § 38 BPolG

Das BPolG enthält im Unterschied zu den Landespolizeigesetzen keine Ermächtigungsgrundlage zum Erlass von Polizeiverordnungen. Abstrakt-generelles Handeln ist der Bundespolizei nicht möglich. Das bedeutet, dass die nachfolgenden Ausführungen beschränkt sind auf den Erlass von Verwaltungsakten. Wie in § 27a Abs. 1 PolG findet sich in § 38 BPolG der Platzverweis als spezielle Eingriffsermächtigung.[762] Erforderlich ist auch hier eine konkrete Gefahr für die öffentliche Sicherheit und Ordnung.[763] Wie festgestellt wurde,[764] stellt ein Verstoß gegen die Hausordnung keine Störung der öffentlichen Sicherheit dar. Darauf kann ein Platzverweis also nicht gestützt werden. Deshalb ist an dieser Stelle auf die Ausführungen zu den selbstständigen Platzverweisen nach § 27a Abs. 1 PolG zu verweisen.[765]

---

757 *Schreiber*, NVwZ 1995, 521 (526).

758 *Drewes/Malmberg/Walter*, BPolG, § 3 Rn. 46.

759 *Drewes/Malmberg/Walter*, BPolG, § 14 Rn. 24.

760 *Drewes/Malmberg/Walter*, BPolG, § 14 Rn. 29.

761 *Drewes/Malmberg/Walter*, BPolG, § 14 Rn. 32.

762 § 38 BPolG spricht anders als § 27 a Abs. 1 PolG von Platzverweisungen.

763 *Drewes/Malmberg/Walter*, BPolG, § 38 Rn. 7.

764 S.o. S. 189.

765 S.o. S. 188.

Anderes kann aber gelten, wenn die DB AG bspw. wegen Missachtung ihrer Hausordnung bereits einen Bahnhofsverweis gegen eine Person ausgesprochen hat. Hält sich diese Person weiterhin dort auf oder betritt das Gelände erneut, liegt jeweils ein Hausfriedensbruch i.S. des § 123 Abs. 1 StGB vor, dessen Schutzgut wiederum das Hausrecht ist.[766] Die Begehung oder Fortsetzung einer Straftat stellt einen Verstoß gegen die öffentliche Sicherheit dar. In diesen Fällen kann die Bundespolizei daher einschreiten und einen Platzverweis aussprechen.[767]

3. Befugnisgeneralklausel des § 14 Abs. 1 BPolG

Entsprechend den Polizeigesetzen der Bundesländer kennt auch das BPolG eine Befugnisgeneralklausel. Sie ist in § 14 Abs. 1 BPolG normiert und entspricht § 3 PolG. Danach kann die Bundespolizei zur Erfüllung ihrer Aufgaben die notwendigen Maßnahmen treffen, um eine Gefahr abzuwehren. Eine Aufgabengeneralklausel entsprechend § 1 Abs. 1 PolG existiert nicht, da die Aufgaben der Bundespolizei enumerativ aufgezählt sind,[768] wobei hier die Aufgabe der Bahnpolizei nach § 3 Abs. 1 BPolG interessiert. Wie im Länderpolizeirecht ist die Generalklausel gegenüber den Standardmaßnahmen subsidiär.[769] Wiederum kommt es darauf an, ob im Einzelfall eine konkrete Gefahr für die öffentliche Sicherheit oder Ordnung besteht.[770]

4. Ausübung des Hausrechts für die Deutsche Bahn AG

Bevor die Deutsche Bundesbahn zur Deutschen Bahn AG umstrukturiert wurde, hatte der BGS das Hausrecht auf Bahnanlagen als Teil der Eisenbahnverwaltung wahrgenommen.[771] Weil die DB AG anfangs nicht in der Lage war, ihr Hausrecht selbst befriedigend wahrzunehmen, übertrug sie die Ausübung auf den BGS.[772]

---

766 *Lenckner/Sternberg-Lieben* in Schönke/Schröder, § 123 Rn. 1; *Engeln*, Hausrecht, S. 33 ff.

767 *Drewes/Malmberg/Walter*, BPolG, § 3 Rn. 38.

768 *Drewes/Malmberg/Walter*, BPolG, § 14 Rn. 2.

769 *Drewes/Malmberg/Walter*, BPolG, § 14 Rn. 5. Das kommt schon durch § 14 Abs. 1 a.E. zum Ausdruck.

770 *Drewes/Malmberg/Walter*, BPolG, § 14 Rn. 6.

771 *Drewes/Malmberg/Walter*, BPolG, § 3 Rn. 36.

772 *Drewes/Malmberg/Walter*, BPolG, § 3 Rn. 36.

Das Hausrecht der DB AG ist privatrechtlich und dessen Schutz daher grds. nicht Teil der hoheitlichen Aufgaben der Bundespolizei.[773] Entsprechend den Landespolizeigesetzen regelt § 1 Abs. 4 BPolG, dass der Schutz privater Rechte der Bundespolizei im Rahmen ihrer Aufgaben nur dann obliegt, wenn gerichtlicher Schutz nicht rechtzeitig zu erlangen ist und ohne Hilfe der Bundespolizei die Verwirklichung des Rechts vereitelt oder wesentlich erschwert würde. Daher wird vertreten, die pauschale Übertragung des Hausrechts entspreche nicht dessen Voraussetzungen.[774]

Trotzdem kann die DB AG wie jeder Eigentümer die Ausübung des Hausrechts anderen Personen übertragen,[775] mithin auch an die Bundespolizei. Zu beachten ist dann jedoch, dass die Bundespolizei in der Wahrnehmung dieses Hausrechts nur diejenigen Rechte ausüben kann, die der DB AG selbst zustehen. Insofern gilt, was bereits an anderer Stelle für private Sicherheitsdienste gesagt wurde.[776] Das bedeutet, dass ein Bundespolizist in Wahrnehmung des Hausrechts der DB AG ein durch deren Hausordnung angeordnetes Alkoholverbot überwachen kann. Trinkt jemand trotz des Verbots Alkohol im Bahnhofsbereich, kann er diese Person dazu auffordern, dies zu unterlassen und bei Weigerung des Geländes verweisen. Er kann allerdings dabei und dazu nicht auf seine Eingriffsbefugnisse nach dem BPolG zurückgreifen.

In den letzten Jahren hat die DB AG eine konzerneigene Bahnschutzgesellschaft aufgebaut und die Voraussetzungen geschaffen, ihr Hausrecht selbst wahrnehmen zu können.[777] Das Problem der Ausübung durch die Bundespolizei stellt sich daher nicht mehr so stark.

5. Ergebnis

Als Ergebnis lässt sich also festhalten, dass die Befugnisse der Bundespolizei in ihrer Aufgabe als Bahnpolizei denen der Landespolizei gleichen. Entsprechend gleichen sich auch die Probleme: Im Einzelfall muss eine konkrete Gefahr für die öffentliche Sicherheit oder Ordnung vorliegen, um einschreiten zu können. Weil ein Verstoß gegen eine Hausordnung der DB AG nur zivilrechtliche Aus-

---

773 *Drewes/Malmberg/Walter*, BPolG, § 3 Rn. 36.

774 *Drewes/Malmberg/Walter*, BPolG, § 3 Rn. 36.

775 Vgl. *Lilie* in Leipziger Komm StGB, § 123 Rn. 37.

776 S.o. ab S. 171.

777 *Drewes/Malmberg/Walter*, BPolG, § 3 Rn. 37.

wirkungen haben kann, stellt er keine Gefahr für die öffentliche Sicherheit dar. Anderes kann nur gelten, wenn von der DB AG ein Bahnhofsverweis ausgesprochen wurde und durch dessen Missachtung ein Hausfriedensbruch gem. § 123 Abs. 1 StGB vorliegt. Abstrakt-generelles Handeln durch den Erlass einer Polizeiverordnung sieht das BPolG im Gegensatz zu § 10 Abs. 1 PolG nicht vor.

Kapitel Drei: Behördliches Vorgehen gegen den Alkoholkonsum auf straßenrechtlicher Grundlage

Außer einem polizeirechtlichen Vorgehen kommt das Straßenrecht als zweite einschlägige Materie in Betracht. Auch das Straßenrecht ist nach dem Grundsatz des Art. 70 Abs. 1 GG Landesrecht. Lediglich das Bundesfernstraßenrecht ist gemäß Art. 74 Abs. 1 Nr. 22 GG Bundesrecht.

Gegenstand der folgenden Untersuchung ist die Frage, ob das Straßenrecht Möglichkeiten bietet, seitens der Straßenbehörden gegen öffentlichen Alkoholkonsum Jugendlicher und junger Erwachsener vorzugehen. Dabei liegt der Fokus zunächst auf normativem Handeln. Anstelle von Polizeiverordnungen kommen Satzungen in Frage. Es wird sich zeigen, dass straßenrechtliches Vorgehen vor allem durch Einzelmaßnahmen in Betracht kommt.

Zwar ist das Straßenrecht als Landesrecht nicht bundeseinheitlich geregelt, doch besteht eine fundamentale Gemeinsamkeit in allen Straßengesetzen: Sie alle regeln die Benutzung der öffentlichen Straßen und Wege, weshalb eine Unterscheidung erfolgt zwischen Gemeingebrauch und Sondernutzung.[778] Verhaltensweisen, die dem Gemeingebrauch unterfallen, sind grds. zulässig, während die Sondernutzung grds. erlaubnisbedürftig und ohne eine solche Erlaubnis grds. unzulässig ist.

Straßenrecht kann nur Anwendung finden, wenn eine öffentliche Straße betroffen ist. § 2 Abs. 1 StrG definiert öffentliche Straßen als Straßen, Wege und Plätze, die dem öffentlichen Verkehr gewidmet sind. Entscheidend ist also die Widmung, es reicht nicht aus, dass die Straße lediglich tatsächlich – selbst über einen längeren Zeitraum – öffentlich zugänglich und benutzbar ist.[779] Um solche nur tatsächlich öffentlich zugängliche Bereiche handelt es sich bspw. bei Einkaufspassagen.[780] Diese sind also einer straßenrechtlichen Regelung nicht zu-

778 Zu den Definitionen siehe sogleich ab S. 201.

779 *Herber* in Kodal, Kap. 5 Rn. 5.

780 *Schmitz*, Vorgehen gegen Randgruppen, S. 75.

gänglich. Vom Begriff der Straße werden nach § 2 Abs. 2 StrG neben dem Straßenkörper, dem Luftraum und dem Zubehör auch die Nebenanlagen umfasst.[781]

A. Sondernutzungssatzungen

Vor allem in Bayern wurden straßenrechtliche Sondernutzungssatzungen erlassen, die den öffentlichen Alkoholkonsum bspw. in Fußgängerzonen als Sondernutzung qualifizierten. Gleichzeitig wurde normiert, dass für diese Sondernutzung keine Erlaubnisse erteilt werden.[782] Die Gründe dafür, dass ausgerechnet in Bayern das Mittel des Straßenrechts bevorzugt herangezogen wurde, liegen im bereits erwähnten[783] Mangel einer Generalklausel für den Erlass von Polizeiverordnungen.[784] Da trotzdem normatives Vorgehen mittels abstrakt-genereller Regelungen gewollt war, wurde auf die straßenrechtlichen Satzungsermächtigungen ausgewichen. Der Vorteil gegenüber dem straßenrechtlichen Handeln in Einzelfällen liegt auf der Hand und ist ähnlich dem der Polizeiverordnung. Es muss keine Einzelfalluntersuchung mehr vorgenommen werden, sondern es kann aufgrund eines Verstoßes gegen die Satzung direkt eingeschritten werden.

Indes gibt es in Baden-Württemberg keine Ermächtigungsgrundlage, die die Behörde dazu befugt, ein an sich gemeingebräuchliches Verhalten als Sondernutzung einzustufen. Die Satzungsermächtigung des § 16 Abs. 7 S. 1 StrG lässt nur zu, dass bestimmte Sondernutzungen von der Erlaubnispflicht des § 16 Abs. 1 StrG befreit werden. Dabei muss bereits eine Sondernutzung gegeben sein. Die Einstufung als Gemeingebrauch oder Sondernutzung kann allenfalls durch konkretisierende Kriterien erleichtert werden.[785] Dabei kann eine solche Satzung die Abgrenzung ermöglichen.[786] Die Behörde kann nach dem Wortlaut nur regeln, dass bestimmte Sondernutzungen ohne (sonst eigentlich nötige) Erlaubnis zulässig sind. Die rechtliche Grenze zwischen Gemeingebrauch und Sondernutzung indes steht nicht zur Disposition der Gemeinden, denn insofern

781 Dazu im Einzelnen etwa *Sauthoff*, NVwZ 2004, 674 (676).

782 S. zu einzelnen Beispielen *Schmitz*, Vorgehen gegen Randgruppen, S. 70.

783 S.o. S. 102.

784 *Schmitz*, Vorgehen gegen Randgruppen, S. 72.

785 *Lorenz/Will*, StrG, § 16 Rn. 79; *Höfling*, Die Verw. 33 (2000), 207 (214).

786 *Hebeler/Schäfer*, DVBl. 2009, 1424 (1428).

ist die Regelung des StrG abschließend.[787] Freilich ist es dann erst recht nicht möglich, gemeingebräuchliche Nutzungen zu verbieten.

Im Gegenteil ist vielmehr die hauptsächliche Bedeutung dieser Satzungen, dass Sondernutzungen von der Erlaubnisbedürftigkeit und damit behafteten Gebühren befreit werden.[788] Damit sollen bürokratische Hindernisse abgebaut werden, weil es sich bei den geregelten Fällen um ständig wiederkehrende, i.d.R. wenig beeinträchtigende Sachverhalte handelt.

I. Vorliegen einer Sondernutzung

Nachdem feststeht, dass eine gemeingebräuchliche Nutzung nicht per Satzung zur Sondernutzung erklärt werden kann, muss daher untersucht werden, ob öffentlicher Alkoholkonsum bereits per definitionem eine Sondernutzung darstellt. Das ist dann der Fall, wenn er nicht unter den Gemeingebrauch fällt.

1. Definition der Sondernutzung

Die – hier alleine interessierende öffentlich-rechtliche – Sondernutzung wird nicht positiv definiert. Sie wird als die Inanspruchnahme der Straße verstanden, die über den Gemeingebrauch hinausgeht oder außerhalb des Gemeingebrauchs liegt, § 16 Abs. 1 StrG.[789] Zwischen Gemeingebrauch und Sondernutzung besteht also ein Wechselverhältnis.[790] Daher gilt es zunächst, den Gemeingebrauch zu bestimmen:

2. Definition des Gemeingebrauchs

Der Begriff des Gemeingebrauchs wird in § 13 Abs. 1 StrG definiert: „Der Gebrauch der öffentlichen Straßen ist jedermann im Rahmen der Widmung und der Straßenverkehrsvorschriften innerhalb der verkehrsüblichen Grenzen gestattet. Kein Gemeingebrauch liegt vor, wenn durch die Benutzung einer öffentlichen Straße der Gemeingebrauch anderer unzumutbar beeinträchtigt wird.“ Dabei ist

787 *Grupp*, SKZ 1995, 128 (129); *Stahlhut* in Kodal, Kap. 27 Rn. 35.1; *Wolf*, Leben auf der Straße, S. 32.

788 *Stahlhut* in Kodal, Kap. 27 Rn. 35.2.

789 *Dietz*, AöR 2008, 556 (571). Eine beispielhafte Auflistung verschiedener Sondernutzungen findet sich bei *Stuchlik*, GewArch 2004, 143 (148 ff.).

790 *Lorenz/Will*, StrG, § 16 Rn. 5.

diese Definition anders als die des § 7 Abs. 1 FStrG, der Gemeingebrauch schon ausschließt, wenn jemand die Straße *nicht vorwiegend* zum Verkehr benutzt.[791]

Gleichwohl bedeutet dies nicht, dass der Verkehrszweck aus dem baden-württembergischen Recht ausgeklammert wäre. Schon aus der in § 13 Abs. 1 StrG erwähnten Widmung nach § 2 Abs. 1 StrG – nach dem vom StrG nur Straßen, Wege und Plätze erfasst werden, die dem öffentlichen Verkehr gewidmet sind – ergibt sich nämlich, dass der Verkehrszweck eine bedeutende Rolle spielen soll.[792] Es liegt im Begriff und im Wesen der Straße, dass sie zum Verkehr bestimmt ist.[793]

Der Gemeingebrauch steht *jedermann* ohne Zulassungsbeschränkung zu. Es spielt also keine Rolle, ob der Betroffene Bürger oder Einwohner der Gemeinde ist oder nicht.[794] Diesen Gemeingebrauch für alle Menschen zu ermöglichen, ist Aufgabe des Straßenrechts.[795]

Wesentliche Elemente des Begriffs sind also die freie Benutzung innerhalb der Widmung und die Nutzung zum Zweck des Verkehrs.[796]

3. Der enge Verkehrsbegriff

Es kommt also zur Einordnung darauf an, ob öffentlicher Alkoholkonsum als „Verkehr“ einzustufen ist. Dabei besteht über die Reichweite des Begriffs Uneinigkeit. Der enge Verkehrsbegriff beschränkt den Verkehr auf seinen hauptsächlichen Zweck der Ortsveränderung, also die Überwindung von Entfernungen zur Fortbewegung von Menschen und Sachen.[797] Man stellt allein auf die Transportfunktion der Straße ab.[798] Eingeschlossen ist trotzdem auch der ruhende Ver-

---

791 Diese Definition haben auch andere Bundesländer übernommen, vgl. etwa Art. 14 Abs. 1 BayStrWG.

792 VGH Mannheim, NVwZ-RR 2002, 740 (742); *Lorenz/Will*, StrG, § 13 Rn. 17; *Schnebelt/Kromer*, Straßenrecht, Rn. 207; *Steinberg*, NJW 1978, 1898 (1901); *Salzwedel*, Gemeingebrauch, S. 98.

793 *Stahlhut* in Kodal, Kap. 25 Rn. 19.5.

794 *Edhofer/Willmitzer*, BayStrWG, § Art. 14, 2.1; *Stahlhut* in Kodal, Kap. 25 Rn. 14 f.

795 *Wolff/Bachof/Stober*, Band 2, § 78 Rn. 13.

796 *Dietz*, AöR 2008, 556 (559); *Hebeler/Schäfer*, DVBl. 2009, 1424 (1428).

797 *Stahlhut* in Kodal, Kap. 25 Rn. 19; *Laubinger*, VerwArch 81 (1990), 583 (616).

798 *Siems*, Jura 2003, 587 (589).

kehr, namentlich auch das kurze Verweilen von Personen.[799] In Fußgängerzonen wird auch das Herumstehen oder Sitzen erfasst.[800] Schon Otto Mayer stellte fest, es sei auch Gemeingebrauch, *„wenn die gesprächigen Hausfrauen sich begegnen und nun für längere Zeit auf den allgemeinen Verkehr verzichten."*[801]

Demnach sei ohne Belang, zu welchem Zweck jemand die Straße benutze, es komme auf die objektive, äußere Erscheinung an.[802] Jede Nutzung, die nicht überwiegend der Ortsveränderung dient, ist nach dieser Ansicht Sondernutzung.[803]

Der Anliegergebrauch spielt vorliegend keine Rolle und wird deshalb ausgeklammert.[804]

4. Der kommunikative Verkehr als Teil des Gemeingebrauchs

Seit den 1970er Jahren begann sich der Verkehrsbegriff zu wandeln:[805] Teil des Gemeingebrauchs ist nach einem weiteren Verkehrsbegriff auch der sog. kommunikative Verkehr.[806] Dies geschah auch unter dem Eindruck der Entwicklung, dass vermehrt Bereiche geschaffen wurden, die von reinen Verkehrsflächen zu Bereichen anderer Funktion wurden.[807] Deshalb soll innerörtlichen Straßen und Plätzen, insbesondere Fußgänger- und verkehrsberuhigten Bereichen, zusätzlich zum eigentlichen Verkehr als Ortsveränderung eine Bedeutung für die Herstellung zwischenmenschlicher Kontakte zukommen.[808] Teilweise wird sogar ein Wandel der Straßenfunktion konstatiert: In Fußgängerbereichen trete der Ver-

---

799 VGH Mannheim, NVwZ-RR 2002, 740 (742).

800 VGH Mannheim, NVwZ-RR 2002, 740 (742); *Dietz*, AöR 2008, 556 (560).

801 *Mayer*, Zweiter Band, S. 145.

802 *Laubinger*, VerwArch 81 (1990), 583 (620).

803 *Siems*, Jura 2003, 587 (589); *Erbguth*, Jura 2008, 193 (196 f.).

804 Dazu näher etwa *Sauthoff*, Straße und Anlieger, Rn. 611 ff; *Maurer*, Anliegernutzung, S. 115 ff; *Stahlhut* in Kodal, Kap. 26 Rn. 14 ff.

805 Zur Entwicklung s. *Meyer*, DÖV 1991, 542 (545); *Maurer*, DÖV 1975, 217 (217 ff.); *Meissner*, JA 1980, 583 (583 f.).

806 Teilweise auch als „kommunikativer Gemeingebrauch" bezeichnet.

807 *Grupp*, SKZ 1995, 128 (130).

808 *Lorenz/Will*, StrG, § 13 Rn. 22; *Stahlhut* in Kodal, Kap. 25 Rn. 22. Zur Entwicklung dieser Ansicht s. bspw. *Brohm*, Verkehrsberuhigung, S. 34 ff.

kehrszweck hinter den Kommunikationszweck zurück.[809] Ob in der Realität tatsächlich der Kommunikationszweck den Verkehrszweck *überwiegt*, ist indes zweifelhaft. Die Mehrzahl der Menschen nutzt auch Fußgängerzonen zur Fortbewegung eher als zur Kommunikation – das zeigt sich schon, wenn man sich selbst ein Bild macht.[810] Vielmehr dienen sie dem Fußgängerverkehr.[811]

Außerdem seien sie Stätten des Informations- und Meinungsaustauschs, es wird vom „erweiterten Lebensraum“ gesprochen.[812] Hier finden neben Straßenmusik politische Werbung oder kirchliche Veranstaltungen statt. Diese Tätigkeiten werden grundrechtlich geschützt. Insbesondere der Verkauf bzw. die Verteilung politischer Schriften führten zur Anerkennung des kommunikativen Verkehrs.[813] Gewerbliche Tätigkeiten sollen hingegen Sondernutzung sein. Dies führt also dazu, dass nicht mehr ausschließlich die äußerliche Erscheinung über die Einordnung entscheidet, sondern auch der Grund bzw. der Zweck der Handlung. Kritisiert wird deshalb, dass der kommunikative Verkehr konturenlos und die Trennung von Sondernutzung und Gemeingebrauch nicht immer einleuchtend ist: So stellt nach dieser Ansicht etwa das Verteilen von politischen Flugblättern kommunikativen Verkehr und damit Gemeingebrauch dar, während das Verteilen von gewerblichen Handzetteln Sondernutzung sein soll, obwohl die Art und Intensität der Straßennutzung dieselbe ist.[814]

Trotz der Kritik wird für die folgende Untersuchung der kommunikative Verkehr anerkannt. Insbesondere Fußgängerzonen und Innenstadtbereiche haben neben dem reinen Verkehr auch den Aufenthalt und die Kommunikation der Menschen zum Ziel.

5. Ausschluss des Gemeingebrauchs: Die Gemeinverträglichkeit

Weil der Gemeingebrauch jedermann offensteht, kann er nur unter Rücksichtnahme auf die entsprechenden Bedürfnisse anderer Menschen ausgeübt werden. Seine Ausübung ist nur zulässig, soweit sie keinen anderen gefährdet oder nicht

809 *Hufen*, DÖV 1983, 353 (355); *Würkner*, NJW 1987, 1793 (1796).

810 So auch *Dietz*, AöR 2008, 556 (561). Schon früher etwa *Steinberg*, NJW 1978, 1898 (1900).

811 *Bismark*, NJW 1985, 246 (251).

812 OLG Hamm, zit. nach *Hufen*, DÖV 1983, 353 (355).

813 S. bspw. *Stock*, Straßenkommunikation, S. 24 ff.

814 *Laubinger*, VerwArch 81 (1990), 583 (618).

dauernd erheblich belästigt.[815] Dieser hergebrachte Grundsatz des Straßenrechts wird durch § 13 Abs. 1 S. 2 StrG wiederholt. Ein Verhalten, das grds. als Gemeingebrauch einzustufen ist, kann diese Eigenschaft also verlieren, wenn es Dritte erheblich belästigt. Relevant ist dies vor allem für Verhaltensweisen, die über den kommunikativen Verkehr als Gemeingebrauch einzustufen sind.[816]

6. Einordnung des öffentlichen Alkoholkonsums als Gemeingebrauch

Entscheidend ist, ob öffentlicher Alkoholkonsum als Verkehr und damit als Gemeingebrauch einzustufen ist.

Dabei wird im Folgenden unterstellt, dass der öffentliche Alkoholkonsum vorwiegend in Fußgängerzonen, verkehrsberuhigten Bereichen oder auf Fußgängerwegen u.ä. stattfindet, mithin Wegen, die vorwiegend oder ausschließlich dem Fußgänger- und/oder Fahrradverkehr gewidmet sind. Dass auf einer Bundesstraße oder der örtlichen Hauptstraße öffentlich Alkohol getrunken wird, erscheint doch eher abwegig.[817]

a) Öffentlicher Alkoholkonsum als Gemeingebrauch

Überwiegend wird der Alkoholgenuss dem kommunikativen Gemeingebrauch zugeordnet. So entschied bspw. in jüngerer Zeit das OVG Schleswig,[818] vor allem Innenstädte, Marktplätze etc. seien als Zentren des Informationsaustausches und der Begegnung geschaffen und dadurch in der Regel besonders einladend gestaltet. Auch durch die Bereitstellung von Sitzbänken o.ä. sollen die Menschen gezielt zum Verweilen motiviert werden.[819] Verkehrsbezogen ergebe sich kein Unterschied, ob das – auch kollektive – Verweilen (auch) dazu genutzt werde, Alkohol zu trinken oder nicht. Der öffentliche Alkoholkonsum sei auch keinesfalls nicht mehr gemeinverträglich. Schließlich sei er weitgehend üblich und gebräuchlich.[820] Möglicherweise lägen im Einzelfall Situationen vor, in de-

815 *Stahlhut* in Kodal, Kap. 25 Rn. 30; *Schnebelt/Kromer*, Straßenrecht, Rn. 219; Schenke, Straßenrecht, S. 387.

816 *Messer*, Sondernutzung, S. 109 f.

817 Zu den sog. Bierbikes auf deutschen Straßen s.u. ab S. 150.

818 OVG Schleswig, NordÖR 1999, 381.

819 OVG Schleswig, NordÖR 1999, 381 (382).

820 OVG Schleswig, NordÖR 1999, 381 (382).

nen diese Grenze der Gemeinverträglichkeit überschritten wird. Dann könne einzelfallbezogen gehandelt werden.

Der VGH Mannheim ordnete den öffentlichen Alkoholkonsum ebenfalls grds. dem Gemeingebrauch zu.[821] Schließlich dienten Fußgängerbereiche oder Grünanlagen zumindest auch dem Niederlassen zum Verweilen, wobei es straßenrechtlich irrelevant sei, ob dabei Alkohol oder andere Getränke verzehrt werden.[822] Im Einzelfall seien wiederum Überschreitungen möglich. Ohne größere Begründung ging auch das OVG Bautzen davon aus, der öffentliche Alkoholkonsum sei Gemeingebrauch, auch wenn das damit verbundene Erscheinungsbild als Ärgernis begriffen werden möge.[823]

Auch das OLG Saarbrücken stufte den öffentlichen Alkoholkonsum als Gemeingebrauch ein.[824] Ausgangspunkt war eine Satzung der Landeshauptstadt Saarbrücken, die das Niederlassen zum Alkoholkonsum als Sondernutzung deklarierte und die Erlaubnisfähigkeit ausschloss.[825] Es sei jedoch nicht möglich, gemeingebräuchliche Handlungen als Sondernutzung zu deklarieren. Das Niederlassen – also das Aufenthalt Nehmen – zum Alkoholkonsum unterscheide sich straßenrechtlich nicht vom Niederlassen zum Lesen der Zeitung oder eines Buches oder zum Verzehr von Speisen.[826] Diese Tätigkeiten unterfielen dem Gemeingebrauch, würden sie ja sogar durch Aufstellen von Bänken etc. gefördert. Der Gemeingebrauch anderer werde dadurch nicht unzumutbar beeinträchtigt. Vorübergehende Beeinträchtigungen sind – so das Gericht zutreffend – ohnehin unvermeidbar: „Wo einer […] sich aufhält, kann nicht zugleich ein anderer dasselbe tun."[827] Das Gericht stellt zudem fest, dass in Einzelfällen durchaus Überschreitungen des Gemeingebrauchs vorliegen können, wenn durch Gruppen ein Lagerzustand erreicht wird, der andere unzumutbar beeinträchtigt. Darauf wird noch näher einzugehen sein.[828]

---

821 VGH Mannheim, VBlBW 1999, 101 (103).

822 VGH Mannheim, VBlBW 1999, 101 (103).

823 OVG Bautzen, Beschl. v. 07.07.2011, Az. 4 A 370/10 – juris, Rn. 5.

824 OLG Saarbrücken, NJW 1998, 251.

825 Wortlaut der Satzung etwa bei *Bindzus/Lange*, JuS 1998, 696 (696).

826 OLG Saarbrücken, NJW 1998, 251 (252).

827 OLG Saarbrücken, NJW 1998, 251 (252); *Stahlhut* in Kodal, Kap. 25 Rn. 30.

828 S. u. ab. S. 209.

Jüngst urteilte das OLG Hamm ähnlich.[829] Dabei nahm es im Wesentlichen Bezug auf die eben genannten Ausführungen des OLG Saarbrücken und schloss sich ihnen an.

Unterstützung findet diese Linie in der Literatur:

Gewandelte soziale Anschauungen führten dazu, dass die Straße ein Forum der Kommunikation und der Geselligkeit darstelle.[830] „In unserem Kulturkreis [sei] der Verkehr [gemeint ist wohl der Verzehr, d. Verf.] von Speisen und Getränken ein wichtiges Element geselligen Beisammenseins, der das Straßenbild [...] prägt."[831] Deswegen sei öffentlicher Alkoholkonsum unter den kommunikativen Verkehr zu subsumieren. Der Konsum alkoholischer Getränke könne straßenrechtlich nicht anders behandelt werden als der Verzehr von Speiseeis, Schokoriegeln oder alkoholfreien Getränken.[832] Die Intensität und Art der Straßennutzung sei gleich. Sollte es in Folge des Alkoholkonsums zu Vorfällen kommen, sei dafür das Ordnungs- oder Strafrecht, nicht aber das Straßenrecht einschlägig.

b) Öffentlicher Alkoholkonsum als Sondernutzung

Diese Ansicht ist indes nicht unstreitig.

Anders wurde die Frage vom VGH München entschieden.[833] Ihm lag eine Sondernutzungssatzung der Landeshauptstadt München als Normenkontrollsache vor, die das „Niederlassen zum Alkoholkonsum außerhalb zugelassener Freischankflächen" in der Fußgängerzone als „nicht erlaubnisfähige Sondernutzung" einstufte. Ein Obdachloser hatte dagegen geklagt.

Öffentlicher Alkoholkonsum in der Fußgängerzone stelle eine Sondernutzung dar. Fußgängerzonen dienten in erster Linie dem Fußgängerverkehr, seien gleichzeitig jedoch auch Orte der Begegnung, des Gesprächs und auch zeitlich begrenzten Verweilens. Daher seien diese Tätigkeiten dem Gemeingebrauch zu-

829 OLG Hamm, Urt. v. 04.05.2010, Az. 3 RBs 12/10 – juris.

830 *Bindzus/Lange*, JuS 1998, 696 (699).

831 *Bindzus/Lange*, JuS 1998, 696 (699).

832 *Kohl*, NVwZ 1991, 620 (626); *Grupp*, SKZ 1995, 128 (130); *Fahl*, DÖV 1996, 955 (957).

833 VGH München, Beschl. v. 27.10.1982, Az. 8 N 82 A.277 – n.v. Der Wortlaut der angegriffenen Regelung findet sich ebd., S. 2.

zuordnen. Das Niederlassen zum Alkoholkonsum falle hingegen nicht darunter. Es gehe in seiner zeitlichen Dauer über das bloße Verweilen hinaus. Durch das dauerhafte Besetzen bestimmter Plätze werde der Gemeingebrauch anderer gestört.[834]

Durch das erfasste Verhalten verliere außerdem eine Straße oder ein Platz gerade die Funktion als Kommunikationszentrum. Die Nutzung zum Alkoholkonsum hindere nämlich andere Menschen, sich dort zu treffen oder zu verweilen.[835] Alkohol konsumierende Menschen verschreckten also andere. Endlich zöge der öffentliche und sichtbare Alkoholgenuss weitere „Interessenten" an, die diese Wirkung weiter verstärkten.[836]

Diese Argumentation wird teilweise kritisiert und als lebensfremd bezeichnet.[837] Vielmehr bildeten sich nach Ansicht der Kritiker häufig gerade dort Kommunikationszentren, wo Alkohol getrunken werde.[838]

Das mag stimmen, gilt jedoch nur für diejenigen, die Alkohol trinken. Nichts anderes stellt der VGH München indes fest. Zwischen den Konsumenten findet sicherlich Kommunikation statt. Hingegen werden andere Menschen davon keinesfalls angezogen. Man wird kaum beobachten können, dass unbeteiligte Dritte sich zu den Konsumenten setzen und mit ihnen fröhlich kommunizieren. Das Gegenteil dürfte der Fall sein. Dieser Einwurf ist vielmehr selbst als lebensfremd zu verwerfen. Als Beispiel für „alkoholbedingte Kommunikationszentren" werden von der Kritik – in leicht verächtlichem Ton – die Münchener Biergärten angeführt, die Kommunikationszentren seien.[839] Dabei wird jedoch verkannt, dass ein Biergarten etwas ganz anderes ist als eine Fußgängerzone. Wer in den Biergarten – also eine konzessionierte Freischankfläche – geht, möchte i.d.R. selbst ein Bier konsumieren und trifft sich dort mit anderen. Wer durch die Fußgängerzone geht, will das nicht. Der Vergleich von Biergärten und

834 VGH München, Beschl. v. 27.10.1982, Az. 8 N 82 A.277 – n.v., S. 11.

835 VGH München, Beschl. v. 27.10.1982, Az. 8 N 82 A.277 – n.v., S. 12.

836 VGH München, Beschl. v. 27.10.1982, Az. 8 N 82 A.277 – n.v., S. 14.

837 *Stolleis/Kohl*, Rechtsgutachten, S. 60; Kohl, NVwZ 1991, 620 (625).

838 *Stolleis/Kohl*, Rechtsgutachten, S. 60; Kohl, NVwZ 1991, 620 (625).

839 *Stolleis/Kohl*, Rechtsgutachten, S. 60; Kohl, NVwZ 1991, 620 (625).

öffentlichen Straßen ist abwegig. Die Kritik unterstellt weiter, das Gericht sei nur darum bemüht, Stadtstreicher aus dem Stadtbild zu entfernen.[840]

c) *Zwischenergebnis*

Öffentlicher Alkoholkonsum ist nach der herrschenden Ansicht in der Rechtsprechung grds. vom kommunikativen Verkehr umfasst und daher grds. Gemeingebrauch.

7. Ausnahmsweises Vorliegen einer Sondernutzung

Die Einordnung als Gemeingebrauch ist richtig, wenn sie einzelne Trinker betrachtet, die sich alleine oder in Gruppen weniger Personen – zu zweit, dritt oder viert – kurzfristig im Straßenraum aufhalten. Diese Einschätzung ändert sich indes, betrachtet man den öffentlichen Alkoholkonsum von Gruppen oder den länger andauernden Aufenthalt zum öffentlichen Alkoholkonsum.

Der öffentliche Alkoholkonsum hat mit „Verkehr" nichts mehr zu tun, falls die Konsumenten sich über längere Zeit auf der Straße niederlassen. Wenn sich Menschen i.d.R. über Stunden auf der Straße aufhalten und trinken, dient das nicht der Fortbewegung, es ähnelt ihr auch nicht.[841] Wenn auf jede Ortsveränderung verzichtet wird, liegt kein Verkehr vor.[842] Dabei spielt es keine Rolle, dass die Personen irgendwie an den Ort des Geschehens gekommen sein müssen. Diese Bewegung ist für die Einstufung des gesamten Verhaltens als Verkehr nicht ausreichend. Zwar kann wie gesagt der Verkehr nicht mehr ausschließlich auf die Ortsveränderung reduziert werden, jedoch kann nicht völlig auf eine solche verzichtet werden. Nach der Rechtsprechung des VGH Mannheim zählt zum Gemeingebrauch auch das Sitzen oder Ausruhen auf einer Bank,[843] jedoch liegt

840 *Köppert*, Alkoholverbotsverordnungen, S. 74. *Stolleis/Kohl*, Rechtsgutachten, S. 60. Auch *Hecker* spielt mit Klischees, wenn er die unhaltbar strengen bayerischen Zustände anprangert, die so gar nicht in die „BRD" passten, s. *Hecker*, Rechtsgutachten, S. 42 f. Allerdings sollte – wie schon *Wohlfarth*, BayVBl. 1997, 420 (425), bzgl. *Stolleis/Kohl* feststellt – der jeweilige Hintergrund der Rechtsgutachten und vor allem deren Auftraggeber beachtet werden. Auch *Höfling*, Die Verw. 33 (2000), 207 (207), kann „sich des Eindrucks nicht verschließen, es solle im Namen der Ästhetik und mit Hilfe des Rechts die manchmal recht triste Wirklichkeit von den innerstädtischen Laufstegen frohgemuten Konsums vertrieben werden."

841 *Dietz*, AöR 2008, 556 (602).

842 *Wolff/Bachof/Stober*, Band 2, § 78 Rn. 12.

843 VGH Mannheim, NVwZ-RR 2002, 740 (742).

dem Sitzen oder Ausruhen begrifflich eine kurze Zeitdauer zugrunde. „Ausruhen“ meint kurzfristiges Verweilen zur Stärkung der Kräfte. Das Niederlassen zum Alkoholkonsum ist demgegenüber i.d.R. von längerer Dauer geprägt und kann nicht entsprechend dem Ausruhen beurteilt werden.

Selbst die abweichende Meinung erkennt das Nächtigen auf der Straße bereits einzelner Personen als Sondernutzung an.[844] *Bindzus/Lange* halten das für „unproblematisch“,[845] auch *Fahl* hat „keinerlei Bedenken“.[846] Im Gegensatz zu einem kurzen Ruhen oder Einnicken diene bei längerem Nächtigen die Straße als Wohnungsersatz.[847] Letzterer stellt sogar fest: „Fußgängerzonen sind für Fußgänger da [...].“[848] Das gezielte und nicht nur kurzzeitige Niederlassen zum Alkoholkonsum kann jedoch nicht anders beurteilt werden, zumal wenn sich die Gruppentrinker an bestimmten Orten treffen und gezielt zum Alkoholkonsum dort hinkommen. Dann findet der Alkoholkonsum nicht einmal mehr bei Gelegenheit des Verkehrs statt. Ohnehin ist dies eine wenig realistische Vorstellung. Man darf doch annehmen, dass es relativ selten vorkommt, dass jemand durch die Fußgängerzone flaniert und spontan eine Flasche Bier, Wein oder Schnaps aus der Jacke zieht und sich schnell auf eine Bank setzt, um sie auszutrinken.[849] Wenn – angelehnt an *Bindzus/Lange* – beim Nächtigen die Straße zum Schlafzimmerersatz wird, wird sie beim öffentlichen Alkoholkonsum zum Wohnzimmerersatz. An dieser Beurteilung ändert auch die Tatsache nichts, dass es sich i.d.R. um Fußgängerbereiche handelt, in denen getrunken wird. Sie dienen auch und in erster Linie dem Verkehr und erst nachrangig anderen Zweck. Insofern unterscheiden sie sich von Parkanlagen, die zur Erholung und zum Verweilen eingerichtet sind. Mögliche kommunikative Aktivitäten können niemals Hauptzweck der Straßennutzung sein, sondern allenfalls Nebenzweck. Dies gilt auch für Fußgängerzonen oder verkehrsberuhigte Bereiche. Sie werden nämlich nicht in erster Linie als Kommunikationsmedium, sondern als Verkehrseinrichtung geschaffen. Wenn planvolle und wiederkehrende Handlungen vorliegen, ist auch nach der Rechtsprechung der Nebenzweck nicht mehr umfasst.[850]

---

844 *Grupp*, SKZ 1995, 128 (130).

845 *Bindzus/Lange*, JuS 1998, 696 (701).

846 *Fahl*, DÖV 1996, 955 (957).

847 *Bindzus/Lange*, JuS 1998, 696 (701).

848 *Fahl*, DÖV 1996, 955 (957).

849 Davon scheint aber *Schmitz*, Vorgehen gegen Randgruppen, S. 109, auszugehen.

850 VGH Mannheim, VBlBW 1997, 64 (65); NVwZ-RR 2002, 740 (742), je m.w.N.

Es liegt ein wesentlicher Unterschied vor zum Verzehr eines Speiseeises oder einer Bratwurst.[851] In der Tat kann es zunächst straßenrechtlich keinen Unterschied machen, ob eine Flasche Bier oder eine Flasche Wasser getrunken wird. Doch sind die Erscheinungsformen gänzlich unterschiedlich. Wer sich einen Imbiss kauft, wird sich auf eine Bank oder ähnliche Sitzgelegenheit setzen, seinen Imbiss verspeisen und nach wenigen Minuten seinen Weg fortsetzen. Gleiches gilt für den Durstigen, der ein paar Schluck aus seiner Wasserflasche nimmt und weiterzieht. Trinkergruppen hingegen lassen sich für längere Zeit nieder, meist handelt es sich um mehrere Stunden. Oftmals sitzen sie auf dem Boden oder in anderen, nicht zum Sitzen gemachten Bereichen. Diese sind jedoch zum Verkehr gedacht, der währenddessen dort nicht mehr stattfinden kann. Es liegt dann eine Sondernutzung vor.

8. Zwischenergebnis

Auch straßenrechtlich kann öffentlicher Alkoholkonsum nicht pauschalisiert betrachtet werden. Er stellt grds. ein gemeingebräuchliches Verhalten dar. In bestimmten Konstellationen kann sich diese Beurteilung ändern, bspw. wenn größere Trinkergruppen den öffentlichen Straßenraum besetzen oder ein länger andauernder Aufenthalt zum Alkoholkonsum erfolgt. Dann wird der Gemeingebrauch überschritten und es liegt eine Sondernutzung vor.[852]

II. Ergebnis

Nach dem Gesagten steht fest, dass Alkoholkonsum Einzelner und kleinerer Gruppen auf öffentlichen Straßen und Wegen grds. dem Gemeingebrauch unterfällt und daher nicht Sondernutzung ist. Weil die Sondernutzungssatzungen gemeingebräuchliches Verhalten nicht zur Sondernutzung erklären können, taugen sie nicht, den Alkoholkonsum normativ zu verbieten. Alkoholkonsum in größeren Gruppen kann bei längerer Dauer den Gemeingebrauch anderer beeinträchtigen und Sondernutzung sein. Dies erfordert jedoch eine Betrachtung im Einzelfall. Eine abstrakt-generelle Bekämpfung dieser Sondernutzungen mit dem Straßenrecht ist nicht möglich.

---

851 Den Vergleich zieht aber *Fahl*, DÖV 1996, 955 (957).

852 Ausnahmsweise könnte eine Gemeinde diese Sondernutzung durch Satzung als erlaubnisfrei deklarieren. Dies ist allerdings bzgl. des Alkoholkonsums eher unwahrscheinlich.

B. Einzelmaßnahmen

Stattdessen sind die Behörden auf straßenrechtliche Einzelmaßnahmen beschränkt, soweit in diesen Einzelfällen kein Gemeingebrauch vorliegt. Nachfolgend sollen deren Voraussetzungen untersucht werden.

I. Ermächtigungsgrundlage

§ 16 Abs. 8 S. 1 StrG schafft die Rechtsgrundlage, Sondernutzungen durch die Behörde zu beenden, für die keine Sondernutzungserlaubnis (mehr) vorliegt. Wird die Straße ohne die erforderliche Erlaubnis benutzt, so kann die für die Erteilung der Erlaubnis zuständige Behörde die erforderlichen Maßnahmen zur Beendigung der rechtswidrigen Benutzung anordnen. Es handelt sich also um Anordnungen im Einzelfall. Satzungen oder Verordnungen können nicht erlassen werden. Es handelt sich um reaktives Einschreiten, wenn eine rechtswidrige Nutzung der Straße vorliegt. Präventiv kann nicht eingeschritten werden. Diese besondere straßenrechtliche Ermächtigungsgrundlage ist vom Polizeirecht unabhängig.[853] Sie ist die spezielle Regelung der Benutzung der Straße, während das Polizeirecht die Gefahrenabwehr zum Gegenstand hat. Bei der Störerauswahl gelten die Grundsätze polizeilicher Verantwortlichkeit, die in den §§ 6 ff. PolG geregelt sind.[854] Bundesrechtlich entspricht ihr § 8 Abs. 7a FStrG.

II. Voraussetzungen

Voraussetzung für ein Einschreiten nach § 16 Abs. 8 S. 1 StrG ist das Vorliegen einer Sondernutzung. Dies wurde oben ab S. 203 untersucht. Danach kann Alkoholkonsum Jugendlicher und junger Erwachsener auf öffentlichen Straßen und Wegen in besonderen Konstellationen eine Sondernutzung darstellen, s.o. ab S. 211, unterfällt aber grds. dem Gemeingebrauch.

1. Keine weiteren materiellen Voraussetzungen

§ 16 Abs. 8 S.1 StrG stellt keine weiteren materiellen Voraussetzungen auf. Regelmäßig ist ein Einschreiten bereits zulässig, wenn formelle Illegalität vorliegt, also die an sich erforderliche Erlaubnis für die Sondernutzung nicht vorhanden

853 *Schnebelt/Kromer*, Straßenrecht, Rn. 276.

854 *Schnebelt/Kromer*, Straßenrecht, Rn. 276; *Lorenz/Will*, StrG, § 16 Rn. 88; *Nagel*, StrG, § 16 Rn. 44.

ist.[855] Auf eine materielle Rechtwidrigkeit kommt es nicht an. Lediglich wenn offensichtlich ein Anspruch auf deren Erteilung besteht, liegt eine Ausnahme vor.[856]

2. Ergebnis

Die Voraussetzungen des § 16 Abs. 8 S. 1 StrG sind nur in den genannten Fällen erfüllt. Es ist also eine Beurteilung im Einzelfall notwendig.

III. Die sog. Party- oder Bierbikes

Seit wenigen Jahren finden sich in immer mehr deutschen Städten sog. Party- oder Bierbikes, die von gewerblichen Anbietern vermietet werden. Dabei handelt es sich um vierrädrige Gefährte mit einem Leergewicht von etwa einer Tonne, die etwa 15 Personen Platz auf Sitzgelegenheiten bieten. Sie werden mittels Pedalen angetrieben durch die Muskelkraft der Mitfahrer, während eine Person, i.d.R. vom Vermieter gestellt, Fahrer ist. Nur er kann lenken und bremsen.[857] Ein Motor existiert nicht, weshalb die Höchstgeschwindigkeit max. etwa 10 km/h beträgt.[858] Während der Fahrt auf öffentlichen Straßen trinken die Mitfahrer dem Namen entsprechend meist Bier oder andere alkoholische Getränke, die der Anbieter gleich mitliefert. Der Fahrer bleibt nüchtern.[859] Überwiegend werden sie als Fahrräder eingestuft.[860]

Erste Städte – u.a. Essen und Mönchengladbach – haben die Benutzung dieser Bierbikes auf öffentlichen Straßen, Wegen und Plätzen untersagt, weil es sich dabei um eine Sondernutzung handele, für die keine Erlaubnis vorliege. Rechtsgrundlage war § 22 S. 1 StrWG NRW, der § 16 Abs. 8 StrG entspricht. Begründet wurde die Untersagung vor allem mit den Gefahren und Störungen, die von den Bierbikes ausgehen: Der übrige Verkehr werde durch die langsamen

855 *Schnebelt/Kromer*, Straßenrecht, Rn. 276; *Sauthoff* in Müller/Schulz, FStrG, § 8 Rn. 71.

856 *Sauthoff*, NVwZ 1998, 239 (251).

857 *Huppertz*, NZV 2012, 23 (24).

858 S. OVG Münster, Urt. v. 23.11.2011, Az. 11 A 2511/10 – juris, Rn. 1. S. dazu bspw. auch den Internetauftritt eines Anbieters unter http://www.bierbike.de/start.html.

859 Zur Funktionsweise der Bierbikes s. auch *Lund*, DVBl. 2011, 339 (339); *Klenner*, NZV 2011, 234 (234), dort auch zu den strafrechtlichen Folgen, wenn der Fahrer des Bierbikes alkoholisiert ist.

860 Etwa *Ternig*, VD 2012, 3 (8).

Bierbikes behindert, Gläser oder Flaschen fielen herunter auf die Straßen, die alkoholisierten Mitfahrer grölen, singen und spielen Musik.[861]

1. Die Ansicht des OVG Münster

Nach Ansicht des OVG Münster[862] sind die Untersagungsverfügungen rechtmäßig. Es liege eine unerlaubte Sondernutzung vor. Die Nutzung des Bierbikes sei kein Gemeingebrauch, denn sie finde nicht vorwiegend zum Verkehr statt, sondern zu anderen Zwecken.[863] Der Hauptzweck bestehe darin, Partys oder ähnliche Feiern auf der Straße durchzuführen, und nicht in der Ortsveränderung. Die Verkehrsteilnahme finde lediglich äußerlich statt oder werde durch den Hauptzweck der Nutzung so sehr zurück gedrängt, dass nicht mehr von einer Nutzung zum Verkehr gesprochen werden könne.[864] Schon nach seinem Erscheinungsbild erfülle das Bierbike nicht die Funktion eines Verkehrsmittels, sondern es sei eine rollende Theke.[865] Alleine durch Räder und Pedalantrieb sowie die damit verbundene Fortbewegungsmöglichkeit werde diese Theke nicht zu einem Verkehrsmittel, das zum Zwecke der Ortsveränderung auf die Straße komme. Es ähnele eher einer außengastronomischen Fläche.[866] Damit hielt das OVG Münster zwei vorherige Entscheidungen des VG Düsseldorf[867] aufrecht.

Das Gericht führte jedoch aus, dass bei einem Antrag auf Erteilung einer Sondernutzungserlaubnis die Behörde diese Erlaubnis nicht ohne Weiteres versagen könne. Sie habe im Rahmen ordnungsgemäßer Ermessenserwägungen zu prüfen, ob die Sondernutzung nicht zu bestimmten Zeiten auf bestimmten festgelegten Straßen oder Routen zugelassen werden könne.[868]

---

861 Dazu etwa OVG Münster, Urt. v. 23.11.2011, Az. 11 A 2511/10 – juris, Rn. 3; Südkurier (Ausgabe Konstanz) v. 20.09.2011 zur Situation in Konstanz.

862 OVG Münster, Urt. v. 23.11.2011, Az. 11 A 2511/10 – juris und Parallelentscheidung 11 A 2325/10.

863 OVG Münster, Urt. v. 23.11.2011, Az. 11 A 2511/10 – juris, Rn. 23.

864 OVG Münster, Urt. v. 23.11.2011, Az. 11 A 2511/10 – juris, Rn. 43.

865 OVG Münster, Urt. v. 23.11.2011, Az. 11 A 2511/10 – juris, Rn. 43.

866 OVG Münster, Urt. v. 23.11.2011, Az. 11 A 2511/10 – juris, Rn. 43.

867 VG Düsseldorf, Urt. v. 06.10.2010, Az. 16 K 6710/09 – juris und Parallelentscheidung 16 K 8009/09.

868 OVG Münster, Urt. v. 23.11.2011, Az. 11 A 2511/10 – juris, Rn. 59.

Die von den Betreibern der Bierbikes eingelegte Beschwerde gegen die Nichtzulassung der Revision wurde vom BVerwG zurückgewiesen.[869] Die vom OVG Münster getroffene Tatsachenfeststellung, überwiegende Zweckbestimmung der Bierbikes sei die Durchführung von Partys und ähnlichen Veranstaltungen auf der Straße, sei für das BVerwG nach § 137 Abs. 2 VwGO bindend.[870] Nach diesen Feststellungen sei es nicht angreifbar, die Nutzung von Bierbikes als Sondernutzung einzustufen.[871]

2. Bewertung der Entscheidung

Wie das OVG Münster selbst zutreffend ausführt, ist die Abgrenzung zwischen üblicher und verkehrsfremder Teilnahme am Verkehr hier „schwierig zu beurteilen".[872] Die gleichlautenden Entscheidungen des VG Düsseldorf wurden in der Literatur kritisiert.[873] Gleiches gilt für die Entscheidung des OVG Münster.[874] Denn anderes als bei Gruppen, die in Fußgängerzonen sitzen und Bier trinken, bewegen sich die Menschen auf und mit dem Bierbike tatsächlich fort. Das Gericht führt richtig aus, dass es bei der Beurteilung der Frage, ob hier eine Nutzung zum Verkehr vorliegt, nur auf objektive Merkmale ankommen kann.[875] Das bedeutet, dass die Motive der Teilnahme unberücksichtigt bleiben. Wer nur aus Langeweile mit dem Auto spazieren fährt, strebt trotzdem eine Ortsveränderung zum Verkehr an. Zumindest missverständlich ist es deswegen, wenn das Gericht formuliert, beim Bierbike finde die Verkehrsteilnahme „lediglich äußerlich" statt.[876] Was es damit meint, bleibt unklar. Dabei meint „objektiv" doch gerade die äußerliche Erscheinung, die sich von inneren, subjektiven Beweggründen der Bierbiker unterscheidet. Hier liegt ein Widerspruch in der Entscheidung des OVG Münster.[877]

---

869 BVerwG, NWVBl. 2013, 20.

870 BVerwG, NWVBl. 2013, 20 (21).

871 BVerwG, NWVBl. 2013, 20 (21).

872 OVG Münster, Urt. v. 23.11.2011, Az. 11 A 2511/10 – juris, Rn. 41.

873 *Lund*, DVBl. 2011, 339; *Klenner*, NZV 2011, 234.

874 Etwa *Cornils*, ZJS 2012, 120; *Kümper/Milstein*, GewArch 2012, 180.

875 OVG Münster, Urt. v. 23.11.2011, Az. 11 A 2511/10 – juris, Rn. 31. Für eine Beachtlichkeit auch der subjektiven Zweckbestimmung sprechen sich *Jüngel/Fandrey*, NVwZ 2010, 683 (683) aus.

876 OVG Münster, Urt. v. 23.11.2011, Az. 11 A 2511/10 – juris, Rn. 43.

877 So auch *Kümper/Milstein*, GewArch 2012, 180 (183); *Cornils*, ZJS 2012, 120 (122).

Ein weiterer Widerspruch liegt darin, dass das Gericht sehr wohl auch auf den Zweck der Nutzung abstellt, also nicht lediglich auf objektive, äußere Merkmale. Selbst wenn man den subjektiven Zweck berücksichtigt, liegt das OVG Münster falsch: Die Ortsveränderung dürfte für die Teilnehmer auch einen hohen Stellenwert besitzen.[878] Wollten sie einfach nur gemeinsam Bier trinken, könnten sie genauso gut in eine Gaststätte gehen und die Miete für das Bierbike sparen, die pro Stunde immerhin 100 bis 150 Euro beträgt.[879] Die Ortsveränderung ist gerade der „Witz" bei der Nutzung des Bierbikes. Dafür spricht auch, dass bei einer Fahrtzeit von zwei bis drei Stunden bei durchschnittlich sechs km/h eine erhebliche Strecke zurückgelegt wird oder werden kann.[880] Eben dadurch unterscheidet sich das Bierbike von den Gruppen, die sich stundenlang irgendwo niederlassen, um zusammen zu trinken. Auch das Abspielen von Musik während der Fahrt steht der Fortbewegung nicht entgegen.[881]

Das Gesagte schließt nicht aus, dass die Fahrt mit dem Bierbike in Einzelfällen gegen straßen*verkehrs*rechtliche Verhaltensvorschriften der StVO verstoßen kann. Das ändert nichts an der straßenrechtlichen Beurteilung. Auch der Autofahrer, der zu schnell oder bei „Rot" über die Ampel fährt, betreibt Gemeingebrauch.[882] Allgemeine Anhaltspunkte für Verstöße gegen solche Vorschriften durch Bierbikes gibt es ohnehin nicht. Vor allem gibt es – außer auf Autobahnen, die aber hier keine Rolle spielen – keine Mindestgeschwindigkeiten auf deutschen Straßen. Wenn im Einzelfall straßenverkehrsrechtliche Verstöße begangen werden, müssen (und können) sie mit den üblichen Maßnahmen (Bußgelder etc.) geahndet werden.

Also ist dem OVG Münster nicht Recht zu geben. Die Nutzung des Bierbikes stellt keine Sondernutzung dar, die von den Straßenbehörden auf straßenrechtlicher Grundlage generell untersagt werden kann.[883] Fahrten mit Bierbikes sind daher durch die Straßenbehörden hinzunehmen.

---

878 So auch *Lund*, DVBl. 2011, 339 (341).

879 S. etwa http://www.bierbike-konstanz.de/bierbike-preise.html. Ebenso *Cornils*, ZJS 2012, 120 (122).

880 *Lund*, DVBl. 2011, 339 (341).

881 So auch *Kümper/Milstein*, GewArch 2012, 180 (184).

882 *Cornils*, ZJS 2012, 120 (123); *Kümper/Milstein*, GewArch 2012, 180 (181).

883 Ebenso *Lund*, DVBl. 2011, 339 (341); *Klenner*, NZV 2011, 234 (235).

IV. Ergebnis

Im Einzelfall stehen der Straßenbehörde Maßnahmen nach § 16 Abs. 8 S. 1 StrG zu, um öffentlichen Alkoholkonsum als unerlaubte Sondernutzung zu beenden. Weitere besondere Voraussetzungen sind nicht zu beachten. Zumindest in Nordrhein-Westfalen dürften Bier- oder Partybikes schnell wieder aus dem Straßenbild verschwinden. Dass weitere Städte mit Untersagungsverfügungen folgen werden, ist zu erwarten.[884] Ob andere Obergerichte sich der Ansicht des OVG Münster anschließen werden, ist jedoch aufgrund der genannten Schwächen der Entscheidung zweifelhaft.

C. Zusammenfassung und Bewertung

Das baden-württembergische Straßenrecht bietet den Behörden keine Möglichkeit, durch Satzung den öffentlichen Alkoholkonsum als Sondernutzung zu deklarieren und dadurch mittels genereller Regelung zu untersagen. Sog. Sondernutzungssatzungen können nur Handlungen zum Gegenstand haben, die eine Sondernutzung darstellen. Behörden sind daher darauf beschränkt, im Einzelfall tätig zu werden. Öffentlicher Alkoholkonsum im Straßenraum stellt jedoch grds. keine erlaubnisbedürftige Sondernutzung dar, sondern unterfällt dem Gemeingebrauch. Insbesondere im längeren Aufenthalt zum Alkoholkonsum in Gruppenstärke kann jedoch eine Sondernutzung liegen. Dann ist ein Einschreiten im Einzelfall zulässig.

Straßenrecht eignet sich daher nicht, öffentlichen Alkoholkonsum flächendeckend und weitreichend präventiv zu untersagen. Abstrakt-generelles Verbote sind nicht möglich. Das Straßenrecht ermöglicht erst reaktives Handeln, wenn eine unzulässige Sondernutzung bereits vorliegt.

Zur flächendeckenden, präventiven und abstrakt-generellen Untersagung des Alkoholkonsums bedarf es deshalb des Polizeirechts. Es reicht weiter als das Straßenrecht, da es sich nicht auf öffentliche Straßen und Wege beschränkt. Außerdem kann die Behörde straßenrechtlich nur gegen Alkoholkonsum einschreiten, der eine Sondernutzung darstellt. Wie gezeigt wurde, ist dies nur ausnahmsweise der Fall.

---

884 S. dazu auch Südkurier (Ausgabe Konstanz) v. 20.09.2011 zu Plänen der Stadt Konstanz.

Kapitel Vier: Behördliches Vorgehen gegen den Alkoholkonsum auf kommunalrechtlicher Grundlage

Die dritte möglicherweise einschlägige Rechtsmaterie, um öffentlichen Alkoholkonsum Jugendlicher und junger Erwachsener zu untersagen, stellt das Kommunalrecht dar.

A. Benutzungsregelungen öffentlicher Einrichtungen

Als der VGH Mannheim das Freiburger Alkoholverbot aufhob, wies er darauf hin, es könne „für einzelne öffentliche Einrichtungen eine entsprechende Einrichtungssatzung bzw. Benutzungsordnung erwogen werden.“[885] Dadurch könnte dem öffentlichen Alkoholkonsum möglicherweise begegnet werden. Konkreter wurde er nicht. Welche einzelnen öffentlichen Einrichtungen das sind und wie eine entsprechende Einrichtungssatzung oder Benutzungsordnung aussehen könnte, soll deshalb nachfolgend untersucht werden. Möglicherweise kann auf diese Weise Alkoholkonsum in der Öffentlichkeit untersagt werden.

I. Öffentliche Einrichtungen

1. Öffentliche Einrichtung

Gem. § 10 Abs. 2 GemO[886] schafft die Gemeinde in den Grenzen ihrer Leistungsfähigkeit die für das wirtschaftliche, soziale und kulturelle Wohl ihrer Einwohner erforderlichen öffentlichen Einrichtungen. Diese werden allgemein definiert als jede Zusammenfassung von Personen und Sachen, die von der Gemeinde im Rahmen ihres Wirkungskreises geschaffen wird und dem vom Widmungszweck erfassten Personenkreis nach allgemeiner und gleicher Regelung

---

885 VGH Mannheim, VBlBW 2010, 29 (33).

886 In der folgenden Untersuchung wird von gemeindlichen öffentlichen Einrichtungen ausgegangen. Freilich gibt es auch öffentliche Einrichtungen der Landkreise. § 16 Abs. 1 LKrO entspricht § 10 Abs. 2 GemO. Daher gelten sämtliche Ausführungen auch für öffentliche Einrichtungen der Landkreise.

zur Benutzung offensteht.[887] Es handelt sich also um einen funktionellen Einrichtungsbegriff.[888] Die Weite der Definition ergibt sich aus der praktischen Vielfalt der öffentlichen Einrichtungen.[889] Jeder Einwohner ist grds. zur Benutzung befugt.[890] Für sog. Forensen (Personen, die nicht in der Gemeinde wohnen, aber dort ein Grundstück besitzen oder ein Gewerbe betreiben) ergibt sich das Benutzungsrecht aus § 10 Abs. 3 GemO. Die öffentliche Einrichtung spielt eine zentrale Rolle im Rahmen der kommunalen Daseinsvorsorge. Von der Kinderkrippe bis zum Friedhof deckt sie nicht nur sprichwörtlich das ganze Leben ab. Dies bedeutet jedoch nicht, dass es nur auf diesem Gebiet öffentliche Einrichtungen gibt.

Die Qualität einer öffentlichen Einrichtung erhält sie durch Widmung.[891] Diese ist i.d.R. ein dinglicher Verwaltungsakt und kann auch konkludent bzw. stillschweigend durch faktische Indienststellung erfolgen.[892] Freilich bietet sich zur Rechtssicherheit eine explizite Widmung an.[893] Auch das Mittel der Satzung ist möglich. In der Widmung wird sowohl der Kreis der Nutzungsberechtigten als auch der Zweck festgelegt, dem die Einrichtung dienen soll.[894] Die ursprüngliche Zweckbestimmung und der Benutzerkreis können durch eine andere Vergabepraxis erweitert werden.[895] Die Beschränkung auf Gemeindeeinwohner kann bspw. entfallen, wenn die Einrichtung überörtliche Bedeutung hat. Dies

887 VGH Mannheim, VBlBW 1981, 157 (158); *Gern*, Kommunalrecht BW, Rn. 290. Ähnlich *Erichsen*, Jura 1986, 148 (149); *Frotscher*, HKWP, S. 141. Typische Bspe. für öffentliche Einrichtungen finden sich etwa bei *Dols/Plate*, Kommunalrecht BW, Rn. 134. Zur Entwicklung des Begriffs aus dem Begriff der Gemeindeanstalt s. etwa *Scholz*, Öffentliche Einrichtungen, S. 195 ff.

888 *Dietlein*, Jura 2002, 445 (446).

889 *Axer*, Widmung, S. 143. Er geht jedoch von der Unmöglichkeit einer Definition aus.

890 Zur Auswirkung des Europarechts auf das Einwohnerprivileg, s. etwa *Hoffmann*, Die kommunale Einrichtung, S. 63 ff.

891 S. etwa *Mohr*, Die kommunalen öffentlichen Einrichtungen, S. 16 ff; *Schäfer*, Benutzungsregelung, S. 32.

892 *Gern*, Kommunalrecht BW, Rn. 290; *Erichsen*, Jura 1986, 148 (151); *Axer*, Widmung, S. 145 f. Ausführlich *Hoffmann*, Die kommunale Einrichtung, S. 26 ff.

893 *Becker/Sichert*, JuS 2000, 348 (349).

894 *Axer*, NVwZ 1996, 114 (116).

895 VGH Mannheim, EKBW GemO, § 10 E 84 (3); *Müller*, Kommunalrecht BW, Rn. 112; *Stober*, Kommunalrecht, S. 146.

wird insbesondere dann der Fall sein, wenn die Gemeinde durch die Landesplanung (in geringerem Maße auch durch Regionalplanung) eine zentrale Funktion etwa als Ober- oder Mittelzentrum (bzw. Unter- und Kleinzentrum) einnimmt.[896]

2. In Betracht kommende öffentliche Einrichtungen

Die „klassische" öffentliche Einrichtung ist neben der Wasserversorgung[897] vor allem die Stadthalle[898] oder die Bücherei[899]. Indes werden dort kaum Menschen in der Öffentlichkeit Alkohol trinken. In Betracht kommen stattdessen vor allem Spiel-, Skate- und Bolzplätze, Festplätze, Park- und Grünanlagen, Grillplätze und Badeseen bzw. Strandbäder. Nachfolgend soll zunächst untersucht werden, ob sie jeweils unter den Begriff der öffentlichen Einrichtung i.S. des § 10 Abs. 2 GemO fallen. Andersfalls ist der Weg einer kommunalrechtlichen Benutzungsordnung versperrt.

a) Spiel-, Skate- und Bolzplätze

Spiel-, Skate- und Bolzplätze werden i.d.R. als kommunale öffentliche Einrichtungen betrieben. In einer Reihe von Entscheidungen ging auch der VGH Mannheim davon aus, ohne diese Einstufung näher auszuführen.[900] Sie werden von der Gemeinde zur Benutzung durch die Einwohner geschaffen. Dabei spielt es keine Rolle, dass sie nur von einem bestimmten Personenkreis – bspw. Kinder – benutzt werden oder werden können.[901]

b) Grillplätze

Auch Grillplätze werden zum Alkoholkonsum genutzt. Ihre Abgeschiedenheit macht sie attraktiv. Sie werden von den Kommunen meist als öffentliche Ein-

---

896 Vgl. dazu *Burgi*, Kommunalrecht, § 16 Rn. 23.

897 Ein kommunalrechtlicher „Klassiker" ist hierbei der Anschluss- und Benutzungszwang. S. hierzu *Erichsen*, Jura 1986, 196 (200 ff.).

898 Ein weiterer „Klassiker" ist der Zugang (extremistischer) politischer Parteien zu Stadthallen.

899 Eine Aufzählung weitere Bspe. liefert *Schäfer*, Benutzungsregelung, S. 43.

900 VGH Mannheim, EKBW GemO, § 10 E 88 (4); E 90 (1 f.); E 92 (7 f.). Auch BGH, VersR 1977, 817 (181), geht davon aus.

901 OVG Münster, DVBl. 1971, 218 (218).

richtung betrieben.[902] Gleichzeitig führt ihre Abgeschiedenheit auch dazu, dass sich durch dort stattfindenden Alkoholkonsum kaum jemand gestört fühlen dürfte. Trotzdem können die Hinterlassenschaften (Müll, leere Flaschen) Kommunen zu einem Alkoholverbot veranlassen.

c) Park- und Grünanlagen

Ein großer Teil des öffentlichen Alkoholkonsums findet in Park- und Grünanlagen statt. Probleme bereitet jedoch die Einstufung von Park- und Grünanlagen als öffentliche Einrichtungen. Solche stehen grds. den Einwohnern im Rahmen der Widmung zur Verfügung. Davon abzugrenzen sind daher öffentliche Sachen, die im Gemeingebrauch stehen.[903] Sie stehen nämlich im Rahmen der Widmung allen Menschen zur allgemeinen Nutzung offen.

Der VGH Mannheim urteilte zunächst, dass Grünstreifen entlang einer Straße nicht als öffentliche Einrichtungen zu klassifizieren sind.[904] Ihre Benutzung stünde jedermann – auch Gemeindefremden – jederzeit und unentgeltlich zu. Sie stehen mithin im Gemeingebrauch.

Indes hat diese Rechtsprechung einen Grün*streifen* zum Gegenstand und ist daher nicht ohne Weiteres auf Parks oder Grün*anlagen* übertragbar. Trotzdem hielt das OLG Hamm öffentliche Grünanlagen nicht für öffentliche Einrichtungen. Die sehr kurze Begründung geht davon aus, dass sie jedermann ohne besondere Zulassung zugänglich seien und als Verkehrsfläche daher dem Straßenrecht unterfielen.[905]

Auch Teile der Literatur gehen davon aus, dass es sich bei Grünanlagen nicht um öffentliche Einrichtungen handle, weil sie im straßenrechtlichen Gemeingebrauch stünden.[906] Folgt man dieser Ansicht, ist eine kommunalrechtliche Benutzungsregelung nicht möglich, weil man sonst den straßenrechtlich geregelten Gemeingebrauch durch kommunale Rechtsetzung aushebeln könnte.[907]

---

902 S. etwa VGH Mannheim, EKBW GemO, § 10 E 69 (2).

903 *Schmidt-Jortzig*, Kommunalrecht, Rn. 649.

904 VGH Mannheim, ESVGH 23, 196 (197 f.).

905 OLG Hamm, Beschl. v. 04.05.2010, Az. 3 RBs 12/10 – juris, Rn. 26. Ablehnend *Lenksi*, JuS 2012, 984.

906 *Zielke* in Dieckmann/Heinrichs, S. 89.

907 Zum Gemeingebrauch s. bereits oben ab S. 201.

Die Ansicht geht dabei fälschlicherweise davon aus, dass eine öffentliche Einrichtung nur dann vorliegt, wenn ihre Nutzung einer besonderen förmlichen Zulassung bedarf.[908] Das ist so pauschal unrichtig, denn auch bspw. ein Spiel- oder Grillplatz stellt unstreitig eine öffentliche Einrichtung dar (s.o. S. 223), ohne dass es irgendeiner förmlichen behördlichen Zulassung bedürfe. Die öffentliche Einrichtung zeichnet sich vielmehr dadurch aus, dass sie dem in der Widmung bestimmten Personenkreis zur Nutzung zur Verfügung steht. Eine explizite Zulassung wird nicht vorausgesetzt. Regelmäßig erfolgt sie durch die tatsächliche Benutzungsgewährung.[909] Die Benutzung vieler öffentlicher Einrichtungen ist vielmehr einer gemeingebräuchlichen Nutzung angenähert.[910] Es kann daher nicht – jedenfalls nicht allein[911] – auf das Erfordernis einer Zulassung abgestellt werden, um öffentliche Einrichtungen von öffentlichen Sachen im Gemeingebrauch abzugrenzen.

Eine Abgrenzung könnte stattdessen über den Benutzerkreis erfolgen. Eine öffentliche Straße bspw. steht per Gesetz jedem zur Benutzung frei, ganz gleich, ob er Einwohner der jeweiligen Gemeinde ist oder nicht (s.o. ab S. 203).[912] Daher kann sie nicht gleichzeitig öffentliche Einrichtung sein, als deren Wesensmerkmal die Nutzungsmöglichkeit bevorzugt Gemeindeeinwohnern zusteht (Einwohnerprivileg). Zu beachten ist jedoch, dass die Benutzung einer öffentlichen Einrichtung nicht auf Einwohner beschränkt sein *muss*. Eine Gemeinde kann den Nutzerkreis erweitern.[913] Aus der Privilegierung der Einwohner erwächst keine Diskriminierungspflicht gegenüber Gemeindefremden. Eine treffsichere Abgrenzung ist auf diesem Wege mithin nicht möglich. Jedenfalls steht eine mangelnde tatsächliche Eingeschränktheit des Benutzerkreises der Annahme einer öffentlichen Einrichtung nicht entgegen.

Zur Anwendung des Straßenrechts müssten Park- und Grünanlagen dem Straßenbegriff des § 2 Abs. 1 StrG unterliegen. Das ist indes nicht der Fall. Weder handelt es sich um Straßen, Wege oder Plätze, noch um Nebenanlagen oder

---

908 OLG Hamm, Beschl. v. 04.05.2010, Az. 3 RBs 12/10 – juris, Rn. 25.

909 *Stober*, JA 1975, 737 (738).

910 So schon *Evertz*, Benutzung öffentlicher Einrichtungen, S. 8 f.

911 So *Evertz*, Benutzung öffentlicher Einrichtungen, S. 9.

912 Etwa *Geis*, Kommunalrecht, § 10 Rn. 19.

913 VGH Mannheim, NVwZ-RR 1989, 267 (268); *Geis*, Kommunalrecht, § 10 Rn. 18; *Lange*, HKWP, S. 164; *Gern*, Kommunalrecht BW, Rn. 290.

Zubehör. Parkanlagen werden auch nicht zum öffentlichen Verkehr gewidmet sein, sondern sollen den Benutzern i.d.R. zur Erholung dienen. Die Tatsache, dass es auch in Grünanlagen Wege geben dürfte, führt nicht dazu, die gesamte Anlage als „Weg“ i.S. des § 2 Abs. 1 StrG zu bewerten. Verkehr im engeren Sinne findet dort ohnehin nur zweitrangig statt. Stattdessen spielen dort Kinder Fußball oder veranstalten Familien Picknicks. Oder es findet Alkoholkonsum in Gruppen statt. In vielen Fällen werden Parks zudem durch Einfriedungen (Hecken, Zäune etc.) abgegrenzt, oftmals auch während der Nachtstunden durch Verschließen der Tore gesperrt. Ihre Benutzung soll also bereits durch ihre bauliche Ausgestaltung reglementiert werden.

Nach allem Gesagten stellen Park- und Grünanlagen daher öffentliche Einrichtungen dar.[914]

d) Badeseen, Strandbäder etc.

Badeseen und dort eingerichtete Strandbäder oder Strandbäder an natürlichen Seen oder Flüssen werden überwiegend durch die öffentliche Hand betrieben. Dies kann durch Zweckverbände geschehen oder durch die Kommunen. Im letzteren Fall stellen sie öffentliche Einrichtungen i.S. des § 10 Abs. 2 GemO dar.[915] Wenn ein Zweckverband – bspw. im Rahmen der Wasserversorgung – einen Baggersee betreibt und der Öffentlichkeit zur Verfügung stellt, ist dieser eine öffentliche Einrichtung des Zweckverbands. Gem. § 5 Abs. 2 GKZ finden die Vorschriften der GemO auf ihn entsprechende Anwendung.

Zweifelsfrei keine öffentlichen Einrichtungen sind indes Uferpromenaden, da sie als öffentliche Straßen i.S. des § 2 Abs. 1 StrG dem Straßenrecht unterliegen.

e) Friedhöfe

In selteneren Fällen wird auch auf gemeindlichen Friedhöfen Alkohol getrunken. Auch sie stellen öffentliche Einrichtungen dar.[916] Gemeinden erlassen

---

914 Das setzt auch *Scheidler*, NuR 2007, 383 (385), voraus. Ebenso wohl auch *Evertz*, Benutzung öffentlicher Einrichtungen, S. 9. Ausdrücklich: *Lange*, HKWP, S. 164. In Einzelfällen kann das Ergebnis anders lauten, wenn die Gestaltung und die Lage der Grünanlage eher für die Einteilung als Straße, Weg oder Platz sprechen. Ebenso auch *Lenski*, JuS 2012, 984 (988).

915 Davon geht auch BGH, VersR 1989, 155 (156) aus.

916 S. nur VGH Mannheim, EKBW GemO, § 10 E 1 (1).

Friedhofsordnungen, um der Würde des Orts angemessenes Verhalten sicherzustellen. Zwecks eines Friedhofs ist es, sowohl eine angemessene und geordnete Leichenbestattung als auch eine pietätvolle und würdige Totenehrung zu ermöglichen.[917] Kirchliche Friedhöfe sind keine kommunalen öffentlichen Einrichtungen, da sie nicht von der Gemeinde zur Verfügung gestellt werden.

f) Zwischenergebnis

Bei sämtlichen vorgenannten Einrichtungen handelt es sich somit um öffentliche Einrichtungen i.S. des § 10 Abs. 2 GemO.

II. Regelung der Benutzung

1. Grundlagen

Liegt eine öffentliche Einrichtung vor, kann die Gemeinde deren Benutzung in zweierlei Hinsicht reglementieren. Kurz gesprochen handelt es sich dabei um das „Ob" und das „Wie" der Benutzung, falls der überwiegenden Ansicht gefolgt und die sog. Zwei-Stufen-Theorie verwendet wird.[918] Es wird zwischen der Zulassung und der eigentlichen Benutzung getrennt, was gelegentlich als unsinnige Trennung eines einheitlichen Lebensvorgangs bezeichnet wird.[919] Die Zulassung soll immer öffentlich-rechtlich sein, während die Benutzung auch privatrechtlich ausgestaltet werden kann.[920] Diese Wahlfreiheit im Benutzungsverhältnis ergibt sich – vorbehaltlich besonderer gesetzlicher Regelungen – aus der gemeindlichen Organisationshoheit.[921]

2. Rechtsgrundlage

Die Kommune kann eine öffentlich-rechtliche Benutzungsordnung als Satzung oder Allgemeinverfügung erlassen.[922] Das Mittel des öffentlich-rechtlichen Vertrags ist theoretisch auch wählbar, eignet sich aber zur Abwicklung von Massenbenutzungen in den hier interessierenden öffentlichen Einrichtungen nicht.

---

917 VGH Mannheim, EKBW GemO, § 10 E 1 (3).

918 *Maurer*, Allg. Verwaltungsrecht, § 3 Rn. 26.

919 Vgl. bspw. *Axer*, Widmung, S. 174 ff.

920 *Dietlein*, Jura 2002, 445 (451).

921 *Becker/Sichert*, JuS 2000, 144 (145).

922 *Bartels*, Benutzung öffentlicher Einrichtungen, S. 232; *Ehlers*, DVBl. 1986, 912 (921).

Das Schriftformerfordernis des § 57 LVwVfG macht dieses Vorgehen praktisch unmöglich.[923] Die Kommune schließt nicht mit jedem Benutzer eines Spielplatzes einen schriftlichen Vertrag, in dem sie die Benutzungsbedingungen vereinbart. Die folgenden Ausführungen beschränken sich daher auf Satzungen und Allgemeinverfügungen.

a) Satzungen

Ausfluss des Selbstverwaltungsrechts der Kommunen gem. Art. 28 Abs. 2 S. 1 GG sowie Art. 71 Abs. 1 LV ist die Satzungsautonomie.[924] Diese ist einfachgesetzlich ausgestaltet: Der Gemeinde steht nach § 4 Abs. 1 GemO ein umfangreiches Satzungsrecht in weisungsfreien Angelegenheiten zu. Dazu gehören auch die öffentlichen Einrichtungen. Da sie eine Leistung der Kommune an ihre Bürger darstellen, kann diese deren Umfang grds. selbst bestimmen.[925] Daher kann die Gemeinde die Benutzung ihrer öffentlichen Einrichtungen durch Satzung regeln. Eine besondere Ermächtigungsgrundlage bzgl. öffentlicher Einrichtungen kennt das baden-württembergische Recht nicht, deren Rechtsgrundlage ist dann direkt § 4 Abs. 1 GemO. Die öffentlichen Einrichtungen können dann nicht mehr privatrechtlich betrieben werden, was bei den hier vor allem interessierenden nicht sinnvoll wäre. Diese Problematik stellt sich etwa bei der Überlassung von Stadthallen. Wird dort ein privatrechtliches Benutzungsverhältnis gewählt, werden die Benutzungsbedingungen vertraglich (meist unter Benutzung von allgemeinen Geschäftsbedingungen) geregelt.[926] Bei öffentlich-rechtlicher Ausgestaltung bietet sich außerdem an, Widmung, Zulassung und Benutzung in einer einzigen Satzung zu regeln.

b) Allgemeinverfügungen

Gleichzeitig kommt auch das Mittel der Benutzungsregelung durch Allgemeinverfügung gem. § 35 S. 2 3. Alt. LVwVfG in Betracht.[927] Sie ist ein Unterfall

---

923 So auch *Bartels*, Benutzung öffentlicher Einrichtungen, S. 233; *Ehlers*, DVBl. 1986, 912 (921).

924 *Becker/Sichert*, JuS 2000, 144 (147); *Möstl* in Erichsen/Ehlers, Allg. Verwaltungsrecht, § 20 Rn. 11.

925 *Roth*, Öffentliche Einrichtungen, S. 209.

926 *Gern*, Kommunalrecht BW, Rn. 301.

927 Vereinzelt wird § 35 S. 2 VwVfG lediglich in 2 Alt. geteilt, s. *Henneke* in Knack/Henneke, VwVfG, § 35 Rn. 131.

der adressatenbezogenen Allgemeinverfügung. Ihre Adressaten sind die Benutzer der öffentlichen Einrichtung.[928] Erforderlich ist gem. § 35 S. 2 3. Alt. LVwVfG, dass eine „Sache" vorliegt. Nach ihrer Definition sind öffentliche Einrichtungen (s.o. S. 221) Zusammenfassungen von Personen und Sachen. Wenn die öffentliche Einrichtung „Sachen" voraussetzt, stellt sie auch selbst eine „Sache" i.S. des Vorschrift dar. Sie sind also einer solchen Benutzungsregelung zugänglich.[929]

3. Verfahren und Form

Der Erlass von Satzungen, die die Benutzung öffentlicher Einrichtungen regeln, richtet sich nach den allgemeinen Vorschriften, die für jede Satzung i.S. des § 4 Abs. 1 GemO gelten. Besonderheiten sind nicht zu beachten. Ihre Beschlussfassung kann gem. § 39 Abs. 2 Nr. 3 GemO nicht auf beschließende Ausschüsse des Gemeinderats – und dementsprechend auch nicht auf den Bürgermeister, § 42 Abs. 2 Nr. 3 GemO – übertragen werden. Vielmehr muss der Gemeinderat einen solchen Beschluss treffen.

Die Allgemeinverfügung unterliegt mit wenigen Ausnahmen denselben Vorschriften wie der einfache Verwaltungsakt und ist insofern einfacher zu erlassen als die Satzung.[930] Dadurch ist sie möglicherweise für die Gemeinden interessanter. Gerade bei unbedeutenden öffentlichen Einrichtungen wie Grillplätzen wird sich der Erlass einer Satzung als zu kompliziert und langwierig erweisen. Bei komplexen Benutzungsregelungen bietet sich hingegen die Satzung an.[931] Ebenso kann eine gemeinsame Regelung für sämtliche betriebenen öffentlichen Einrichtungen einer Kategorie (etwa für alle Grillplätze) erlassen werden.

4. Inhalt

Benutzungsordnungen, die bestimmte als störend empfundene und die ungestörte Nutzung durch andere Einwohner beeinträchtigende Verhaltensweisen unter-

928 *Maurer*, Allg. Verwaltungsrecht, § 9 Rn. 32. Unter diese Variante fallen auch die lange Zeit umstrittenen Verkehrsschilder.

929 S. auch *Schäfer*, Benutzungsregelung, S. 81.

930 Abweichend zum VA kann die Allgemeinverfügung gem. § 41 Abs. 3 S. 2 VwVfG öffentlich bekannt gegeben werden, wodurch gem. § 39 Abs. 2 Nr. 5 VwVfG das Bedürfnis einer Begründung entfällt.

931 Vgl. *Maurer*, Allg. Verwaltungsrecht, § 9 Rn. 32 a.E.

sagen, sind nicht außergewöhnlich. In jüngerer Zeit wurden im Rahmen des auf allen staatlichen Ebenen betriebenen Nichtraucherschutzes etwa Rauchverbote in den allermeisten öffentlichen Einrichtungen eingeführt, zumindest innerhalb von Gebäuden. Es ist zudem bspw. üblich, in Grünanlagen die Verunreinigung durch Hundekot zu untersagen bzw. die Verursacher zu dessen Beseitigung zu verpflichten.[932] Ebenso werden für Spielplätze i.d.R. Benutzungszeiten bzw. Zeiten, in denen sie nicht genutzt werden dürfen, oder Altersgrenzen festgelegt.[933]

Die Gemeinden haben bei der Aufstellung öffentlich-rechtlicher Benutzungsregeln einen weiten Gestaltungsspielraum.[934] Dieser ist nicht jedoch grenzenlos, sondern findet seine Schranken im Willkürverbot und dem Einrichtungszweck.[935] Alkoholverbote sind belastende Benutzungsregelungen, die durch den Einrichtungszweck gerechtfertigt sein müssen. Das ist der Fall, wenn sie dazu dienen sollen, die vorgesehene Nutzung durch andere Personen bzw. die Funktionsfähigkeit der Einrichtung insgesamt zu erhalten oder andere Benutzer zu schützen.[936]

Alkoholgenuss kann – wie bereits ausführlich dargelegt, s.o. ab S. 121 – zu typischen Folge- und Begleiterscheinungen führen. Diese können die Benutzung einer öffentlichen Einrichtung durch andere Personen beeinträchtigen oder diese von der Nutzung abhalten. Öffentliche Einrichtungen können außerdem durch Trinkergruppen zweckentfremdet werden.[937] Wenn sich Personen auf Spielplätzen betrinken, werden kaum noch kleine Kinder dort spielen, sondern sich fernhalten. Die dem Alkoholkonsum erfahrungsgemäß häufig folgende Verschmutzung genügt bereits, den Alkoholkonsum zu untersagen. So hat der BGH ein Rauchverbot der Berliner Verkehrsbetriebe in U-Bahnhöfen und -zügen für rechtmäßig erachtet, weil es (auch) dazu diene, Verschmutzungen zu verhindern, deren Beseitigung hohe Kosten verursacht.[938] Diese Überlegungen müssen auch für den Alkoholkonsum gelten. Gleichzeitig kann Vermüllung auch die Funkti-

---

932 S. dazu *Scheidler*, NuR 2007, 383 (385).

933 S. dazu etwa VGH Mannheim, EKBW GemO, § 10 E 88 (1 f.) bzw. E 90 (1 f.).

934 *Gern*, Kommunalrecht BW, Rn. 301.

935 VGH Mannheim, EKBW GemO, § 10 E 1 (3); *Gern*, Kommunalrecht BW, Rn. 301.

936 Etwa *Finger*, Die offenen Szenen der Städte, S. 236.

937 Auch *Finger*, Die offenen Szenen der Städte, S. 238.

938 BGHZ 79, 111 (insb. 116).

onsfähigkeit bestimmter öffentlicher Einrichtungen stören. Scherben von zerbrochenen Glasflaschen machen die Benutzung von Spiel- oder Bolzplätzen unmöglich. Für Friedhöfe müssen besonders strenge Maßstäbe gelten. Da sie eine besonders würdevolle Umgebung bieten sollen, können Verhaltensweisen, die dieser Würde entgegenstehen, verboten werden.

Anders als beim Erlass von Polizeiverordnungen muss in öffentlichen Einrichtungen keine Gefahr für die öffentliche Sicherheit oder Ordnung vorliegen. Daher kann der Alkoholkonsum hier unter weniger strengen Voraussetzungen verboten werden. Auch wer das Vorliegen einer Gefahr durch Alkoholkonsum grds. verneint, kommt also hier zum selben Ergebnis.[939]

Verstöße gegen Art. 3 Abs. 1 GG kommen wiederum nicht in Betracht. Alkoholverbote richten sich nicht gegen bestimmte Randgruppen, sondern sind von jedem zu achten und insofern neutral. Ein Verstoß liegt auch dann nicht vor, wenn – wie wohl regelmäßig der Fall sein wird – der Verzehr sonstiger Speisen und Getränke erlaubt ist. Dieser zieht nicht die Folgen nach sich, die der Alkoholkonsum bringt, weshalb eine Differenzierung zulässig ist.[940]

5. Bestimmtheit

Auch benutzungsregelnde Satzungen müssen dem Bestimmtheitsgebot entsprechen. Insofern ist auf die Ausführungen ab S. 148 zu verweisen. Zu empfehlen ist es, in der öffentlichen Einrichtung den Konsum von Alkohol generell oder ab einer bestimmten Uhrzeit zu untersagen. Dann stellen sich keine Probleme hinsichtlich der Bestimmtheit.

---

939 So z.B. *Finger*, Die offenen Szenen der Städte, S. 238.

940 Vgl. dazu bereits BGHZ 79, 111 (116).

B. Ergebnis

In öffentlichen Einrichtungen lässt sich Alkoholkonsum durch eine Benutzungsordnung verbieten. Diese kann als Allgemeinverfügung oder Satzung ergehen. Auch für Alkoholverbote in öffentlichen Einrichtungen gilt, dass sie überwacht und ggf. durchgesetzt werden müssen, um Wirkung zu entfalten. Dazu kommen die üblichen Instrumente in Betracht, die schon oben ab S. 167 ausgeführt wurden. Das bedeutet, dass die Voraussetzungen eines Alkoholverbots durch Benutzungsregelung in öffentlichen Einrichtungen geringer sind als bei einer Polizeiverordnung. Ist nur eine öffentliche Einrichtung vom Alkoholkonsum betroffen, ist es daher angezeigt, ausschließlich kommunalrechtlich vorzugehen. Eine Polizeiverordnung ist dann nicht nötig. Wenn aber – wie es der Regelfall sein wird – auch umliegende Bereiche von Menschen zum Trinken genutzt werden, reicht die Benutzungsregelung nicht aus. Dann muss für diese Bereiche (zusätzlich) polizeirechtlich gehandelt werden.

Kapitel Fünf: Behördliches Vorgehen gegen den Alkoholverkauf

Nicht nur vereinzelt haben Behörden Einschränkungen im Alkoholverkauf zum Ziel ihres Handelns gemacht. Dahinter steht die Erkenntnis, dass öffentlicher Alkoholkonsum eingedämmt werden kann, wenn der Zugang zum Alkohol erschwert wird. Ohne Alkohol kein Alkoholkonsum. Vor allem aus diesem Grund hat das Land Baden-Württemberg durch Gesetz den Verkauf von Alkoholika in Verkaufsstellen zwischen 22.00 und 6.00 Uhr untersagt (s.o. ab S. 82).

Zu untersuchen bleibt, ob dessen ungeachtet auch Behörden gegen den Alkoholverkauf vorgehen können. Freilich kann eine kommunale Behörde nicht schlichtweg den Alkoholverkauf verbieten. Möglicherweise stehen ihr jedoch Mittel zur Verfügung, jedenfalls zu bestimmten Anlässen oder aufgrund bestimmter Ursachen oder zeitlich beschränkt Alkoholverkaufsverbote auszusprechen und durchzusetzen. Diese Möglichkeiten sollen im Folgenden untersucht werden.

Es kommen unterschiedliche Gründe für solche Verkaufsverbote in Betracht, die auch unterschiedlich beurteilt werden müssen. Erstens könnte eine Behörde das Ziel haben, den Verkauf von Alkohol etwa ab einer bestimmten Uhrzeit jeden Tag zu verbieten. Das kann den Straßenverkauf von Gaststätten betreffen oder den Verkauf aus Ladengeschäften. Angelegt wären solche Verbote auf Dauer, weshalb sie nachfolgend als „dauerhafte" Einschränkungen bezeichnet werden. Demgegenüber kann eine Behörde auch andere Motive oder Ziele haben: Etwa anlässlich eines Festes oder anderer kurzzeitiger Ereignisse, bspw. während der Dauer von Fußballspielen oder während des Karnevals. Diese Einschränkungen sind also „vorübergehend und/oder anlassbezogen" und werden unter dieser Bezeichnung untersucht.

A. Dauerhafte Einschränkungen des Alkoholverkaufs

Nachfolgend soll zunächst untersucht werden, welche Möglichkeiten bestehen, dauerhafte Alkoholverkaufseinschränkungen vorzunehmen. „Dauerhaft" ist nicht so zu verstehen, dass ununterbrochen der Verkauf beschränkt werden soll, sondern über einen längeren kalendarischen Zeitraum hinweg, jedoch jeweils nicht den ganzen Tag über. Dabei wird zu unterscheiden sein zwischen einem

Vorgehen durch abstrakt-generelle Polizeiverordnung und behördliche Anordnungen im Einzelfall auf ladenschlussrechtlicher Grundlage.

I. Durch Polizeiverordnung

Zunächst kommt wiederum das Mittel der Polizeiverordnung in Betracht. Die allgemeinen Voraussetzungen zu ihrem Erlass wurden oben (ab S. 103) ausführlich betrachtet, weshalb auf diese Ausführungen zu verweisen ist.

1. Die Ansicht des OVG Bautzen: Verkaufsverbot ist zulässig

Durch Polizeiverordnung kann die Behörde den Alkoholverkauf nur dann untersagen oder einschränken, wenn er eine abstrakte Gefahr für die öffentliche Sicherheit oder Ordnung darstellt. Grundsätzlich ist das nicht der Fall, denn der Verkauf alkoholischer Getränke ist erlaubt. Möglicherweise gibt es jedoch Ausnahmen:

Ein solches Alkoholverkaufsverbot war Gegenstand einer Entscheidung des OVG Bautzen.[941] Die Landeshauptstadt Dresden untersagte Schank- und Speisewirtschaften mittels einer Polizeiverordnung in einem näher bestimmten Gebiet in der Äußeren Neustadt den Verkauf alkoholischer Getränke über die Straße in den Nächten von Freitag auf Samstag und Samstag auf Sonntag zwischen 22.00 und 5.00 Uhr.[942] Zum Verzehr innerhalb der Räumlichkeiten ist der Ausschank zulässig. Ziel des Verbots sind sog. Spätshops, die in Dresden üblich, im süddeutschen Raum hingegen weniger bekannt sind. In Westdeutschland werden sie als Trinkhallen bezeichnet. Sie öffnen am späten Nachmittag und schließen in den frühen Morgenstunden. Sie sind Gaststättengewerbe i.S. des § 1 LGastG i.V. mit § 1 Abs. 1 GaststG, weshalb sie nicht dem Ladenschluss unterliegen. Hauptsächlich verkaufen sie Getränke und Imbisse, wobei der Verkauf über die Straße i.S. des § 1 LGastG i.V. mit § 7 Abs. 2 GaststG dominiert. Das steht der Einordnung als Gaststätte nicht entgegen.[943] Grund für das Verbot waren Ausschreitungen, Körperverletzungen und Sachbeschädigungen, die fast jedes Wo-

941 OVG Bautzen, VD 2008, 21.

942 PolVO abrufbar unter http://www.dresden.de/media/pdf/satzungen/polizeiverordnung_alkoholabgabeverbot_neustadt.pdf.

943 Zur Einordnung als Gaststätte näher *Kosmider*, GewArch 1987, 281 (282).

chenende durch alkoholisierte Personen verübt worden seien, die sich bei den Spätshops versorgten.[944]

Das OVG Bautzen hatte sich mit der Verordnung im Verfahren des § 47 Abs. 6 VwGO zu beschäftigen, also im Rahmen eines Antrags auf Erlass einer einstweiligen Anordnung. Die dort vorzunehmende Folgenabwägung falle zulasten der Antrag stellenden Gaststättenbetreiber aus.[945] Auf die Frage, ob eine abstrakte Gefahr für die öffentliche Sicherheit vorliegt, ging das Gericht nicht ein, sondern scheint davon auszugehen. Die Geeignetheit der Polizeiverordnung lasse sich nicht mit Sicherheit beantworten.[946] Eine Hauptsacheentscheidung erging, soweit ersichtlich ist, nicht.

2. Bewertung der Entscheidung: Verkaufsverbot ist unzulässig

Der Entscheidung der OVG Bautzen ist nicht zuzustimmen.

a) Anwendbarkeit des allgemeinen Polizeirechts?

aa) Keine Sperrwirkung durch das LGastG

Konzessionierte Schank- und Speisewirtschaften unterfallen in erster Linie dem besonderen Gaststättenrecht. Daher stellt sich zunächst die Frage, ob allgemeines Polizeirecht überhaupt zur Anwendung gelangt. Das ist für die polizeiliche Generalklausel der §§ 1, 3 PolG der Fall, wenn das GaststG keine speziellen Ermächtigungsgrundlagen bietet.[947] Für die verordnungsrechtliche Generalklausel kann nichts anderes gelten. In Fällen wie dem o.g. soll möglichen abstrakten Gefahren begegnet werden, die sich außerhalb der Gaststätte verwirklichen. Hierfür steht § 1 LGastG i.V. mit § 19 GaststG nicht zur Verfügung. Danach sind nur zu besonderen Anlässen und bei konkreten Gefahren Beschränkungen des Ausschanks zulässig.[948] Abstrakte Verbote ohne besondere Anlässe und ohne konkrete Gefahren sind danach nicht möglich.[949]

---

944 S. hierzu die ausführliche Darstellung bei OVG Bautzen, Beschl. v. 27.09.2007, Az. 3 BS 100/07 – juris, Rn. 10.

945 OVG Bautzen, VD 2008, 21 (22).

946 OVG Bautzen, VD 2008, 21 (22 f.).

947 *Michel/Kienzle/Pauly*, GaststG, § 2 Rn. 24.

948 Dazu sogleich ab S. 246.

949 *Pöltl*, GaststG, § 19 Rn. 8.

Das Gaststättenrecht bietet also keine Möglichkeit, derartige Verbote zu erlassen. Eine gaststättenrechtliche Verordnungskompetenz gibt es hierfür nicht. Daher könnte grds. auf das allgemeine Polizeirecht zum Erlass einer Polizeiverordnung zurückgegriffen werden.

bb) Sperrwirkung durch das Alkoholverkaufsverbotsgesetz für Verkaufsstellen i.S. des § 2 Abs. 1 LadÖG

Zu untersuchen ist weiterhin die Frage, welche Auswirkungen der Erlass des Alkoholverbotsgesetzes[950] auf die Anwendbarkeit des allgemeinen Polizeirechts hat. Wenn § 3a LadÖG den Alkoholverkauf zwischen 22 und 5 Uhr verbietet, liegt darin gleichzeitig die landesgesetzliche Aussage, dass außerhalb dieser Zeiten der Alkoholverkauf zulässig ist. Dabei stellt sich die Frage, ob eine Ortspolizeibehörde durch eine Polizeiverordnung diesen Alkoholverkauf einschränken kann. Ausweislich der Gesetzesbegründung hielt der Gesetzgeber den Alkoholverkauf zwischen 22 und 5 Uhr für gefährlich und für die Ursache von Gewaltkriminalität. Zu dieser Zeit geschehen die große Mehrzahl der Gewalt- und Widerstandsdelikte.[951] Dies belege, dass alkoholbeeinflusste Gewalttaten überproportional in den Abend- und Nachtstunden begangen werden.[952] Das nächtliche Alkoholverkaufsverbot wurde ausdrücklich zum Schutz der öffentlichen Sicherheit und Ordnung erlassen. Das folgt bereits aus dem offiziellen Gesetzestitel.[953] Es handelt sich also um eine im Kern polizeirechtliche Vorschrift. Daraus folgt, dass der Alkoholverkauf zu anderen Zeiten vom Landesgesetzgeber nicht als gefährlich eingestuft wird, sondern zulässig sein soll. Diese Wertung des Gesetzgebers kann durch eine kommunale Polizeiverordnung nicht durchbrochen werden. Dieser Befund wird auch durch § 3a Abs. 3 LadÖG deutlich: Danach können auf Antrag der Gemeinden die Regierungspräsidien Ausnahmen vom Verbot erlassen, wenn die vom Gesetz verfolgten Belange gewahrt bleiben. Ein Abweichen ist also nur in der Weise vorgesehen, dass das Verbot unter diesen Voraussetzungen gelockert werden kann. Eine Verschärfung des Verbots sieht das Gesetz nicht vor. Weil das Gesetz ein polizeirechtliches Ziel verfolgt und damit eine besondere und abschließende polizeirechtliche Regelung darstellt,

---

950 Dazu bereits oben ab S. 82.

951 LT-Drs. 14/4850, S. 7.

952 LT-Drs. 14/4850, S. 7.

953 Gesetz zur Abwehr alkoholbeeinflusster Störungen der öffentlichen Sicherheit und Ordnung während der Nachtzeit und zum Schutz vor alkoholbedingten Gesundheitsgefahren, s. LT-Drs. 14/4850, S. 4.

kann unter Rückgriff auf das allgemeine Polizeirecht keine Abweichung zum Nachteil der Verkäufer durch Polizeiverordnung erfolgen.

Die Sperrwirkung gilt nur für Verkaufsstellen i.S. des § 2 Abs. 2 LadÖG, da nur sie vom Gesetz überhaupt erfasst werden. Für Gaststätten gilt § 3a LadÖG nicht.

b) Kein Vorliegen einer abstrakten Gefahr für die öffentliche Sicherheit oder Ordnung

Weiterhin liegt entgegen dem OVG Bautzen im Alkoholverkauf keine abstrakte Gefahr für die öffentliche Sicherheit oder Ordnung. Im betroffenen Gebiet ist der öffentliche Alkohol*konsum* nicht verboten, lediglich der Alkoholverkauf. Dabei kann nach hier vertretener Ansicht der Alkoholkonsum an den Abenden der Wochenenden eine abstrakte Gefahr für die öffentliche Sicherheit darstellen, soweit er typischerweise zu Delinquenz führen kann.[954] Der Alkoholkonsument wird durch den Alkohol enthemmt und im Zusammenspiel mit anderen aggressionsfördernden Faktoren (Gruppenbildung etc.) können im Einzelfall Gefahren für die öffentliche Sicherheit entstehen. Der Alkoholverkauf steht in der Handlungskette *vor* dem Konsum. Wenn der Konsum von Alkoholika nicht verboten ist, weil er offenbar nicht als abstrakte Gefahr betrachtet wird, kann der Verkauf nicht untersagt werden. Das bedeutet, dass auch in den Bundesländern, die kein gesetzliches Alkoholverkaufsverbot beschlossen haben, ein Einschreiten durch Polizeiverordnung nicht möglich ist. Das unterscheidet ein Alkoholverkaufsverbot von einem Glasflaschenverkaufsverbot. Das Wegwerfen dieser Glasflaschen ist untersagt, sodass die Verkäufer von Glasflaschen unter Umständen als Zweckveranlasser in Frage kommen.[955]

Ein auf eine Polizeiverordnung gestütztes Alkoholverkaufsverbot für Gaststätten ist daher nicht möglich. Der Gefahrenbegriff würde – anders als bei Alkoholkonsumverboten – tatsächlich uferlos.

---

954 Dazu oben ab S. 104.

955 Dazu bereits ausführlich oben ab S. 159.

II. Durch Einzelverfügung auf ladenschlussrechtlicher Grundlage

Weiterhin ist denkbar, eine Einschränkung des Alkoholverkaufs auf ladenschlussrechtlicher Grundlage vorzunehmen.

Im Rahmen der sog. Föderalismusreform ging zum 01.09.2006 die Gesetzgebungskompetenz für das Ladenschlussrecht vom Bund auf die Länder über. Dies geschah durch Streichung der damaligen Zuständigkeit aus der konkurrierenden Gesetzgebung in Art. 74 Abs. 1 Nr. 11 GG.

Baden-Württemberg hat wie viele andere Länder zügig von der neu erworbenen Kompetenz Gebrauch gemacht und zum 06.03.2007 das Ladenöffnungsgesetz in Kraft gesetzt. Es ersetzte das bis dahin nach Art. 125a Abs. 1 GG weiterhin gültige Ladenschlussgesetz des Bundes. Offenbar sollte bereits durch den neuen Gesetzesnamen die neue Zielrichtung offenkundig werden:[956] Die Ladenschlusszeiten wurden weitgehend aufgehoben. Damit folgte Baden-Württemberg langjährigen Forderungen nach einer Ausweitung der Öffnungszeiten.[957] Gem. § 3 Abs. 1 LadÖG dürfen Verkaufsstellen geöffnet sein, wenn nicht Regelungen dieses Gesetzes entgegenstehen. Laut Abs. 2 ist dies an Sonn- und Feiertagen[958] der Fall. Daraus ergibt sich, dass an Werktagen – mit Ausnahme des 24. Dezember – die Ladenöffnung freigegeben ist. Die Regelungen in anderen Bundesländern sind ähnlich. Zuvor mussten gem. § 3 Nr. 2 LadSchlG Verkaufsstellen werktags zwischen 20 und 6 Uhr geschlossen bleiben.[959]

Dadurch war bis zum Erlass des bereits erwähnten Alkoholverkaufsverbotsgesetzes[960] erstmals der Verkauf alkoholischer Getränke rund um die Uhr möglich.

---

956 LT-Drs. 14/674, S. 14.

957 S. *Kollmer*, GewArch 1997, 92 (93); *Schommer*, GewArch 1999, 353 (345 f.).

958 Außerdem am 24. Dezember ab 14 Uhr.

959 Zur Entwicklung der 80er und frühen 90er Jahre („langer Donnerstag" und „langer Samstag") s. *Jahn*, JuS 1995, 589 (590). Zur Novelle von 1996 ausführlich *Kollmer*, Neues Ladenschlussrecht 1996, GewArch 1997, 92 (93 f.). Zur Entwicklung auch kritisch *Stober*, Bes. Wirtschaftverwaltungsrecht, § 50 II 1, S. 167 f.

960 S. dazu bereits oben ab S. 82.

Tatsächlich hingegen konnte bereits zuvor auch während der früheren Ladenschlusszeiten Alkohol etwa an Tankstellen erworben werden. Diese haben seit einigen Jahren ihr Sortiment und ihren durch Alkoholverkauf erzielten Umsatz stetig erweitert.[961] Ihnen ist durch die Ausnahmeregelung des § 5 Abs. 1 LadÖG auch während der Ladenschlusszeiten die Öffnung gestattet.[962] Sie werden gegenüber anderen Verkaufsstellen privilegiert. Zu dieser Zeit ist jedoch nach Abs. 2 nur die Abgabe von Ersatzteilen für Kraftfahrzeuge, Betriebsstoff und Reisebedarf zulässig. Reisebedarf wird durch § 2 Abs. 4 LadÖG definiert.[963] Darin besteht zwischen dem alten Bundes- und dem seither verschiedentlich ergangenen Landesrecht kein Unterschied. Die Einfügung des „Reisebedarfs" in § 6 Abs. 2 LadSchlG erfolgte 1996 als Reaktion auf ein Urteil des BVerwG, nach dem im Lichte des Art. 12 Abs. 1 S. 1 GG der Verkauf von Reisebedarf zulässig sein müsse.[964]

Zuständig für die Überwachung des Gesetzes ist nach § 14 Abs. 1 LadÖG die Gemeinde. Sie kann nach § 13 Abs. 2 LadÖG die erforderlichen Maßnahmen zur Erfüllung der sich aus diesem Gesetz ergebenden Pflichten anordnen. Es handelt sich dabei um eine Ermächtigungsgrundlage. Sie setzt vor dem Anwendungsbereich der polizeilichen Generalklausel der §§ 1, 3 PolG an: Sie setzt nicht das Vorliegen einer polizeilichen Gefahr voraus. Die Voraussetzungen eines Eingreifens sind geringer. Maßnahmen müssen lediglich im Zusammenhang mit der Überwachung der Einhaltung des Gesetzes erforderlich sein. Dazu genügt etwa die Befürchtung, dass ein Betreiber einer Verkaufsstelle das LadÖG nicht einhält.[965] Das Ladenschlussrecht kennt hingegen keine Verordnungser-

---

961 *M. Müller* in Stober, LadSchlG, § 6 Rn. 17; *Schunder*, Das LadSchlG, S. 118. Näher dazu *Jahn*, JuS 1995, 589 (590). *Heckmann*, Ladenschlussrecht, Rn. 11, spricht sogar von der „faktischen Mutierung zu Spätverkaufsstellen".

962 Tankstellen an Bundesautobahnen werden über § 15 FStrG erfasst und gesondert privilegiert. S. dazu etwa *H. Müller* in Müller/Schulz, FStrG, § 15 Rn. 26.

963 Danach umfasst er Zeitungen, Zeitschriften, Straßenkarten, Stadtpläne, Reiselektüre, Schreibmaterialien, Tabakwaren, Schnittblumen, Reisetoilettenartikel, Träger für Bild- und Tonaufnahmen, Bedarf für Reiseapotheken, persönlichen Witterungsschutz, Reiseandenken und Spielzeug geringeren Wertes, Lebens- und Genussmittel in kleineren Mengen sowie ausländische Geldsorten.

964 BVerwGE 94, 244 (246 ff.). Kritisch zur Begründung durch das Gericht *Jahn*, JuS 1995, 589 (593), und *Stober*, JZ 1996, 541 (546); *M. Müller* in Stober, LadSchlG, § 6 Rn. 5; *Schunder*, NJW 1994, 1773 (1773); wohl auch *Kollmer*, GewArch 1997, 92 (96).

965 *Sitsen*, DVBl. 2009, 792 (792).

mächtigung. Ein abstrakt-generelles Handeln durch die Gemeinden auf ladenschlussrechtlicher Grundlage ist nicht möglich. Sie müssen auf Einzelmaßnahmen zurückgreifen, wie im folgenden Beispiel:

Gestützt auf die Ermächtigungsgrundlage des § 14 Abs. 2 LadÖffnG RP[966] unter Verweis auf § 6 LadÖffnG RP[967] erließ die zuständige Behörde eine an mehrere Tankstellenbetreiber gerichtete Verfügung, die den Alkoholverkauf in der Zeit von 22 bis 06 Uhr untersagte. Gem. § 3 Nr. 2 LadÖffnG RP gilt während dieser Zeiten der Ladenschluss. Ausgenommen wurden durch die Verfügung bestimmte Höchstmengen von Alkoholika verschiedenen Alkoholgehalts, die an „Reisende, d.h. Kraftfahrer/innen und deren Mitfahrer/innen" abgegeben werden.[968] Der „Reisebedarf" sollte also doppelt eingeschränkt sein: Zunächst in der zu erwerbenden Menge und weiterhin durch den erwerbsberechtigten Personenkreis. Reisender sollte nur sein, wer mit dem Kraftfahrzeug anfuhr. Das OVG Rheinland-Pfalz erachtete die Verfügung für rechtmäßig:[969] Die durch die Behörde vorgenommene Auslegung des Begriffs des Reisebedarf sei nicht zu beanstanden. Sehr ausführlich argumentiert das Gericht, dass Reisebedarf nicht ausschließlich produktbezogen zu definieren ist, sondern auch die Person des Erwerbers berücksichtigt werden muss. Waren würden durch die Nachfrage eines Reisenden zu Reisebedarf und nicht durch ihre Zugehörigkeit zu einer bestimmten Produktgruppe. Wenn ein Nichtreisender etwas erwerben möchte, handele es sich begriffsnotwendig nicht um Reisebedarf.[970] Daher sei es nicht zu beanstanden, wenn die Verfügung insofern Einschränkungen bzgl. des Kundenkreises vorgibt.

Weitere Einschränkungen ergäben sich aus der Gesetzesformulierung, erlaubt sei der Verkauf von „Genussmitteln in kleineren Mengen". Das Gericht nahm dazu eine Auslegung vor, welche Mengen alkoholischer Getränke – die zu den Genussmitteln zu zählen sind – „kleinere" seien. Dabei folgte das Gericht der Behörde, die enge Höchstgrenzen festgelegt hatte.[971] Die Behörde sei be-

966 Entspricht in seinem Inhalt § 13 Abs. 2 LadÖG.

967 Entspricht in seinem Inhalt § 5 LadÖG.

968 Näher zur Verfügung s. OVG Rheinland-Pfalz, GewArch 2009, 249 (249).

969 Es stützte somit die Entscheidung der Vorinstanz: VG Neustadt (Weinstraße), GewArch 2009, 262.

970 OVG Rheinland-Pfalz, GewArch 2009, 249 (251).

971 Erlaubt wurde „der Verkauf von 1. alkoholischen Getränken mit einem Alkoholgehalt bis zu 8 Volumenprozent in einer Menge bis zu 2 Liter pro Person oder 2. alkoholischen

rechtigt, die unbestimmten Rechtsbegriffe auszulegen und in ihrem Zuständigkeitsbereich zu konkretisieren.[972] Dabei sei zu berücksichtigen, dass Tankstellen während der Ladenschlusszeiten nur denjenigen Bedarf abdecken sollen, der während einer Reise typischerweise entsteht. Dieser umfasse zwar auch Mitbringsel, doch auch sie dürften nur „in kleineren Mengen" abgegeben werden. Der entscheidende Senat fügte hinzu, dass er die getroffenen Festlegungen für eine „großzügige Auslegung" hält.[973] Offenbar hält er noch geringere Höchstwerte für zulässig. In einem früheren Urteil entschied das OLG München, dass ein Kasten Bier keine kleinere Menge darstellt und daher nicht als Reisebedarf bezeichnet werden kann. Reisebedarf sei zum baldigen Verbrauch des Reisenden bestimmt, was bei einem Kasten Bier nicht der Fall sei. Dieser sei weder typischer Reiseproviant noch Mitbringsel.[974] Die Grenze bildet jedenfalls die Tageskonsummenge einer Person.[975] Dies trifft zu. Alles andere ist nicht mehr Reisebedarf, denn wer mehr Alkohol kaufen will als er an einem Tag trinken kann, muss (und kann) dies am nächsten Tag im regulären Ladengeschäft machen. Die Tageskonsummenge einer durchschnittlichen Person dürfte bei maximal zwei Liter Bier (sog. Sechserpackung) oder einer Flasche Wein liegen. Alles andere wäre keine kleinere Menge mehr. Eine Kiste Bier ist das Standardgebinde zum Bierverkauf. Es handelt sich dabei also um eine „normale" Menge. Mehr als eine Kiste wäre dann eine „größere" Menge. Wenn aber eine Kiste Bier eine normal Menge ist, muss eine kleinere Menge weniger sein. Besagte Sechserpackung ist das nächstkleinere Gebinde, sodass diese Menge eine kleinere ist.

Ziel der Privilegierung der Tankstellen ist es allein, den besonderen Bedürfnissen des Kraftfahrzeugverkehrs Rechnung zu tragen[976], nicht aber den Tankstellen zusätzliche Einnahmen durch eine Monopolstellung oder den Konsumenten eine Alternative während der Ladenschlusszeiten zu verschaffen. Für Bahn-

---

Getränken mit einem Alkoholgehalt von über 8 bis 14 Volumenprozent in einer Menge bis zu 1 Liter pro Person oder 3. alkoholischen Getränken mit einem Alkoholgehalt von über 14 Volumenprozent in einer Menge bis zu 0,1 Liter pro Person".

972 OVG Rheinland-Pfalz, GewArch 2009, 249 (252).

973 OVG Rheinland-Pfalz, GewArch 2009, 249 (252).

974 OLG München, GewArch 1999, 82 (83).

975 *Kollmer*, GewArch 1997, 92 (96), weshalb auch er einen Kasten Bier zu Recht nicht als Reisebedarf einstuft.

976 OVG Rheinland-Pfalz, GewArch 2009, 249 (251).

reisende wiederum gelten nach § 6 LadÖG Privilegierungen an Bahnhöfen, für Schiffsreisende an Fähr- sowie für Flugreisende an Flughäfen. Daher entspricht die Einschränkung auf den Kraftfahrzeugverkehr der Gesetzessystematik. Der genannten Entscheidung des OVG Rheinland-Pfalz ist daher zuzustimmen.[977] Wieso Alkoholika überhaupt zum Reisebedarf des *Kraftfahrzeug*verkehrs zu rechnen sind, muss der Gesetzgeber beantworten. Dass während einer Autoreise Lektüre, Straßenkarten oder Zigaretten benötigt werden, leuchtet ein. Alkohol braucht man dafür nicht. Angesichts der restriktiven Vorgehensweise gegenüber Alkoholkonsum im Straßenverkehr bei Fahranfängern[978] besteht ein gewisser Widerspruch.

Bereits im Rahmen eines Verfahrens nach § 80 Abs. 5 VwGO hatte das OVG Rheinland-Pfalz die Wiederherstellung der aufschiebenden Wirkung der eingereichten Klagen abgelehnt, nachdem die Behörde den Sofortvollzug angeordnet hatte.[979] Das BVerwG hat die Revision gegen die Hauptsacheentscheidung des OVG zugelassen.[980] In deren Rahmen sollte geklärt werden, ob das Grundrecht der Berufsfreiheit aus Art. 12 Abs. 1 GG und der allgemeine Gleichheitssatz des Art. 3 Abs. 1 GG ausreichend beachtet wurden. Die Auslegung und die Anwendung des LadÖffnG RP als Landesrecht durch das OVG Koblenz sind für das BVerwG bindend und nicht revisibel. Die Revision wurde zurückgewiesen. Zwar liege ein Eingriff in die Berufsausübungsfreiheit vor, weil die behördliche Verfügung den Kläger darin beschränke, seinen Kundenkreis sowie die Art und die Menge der abzugebenden Waren frei zu bestimmen.[981] Allerdings sei dieser Eingriff gerechtfertigt, weil er auf einem kompetenzgemäß erlassenen Gesetz, dem LadÖffnG RP, gründet und verhältnismäßig ist.[982] Auch das BVerwG wies darauf hin, dass die durch die Behörde verfügten Mengenbeschränkungen eine großzügige Auslegung des Begriffs der „kleineren

977 A.A. *Sitsen*, DVBl. 2009, 792 (793). Er sieht das Urteil „vor allem von der politischen Absicht getragen, den Alkoholverkauf und -konsum in der Bevölkerung einzudämmen.“ Er stört sich vor allem an der Beschränkung auf Kraftfahrer. Der Begriff sei nicht mit dem Begriff des Reisenden gleichzusetzen.

978 Dazu s.o. ab S. 85.

979 OVG Rheinland-Pfalz, GewArch 2009, 130.

980 BVerwG, Beschl. v. 14.12.2009, Az. 8 B 71/09 – juris.

981 BVerwG, Urt. v. 23.02.2011, Az. 8 C 50/09 – juris, Rn. 26.

982 BVerwG, Urt. v. 23.02.2011, Az. 8 C 50/09 – juris, Rn. 27 ff.

Menge“ i.S. des § 2 Abs. 2 LadÖffnG RP bedeuteten.[983] Außerdem liege kein Verstoß gegen Art. 3 Abs. 1 GG vor. Eine etwaige abweichende Verwaltungspraxis in anderen Städten des Landes sein unbeachtlich, weil der Gleichbehandlungsanspruch nur gegenüber dem konkret zuständigen Träger öffentlicher Gewalt bestehen könne.[984] Im vorliegenden Fall hatte die beklagte Stadt eine gleichlautende Verfügung an alle Tankstellenbetreiber im Stadtgebiet gerichtet.

Die Entscheidung ist auch für Baden-Württemberg von Bedeutung.[985] Zwar wurden die Ladenöffnungszeiten werktags freigegeben, sodass ein behördliches Einschreiten auf ladenschlussrechtlicher Grundlage nicht mehr möglich ist. Nicht zuletzt ist ein Einschreiten auch durch das Alkoholverkaufsverbotsgesetz obsolet, das auch den Reisebedarf umfasst.[986] Sonn- und feiertags gilt aber der allgemeine Ladenschluss. Insofern kommen an diesen Tagen nach wie vor entsprechende behördliche ladenschlussrechtliche Beschränkungen auf Höchstmengen und Käuferkreis ganztags in Betracht. Die o.g. Rechtsprechung zum rheinland-pfälzischen Ladenschlussrecht lässt sich auf das baden-württembergische gut übertragen, da die baden-württembergischen Vorschriften den rheinland-pfälzischen größtenteils wörtlich entsprechen.

Anderes wäre es, wenn der Tankstellenbetreiber gleichzeitig eine Gaststätte i.S. des § 1 LGastG i.V. mit § 1 Abs. 1 GaststG betreibt. Dann fiele der Alkoholverkauf über die Straße hinweg unter § 1 LGastG i.V. mit § 7 Abs. 2 GaststG.[987] Er könnte dann nicht ladenschlussrechtlich untersagt werden.

B. Vorübergehende und/oder anlassbezogene Einschränkungen des Alkoholverkaufs

Häufiger kommen vorübergehende Einschränkungen des Alkoholverkaufs vor. Sie werden im Zusammenhang mit Veranstaltungen erlassen und umfassen we-

983 BVerwG, Urt. v. 23.02.2011, Az. 8 C 50/09 – juris, Rn. 43.

984 BVerwG, Urt. v. 23.02.2011, Az. 8 C 50/09 – juris, Rn. 46.

985 Natürlich hat das Urteil auch für alle anderen Bundesländer Bedeutung, s. *Sitsen*, DVBl. 2009, 792 (794).

986 *Strohs*, KommJur 2010, 201 (201, 203).

987 *M. Müller* in Stober, LadSchlG, § 6 Rn. 18. Dazu sogleich ab S. 267.

nige Stunden oder Tage, bspw. im Karneval. Es kommt auch eine regelmäßige, jeweils kurzzeitige Geltung in Betracht, bspw. jeden zweiten Samstag während der Spieltage der Fußball-Bundesliga.

Denkbar sind zwei Konstellationen: Sofern die Verkaufsstelle eine Gaststätte ist, ist das Gaststättenrecht die speziellere Materie. Sonst kommt für alle Verkaufsstellen allgemeines Polizeirecht in Betracht.

I. Gaststättenrechtliches Vorgehen

Neben Verkaufsstellen i.S. des § 2 Abs. 1 LadÖG verkaufen Gaststätten i.S. des § 1 LGastG i.V. mit § 1 GaststG Alkoholika „über die Straße“. Es handelt sich um den sog. Straßenverkauf nach §1 LGastG i.V. mit § 7 Abs. 2 GaststG. Der Gastwirt darf außerhalb der Sperrzeit Getränke, die er in seinem Betrieb verabreicht, Flaschenbier und alkoholfreie Getränke über die Straße abgeben. Beachtlich ist, dass Gaststätten von Alkoholverkaufsverbot nach § 3a LadÖG ausgenommen sind.[988] Auch nach 22 Uhr darf der Gastwirt daher Alkohol über die Straße verkaufen. Dabei ist ein Normkonflikt zu beachten: Gem. § 1 LGastG i.V. mit § 2 Abs. 2 Nr. 1 GaststG ist der Betrieb einer Gaststätte erlaubnisfrei möglich, wenn nur alkoholfreie Getränke ausgeschenkt werden. Trotzdem erlaubt § 1 LGastG i.V. mit § 7 Abs. 2 Nr. 2 GastG jedem Betreiber den Verkauf von Flaschenbier über die Straße. Deswegen wird vorgeschlagen, eine teleologische Reduktion letzterer Vorschrift vorzunehmen.[989]

Um diesen Alkoholverkauf behördlich zu untersagen oder einzuschränken, kommen vorliegend zwei Möglichkeiten in Betracht: Zum einen eine Auflage zur Gaststättenerlaubnis nach § 1 LGastG i.V. mit § 5 Abs. 1 Nr. 3 GaststG oder eine selbstständige Anordnung nach § 1 LGastG i.V. mit § 19 GaststG. Gleiches gilt auch für den Ausschank innerhalb der Gaststätte oder auf ihren Freischankflächen. Gaststättenbehörden sind nach § 1 Abs. 1 GastVO die untere Verwaltungsbehörde sowie Gemeinden und Verwaltungsgemeinschaften mit eigener Baurechtszuständigkeit. Nach § 15 Abs. 1 Nr. 1 LVG sind untere Verwaltungsbehörden die Landratsämter bzw. nach Nr. 2 in den Stadtkreisen die Gemeinden.

---

988 S. dazu die Gesetzesbegründung in LT-Drs. 14/4850, S. 14 f.

989 *Pöltl*, GewArch 2005, 353 (358). Vermutlich handelt es sich dabei um ein theoretisches Problem. Wer keine alkoholischen Getränke ausschenkt, wird sie auch kaum über die Straße verkaufen.

1. Auflage zur Gaststättenerlaubnis

Zunächst soll untersucht werden, inwieweit Auflagen zu bestehenden Gaststättenerlaubnissen erlassen werden können, die den Alkoholverkauf oder -ausschank einschränken oder untersagen.

Zentrales Ziel des Gaststättenrechts ist seit Erlass des GaststG 1930 die Verhinderung von Alkoholmissbrauch und Trunksucht sowie der Schutz der Jugend vor den Gefahren des Alkohols.[990] Sie könne die Wirkung des Alkohols nicht einschätzen. Gleichzeitig soll die Allgemeinheit geschützt werden vor den Gefahren, die von alkoholisierten Menschen ausgehen, wie etwa Unfällen oder unter Alkoholeinfluss begangenen Gewalttaten.[991] Zwischenzeitlich ebenfalls aufgenommene Ziele wie der Schutz der in der Gaststätte beschäftigten Arbeitnehmer interessieren hier nicht.

Nach § 1 LGastG i.V. mit § 2 Abs. 1 GaststG benötigt der Betreiber eines Gaststättengewerbes i.S. des § 1 LGastG i.V. mit § 1 GaststG eine Gaststättenerlaubnis. Davon ausgenommen ist gem. § 1 LGastG i.V. mit § 2 Abs. 2 u.a. derjenige, der (nur) alkoholfreie Getränke verabreicht. Diese Gaststätten interessieren hier nicht. Gem. § 1 LGastG i.V. mit § 5 Abs. 1 GaststG können zu einer Gaststättenerlaubnis jederzeit, d.h. gleichzeitig mit oder auch erst nach dem Erlass der Erlaubnis, Auflagen durch die Gaststättenbehörde ergehen. Es handelt sich um Nebenbestimmungen i.S. des § 36 VwVfG.[992] Dadurch ist es möglich, die einmal erteilte Gaststättenerlaubnis an zum Zeitpunkt der Erlaubnis nicht absehbare Entwicklungen nachträglich anzupassen. § 1 LGastG i.V. mit § 5 Abs. 2 GaststG ermöglicht es außerdem, gleichermaßen gegen den Betreiber einer nicht erlaubnispflichtigen Gaststätte vorzugehen. Dann handelt es sich nicht um Auflagen, sondern um eigenständige Anordnungen.[993] Gleiches gilt für Bundesländer, in denen der Betrieb einer Gaststätte nicht mehr erlaubnispflichtig ist, selbst wenn dort Alkohol ausgeschenkt wird. Ein Beispiel dafür ist Niedersachsen. § 2 Abs. 1 ndsGastG statuiert für Gaststättenbetriebe eine Anzeigepflicht. Diese ist der allgemeinen gewerberechtlichen Anzeigepflicht des § 14 Abs. 1 GewO nachgebildet. Zum Schutz gegen Gefahren für Leben oder Gesundheit können gem. § 5 Abs. 1 ndsGastG Anordnungen an den Gaststättenbe-

990 *Michel/Kienzle/Pauly*, GaststG, Einleitung Rn. 13; *Pöltl*, GaststG, vor § 1 Rn. 7.

991 *Schmidt am Busch*, GewArch 2009, 377 (378).

992 *Metzner*, GaststG, § 5 Rn. 16; *Pöltl*, GaststG, § 5 Rn. 5.

993 *Pöltl*, GaststG, § 5 Rn. 6.

treiber getroffen werden. Diese ergehen selbstständig und nicht als Auflagen zur Gaststättenerlaubnis wie in Baden-Württemberg. Die Behörden verfügen trotzdem über effektive Eingriffsmöglichkeiten.

§ 5 Abs. 1 Nr. 3 GaststG ist in seiner Formulierung bewusst an § 3 Abs. 1 BImSchG angelehnt. Insofern sind die benutzen Tatbestandsmerkmale entsprechend auszulegen.[994] Indes ist § 5 Abs. 1 Nr. 3 GaststG nicht ausschließlich auf Lärmbelästigungen o.ä. Immissionen anwendbar. Gefahren für die Allgemeinheit können auch aus anderen Gründen vorliegen. Die vorliegende Gefahr muss eine konkrete sein.[995] Es gelten dafür die üblichen polizeirechtlichen Kriterien.

Die Frage, ob ein bestimmter Sachverhalt eine konkrete Gefahr darstellt oder nicht, kann an dieser Stelle freilich nicht beantwortet werden. Es muss jeweils eine Prüfung im Einzelfall erfolgen. Beispiele hierfür sind Gaststätten im direkten Umfeld von Sportstätten wie etwa Fußballstadien: Der VGH Mannheim hat die Auflage an einen in Stadionnähe liegenden Kiosk, im Zeitraum von zwei Stunden vor Beginn bis drei Stunden nach Ende eines Fußballspiels lediglich alkoholfreie oder alkoholhaltige Getränke bis 3 % Alkoholgehalt auszuschenken, für zulässig befunden.[996] Es entspräche „allgemeiner Kenntnis“, dass das Aufeinandertreffen alkoholisierter und damit enthemmter Fußballfans eine Gefährdung der öffentlichen Sicherheit und Ordnung darstelle.[997] Interessant daran ist, dass die Rspr. für die polizeirechtlichen Alkoholverbote derartige Argumentationen nicht anerkannte (s. ab S. 111), in den o.g. Fällen das Vorliegen einer Gefahr hingegen fast beiläufig feststellte. Auch auf detaillierte Statistiken legte man keinen Wert, sondern vertraute auf den Bericht des Einsatzleiters, dass seit dem Erlass der Auflage die Zahl der Polizeieinsätze stark gesunken sei, wodurch auf das Bestehen einer Gefahr geschlossen werden könne.[998] In der Entscheidung zu Alkoholverboten durch Polizeiverordnungen wurde dieser Zusammenhang vom VGH Mannheim[999] bestritten. Wieso man einen Unterschied machen

994 *Michel/Kienzle/Pauly*, GaststG, § 5 Rn. 11.

995 BVerwG, GewArch 1995, 34 (34); VG Stuttgart, GewArch 2003, 430 (430); *Metzner*, GaststG, § 5 Rn. 38.

996 VGH Mannheim, NJW 2005, 238 (283 f.); vorangehend bereits VG Stuttgart, GewArch 2003, 430 (430 f.).

997 VG Stuttgart, GewArch 2003, 430 (430).

998 VG Stuttgart, GewArch 2003, 430 (430); bestätigt durch VGH Mannheim, NJW 2005, 238 (238).

999 VGH Mannheim, VBlBW 2010, 29.

soll zwischen alkoholisierten Fußballfans und „normalen“ Alkoholisierten, leuchtet nicht ein. Darauf, dass nicht jeder Alkohol konsumierende Fußballfan zu Ausschreitungen neigt, gingen die Gerichte nicht ein, da sie dies offenbar nicht voraussetzten, um eine Gefahr anzunehmen.

Aus hier an anderer Stelle vertretener Ansicht, Alkoholkonsum könne unter entsprechenden Umständen eine abstrakte Gefahr für die öffentliche Sicherheit darstellen,[1000] folgt, dass er auch eine konkrete Gefahr bilden kann. Insofern verdienen die o.g. Entscheidungen Zustimmung, wenn sie den Zusammenhang zwischen Alkoholkonsum und Gewaltdelinquenz ebenfalls erkennen. Sie sind daher ein weiterer Grund, die ablehnenden Entscheidungen zu Alkoholkonsumverboten zu kritisieren.

Adressaten gaststättenrechtlicher Auflagen sind die Inhaber der Gaststättenerlaubnis.

Gaststättenrechtliche Auflagen müssen als belastende Verwaltungsakte dem Verhältnismäßigkeitsgrundsatz entsprechen. Insbesondere darf nur verfügt werden, was unbedingt erforderlich ist. Dazu muss die Behörde prüfen, welche milderen, gleich geeigneten Mittel in Betracht kommen. So kann es geboten sein, den Alkoholausschank bzw. -verkauf nicht vollumfänglich zu untersagen, sondern nur einzuschränken. Einschränkungen sind möglich bzgl. des Sortiments oder der Gaststättenfläche. Milderes Mittel gegenüber einem totalen Ausschank- bzw. Verkaufsverbot kann es daher wie erwähnt sein, nur den Verkauf bestimmter Alkoholika, bspw. Leichtbier bis 3 % Alkoholgehalt zu untersagen.[1001] Bei Gaststätten mit angeschlossener Freischankfläche ist zu prüfen, ob ein Ausschankverbot lediglich für die Freischankfläche anstelle der gesamten Gaststätte angeordnet werden kann.[1002]

Die Abwägung mit den gewerblichen Interessen des Gaststättenbetreibers wird aufgrund der hohen Bedeutung der öffentlichen Sicherheit und Ordnung regelmäßig zu dessen Ungunsten ausfallen.[1003]

1000 S. oben ab S. 119.

1001 VGH Mannheim, NJW 2005, 238 (283 f.); vorangehend VG Stuttgart, GewArch 2003, 430 (430 f.).

1002 Vgl. VG Stuttgart, GewArch 2003, 430 (431).

1003 Vgl. VG Stuttgart, GewArch 2003, 430 (431).

2. Selbstständige Anordnungen

Weiter kommt in Betracht, selbstständige Anordnungen zu erlassen. Rechtsgrundlage dafür könnte § 1 LGastG i.V. mit § 19 GaststG sein.

Im Unterschied zur Auflage nach § 1 LGastG i.V. mit § 5 Abs. 1 Nr. 3 GaststG wird auf Grundlage dieser Vorschrift eine Allgemeinverfügung i.S. des § 35 S. 2 1. Alt. VwVfG erlassen.[1004] Dadurch kann für eine bestimmte Zeit und ein bestimmtes Gebiet der gewerbsmäßige Alkoholausschank ganz oder teilweise verboten werden. Ausschank ist dabei die Abgabe von Getränken zum Genuss an Ort und Stelle.[1005] Denkbar ist auch eine Einzelverfügung an einen bestimmten Gaststättenbetreiber.[1006] Voraussetzung ist wiederum eine konkrete Gefahr für die öffentliche Sicherheit oder Ordnung. Ein abstraktes Verbot durch Verordnung etwa für unbestimmte Zeit ist nicht möglich.[1007] Das Verbot darf nur vorübergehend sein und setzt einen besonderen Anlass voraus.[1008] Der Anlass muss ausweislich der Gesetzesbegründung ein nicht im Gaststättenbetrieb, sondern außerhalb liegender sein.[1009] Gefahren, die im Betrieb ihre Ursache haben, werden durch Auflagen gem. § 1 LGastG i.V. mit § 5 Abs. 1 GastG bekämpft. § 1 LGastG i.V. mit § 19 GastG erlaubt es hingegen, bei Anlässen, für die der Gaststättenbetreiber nicht verantwortlich sein muss, Anordnungen zu erlassen. Da der Anlass außerdem *„besonders“* sein muss, genügt es nicht, wenn er in großer Regelmäßigkeit – etwa täglich – auftritt. Was täglich stattfindet, ist nicht „besonders“. Bereits bei nur wöchentlichem Auftreten wird man die Besonderheit allerdings noch bejahen können.[1010] Besondere Anlässe sind bspw. Fußballspiele[1011], Demonstrationen und andere Großveranstaltungen aller Art.[1012] Schon der damalige Bundesgesetzgeber ging davon aus, dass durch das Großereignis

---

1004 *Metzner*, GaststG, § 19 Rn. 1.

1005 *Michel/Kienzle/Pauly*, GaststG, § 19 Rn. 1.

1006 *Pöltl*, GaststG, § 19 Rn. 7.

1007 *Pöltl*, GaststG, § 19 Rn. 8.

1008 *Metzner*, GaststG, § 19 Rn. 1 f.; *Michel/Kienzle/Pauly*, GaststG, § 19 Rn. 1.

1009 BT-Drs. V/205, S. 18; *Guckelberger*, LKV 2008, 385 (386).

1010 *Guckelberger*, LKV 2008, 385 (386).

1011 S. dazu VG Düsseldorf, NVwZ 2010, 71.

1012 S. die Gesetzesbegründung, BT-Drs. V/205, S. 18.

emotional erregte Teilnehmer durch Alkoholkonsum „leicht zu Ausschreitungen“ hingerissen werden könnten.[1013]

Voraussetzung für eine selbstständige Anordnung nach § 1 LGastG i.V. mit § 19 GaststG ist wiederum eine konkrete Gefahr für die öffentliche Sicherheit oder Ordnung.[1014] Maßnahmen sind gegen den Gaststättenbetreiber zu richten.

Neben dem Verbot jeglichen Ausschankes ist als milderes Mittel (erst recht) auch nur ein Verbot des Ausschankes bestimmter Alkoholika (bspw. Branntwein) und dadurch eine Beschränkung des Verkaufs bspw. auf Bier oder Leichtbier zulässig. Das hatte bereits der Gesetzgeber im Blick.[1015]

II. Polizeirechtliches Vorgehen

Als allgemeineres Rechtsgebiet kommt wiederum das Polizeirecht in Betracht. Einer Entscheidung des VG Köln lag eine Ordnungsverfügung der Stadt Köln zugrunde, nach der es einem Kioskbetreiber unter Anordnung des Sofortvollzugs untersagt war, während bestimmter Zeiten im Karneval (alkoholische und nicht alkoholische) Getränke in Glasbehältnissen zu verkaufen.[1016] Gestützt wurde die Verfügung auf die polizeiliche Generalklausel.[1017] Begründet wurde sie mit den erheblichen Gefahren durch Glasbruch. Sie flankierte das bereits oben (s. S. 160) erläuterte Glasflaschenverbot. Dem Antrag des Kioskbetreibers nach § 80 Abs. 5 VwGO wurde wie im anderen Verfahren vom VG Köln stattgegeben,[1018] während das OVG Münster diesen Beschluss aufhob.[1019] Im Hauptsacheverfahren wurde in erster Instanz die Allgemeinverfügung als rechtswidrig aufgehoben, in zweiter Instanz für rechtmäßig erachtet. Die Begründungen der vier Entscheidungen nehmen im Wesentlichen Bezug auf die jeweils parallel

---

1013 BT-Drs. V/205, S. 18; *Pöltl*, GaststG, § 19 Rn. 2; *Guckelberger*, LKV 2008, 385 (386).

1014 *Pöltl*, GaststG, § 19 Rn. 5; *Metzner*, GaststG, § 19 Rn. 2; *Michel/Kienzle/Pauly*, GaststG, § 19 Rn. 1.

1015 BT-Drs. V/205, S. 18.

1016 VG Köln, Urt. v. 16.09.2010, Az. 20 K 525/10 – juris.

1017 Es handelte sich um § 14 Abs. 1 nwOBG, der §§ 1, 3 PolG entspricht.

1018 VG Köln, Beschl. v. 04.02.2010, Az. 20 L 109/10 – juris.

1019 OVG Münster, Beschl. v. 10.02.2010, Az. 5 B 147/10 – juris.

ergangenen Entscheidungen zum Glasflaschenverbot.[1020] Nach Ansicht des VG Köln liegt im Verkauf von Glasgetränkebehältnissen keine Gefahr für die öffentliche Sicherheit. Wenn schon im Mitführen von Glasflaschen keine Gefahr gesehen werden könne, dann erst recht nicht in deren Verkauf. Wenn einzelne Kunden nach dem Kauf ihre Flaschen unsachgemäß entsorgen, sei dies dem Verkäufer nicht zurechenbar.[1021] Das OVG Münster hat in der Berufung an seiner Ansicht aus dem Eilverfahren festgehalten und das Verkaufsverbot für zulässig befunden.[1022] Durch das Scherbenmeer im Karneval liege eine Gefahr für die öffentliche Sicherheit und Ordnung vor.[1023] Die Verkäufer seien als Zweckveranlasser in Anspruch zu nehmen. Zwar seien sie keine unmittelbaren Verursacher der Gefahr, doch sei eine wertende Betrachtungsweise geboten. Verantwortlich sei auch der Hintermann, dessen Handlung mit der die Gefahrenschwelle überschreitenden Handlung eine natürliche Einheit bilde.[1024] Hier müsste also eine Einheit zwischen dem Verkauf von Glasflaschen und dem Wegwerfen der Flaschen vorliegen. Dieser Zusammenhang sei so eng, dass die Verkäufer als Veranlasser zu sehen seien. Für sie sei ohne Weiteres erkennbar, dass die von ihnen verkauften Flaschen die Gefahrenlage zwangsläufig verschärften.[1025] Der Entscheidung ist zuzustimmen. Zwar ist der Verkauf von Glasflaschen nicht verboten. Doch muss kein verbotenes Handeln vorliegen, um Sicherheitsprobleme dem Verantwortlichen zuzurechnen.[1026] Doch ist dem Verkäufer klar, dass seine Kunden ihre bei ihm gekauften Flaschen nicht anders behandeln und „entsorgen" werden als die, die sie von irgendwoher mitgebracht haben. Die von ihnen verkauften Flaschen tragen daher zur Gefahr für die öffentliche Sicherheit wesentlich bei.

1020 In chronologischer Reihenfolge: VG Köln, JA 2010, 398; OVG Münster, NWVBl. 2010, 360; VG Köln, Urt. v. 16.09.2010, Az. 20 K 441/10; OVG Münster, NVwZ-RR 2012, 470.

1021 VG Köln, Urt. v. 16.09.2010, Az. 20 K 525/10 – juris, Rn. 26 f.

1022 OVG Münster, GewArch 2012, 265.

1023 OVG Münster, GewArch 2012, 265 (266).

1024 OVG Münster, GewArch 2012, 265 (266).

1025 OVG Münster, GewArch 2012, 265 (266 f.).

1026 *Götz*, Polizei- und Ordnungsrecht, § 9 Rn. 29. Vereinzelt wird die Figur des Zweckveranlassers auch gänzlich abgelehnt, etwa *Erbel*, JuS 1985, 257.

Kapitel Sechs: Übermäßiger Alkoholkonsum und Alkoholmissbrauch in Gaststätten und deren Unterbindung

Auch in Gaststätten finden übermäßiger Alkoholkonsum oder -missbrauch statt. Folgend soll aufgezeigt werden, inwiefern Behörden auf gaststättenrechtlicher Grundlage gegen Gaststättenbetreiber vorgehen können. Dabei kommen zwei unterschiedliche Ansatzpunkte in Betracht. Zum einen ist denkbar, den Schutz der Jugend gegen die Gefahren des Alkohols zum Anlass zu nehmen. Zum anderen sind Flatrate-Partys genauer zu untersuchen, die sich nicht nur an Jugendliche, sondern auch an junge Erwachsene richten.

A. Widerruf einer Gaststättenerlaubnis wegen Verstoß gegen das Jugendschutzrecht

Wie gesehen (s.o. S. 132) bietet das Jugendschutzrecht keine direkte brauchbare Handhabe gegen jugendliche Trinker. Es findet aber durch § 1 LGastG i.V. mit § 4 Abs. 1 Nr. 1 GaststG Eingang in das Gaststättenrecht. Danach ist die Erteilung einer Gaststättenerlaubnis zu versagen, wenn der Antragsteller, der ein Gaststättengewerbe betreiben möchte, die erforderliche Zuverlässigkeit nicht besitzt, insbesondere befürchten lässt, u.a. die Vorschriften des Jugendschutzes nicht zu beachten. Der Schutz der Jugend ist ein bedeutsames Ziel und wichtiges Gemeinschaftsanliegen. Er genießt gem. Art. 6 Abs. 2 und Art. 2 Abs. 1 GG Verfassungsrang.[1027] Der Begriff der Unzuverlässigkeit entspricht dem des § 35 Abs. 1 GewO.[1028] Unzuverlässig ist ein Gewerbetreiber dann, wenn er nach dem Gesamteindruck seines Verhaltens nicht die Gewähr dafür bietet, dass er sein Gewerbe künftig ordnungsgemäß, d.h. im Einklang mit geltendem Recht betreiben wird.[1029] Diese Grunddefinition wird durch nicht abschließende Regelbei-

1027 BVerfG, NJW 1991, 1471 (1471 f.), „Josefine Mutzenbacher".

1028 BVerwG, NVwZ-RR 1992, 414 (414); *Stober*, Bes. Wirtschaftsverwaltungsrecht, Kap. 47 IV 2; *Ziekow*, Öff. Wirtschaftsrecht, § 12 Rn. 16; *Diederichsen* in Schmidt/Vollmöller, Öff. Wirtschaftsrecht, § 10 Rn. 14.

1029 Bspw. BVerwG, GewArch 1982, 294 (294); *Ruthig/Storr*, Öff. Wirtschaftsrecht, Rn. 420;

spiele ergänzt. Dabei ist zu beachten, dass die Unzuverlässigkeit kein Verschulden des Gewerbetreibenden voraussetzt.[1030] Es kommt einzig darauf an, ob eine zukünftig ordnungsgemäße Gewerbeausübung gewährleistet ist.[1031]

Gem. § 9 Abs. 1 JuSchG dürfen Branntwein und branntweinhaltige Getränke an Kinder und Jugendliche, andere alkoholische Getränke an Kinder und Jugendliche unter 16 Jahren weder abgeben noch darf ihnen der Verzehr gestattet werden. Dazu gehört es gem. § 2 Abs. 2 JuSchG, das Lebensalter der Kunden zu überprüfen. Handelt ein Gastwirt diesen Vorschriften zuwider, verletzt er das Jugendschutzrecht und lässt dadurch die gebotene Zuverlässigkeit i.S. des § 1 LGastG i.V. mit § 4 Abs. 1 Nr. 1 GaststG vermissen. Auch für den Straßenverkauf nach § 1 LGastG i.V. mit § 7 Abs. 2 GaststG kann ungeachtet der Formulierung „*an jedermann*" nichts anderes gelten. Dadurch sollen (und können) jugendschutzrechtliche Vorgaben nicht umgangen werden.

Insbesondere trifft den Gastwirt weiterhin eine umfassende Aufsichtspflicht über alle Personen, die sich in seinen Räumen aufhalten.[1032] Er hat daher alle erforderlichen Maßnahmen zu treffen um zu verhindern, dass nicht dazu berechtigte Gäste Alkohol konsumieren, indem sie bspw. ältere Kunden für sich bestellen lassen.[1033] Das ausschenkende Bedienungspersonal muss das Alter der Gäste kontrollieren und auch darauf achten, dass Gäste ihre Getränke nicht an andere Gäste weitergeben. Erfüllt er seine Aufsichtspflicht ungenügend, sodass es regelmäßig zu Verstößen gegen § 9 JuSchG kommt, kann das zur Feststellung der Unzuverlässigkeit führen.

Gem. § 1 LGastG i.V. mit § 15 Abs. 2 GaststG kann in diesen Fällen die erteilte Gaststättenerlaubnis widerrufen werden.[1034] Das ist aber regelmäßig un-

---

1030 BVerwG, GewArch 1982, 294 (295).

1031 OVG Rheinland-Pfalz, NVwZ-RR 1997, 223 (223).

1032 OVG Rheinland-Pfalz, NVwZ 1997, 223 (223); VG Neustadt (Weinstraße) GewArch 2007, 496 (496).

1033 VG Neustadt (Weinstraße), GewArch 2007, 496 (497).

1034 VG Neustadt (Weinstraße), GewArch 2007, 496 (496). Übrigens ist ein Rückgriff auf die Widerrufsvorschrift des § 49 LVwVfG nicht möglich. § 1 LGastG i.V. mit § 15 Abs. 2 u. 3 GaststG sind insoweit abschließend, *Diederichsen* in Schmidt/Vollmöller, Öff. Wirtschaftsrecht, § 10 Rn. 34.

verhältnismäßig, wenn der Widerruf beim ersten Verstoß erfolgt. Vielmehr ist er dann für den Fall erneuter Verstöße anzudrohen.[1035]

In Bundesländern, die den Betrieb einer Gaststätte nicht mehr von einer Erlaubnis, sondern nur von einer Anzeige abhängig machen, wie bspw. Niedersachsen, kann kein Widerruf einer Erlaubnis erfolgen. In diesen Fällen ist zunächst zu prüfen, ob im jeweiligen Landesgaststättengesetz eine besondere Vorschrift existiert für die Untersagung der Ausübung des Gaststättengewerbes. Wenn es keine besondere Vorschrift gibt, ist zu untersuchen, ob das Landesrecht einen Verweis auf die GewO enthält. So ist es in § 1 Abs. 2 ndsGastG, der bestimmt, dass für den Betrieb der Gaststätte die Vorschriften der GewO Anwendung finden. Dadurch gilt im Gaststättenrecht dieses Landes § 35 GewO. Nach § 35 Abs. 1 S. 1 GewO kann die Ausübung eines anzeigepflichtigen, aber nicht erlaubnispflichtigen Gewerbes untersagt werden, wenn der Gewerbetreibende unzuverlässig ist. Wenn wie oben dargelegt, ein Gastwirt wegen Verstößen gegen das Jugendschutzrecht unzuverlässig ist, kann ihm in diesen Bundesländern die Ausübung des Gaststättengewerbes untersagt werden. Weil die GewO als allgemeine gewerberechtliche Vorschrift Lücken im speziellen Gewerberecht (Gaststättenrecht) schließen kann, gilt das auch, wenn ein ausdrücklicher Bezug im Landesgesetz auf die GewO fehlt.[1036]

B. Flatrate-Partys

Neben Alkoholkonsumverboten beschäftigten in jüngerer Zeit Flatrate-Partys die Gerichte.[1037] Dort kann nach Bezahlung eines Eintrittspreises in grds. unbegrenzter Menge Alkohol konsumiert werden.[1038] Sie sind „in Mode gekommen" und haben so die Aufmerksamkeit der Behörden erregt, die den – jedenfalls ihrer Ansicht nach – zu hohen Alkoholkonsum im Rahmen solcher Veranstaltungen verhindern wollten. Das ursprünglich aus dem Telekommunikationssektor stammende[1039] Flatrate-Konzept hat sich mittlerweile auf andere Bereiche des

1035 So auch VG Neustadt (Weinstraße), GewArch 2007, 496 (498).

1036 *Ennuschat* in Tettinger/Wank/Ennuschat, GewO, § 35 Rn. 9.

1037 Zum Begriff und den verschiedenen Erscheinungsformen s.o. ab S. 70.

1038 Alkoholfreie Getränke sind meist auch erfasst, aber für die folgende Betrachtung uninteressant.

1039 Sog. Internet- und/oder Telefonflatrates.

Gewerberechts ausgedehnt. Beginnend im Jahr 2009 eröffneten in Deutschland sog. Flatrate-Bordelle. Dies war verbunden mit großer Empörung der Bevölkerung und der Medien.[1040] Für einen einmalig zu entrichtenden Eintrittspreis kann der Freier dort beliebig oft sexuelle Dienste aller Art in Anspruch nehmen. Die im Zuge der allgemeinen Empörung dagegen getroffenen behördlichen Maßnahmen sind nicht Gegenstand dieser Arbeit.[1041] Wenn im Folgenden von Flatrate-Partys die Rede ist, sind Alkohol-Flatrates gemeint.

Im Mai 2007 beschloss der Bund-Länder-Ausschuss „Gewerberecht"[1042], dass zum behördlichen Verbot von Flatrate-Partys in Gaststätten keine gesetzliche Neuregelung nötig sei, sondern solche Verbote auf Grundlage des bestehenden Rechts möglich seien.[1043] Ein Beschluss dieses Gremiums hat freilich für die Rechtsanwendung keine Auswirkungen. Die letztverbindliche Auslegung der Gesetze bleibt der Rechtsprechung vorbehalten.[1044]

Nicht möglich ist ein Vorgehen gegen Flatrate-Partys nach § 1 LGastG iV. mit § 19 GaststG. Wie dargelegt wurde,[1045] muss dazu ein besonderer Anlass vorliegen, der außerhalb der Gaststätte liegt. Eine Flatrate-Party stellt einen Anlass innerhalb der Gaststätte dar.[1046] Damit erübrigt sich die Prüfung der weiteren Voraussetzungen der Vorschrift.

Als behördliche Mittel, solche Veranstaltungen zu untersagen, könnten Auflagen nach § 1 LGastG i.V. mit § 5 Abs. 1 Nr. 1 GaststG in Betracht kommen.

1040 *Lehmann*, GewArch 2010, 291 (291).

1041 Dazu näher *Lehmann*, GewArch 2010, 291. Er kommt zum Ergebnis, dass auf gaststättenrechtlicher Grundlage ein Einschreiten gegen Flatrate-Bordelle möglich sei. Trotzdem würde er eine ausdrückliche gesetzliche Regelung, sprich: ein Verbot von Flatrate-Bordellen, begrüßen.

1042 Dabei handelt es sich um ein nicht formalisiertes Gremium. Seine empfehlenden Beschlüsse sollen sicherstellen, dass das Gewerberecht bundesweit durch die Länder möglichst einheitlich vollzogen wird. Es tagt zweimal jährlich unter dem Vorsitz des BMWi. Teilnehmer sind die für das Gewerberecht zuständigen Mitarbeiter der Landesministerien.

1043 Wortlaut des Beschlusses bei *Schröder/Führ*, NVwZ 2008, 145 (145), und *Schönleiter/Stenger*, GewArch 2007, 285 (285).

1044 Darauf weisen auch *Schröder/Führ*, NVwZ 2008, 145 (149), hin.

1045 S. oben S. 246.

1046 *Guckelberger*, LKV 2008, 285 (386).

Danach können jederzeit Auflagen erteilt werden zum Schutz der Gäste gegen Gefahren für Leib, Leben oder Sittlichkeit. Gäste sind dabei alle Personen, die der Gaststättenbetreiber zur verkehrsüblichen Benutzung aufgenommen hat. Das Personal ist während seiner Dienstzeit nicht umfasst.[1047]

Die Auflage lautet i.d.R. dahingehend, dass es zu unterlassen sei, den Gaststättenbetrieb an solchen Tagen zu betreiben, für die mit Flatrate-Angeboten oder Preisen von unter einem bestimmten Betrag (etwa 1,50 Euro) je alkoholischen Getränks geworben werde und auch tatsächlich Getränke zu solchen Preisen abgegeben würden.[1048] Um von der Ermächtigungsgrundlage umfasst zu werden, müsste eine konkrete Gefahr für Leben, Gesundheit oder Sittlichkeit der Gäste vorliegen.[1049]

I. Die herrschende Ansicht der Rechtsprechung und der Literatur

Die – soweit ersichtlich – herrschende Ansicht in Rechtsprechung und Literatur hält es für rechtlich zulässig, mittels einer Auflage nach § 1 LGastG i.V. mit § 5 Abs. 1 Nr. 1 GaststG die Bewerbung und Durchführung von Flatrate-Partys zu untersagen.[1050]

Anknüpfungspunkt ist § 1 LGastG i.V. mit § 4 GaststG. Wenn aufgrund des § 1 LGastG i.V. mit § 15 Abs. 2 GaststG unter Rückgriff auf diese Vorschrift der Widerruf der Gaststättenerlaubnis möglich ist, dann erst recht als weniger einschneidende Maßnahme die Erteilung einer Auflage.[1051] Daher kommen Auflagen auch dann in Betracht, wenn einer der Versagungsgründe des § 1 LGastG

1047 *Pöltl*, GaststG, § 5 Rn. 20. Wenn ein Angestellter in seiner Freizeit die Gaststätte besucht, um dort Speisen oder Getränke zu konsumieren, ist er freilich auch „Gast".

1048 Vgl. etwa *Scheidler*, DVP 2009, 24 (25).

1049 Zum Begriff der Gefahr s.o. S. 104.

1050 Bspw. VG Hannover, GewArch 2007, 388 (388); VG Berlin, Beschl. v. 16.11.2007, Az. 4 A 364.07 – juris; VG Gießen, Beschl. v. 08.12.2008, Az. 8 L 4454/08.GI – juris; *Wollenschläger/Lippstreu*, BayVBl. 2009, 56 (60 f.); *Schmehl*, JA 2010, 128 (131 f.); *Schmidt am Busch*, Jura 2009, 473 (475); *Scheidler*, KommP BY 2009, 97 (98); *ders.*, GewArch 2007, 276 (279); *ders.*, DÖV 2008, 189 (190 f.); *ders.*, DVP 2009, 24 (25 f.); *Korden*, GewArch 200, 11 (12);

1051 VG Hannover, GewArch 2007, 388 (388); VG Augsburg, GewArch 2000, 431 (431); *Pauly/Brehm*, GewArch 2003, 57 (66).

i.V. mit § 4 GaststG einschlägig ist. Sie konkretisieren den Schutz der Gesundheit i.S. des § 1 LGastG i.V. mit § 5 Abs. 1 Nr. 1 GaststG.[1052] Als anwendbar wird § 1 LGastG i.V. mit § 4 Abs. 1 Nr. 1 GaststG betrachtet. Danach ist die Erlaubnis zu versagen bzw. in diesem Fall die Erteilung einer Auflage zulässig, wenn der Gaststättenbetreiber dem Alkoholmissbrauch Vorschub leistet. Alkoholmissbrauch liegt im übermäßigen Verzehr geistiger Getränke.[1053] Teilweise ist auch von einem „nach allgemeiner Verkehrsauffassung zu beanstandenden Ausmaß" die Rede.[1054] Es soll dabei nicht erforderlich sein, dass der Verzehr zur Betrunkenheit führt.[1055] Unter Vorschub leisten werden jede Handlung oder Unterlassung verstanden, die geeignet sind, den Alkoholmissbrauch zu erleichtern.[1056] Das könne auch dadurch geschehen, dass besonders günstige oder angenehme Bedingungen geschaffen werden.[1057] Es müsse kein Verstoß gegen jugendschutz- oder gaststättenrechtliche Verbote vorliegen.[1058]

Durch die Veranstaltung von Flatrate-Partys leiste der Anbieter dem Alkoholmissbrauch Vorschub. Die einmalige Zahlung eines Eintrittsgeldes verleite den Gast dazu, möglichst viel Alkohol zu konsumieren, um auf seine Kosten zu kommen.[1059] Gleichzeitig werde der Alkoholkonsum in die Mitte des Geschehens gestellt.[1060] Durch den günstigen Preis erleichtere der Gaststättenbetreiber den übermäßigen Alkoholkonsum und verführe dazu.[1061]

Die Argumentation ist teilweise dünn: *Korden* bspw. stellt lapidar fest, „der Veranstalter [bringe] gerade durch das gewählte Motto zum Ausdruck, dass er die Möglichkeit eines eventuell drohenden Alkoholmissbrauchs zumindest nicht

---

1052 *Schmehl*, JA 2010, 128 (131).

1053 *Metzner*, GaststG, § 4 Rn. 55; *Michel/Kienzle/Pauly*, GaststG, § 4 Rn. 14.

1054 *Pöltl*, GaststG, § 4 Rn. 46.

1055 *Michel/Kienzle/Pauly*, GaststG, § 4 Rn. 14.

1056 *Pöltl*, GaststG, § 4 Rn. 45; *Michel/Kienzle/Pauly*, GaststG, § 4 Rn. 11.

1057 *Michel/Kienzle/Pauly*, GaststG, § 4 Rn. 11.

1058 VG Gießen, Beschl. v. 08.12.2008, Az. 8 L 4454/08.GI – juris, Rn. 8; VG Leipzig, Beschl. v. 12.12.2007, Az. 5K 1095/07 – juris, Rn. 21.

1059 *Scheidler*, DÖV 2008, 189, (190); *ders.*, DVP 2009, 24 (24); *Korden*, GewArch 2000, 11 (11).

1060 *Kaller/Jukl*, KommJur 2007, 441 (442).

1061 *Beckstein*, ZRP 2007, 235 (236).

ausschließen möchte."[1062] *Metzner* geht gar davon aus, dass der Veranstalter den Alkoholmissbrauch geradezu ankündige.[1063] Es liege in seinem Interesse, möglichst viele Gäste zu erreichen. Dem ordne er sein Interesse, den Alkoholkonsum nicht ausufern zu lassen, unter.[1064] An den konkreten Anlass, an den eine Auflage anknüpfen müsse, seien keine hohen Anforderungen zu stellen. Schon die Werbung als „Sauforgie" oder „Koma-Saufen" sei Anlass genug zur Vermutung, der Gaststättenbetreiber dulde oder fördere Alkoholmissbrauch.[1065] Schließlich sei auch die bei den Gästen entstehende Gruppendynamik nicht zu unterschätzen, auf die der Veranstalter bewusst baue.[1066]

Zudem wird angenommen, der Gaststättenbetreiber verstoße bei Flatrate-Partys gegen das Verbot des § 1 LGastG i.V. mit § 20 Nr. 2 GastG. Danach ist es verboten, Alkohol an erkennbar Betrunkene auszuschenken. Dabei muss sich der Gast in einem Zustand befinden, der zu geistig-körperlichen Ausfallerscheinungen führt.[1067] *Schmidt am Busch* geht ohne Begründung davon aus, dass ein Verstoß hiergegen „*nahe*" liege.[1068]

Nichts anderes könne bei Veranstaltungen gelten, bei denen alkoholische Getränke zu sehr niedrigen, nicht kostendeckenden Preisen angeboten werden.[1069]

Nicht auf § 1 LGastG i.V. mit § 4 Abs. 1 Nr. 1 GaststG, sondern direkt auf § 1 LGastG i.V. mit § 5 Abs. 1 Nr. 1 GaststG stützt das VG Berlin das Verbot einer Flatrate-Party.[1070] Eine Gefahr für die Gesundheit der Gäste bestünde, weil

---

1062 *Korden*, GewArch 2000, 11 (11).

1063 *Metzner*, GaststG, §4 Rn. 56.

1064 *Metzner*, GaststG, §4 Rn. 56.

1065 *Korden*, GewArch 2000, 11 (12).

1066 *Pinegger/Kraußer*, GewArch 1998, 465 (469).

1067 *Vahle*, DVP 2009, 486 (493).

1068 *Schmidt am Busch*, Jura 2009, 473 (474).

1069 Das betrifft sog. „Ein-Euro-Partys" etc., s. VG Hannover, GewArch 2007, 388 (388). Der Entscheidung lag ein Sachverhalt zugrunde, nach dem ein Diskothekenbetreiber bestimmte alkoholische Getränke nach Entrichtung eines Eintrittspreises von zehn Euro für zehn Cent anbot. Es handelte sich offenbar um den Versuch, Maßnahmen gegen Flatrate-Partys zu umgehen.

1070 VG Berlin, Beschl. v. 16.11.2007, Az. 4 A 364/07 – juris, Rn. 31.

es hinreichend wahrscheinlich sei, dass dabei Personen Alkohol in einem gesundheitsgefährdenden Ausmaß trinken. Urheber dieser Gefahr sei der Gaststättenbetreiber.[1071] Schon deswegen sei ein Verbot zulässig. Auf das Vorschubleisten des Alkoholmissbrauchs käme es gar nicht mehr an.

II. Die Ablehnung dieser Ansicht

Die dargestellte Ansicht soll nachfolgend auf ihre Stichhaltigkeit überprüft werden.

Sie verkennt zunächst die Freiheitsentscheidung und Verantwortung des Einzelnen.[1072] Dies gilt nicht nur für Erwachsene, sondern auch für Jugendliche. Sind sie unter 16 Jahren, darf ihnen der Gaststättenbetreiber gem. § 9 Abs. 1 Nr. 2 JuSchG ohnehin keinen Alkohol ausschenken. Wer über 16, aber unter 18 Jahre alt ist, darf keinen Branntwein trinken. Auch Jugendliche ab 16 Jahren können eine verantwortliche Entscheidung treffen, wie viel sie trinken dürfen, ohne ihre Gesundheit zu schädigen. Davon geht § 9 Abs. 1 Nr. 2 JuSchG aus, wenn er ihnen den Alkoholkonsum grds. erlaubt. Ein Automatismus zwischen günstigem Alkoholangebot und exzessivem Konsum kann bei Jugendlichen und Erwachsenen nicht hergestellt werden. Die Ansicht suggeriert, dass die Grenze des Alkoholkonsums ausschließlich eine finanzielle ist. Dann müssten Personen, die es sich finanziell leisten können, ständig betrunken sein, während finanziell Schwächere es nie sein könnten. Nach dieser Ansicht dürfte es logischerweise keinen großen Andrang bei Flatrate-Partys geben, denn *noch* billiger könnte man sich zuhause betrinken. Schließlich ist es möglich, im Einzelhandel Spirituosen sehr günstig zu erwerben.[1073] Jedenfalls ist die alkoholbedingte Selbstgefährdung grundsätzlich erlaubt.[1074] Auch bei „normalem" Gaststättenbetrieb kann sich der Gast grds. so viele Getränke bestellen wie er möchte. Selbst wenn man diesen Automatismus annimmt, wird verkannt, dass es dem Gastwirt gem. § 1 LGastG i.V. mit § 20 Nr. 2 GaststG verboten ist, alkoholische Getränke an erkennbar Betrunkene auszuschenken. Sobald ein Betrunkener also die Kontrol-

---

1071 VG Berlin, Beschl. v. 16.11.2007, Az. 4 A 364/07 – juris, Rn. 31.

1072 So auch VG Augsburg, GewArch 2000, 431 (431); *Schröder/Führ*, NVwZ 2008, 145 (148). Auch *Schmehl*, JA 2010, 128 (131), der aber aus anderen Gründen ein Verbot annimmt.

1073 Laut VGH Kassel, GewArch 2009, 253 (255) bekommt man eine Flasche Wodka für 3,19 Euro.

1074 Dazu schon oben S. 108.

le darüber verliert, zu erkennen, dass eine nicht mehr hinnehmbare Selbstgefährdung vorliegt, er sich also nicht mehr eigenverantwortlich verhalten kann,[1075] sieht das Gesetz eine Schutzpflicht des Gastwirts vor. Diese Pflicht einzuhalten, traut das Gesetz dem Gastgewerbetreibenden – also auch bspw. dem Betreiber einer Diskothek – zu. Wieso er sie bei einer Flatrate-Party nicht einhalten sollte, wurde bisher nicht überzeugend dargelegt.[1076] Für den Gaststättenbetreiber besteht kein Anlass, auf einen möglichst hohen Alkoholkonsum hinzuwirken.[1077] Das Gegenteil dürfte der Fall sein: Der Betreiber handelt mit Gewinnerzielungsabsicht. Er hat also ein Interesse daran, dass der Gast nicht mehr konsumiert als aus Betreibersicht nötig ist, da jedes Getränk Geld kostet, der Kunde aber seinen Beitrag bereits geleistet hat. Er wird seine Pflicht aus § 1 LGastG i.V. mit § 20 Nr. 2 GaststG nicht besser erfüllen, wenn er, anstatt eine Flatrate anzubieten, an jedem einzelnen Getränk verdient. Dann hat er ein größeres Interesse, möglichst viele Getränke zu verkaufen. Ein rational handelnder Gastwirt wird also gerade bei einer Flatrate-Party dazu neigen, den Alkoholkonsum des Einzelnen zu begrenzen.[1078] Erkennt der Gastwirt, dass eine andere Person von einem Betrunkenen zur Getränkebestellung vorgeschoben wird, muss er dieser den Ausschank ebenfalls verweigern.[1079] Wer gegen das Verbot des § 1 LGastG i.V. mit § 20 Nr. 2 GaststG verstößt, handelt gem. § 1 LGastG i.V. mit § 28 Abs 1 Nr. 9 GaststG ordnungswidrig. Übrigens gilt die Vorschrift ausdrücklich nicht nur für Gaststätten-, sondern sämtliche Gewerbetreibende.[1080]

Die o.g. Definition des Vorschubleistens geht zu weit. Sie verursacht einen Widerspruch: Das Gaststättenrecht legalisiert den Ausschank von Alkohol, will aber gleichzeitig Grenzen setzen, um seine Gefahren zu minimieren. Es ist nicht mehr Aufgabe der Ordnungsbehörden, „missionarisch gegen die Gefahren des Alkohols zu Felde zu ziehen."[1081] Diesem Gedanken liefe es zuwider, bereits den Alkoholausschank und das Schaffen einer angenehmen Atmosphäre als Vorschubleisten zu qualifizieren. Diese enge Sichtweise führte dazu, jeden

---

1075 *Schmidt am Busch*, Jura 2009, 473 (474).

1076 Ebenso *Guckelberger*, LKV 2008, 385 (387).

1077 Ebenso VG Augsburg, GewArch 2000, 431 (431).

1078 Das erkennen auch *Krüger/van der Schoot*, DVBl. 2008, 697 (699).

1079 *Guckelberger*, LKV 2008, 385 (386).

1080 § 1 LGastG i.V. mit § 20 Nr. 2 GaststG spricht im Gegensatz zu den Nrn. 3 u. 4 von „Gewerbe".

1081 *Biermann*, DVP 2007, 472 (477).

Gaststättenbetreiber in die Nähe der Unzuverlässigkeit zu bringen und diesen Begriff ausufern zu lassen. Das Vorschubleisten liegt deshalb nur vor, wenn die genannten Verbote des JuSchG und des GaststG missachtet werden oder an Gewohnheitstrinker Alkohol im Übermaß verabreicht wird.[1082] In allen anderen Fällen ist der Alkoholausschank vom GaststG zugelassen.

Auch die Ansicht, wer einen gewissen Betrag bezahle, habe das Interesse, möglichst viel davon wieder „hereinzutrinken", ist nicht schlüssig. Es mag die Schlussfolgerung zulässig sein, wer sich betrinken wolle, besuche eine Flatrate-Party. Daraus folgt hingegen nicht, wer eine Flatrate-Party besuche, wolle sich betrinken.

Zudem ist es nicht Sache des Gaststättenrechts zu verhindern, dass Getränke sehr günstig, möglicherweise sogar nicht kostendeckend oder gar gewinnbringend abgegeben werden.[1083] Die Prüfung von Preisen obliegt der Gaststättenbehörde nicht.[1084] Niedrige Preise sollen i.d.R. der Kundengewinnung dienen, bspw. um die Klientel, die sonst „Vorglühen" betreibt, also außerhalb der Gaststätte günstig erworbenen Alkohol konsumiert, für die Gaststätte zu gewinnen. Der Schutz des Wettbewerbs mit anderen Gaststättenbetreibers ist nicht von der Ermächtigungsgrundlage des § 1 LGastG i.V. mit § 5 Abs. 1 Nr. 1 GaststG umfasst. Dem deutschen Gewerbe- und Ordnungsrecht – und das Gaststättenrecht stellt besonderes Gewerbe- und Ordnungsrecht dar – ist der Gedanke von staatlich verordneten Mindestpreisen aus guten Gründen fremd. Ohnehin ist zu bezweifeln, dass ein Gaststättenbetreiber in großem Umfang Getränke zu nicht kostendeckenden Preisen abgibt. Dann würde er mit jedem verkauften Getränk Verlust machen. Daran erkennt man erneut die Widersprüchlichkeit der herrschenden Ansicht: Wenn der Betreiber mit jedem verkauften Getränk Verlust macht, wird er erst recht dafür Sorge tragen, den Konsum einzuschränken, wenn er sich nicht ruinieren will.[1085]

Ebenso wenig überzeugt die Ansicht, bereits im Preiskonzept liege die konkludente Ankündigung, Alkoholmissbrauch zuzulassen. Das kann – muss aber

---

1082 VG Augsburg, GewArch 2000, 431 (431); *Wollenschläger/Lippstreu*, BayVBl. 2009, 56 (61).

1083 VGH Kassel, GewArch 2009, 253 (254). Dafür aber VG Hannover, GewArch 2007, 388 (388).

1084 *Kaller/Jukl*, KommJur 2007, 441 (445).

1085 Das sieht wohl auch *Guckelberger*, LKV 2008, 385 (387) ähnlich.

nicht – in Einzelfällen zutreffen, wenn die dazugehörige Werbung „Saufen bis der Arzt kommt“ o.ä. verspricht.[1086] Doch selbst dann ist es eher unwahrscheinlich, dass der Gaststättenbetreiber tatsächlich die beworbenen Zustände dulden wird. Der Veranstalter eines „Koma-Saufens“ wird nicht ernstlich in Kauf nehmen oder gar ein Interesse daran haben, dass sich tatsächlich Personen in seinem Betrieb „ins Koma saufen“. Dann könnte er seinen Betrieb schließen. Eine Ermunterung dazu ist erst recht nicht anzunehmen.[1087] Außerdem ist der Verweis darauf, durch die Werbung und solche Veranstaltungen sollten in erster Linie Jugendliche und junge Erwachsene angesprochen werden,[1088] wodurch sie noch verwerflicher seien, wenig hilfreich. Jede Diskothek will junge Menschen unabhängig von der einzelnen Veranstaltung ansprechen.

Auch *Kordens* Ansicht ist falsch, wonach ein Flatrate-Verbot nicht angemessen und damit rechtswidrig sei, wenn „der Gastwirt lediglich beabsichtigt, dem Gast gegen ein einmaliges (pauschales) Entgelt sämtliche im Anschluss georderten Getränke nicht mehr separat zu berechnen, darüber hinaus jedoch keine Anhaltspunkte für eine Gefährdung der in § 5 Abs. 1 Gast[st]G geschützten Rechtsgüter sind.“[1089] Wenn keine Gefährdung der geschützten Rechtsgüter vorliegt, sind die Voraussetzungen der Ermächtigungsgrundlage nicht gegeben. Mit der Angemessenheit hat diese Frage nichts zu tun. Das würde nämlich bedeuten, dass andere Maßnahmen getroffen werden könnten, die ihrerseits angemessen wären. Deswegen ist diesem Ansatz entgegen zu treten. Der Hinweis, dass ein Flatrate-Verbot angemessen sei, wenn Verstöße gegen Jugendschutzrecht zu erwarten sind, erübrigt sich. Auflagen gegen Gaststättenbetreiber sind immer möglich, wenn Jugendschutzrecht verletzt wird oder verletzt zu werden droht.[1090] Mit der Angemessenheit hat auch diese Frage nichts zu tun. Wieso aber ausgerechnet bei einer Flatrate-Party eher Verstöße gegen Jugendschutzrecht möglich sein sollen, bleibt *Korden* schuldig.

Endlich ist zu bezweifeln, ob etwa Preise von 1,50 Euro[1091] anstatt nur einem Euro pro alkoholischem Getränk einen übermäßigen Alkoholkonsum tat-

---

1086 *Guckelberger*, LKV 2008, 385 (387).

1087 So aber *Kaller/Jukl*, KommJur 2007, 441 (443).

1088 *Scheidler*, DÖV 2008, 189 (189 f.).

1089 *Korden*, GewArch 2000, 11 (12).

1090 Dazu schon oben ab S. 242.

1091 Diese Grenze zieht nach Angaben von *Kaller/Jukl*, KommJur 2007, 441 (444), die Stadt Nürnberg. Besser wäre aber, die Preisgrenze in Relation zur Menge zu setzen. Sonst

sächlich verhindern könnten.[1092] Es lässt sich kaum eine geeignete Preisgrenze feststellen, ab welcher übermäßiger Alkoholkonsum über das Setzen bzw. Streichen finanzieller Anreize verhindert werden kann.

Die pauschale Feststellung, Flatrate-Partys seien gem. § 1 LGastG i.V. mit § 5 Abs. 1 Nr. 1 GaststG generell zu untersagen, ist daher falsch. Es kann freilich Einzelfälle geben, in denen die konkreten Umstände, insbesondere einschlägige Erfahrungen mit bestimmten Gaststättenbetreibern, eine Auflage zulassen.[1093]

III. Ausnahme

Ein Flatrate-Verbot kann jedoch – nach hier vertretener Ansicht ausnahmsweise – zulässig sein und auf § 1 LGastG i.V. mit § 5 Abs. 1 Nr. 1 GaststG gestützt werden, wenn es im Zuge starker Alkoholisierung der Gäste vermehrt zu Schlägereien und Körperverletzungen oder im Umfeld der Gaststätte zu Sachbeschädigungen kommt.[1094] Dann kann auf einen übermäßigen Alkoholkonsum geschlossen werden.[1095]

Dabei muss beachtet werden, dass es *vermehrt* zu solchen Delikten kommt. Dass es im Umfeld von Diskotheken auch ohne Flatrate-Partys leider öfter zu Schlägereien kommt, kann jeder beobachten. Vereinzelte Schlägereien können daher ein Flatrate-Verbot nicht begründen, weil sie nicht durch den auf den Flatrate-Preisen basierenden Alkoholkonsum verursacht sind, sondern durch den generell zulässigen „allgemeinen" Alkoholkonsum. Nur wenn es im Umfeld von Flatrate-Partys zu besonderen Zuständen kommt, ist ein Rückschluss auf das Flatrate-Angebot zulässig.[1096]

---

kann auch eine solche Auflage leicht umgangen werden, indem die Getränkegrößen wachsen. Das schlägt auch *Guckelberger*, LKV 2008, 385 (390), vor, jedoch aus Gründen der Bestimmtheit.

1092 Ebenso VGH Kassel, GewArch 2009, 253 (254). Offen gelassen vom VGH München, GewArch 2007, 428 (428).

1093 *Guckelberger*, LKV 2008, 385 (387). Für eine Beschränkung auf Einzelfälle wohl auch *Michel/Kienzle/Pauly*, GaststG, § 4 Rn. 14.

1094 VGH München, GewArch 2007, 428 (428).

1095 *Engelbrecht*, KommP BY 2007, 409 (410).

1096 So wohl auch VGH Kassel, GewArch 2009, 253 (254), wenn er „ein singuläres Ereignis, nämlich eine drohende Schlägerei" nicht ausreichen lässt.

Im Rahmen des Gleichbehandlungsgrundsatzes des Art. 3 Abs. 1 GG ist seitens der Behörde zu beachten, dass verschiedene Gaststätten, die gleiche Veranstaltungen durchführen, auch gleich zu behandeln sind.[1097]

Bei wiederholten Verstößen gegen Auflagen, die Flatrate-Partys untersagen, ist gem. § 1 LGastG i.V. mit §§ 15 Abs. 1, 4 Abs. 1 Nr. 1 GaststG der Widerruf der Gaststättenerlaubnis möglich.[1098] Dann ist das mildere Mittel der Auflage erfolglos geblieben.

IV. „Freiwillige Selbstverpflichtungen" und ähnliche Konstellationen

Neben einseitig hoheitlichen Maßnahmen kommen zur Verhinderung von Flatrate-Partys auch Selbstverpflichtungen der Gaststättenbetreiber oder Vereinbarungen zwischen ihnen und der Behörde in Betracht. Informale Absprachen haben unter unterschiedlichen Bezeichnungen[1099] inzwischen Bedeutung im öffentlichen Recht erlangt. Sie gingen zu Beginn der 1970er Jahre vom Umweltrecht aus.[1100] Bekanntes Beispiel auf Bundesebene war in jüngerer Zeit die Vereinbarung zwischen der Bundesregierung und den Energieversorgungsunternehmen zum Ausstieg auf der friedlichen Nutzung der Kernenergie im Jahr 2000.[1101] Selbstverpflichtungen im Umweltrecht können definiert werden als rechtlich unverbindliche Zusagen von Unternehmen oder Unternehmensverbänden gegenüber dem Staat, die die Erreichung bestimmter umweltpolitischer Ziele durch konkrete Maßnahmen zum Gegenstand haben.[1102] Nachfolgend soll kurz erläutert werden, inwiefern Selbstverpflichtungen auch im Gaststättenrecht denkbar sind, um Flatrate-Partys zu begegnen. Die o.g. Definition lässt sich auf das Gaststättenrecht übertragen. Selbstverpflichtungen sind also entgegen ihres Wort-

---

1097 *Engelbrecht*, KommP BY 2007, 409 (411).

1098 *Engelbrecht*, KommP BY 2007, 409 (410). Zum Widerruf einer Gaststättenerlaubnis bereits oben, S. 271 ff.

1099 Neben dem Begriff „Selbstverpflichtungen" werden auch „Konsensvereinbarungen" oder „Selbstbeschränkungsabkommen" genannt, s. *Schmidt am Busch*, GewArch 2009, 377 (377). Nachfolgend ist von Selbstverpflichtungen die Rede.

1100 *Frenz*, Selbstverpflichtungen, S. 11. Dazu auch *Schendel* in Dokumentation, S. 93 (94); *Faber*, Selbstregulierung, § 10 ff.

1101 Dazu kritisch *Schorkopf*, NVwZ 2000, 1111.

1102 *Schendel*, NVwZ 2001, 494 (494).

lauts rechtlich nicht verpflichtend. Sie setzen auf Kooperation anstelle des ordnungsrechtlichen Ansatzes.[1103] Damit wird die Hoffnung verbunden, auf Seiten der Gaststättenbetreiber bestünde ein größeres Interesse, sich an die gemeinsam festgelegten Regeln zu halten, als es bei behördlich verfügten Maßnahmen der Fall wäre. Die Behörde wird weniger als Gegner betrachtet. Andererseits kommt auch der Staat entgegen, indem er – jedenfalls zunächst – auf seine umfangreichen Eingriffsrechte verzichtet. Gerade diese Eingriffsrechte veranlassen einen Gastgewerbetreibenden zu einer Selbstverpflichtung, will er das „größere Übel" umfangreichen staatlichen Eingreifens verhindern.[1104]

Auf Bundesebene wurde 2005 eine Vereinbarung zwischen dem BMG und dem DEHOGA geschlossen, um den Nichtraucherschutz bundesweit voranzubringen. Die freiwillige Selbstverpflichtung des Verbands im Namen seiner Mitglieder führte jedoch nicht zum gewünschten Ergebnis, weil sie nicht umgesetzt wurde. Deswegen beschlossen einzelne Bundesländer – auch Baden-Württemberg – Nichtraucherschutzgesetze.[1105] Während die Selbstverpflichtungen darauf ausgelegt waren, eine bestimmte Zahl Nichtraucherplätze zur Verfügung zu stellen, verbieten die Landesnichtraucherschutzgesetze das Rauchen fast ausnahmslos.[1106]

Wirkungsvoll können Selbstverpflichtungen daher nur dann sein, wenn sie auf lokaler bzw. kommunaler Ebene angesiedelt werden.[1107] Dort können gezielt die betroffenen Gaststättenbetreiber eingebunden und angesprochen werden, wodurch eine breitere Akzeptanz der Betreiber erreicht werden kann als bei Vereinbarungen, die „von oben" (von der Bundes- oder Landesebene und der

---

1103 *Schmidt am Busch*, GewArch 2009, 377 (382).

1104 *Lehr*, Staatliche Lenkung, S. 239.

1105 S. zur Erfolglosigkeit der Vereinbarung die Argumentation des BVerfG, NJW 2008, 2409 (2413).

1106 Das Bsp. zeigt, dass Selbstverpflichtungserklärungen für die sich verpflichtende Seite durchaus Vorteile haben, weil sie großzügigere Zustände zulassen als ein alternatives Einschreiten des Staats auf hoheitlicher Grundlage.

1107 Beispielhaft sei aus jüngster Zeit die Selbstverpflichtungserklärung der Landeshauptstadt Magdeburg erwähnt, s. PM vom 08.11.2010, abrufbar unter http://aktuell.meinestadt.de/magdeburg/2010/11/08/pro-party-contra-flatrate-eine-gemeinsame-initiative-gegen-das-komasaufen. Beteiligt ist dort auch die Techniker Krankenkasse. S. auch *Kaller/Jukl*, KommJur 2007, 441 (442), sowie *Engelbrecht*, KommP BY 2007, 409 (409), für die Stadt Nürnberg.

Verbände) oktroyiert wurden. So können ortsgerechte Lösungen gefunden und möglichst alle Betreiber angesprochen werden.[1108] Dies ist wichtig, denn eine Selbstverpflichtung, die nur von einem Teil der Veranstalter unterzeichnet ist, kann wirkungslos bleiben, wenn eine Verlagerung von der einen Gaststätte in die andere erfolgt.[1109] Gleichzeitig spielt es bei lokalen Selbstverpflichtungen keine Rolle, ob der Einzelne Mitglied irgendwelcher Verbände oder Zusammenschlüsse ist, wenn jeder direkt beteiligt ist. Außerdem ist der Gaststättenbetreiber eher geneigt, seine Selbstverpflichtung einzuhalten, wenn er sie direkt mit der ihn kontrollierenden Gaststättenbehörde ausgehandelt hat. Auch wenn er nicht rechtlich gebunden ist, ist er es doch faktisch, würde ein Verstoß gegen seine Selbstverpflichtung ordnungsrechtliche Maßnahmen der Behörde herausfordern. Zudem werden Selbstverpflichtungserklärungen über die Presse und andere lokale Medien publik, wodurch der Druck, sie einzuhalten, auch einer sozialen Kontrolle unterliegt.[1110]

Inhaltlich enthalten freiwillige Selbstverpflichtungen einerseits den Verzicht der Gaststättenbetreiber auf die Durchführung und Bewerbung von Flatrate-Partys und ähnlichen Veranstaltungen, die nicht unter den klassischen Begriff der Flatrate-Party fallen. Dadurch wird verhindert, dass eine Umgehung stattfindet. Trotz aller Freiwilligkeit sind Selbstverpflichtungen nur dann wirkungsvoll, wenn sie ein Überwachungsinstrumentarium bieten. Deswegen sollten sie ein gemeinsames Konzept enthalten, wie die getroffenen Vereinbarungen eingehalten und überprüft werden können.[1111] Wenn ein Gaststättenbetreiber sich nicht an die Selbstverpflichtung hält, kann – sofern die Voraussetzungen vorliegen – die Gaststättenbehörde ihr rechtliches Reservoir ausschöpfen. Auch das wird in die Vereinbarung aufgenommen,[1112] um den Betreibern zu verdeutlichen, dass sie keine Wettbewerbsnachteile fürchten müssen, wenn sie sich an die Vereinbarung halten und andere nicht. Hält sich ein Gaststättenbetreiber nicht an seine Selbstverpflichtung, kann das Auswirkungen auf die Beurteilung seiner Zuverlässigkeit haben. Das gilt besonders für Pflichten, die ihn sowieso treffen, er

1108 *Schmidt am Busch*, GewArch 2009, 377 (382).

1109 *Engelbrecht*, KommP BY 2007, 409 (409).

1110 *Schmidt am Busch*, GewArch 2009, 377 (383).

1111 S. dazu die Vereinbarung in Magdeburg, PM v. 18.11.2010. Zur Bedeutung beider Komponenten auch *Schmidt am Busch*, GewArch 2009, 377 (383). Sie spricht von normersetzenden (Verzicht auf solche Veranstaltungen) und normergänzenden (Eigenkontrollsysteme) Absprachen.

1112 *Engelbrecht*, KommP BY 2007, 409 (409).

aber durch die Selbstverpflichtungserklärung sich ausdrücklich dazu bekennt. Er hält sich bei Verstößen gegen die Selbstverpflichtung nicht an seine gaststättenrechtlichen Pflichten, obwohl er davon ausdrücklich Kenntnis erhalten hat, indem er die Selbstverpflichtung vornahm. Er widersetzt sich also vorsätzlich diesen Pflichten. Deswegen bietet er nicht mehr die Gewähr, in Zukunft sein Gewerbe ordnungsgemäß auszuüben. Dies gilt nicht, wenn er sich zu Handlungen oder Unterlassungen verpflichtet hat, die rein freiwilliger Natur sind. Wer sich etwa verpflichtet, nur an Gäste über 25 Jahren Alkohol auszuschenken, aber trotzdem an alle Erwachsenen Alkohol verkauft, wird allein dadurch nicht unzuverlässig. Nach dem Gesetz darf er das tun. Es kommt also darauf an, was in der Selbstverpflichtung vereinbart wurde. Nicht jede Verletzung einer Selbstverpflichtung führt automatisch zur Unzuverlässigkeit.

Freiwillige Selbstbeschränkungen können nach dem Gesagten vor allem auf lokaler Ebene eine umfassende Alternative zu rein reaktivem ordnungsrechtlichen Handeln sein.

V. Die Aufnahme eines Verbotstatbestands in das LGastG und die Gesetze anderer Bundesländer

Wie bereits erwähnt hat Baden-Württemberg in § 2 LGastG einen speziellen Verbotstatbestand eingeführt: „Es ist verboten, alkoholische Getränke in einer Weise anzubieten oder zu vermarkten, die geeignet ist, dem Alkoholmissbrauch oder übermäßigem Alkoholkonsum Vorschub zu leisten.“ Dabei steht es nicht alleine: Auch andere Bundesländer haben diesen Schritt getan oder planen eine entsprechende Regelung.[1113] Verstöße sind gem. § 3 Abs. 1 LGastG Ordnungswidrigkeiten. Ähnlich, aber weitergehender ist § 8 Abs. 2 thürGastG formuliert: „Es ist verboten, alkoholhaltige Getränke in einer Art und Weise anzubieten, der [Formulierung so im Original, d. Verf.] dazu geeignet ist, dem Alkoholmissbrauch Vorschub zu leisten. Dies ist insbesondere dann der Fall, wenn Alkohol in unbestimmten Mengen zu einem Preis abgegeben wird, der erheblich unter dem tatsächlich marktüblichen Preis liegt.“ Ein Verstoß hiergegen stellt gem. § 10 Abs. 1 Nr. 9 thürGastG eine Ordnungswidrigkeit dar. Gem. § 4 Abs. 1 Nr. 5 bremGastG und § 7 Nr. 5 bbgGastG ist es verboten, „im Gaststättengewerbe alkoholische Getränke in einer Art und Weise anzubieten, die darauf gerichtet ist, zu übermäßigem Alkoholkonsum zu verleiten.“ Verstöße werden nach § 12 Abs. 1 Nr. 8 bremGastG bzw. § 10 Abs. 1 Nr. 12 bbgGastG als Ord-

1113 Z.B. Bayern, s. *Scheidler*, KommP BY 2009, 97 (100).

nungswidrigkeiten verfolgt. Andere Bundesländer warten anscheinend die Erfahrungen der Vorreiter ab.

Problematisch erscheint ein Anknüpfen an den Preis in § 8 Abs. 2 thürGastG. Dies läuft erstens Gefahr, auch Happy-Hour-Angebote, Freibier und ähnliche Werbemaßnahmen zu erfassen.[1114] Zweitens ist die Bestimmung eines marktüblichen Preises von Getränken mitunter kompliziert, denn der Preis hängt ab von dem Konzept, der Lage, der Gestaltung, dem Publikum, dem Personalumfang etc. der Gaststätte. Man kann zwischen verschiedenen Gaststätten große Preisunterschiede feststellen. Drittens könnten bestimmte Gaststätten unter das Verbot fallen, die man eigentlich nicht erfassen wollte. In Betracht kommen hier die „Studentenkneipen" o.ä. Konzepte. Es wird sich zeigen müssen, ob die genannten Bestimmungen sich nicht als viel weitreichender erweisen werden als vorgesehen war.[1115] Viel hängt dabei auch von der Umsetzung durch die Gaststättenbehörden ab.

Die Landesgesetzgeber standen vor der Herausforderung, Flatrate-Partys verbieten zu wollen, gleichzeitig den Gesetzestext aber nicht auf sie zu beschränken. Sonst fordert er Umgehungsmaßnahmen der in dieser Hinsicht einfallsreichen Gaststättenbetreiber heraus.[1116] Zugleich darf die Formulierung nicht uferlos werden, damit Verstöße gegen Art. 12 Abs. 1 GG vermieden werden und letztlich nicht auch solche Konzepte erfasst werden, die man nicht erfassen wollte. Schließlich setzt auch das Bestimmtheitsgebot einer zu weiten Formulierung Grenzen. Deswegen wird bezweifelt, dass die neuen Verbote überhaupt Abhilfe werden schaffen können.[1117]

VI. Ergebnis

Die Untersuchung hat gezeigt, dass der überwiegenden Meinung in Literatur und Rechtsprechung nicht zu folgen ist. Nach aktueller Rechtslage können daher in den meisten Bundesländern Flatrate-Partys nur in Ausnahmefällen untersagt werden. Deswegen stellt das Flatrate-Party-Verbot des § 2 LGastG auch keine

1114 *Schmidt am Busch*, Jura 2009, 473 (477); *Krüger/van der Schoot*, DVBl. 2008, 697 (700).

1115 So auch *Krüger/van der Schoot*, DVBl. 2008, 697 (700).

1116 S. zu den Formulierungsschwierigkeiten der Behörden und den Umgehungsversuchen bei untersagenden Auflagen auch VG Hannover, GewArch 2007, 388.

1117 *Schmidt am Busch*, GewArch 2009, 377 (381).

symbolische oder überflüssige Gesetzgebung dar,[1118] sondern stellt solche Verbote erstmals auf eine solide rechtliche Grundlage. Wie wirkungsvoll sie sind, muss die Entwicklung zeigen. Zweifel sind angebracht.

1118 So aber *Krüger/van der Schoot*, DVBl. 2008, 697 (700) zumindest bzgl. Jugendlicher.

Kapitel Sieben: Alkoholkonsum auf Festen und anderen kurzzeitigen Veranstaltungen

Alkohol wird nicht nur in zum dauerhaften Betrieb angelegten Gaststätten getrunken, sondern auch bei Veranstaltungen, die nur einen oder wenige Tage andauern. Das sind bspw. Volksfeste, Straßenfeste, Kirchweihfeste, Vereinsfeste, Schützenfeste, Flugtage oder einmalige Sportveranstaltungen.[1119] Darunter fallen aber auch einmalige „Partys" in stillgelegten Fabrikhallen o.ä. Orten. Insgesamt besteht eine Tendenz zur Durchführung von Freiluftveranstaltungen.[1120] Oftmals sind diese Veranstaltungen wichtige Bestandteile des örtlichen kulturellen Lebens und werden von Vereinen oder anderen ehrenamtlichen Organisationen organisiert. In der Vergangenheit war hauptsächlich der von den Veranstaltungen ausgehende Lärm Grund für behördliche Maßnahmen zum Schutze der Anwohner.[1121] Bei Freiluftveranstaltungen ist der Lärmschutz besonders wichtig.[1122] Heute rücken der Alkoholkonsum und seine Folgen ins Zentrum.

Folgend soll untersucht werden, ob und ggf. wie Behörden Alkoholverkauf oder -konsum auf solchen Veranstaltungen reglementieren können.

A. Anwendbarkeit des § 1 LGastG i.V. mit § 12 GaststG: Voraussetzung des „besonderen Anlasses"

Auch kurzzeitige Veranstaltungen unterfallen einer gaststättenrechtlichen Erlaubnispflicht, wenn dort alkoholische Getränke ausgeschenkt werden sollen, § 1 LGastG i.V. mit §§ 12 Abs. 1, 2 Abs. 1 GaststG. Die Erteilung einer Erlaubnis kann jedoch im Unterschied zu einem auf Dauer angelegten Betrieb unter erleichterten Voraussetzungen erfolgen. Zur begrifflichen Abgrenzung spricht das GaststG nicht von Erlaubnis, sondern von einer Gestattung. Die Gestattung nach § 1 LGastG i.V. mit § 12 GaststG stellt eine „Vollerlaubnis" dar, d.h. ihr

1119 Weitere Bspe. finden sich bei *Michel/Kienzle/Pauly*, GaststG, § 12 Rn. 2; *Metzner*, GaststG, § 12 Rn. 15; *Pöltl*, GaststG, § 12 Rn. 10.

1120 *Himmelmann*, KommP spezial 2010, 29 (29).

1121 Zur Lärmproblematik s. *Barthel*, DVP 2005, 441.

1122 S. dazu *Himmelmann*, KommP spezial 2010, 29.

Inhaber verfügt über alle Rechte wie der Inhaber einer Erlaubnis.[1123] Der Veranstalter soll allerdings davon entlastet werden, die Anforderungen in einem solchen Ausmaß zu erfüllen, wie dies bei einem dauerhaften Betrieb eines Gaststättengewerbes der Fall ist.[1124] Im Gegenzug kann eine Gestattung gem. § 1 LGastG i.V. mit § 12 Abs. 1 GaststG nur vorübergehend erfolgen. Das bedeutet, sie ist durch die Behörde in jedem Fall zu befristen.[1125] I.d.R. ist sie auf die Dauer der Veranstaltung begrenzt und erlischt somit mit deren Ende durch Zeitablauf.[1126] Gleichzeitig enthält § 1 LGastG i.V. mit § 12 Abs. 1 GaststG einen gesetzlichen Widerrufsvorbehalt.

Im Unterschied zur Erteilung einer Gaststättenerlaubnis ist für die Gestattung nach § 1 Abs. 2 GastVO die Gemeinde zuständig, wenn die Gestattung eine Geltungsdauer von bis zu vier Tagen hat.

Die Möglichkeit der Gestattung nach § 1 LGastG i.V. mit § 12 Abs. 1 GaststG besteht nur „aus besonderem Anlass". Daher ist zu untersuchen, was unter einem „besonderen Anlass" zu verstehen ist:

Nach dem BVerwG liegt ein besonderer Anlass für die Gestattung eines Gaststättenbetriebes vor, wenn die betreffende gastronomische Tätigkeit an ein kurzfristiges, nicht häufig auftretendes Ereignis anknüpft, das außerhalb der gastronomischen Tätigkeit selbst liegt.[1127] Der besondere Anlass braucht dabei nicht von anderer Seite vorgegeben zu sein, sondern kann auch vom Veranstalter selbst geschaffen sein.[1128]

Die beabsichtigte gastronomische Tätigkeit muss der Annex eines eigenständigen anderen Ereignisses sein. Der bloße Wunsch, unter erleichterten Voraussetzungen kurzfristig eine Schank- oder Speisewirtschaft zu betreiben, reicht nicht aus.

1123 *Feuchthofen*, GewArch 1985, 47 (47).

1124 *Feuchthofen*, GewArch 1985, 47 (47).

1125 *Michel/Kienzle/Pauly*, GaststG, § 12 Rn. 6.

1126 *Metzner*, GaststG, § 12 Rn. 30.

1127 BVerwG, GewArch 1989, 342 (342).

1128 BVerwG, GewArch 1989, 342 (342).

Für die Annahme eines besonderen Anlasses reicht das bloße Gewinnstreben oder der Geldbedarf eines Vereins daher nicht aus.[1129]

Das Nichtvorliegen eines besonderen Anlasses bedeutet indes nicht, dass die geplante Veranstaltung nicht stattfinden darf. Stattdessen muss der Veranstalter eine Gaststättenerlaubnis beantragen, auf die er bei Erfüllung der Voraussetzungen einen Anspruch hat.[1130]

In Bundesländern, in denen der Betrieb einer Gaststätte keine Erlaubnis mehr erfordert, wie bspw. Niedersachsen, genügt eine Anzeige an die Behörde. Die Anzeigepflicht gilt gem. § 2 Abs. 1 ndsGastG auch, wenn nur für kurze Zeit ein Gaststättengewerbe betrieben werden soll. Das Anordnungsrecht aus § 5 Abs. 1 ndsGastG besteht auch hier.

B. Geltung auch für Vereine und Gesellschaften, die kein Gewerbe betreiben

Das Gaststättenrecht regelt die Rechtsverhältnisse des Gaststättengewerbes. Der Gewerbebegriff entspricht dem der GewO. Gewerbe wird definiert als jede erlaubte, auf Dauer angelegte, auf Gewinnerzielung gerichtete, selbstständige Tätigkeit, die nicht Urproduktion, freier Beruf oder Verwaltung eigenen Vermögens ist.[1131]

Etliche der hier infrage kommenden Veranstaltungen werden von Vereinen durchgeführt. Die Merkmale der Gewinnerzielungsabsicht und der Dauerhaftigkeit können bei ihnen fraglich sein. Um Unklarheiten oder Umgehungen zu verhindern, gelten gem. § 1 LGastG i.V. mit § 23 GaststG die Vorschriften des Gesetzes auch für Vereine oder Gesellschaften, die kein Gewerbe betrieben. Auch sie bedürfen daher einer Erlaubnis nach § 1 LGastG i.V. mit § 2 Abs. 1 GaststG bzw. einer Gestattung nach § 1 LGastG i.V. mit § 12 GaststG.

1129 *Michel/Kienzle/Pauly*, GaststG, § 12 Rn. 2.

1130 *Kienzle*, GewArch 1988, 177 (182).

1131 *Ruthig/Storr*, Öff. Wirtschaftsrecht, Rn. 201 m.w.N. Teilweise wird „erlaubt" durch „nicht sozial unwertig" ersetzt, s. *Metzner*, GaststG, § 1 Rn. 7; *Ennuschat* in Tettinger/Wank/Ennuschat, GewO, § 1 Rn. 2, 38 ff. Für die vorliegende Untersuchung ist die Unterscheidung nicht relevant.

C. Regelungsmöglichkeiten der Behörden

Gemäß § 1 LGastG i.V. mit § 12 Abs. 3 GaststG können dem Gewerbetreibenden, dem eine Gestattung nach Abs. 1 gewährt wurde, jederzeit Auflagen erteilt werden. Nicht anwendbar ist § 1 LGastG i.V. mit § 5 GaststG, der grds. nur für das Erlaubnisverfahren gilt.[1132] § 1 LGastG i.V. mit § 12 Abs. 3 GaststG ist demgegenüber lex specialis.[1133] Das ist bedeutsam: § 5 Abs. 1 GaststG erlaubt Auflagen nur in den dort genannten Fällen, während § 12 Abs. 3 GaststG solche Einschränkungen nicht nennt, sondern „jederzeit Auflagen" zulässt. Daraus ergibt sich, dass bei der Gestattung auch weitergehende Auflagen als bei der Erlaubnis in Betracht kommen.[1134] Sie müssen dem Schutzzweck des GaststG, insbesondere dessen § 4 dienen. Der Grundsatz der Verhältnismäßigkeit ist jedoch zu beachten, sodass behördlichen Auflagen insofern Grenzen gesetzt sind.[1135]

Nachfolgend soll untersucht werden, welche Regelungen in Frage kommen.

I. Auflagen bzgl. des Alkoholausschanks

Zu untersuchen ist weiter, wie die Behörde Auflagen den Alkoholausschank regeln kann. Dabei kommen Beschränkungen sowohl hinsichtlich der Ausschankzeiten als auch der ausgeschenkten Alkoholarten (Wein, Bier oder Branntwein) in Betracht.

1. Regelung der Betriebs- und Ausschankzeiten

In Betracht kommen zunächst Auflagen hinsichtlich des Beginns und des Endes der Veranstaltung, wobei hauptsächlich das Ende für die Behörde interessant sein dürfte. Eine Gestattung nach § 1 LGastG i.V. mit § 12 Abs. 1 GaststG ist zwingend zu befristen. Davon zu unterscheiden ist jedoch eine Beschränkung der Betriebszeit.[1136] Deren Beschränkung kann daher nicht auf diese Weise erfolgen, sondern muss als Auflage nach Abs. 3 ergehen.

1132 *Metzner*, GaststG, § 5 Rn. 8.

1133 *Pöltl*, GaststG, § 12 Rn. 26, § 5 Rn. 9.

1134 *Pöltl*, GaststG, § 12 Rn. 26.

1135 *Metzner*, GaststG, § 12 Rn. 27.

1136 *Michel/Kienzle/Pauly*, GaststG, § 12 Rn. 6; *Metzner*, GaststG, § 12 Rn. 23.

Es steht im Ermessen der Behörde, die Betriebszeiten festzusetzen.[1137] Dabei kann sie auch zuungunsten des Betreibers von den Bestimmungen über die Sperrzeit abweichen.[1138]

Denkbar sind weiterhin Auflagen bzgl. der Ausschankzeiten. Wenn die Behörde ein bestimmtes Ende der Veranstaltung anordnet, bedeutet dieses Ende gleichzeitig das Ende des Ausschanks. Der Behörde wird jedoch daran gelegen sein, das Ausschankende früher anzuordnen. Bei gleichzeitigem Ausschank- und Veranstaltungsende ist es unwahrscheinlich, dass letzteres eingehalten wird. Wenn Besucher noch ein Getränk erwerben können, werden sie nicht gleichzeitig die Veranstaltung verlassen. Auflagen zum Ausschankende sind wie Auflagen zum Ende der Veranstaltung üblich.[1139]

2. Uneingeschränktes Verbot des Ausschanks von Branntwein

Nicht generell üblich, in letzter Zeit aber stark diskutiert wird die Möglichkeit, den Ausschank von Branntwein bei Veranstaltungen generell zu verbieten.[1140] Anlass dazu können sicherheitsrelevante Vorfälle sein, die von Menschen verursacht werden, die Branntwein getrunken haben und deswegen besonders stark oder schnell alkoholisiert und dadurch aggressiv sind. Branntweinverbote dienen dann nicht nur dem Jugendschutz, sondern der Aufrechterhaltung der öffentlichen Sicherheit. Beides sind Schutzzwecke des § 1 LGastG i.V. mit § 4 Abs. 1 Nrn. 1 u. 2 GaststG.

Es liegt im Ermessen der Behörde, zur Erreichung dieser Schutzzwecke den Ausschank auf bestimmte Arten von Getränken zu beschränken.[1141] Dem entspricht das Recht, den Ausschank bestimmter Getränkearten, bspw. Branntwein, auszuschließen.

1137 VG Würzburg, Urt. v. 29.03.2006, Az. W 6 K 05.634 – juris, Rn. 55.

1138 *Michel/Kienzle/Pauly*, GaststG, § 12 Rn. 6.

1139 Vgl. etwa VGH München, NJW 1998, 401 (402).

1140 S. etwa Schwäbische Post v. 20.05.2011 zur Debatte in der Großen Kreisstadt Aalen.

1141 *Metzner*, § 12 Rn. 21.

3. Kombination beider Möglichkeiten: Begrenzung des Branntweinausschanks auf bestimmte Zeiten

Endlich kommt die Möglichkeit in Betracht, beide vorgenannten Möglichkeiten zu kombinieren, indem der Branntweinausschank auf bestimmte Zeiten begrenzt wird. Die Behörde könnte etwa anordnen, erst ab Mitternacht Branntwein auszuschenken. Dann nämlich dürfen sich Jugendliche, also Personen unter 18 Jahren, gem. § 4 Abs. 1 JuSchG nicht mehr in der Gaststätte bzw. gem. § 5 Abs. 1 JuSchG nicht bei Tanzveranstaltungen aufhalten. Alternativ könnte der Ausschank von Branntwein auf einen vom Rest der Veranstaltung abgetrennten Bereich konzentriert werden, wenn der Zutritt nur Personen über 18 Jahren gestattet ist und Kontrollen stattfinden.

Weiterhin in Betracht kommt bspw. die Auflage, beim Einlass Personen unter 18 Jahren oder bei Bedarf auch unter 16 Jahren durch unterschiedlich farbige Armbänder, Stempel o.ä. zu kennzeichnen, um dadurch die o.g. Regelungen des JuSchG zu Ausschank und Aufenthalt kontrollieren zu können.

Wird ein generelles Branntweinverbot nur mit der Einhaltung des Jugendschutzes begründet, ist es wegen Unverhältnismäßigkeit rechtswidrig. Es ist nicht erforderlich, denn milderes Mittel ist das eben besprochene Verbot des Branntweinausschanks bis 24 Uhr, wenn Jugendliche die Veranstaltung verlassen müssen.

II. Kooperationsvereinbarungen zwischen verschiedenen Gemeinden

Gemäß § 1 Abs. 2 GastVO sind für die Gestattung bei einer Geltungsdauer von bis zu vier Tagen die Gemeinden zuständig. In mehreren baden-württembergischen Landkreisen haben Gemeinden unter Mitwirkung der Landratsämter und der Polizeidirektionen sog. Kooperationsvereinbarungen abgeschlossen.[1142] Darin vereinbaren die Gestattungsbehörden, ihre Gestattungspraxis innerhalb des Landkreises möglichst zu vereinheitlichen. So sollen bspw. Schlusszeiten von Veranstaltungen oder der Ausschank von Branntwein gemeindeübergreifend angeglichen werden. Ziel solcher Vereinbarungen ist es, verlässliche Maßstäbe zu schaffen, die jeden potenziellen Veranstalter im Vorfeld bekannt sind. Außerdem wollen sie verhindern, dass eine unterschiedliche

1142 S. etwa Schwäbische Post v. 16.05.2011. Danach gibt es in fünfzehn baden-württembergischen Landkreisen solche Vereinbarungen.

Gestattungspraxis zu Ausweichverhalten zwischen den Gemeinden führt oder Spannungen zwischen den verschiedenen Behörden entstehen, weil die eine strengere Auflagen erteilt als die andere. Diese Vereinbarungen sollen daher Richtschnur für die Verwaltung sein.[1143]

III. Folgen von Verstößen gegen Auflagen

Nachfolgend soll dargestellt werden, welche Folge Verstöße gegen angeordnete Auflagen haben können.

1. Für die betroffene Veranstaltung

Zunächst ergeben sich Folgen für die betroffene Veranstaltung, in deren Verlauf erteilte Auflagen nicht eingehalten werden.

Erstens kann die Behörde die Erfüllung der Auflagen mit Verwaltungszwang durchsetzen.[1144]

Verspricht die Durchsetzung der Auflagen keine Besserung oder ist sie nicht möglich, kann zweitens die Gestattung nach § 1 LGastG i.V. mit § 12 Abs. 1 GaststG widerrufen werden.[1145] Das führt dazu, dass ein Weiterbetrieb ohne Gestattung erfolgt. Dann kann die Behörde diesen Weiterbetrieb gem. § 1 LGastG i.V. mit § 31 GaststG i.V. mit § 15 Abs. 2 S. 1 GewO untersagen.[1146] Insofern gilt nicht anderes als beim Betrieb einer Gaststätte ohne Erlaubnis. Die Behörde kann die Untersagung dann mittels Verwaltungszwang durchsetzen.

Sollte es sich bei der Veranstaltung um eine verbotene Veranstaltung i.S. des § 2 LGastG[1147] handeln, also eine Flatrate-Party o.ä., liegt eine Ordnungswidrigkeit nach § 3 LGastG vor. Eine solche verbotene Veranstaltung kann die Behörde beenden, falls es nicht möglich ist, durch den Erlass von Auflagen, bspw. bzgl. des Preiskonzeptes, die Einhaltung des § 2 LGastG sicherzustellen.

1143 Schwäbische Post v. 16.05.2011.

1144 *Michel/Kienzle/Pauly*, GaststG, § 12 Rn. 12

1145 *Michel/Kienzle/Pauly*, GaststG, § 12 Rn. 12; *Metzner*, GaststG, § 12 Rn. 28.

1146 *Pöltl*, GaststG, § 12 Rn. 30.

1147 Dazu bereits oben ab S. 251.

2. Für zukünftige Veranstaltungen des Betreibers

Wer Auflagen nach § 1 LGastG i.V. mit § 12 Abs. 3 GaststG vorsätzlich oder fahrlässig nicht, nicht vollständig oder nicht rechtzeitig nachkommt, begeht nach § 1 LGastG i.V. mit § 28 Abs. 1 Nr. 2 GaststG eine Ordnungswidrigkeit. Begeht ein Betreiber regelmäßig oder gar beharrlich solche Ordnungswidrigkeiten, indem er Auflagen nicht befolgt, kann dies bei der Beurteilung seiner Zuverlässigkeit berücksichtigt werden.[1148] Ein solcher Betreiber bietet möglicherweise nicht mehr die Gewähr, sein Gewerbe in Zukunft ordnungsgemäß auszuüben,[1149] und kann deswegen als unzuverlässig i.S. des § 1 LGastG i.V. mit § 4 Abs. 1 Nr. 1 GaststG gelten.[1150] Damit wäre es ausgeschlossen, in Zukunft weitere Gestattungen zu erhalten. Dasselbe gilt für Ordnungswidrigkeiten nach § 3 LGastG.

D. Alkoholkonsum auf Märkten

Nachfolgend sollen rechtliche Möglichkeiten untersucht werden, den Alkoholkonsum auf Märkten zu reglementieren, die nach der GewO festgesetzt wurden. Es stellt sich dabei die Frage, ob die Behörde auf Gewerbe- oder Gaststättenrecht zurückgreifen muss. In Betracht kommen nicht in erster Linie Wochenmärkte i.S. des § 67 Abs. 1 GewO, auf denen bspw. regionale Lebensmittel angeboten werden, sondern eher Jahr- und Spezialmärkte nach § 68 Abs. 1 u. 2 GewO. Ein bekanntes Beispiel eines Spezialmarkts, bei dem Alkoholkonsum eine erhebliche Rolle spielt, ist der Weihnachtsmarkt.[1151] Nachfolgend soll untersucht werden, ob und wie Behörden für diese Märkte den Alkoholkonsum beschränken können.

1148 VGH München, NJW 1998, 401 (402); *Metzner*, GaststG, § 12 Rn. 31; *Michel/Kienzle/Pauly*, GaststG, § 12 Rn. 12.

1149 Zum Begriff der Unzuverlässigkeit bspw. *Ziekow*, Öff. Wirtschaftsrecht, § 10 Rn. 42; *Ennuschat* in Tettinger/Wank/Ennuschat, GewO, § 35 Rn. 27.

1150 VGH München, NJW 1998, 401 (402).

1151 *V. Ebner*, GewArch 1980, 156 (159 f.), nennt Weihnachtmärkte „geradezu klassische Beispiele“ für Spezialmärkte. Ebenso *Krafczyk*, GewArch 1988, 261 (261).

I. Die Markttypen der GewO

Die Gewerbeordnung regelt in Titel IV das Recht der Märkte, das auf die Marktregale der Städte im Mittelalter zurückgeht.[1152] Sie unterscheidet zwischen Messen (§ 64 GewO) und Großmärkten (§ 66 GewO), die sich an gewerbliche Verbraucher richten und hier daher nicht näher beleuchtet werden sollen, sowie den sonstigen Marktformen. Ausstellungen (§ 65 GewO), Wochen-, Spezial- und Jahrmärkte richten sich dagegen an private Endverbraucher.[1153] Die Begriffe werden legal definiert: Gem. § 68 Abs. 1 GewO bspw. ist ein Spezialmarkt eine im allgemeinen regelmäßig in größeren Zeitabständen[1154] wiederkehrende, zeitlich begrenzte Veranstaltung, auf der eine Vielzahl von Anbietern bestimmte Waren feilbietet.

II. Die Festsetzung nach § 69 GewO

Märkte können nach § 69 Abs. 1 GewO festgesetzt werden. Zuständig für die Festsetzung ist gem. § 1 GewZuVO die untere Verwaltungsbehörde. Nur für Wochenmärkte sind gem. § 7 GewOZuVO die Gemeinden zuständig.

1. Inhalt der Festsetzung

Die Behörde setzt gem. § 69 Abs. 1 GewO den Gegenstand, Beginn und Ende der Veranstaltung, Öffnungszeiten und den Platz fest. Weil der Veranstalter gem. § 69 Abs. 2 GewO verpflichtet ist, einen festgesetzten Markt auch durchzuführen, kann die Behörde nicht nach eigenem „Gutdünken"[1155] vom Antrag des Veranstalters abweichen. Sonst würde er möglicherweise verpflichtet, einen Markt durchzuführen, den er gar nicht in dieser Art und Weise beabsichtigte.[1156] In der Festsetzung wird die Veranstaltung auch einem Typus der §§ 64 ff. GewO zugeordnet.

Beginn und Ende einer Veranstaltung betreffen den kalendarischen Zeitraum, während dessen die Veranstaltung stattfinden kann. Die Festsetzung der

---

1152 *Ruthig/Storr*, Öff. Wirtschaftsrecht, Rn. 335; *Wirth*, GewArch 1986, 186 (186). Dazu näher *Wagner* in Fiauf, GewO, Vorbem. Zu Titel IV, Rn. 27 f.

1153 *Ruthig/Storr*, Öff. Wirtschaftsrecht, Rn. 336.

1154 Dazu *Krafczyk*, GewArch 1988, 261.

1155 *Friauf*, GewO, § 69 Rn. 26.

1156 *Friauf*, GewO, § 69 Rn. 26.

Öffnungszeiten umfasst die Uhrzeit des Beginns und Endes der Veranstaltung an den jeweiligen Tagen.

2. Wirkung der Festsetzung

Die Festsetzung hat keine Legalisierungswirkung, denn die Veranstaltung eines Marktes ohne Festsetzung ist nicht illegal. Er könnte auch in der Form des sog. Privatmarkts durchgeführt werden. Die Festsetzung ist daher keine Genehmigung oder Erlaubnis für den Veranstalter.[1157] Die Festsetzung bringt dem Veranstalter den Vorteil der sog. Marktprivilegien. Das bedeutet bspw., dass die Vorschriften über das Reisegewerbe keine Anwendung finden. Zudem verpflichtet die Festsetzung den Veranstalter eines Wochen-, Jahr- oder Spezialmarkts gem. § 69 Abs. 2 GewO zur Durchführung. Sie ist ein Verwaltungsakt, der gegenüber dem Veranstalter begünstigend ist, soweit sie die Marktprivilegien auslöst.[1158]

Die Festsetzung entfaltet auch keine Konzentrationswirkung.[1159] Das bedeutet, dass die Festsetzung keine nach anderen Vorschriften erforderlichen Genehmigungen oder Erlaubnisse umfasst oder ersetzt. Sie ersetzt bspw. keine straßenrechtliche Sondernutzungserlaubnis oder Erlaubnisse nach dem Feiertagsrecht, wenn auch an Sonn- oder Feiertag Waren verkauft werden sollen.

Hier interessiert die Frage des Verhältnisses der Festsetzung zu gaststättenrechtlichen Normen. Nach§ 68a GewO dürfen auf Märkten alkoholfreie Getränke und zubereitete Speisen verabreicht werden. Im Übrigen gelten die allgemeinen Vorschriften des Gaststättenrechts. Die Festsetzung ersetzt somit nicht die Erlaubnis nach § 1 LGastG i.V. mit § 2 Abs. 1 GaststG bzw. eine Gestattung nach § 1 LGastG i.V. mit § 12 Abs. 1 GaststG, die nötig sind, wenn alkoholische Getränke ausgeschenkt werden sollen. Da gem. § 1 LGastG i.V. mit § 2 Abs. 1 GaststG keine Erlaubnis nötig ist, wenn nur alkoholfreie Getränke ausgeschenkt werden sollen, hat § 68a GewO seine Bedeutung eingebüßt.

3. Bedeutung für den Alkoholausschank auf Märkten

Die Festsetzung eines Marktes ersetzt mithin keine gaststättenrechtliche Erlaubnis zum Ausschank von Alkohol. Daher muss der Beschicker eines Markts eine

---

1157 Wagner in *Friauf*, GewO, § 69 Rn. 35.

1158 *Wirth*, GewArch 1986, 46 (48).

1159 *Ruthig/Storr*, Öff. Wirtschaftsrecht, Rn. 342; *Ziekow*, Öff. Wirtschaftsrecht, § 10 Rn. 87.

gesonderte Erlaubnis beantragen. Deren Voraussetzungen und die behördlichen Beschränkungsmöglichkeiten wurden oben ab S. 269 dargestellt.

E. Ergebnis

Auch kurzzeitige Veranstaltungen unterliegen einer gaststättenrechtlichen Erlaubnispflicht, die auch Vereine umfasst. Um nur das einfachere Gestattungsverfahren nach § 1 LGastG i.V. mit § 12 GaststG durchführen zu können, muss ein besonderer Anlass vorliegen. Dieser darf sich nicht darin erschöpfen, dass der Veranstalter Geld für seine (Vereins-) Arbeit verdienen will. Im Rahmen der Gestattungserteilung können die Behörden jederzeit Auflagen erlassen. Solche Auflagen können u.a. das Veranstaltungs- und/oder Ausschankende sowie den Ausschank von Branntwein regeln.

Für Märkte i.S. der GewO gilt nichts anderes. Die sog. Marktprivilegien umfassen den Alkoholausschank nicht, sodass auch auf Märkten das Gaststättenrecht anzuwenden ist.

Kapitel Acht: Folgen für den Gesetzgeber: Schaffung einer Ermächtigungsgrundlage für Kommunen?

Zum Abschluss der Untersuchung bleibt zu betrachten, welche Folgen sich aus den bisherigen Untersuchungsergebnissen für den Gesetzgeber ergeben können.

Seit der Entscheidung des VGH Mannheim vom 28.07.2009[1160] wurden die Rufe nach einer gesonderten Ermächtigungsgrundlage für den Erlass von Alkoholverboten deutlich lauter. Vor allem die Städte und Gemeinden werben für ein solches Vorgehen. Die vorhandene Problematik lasse sich nicht wegdiskutieren, und wenn aus Sicht der baden-württembergischen Rechtsprechung keine Lösung auf polizeirechtlicher Grundlage möglich sein soll, müsse eine spezielle Ermächtigungsgrundlage geschaffen werden.[1161] Maßnahmen im Einzelfall reichten nicht aus. Diese Forderung ist nicht neu. Auch *Finger* empfiehlt die Schaffung einer Ermächtigungsgrundlage, allerdings bevorzugt er eine kommunalrechtliche Satzungsermächtigung.[1162] Dem Vernehmen nach scheiterte eine Neuregelung in Baden-Württemberg bisher an der Ablehnung durch die Landtagsfraktion der FDP/DVP.[1163] Auch die grün-rote Landesregierung unter Ministerpräsident *Winfried Kretschmann* plant ausweislich des Koalitionsvertrags auf Betreiben der Grünen[1164] keine Änderung der aktuellen Rechtslage.[1165] Inzwischen hat jedoch die CDU-Fraktion einen entsprechenden Gesetzentwurf eingebracht.[1166]

1160 VGH Mannheim, VBlBW 2010, 29.

1161 S. bspw. Stuttgarter Zeitung vom 07.08.2010, S. 5.

1162 *Finger*, Die offenen Szenen der Städte, S. 285 ff.

1163 Vgl. etwa Schwäbische Post v. 18.09.2010, S. 5.

1164 Stuttgarter Nachrichten v. 16.04.2011, S. 6.

1165 Koalitionsvertrag zwischen Bündnis 90/Die Grünen und der SPD Baden-Württemberg, S. 49: „[Wir] wollen den bestehenden rechtlichen Rahmen ausschöpfen, um Brennpunkte zu entspannen und die Weitergabe alkoholischer Getränke an Jugendliche zu erschweren." Abrufbar unter http://dokumente.wscms-basis.de/Koalitionsvertrag-web.pdf.

1166 LT-Drs. 15/76.

A. Erfordernis einer Neuregelung

Zwar sind nach hier vertretener Ansicht Alkoholverbote möglich, weil öffentlicher Alkoholkonsum in den hier untersuchten Erscheinungsformen eine Gefahr für die öffentliche Sicherheit oder Ordnung darstellen kann. Nach Ansicht der Rechtsprechung sind Alkoholverbote hingegen de lege lata i.d.R. unzulässig. Durch die o.g. Entscheidung des VGH Mannheim ist es zumindest baden-württembergischen Kommunen nahezu unmöglich, Alkoholverbote zu erlassen. Wenn der Gesetzgeber das bisherige Vorgehen der Kommunen unterstützen möchte, muss er daher eine eigenständige Ermächtigungsgrundlage schaffen. Auch in anderen Bundesländern stellt sich diese Frage. Nicht zuletzt haben die Entscheidungen des VGH Mannheim seit jeher bundesweite Strahlkraft.[1167] Das zeigen die in der Folge ergangenen Entscheidungen des OVG Sachsen-Anhalt[1168] und des OVG Thüringen[1169]. Der VGH Mannheim wies in seiner Entscheidung selbst darauf hin, dass der Gesetzgeber handeln müsse, sollen Alkoholverbote im Gefahrenvorfeld zulässig sein.

Für und gegen die Schaffung einer speziellen Ermächtigungsgrundlage werden unterschiedliche politische Argumente vorgebracht, die sich der juristischen Annäherung entziehen und daher hier nicht näher behandelt und bewertet werden können. Das bleibt dem politischen Willensbildungsprozess vorbehalten. Grds. sollte im Interesse der Übersichtlichkeit und der Nachhaltigkeit sowie der Verlässlichkeit der Rechtsordnung auf kurzzeitige Modeerscheinungen nicht stets eine gesetzgeberische Reaktion erfolgen, die immer mehr detaillierte und von den vorhandenen Instrumentarien abweichende Regelungen schafft.[1170] Diese Reaktionen blähen Gesetze auf und überfordern Anwender und Adressaten. Deswegen ist die Schaffung neuer Vorschriften eine zwar leicht erhobene Forderung, von der jedoch sparsam Gebrauch zu machen ist. Im Fall des öffentlichen Alkoholkonsums liegt indes eine solche Ausnahme vor. Aufgrund der vielen Fälle, der durch sie hervorgerufenen Probleme und der Lücken im PolG ist eine gesetzliche Regelung vorzugswürdig. Einigkeit dürfte aber darin bestehen, dass sich die Probleme nicht alleine durch gesetzgeberische Maßnahmen lösen las-

---

1167 S. *Hecker*, NVwZ 2010, 359 (362).

1168 OVG Sachsen-Anhalt, Urt. v. 17.03.2010, Az. 3 K 319/09 – juris.

1169 OVG Thüringen, Urt. v. 21.06.2012, Az. 3 N 653/09 – juris.

1170 Das gilt bspw. für die landesrechtlichen Flatrate-Party-Verbote und die Forderungen nach Flatrate-Bordell-Verboten. Dazu schon oben ab S. 264.

sen.[1171] Wenn sie jedoch zur Lösung der Probleme wenigstens beitragen können, sollte der Gesetzgeber seine Spielräume nutzen.

B. Einordnung und mögliche Formulierung eines gesetzgeberischen Ansatzes

Trotzdem stellen sich Fragen, die der juristischen Klärung bedürfen. Wenn eine gesetzliche Regelung erfolgen soll, muss bedacht werden, in welcher Weise dies geschehen könnte. In Betracht kommen kommunal-, straßen- oder polizeirechtliche Normen. Nachfolgend wird untersucht, welche der Möglichkeiten am sachdienlichsten ist.

I. Kommunalrechtliches Vorgehen

Wie gesagt wird teilweise eine kommunalrechtliche Satzungsermächtigung vorgeschlagen, die sich eine Regelung aus Bremen zum Vorbild nimmt.[1172] Begründet wird das Vorgehen damit, dass es bei Alkoholverboten „um das Zusammenleben der Verbandsangehörigen und die gemeinverträgliche Nutzung des kommunalen öffentlichen Raums [gehe], mithin um ein geordnetes Stadtbild wie -leben […].“[1173] Dabei wird übersehen, dass praktisch jede kommunale Regelung – gleich welchen Rechtsgebiets sie entstammt – das Zusammenleben der Bürger berührt. Wenn Finger weiter ausführt, dass die hier zu untersuchende Aufgabe, Alkoholverbote zu erlassen, den Kommunen zustünde und daher im Kommunalrecht – und nicht im Polizeirecht – anzusiedeln ist, irrt er. Selbstverständlich muss es die Kommune sein, die Alkoholverbote erlässt. Andere Verwaltungsträger kommen für solche örtlichen Regelungen nicht in Betracht. Doch als Ortspolizeibehörde wäre bei einem polizeirechtlichen Ansatz trotzdem gerade die Kommune zuständig. Ein kommunalrechtliches Vorgehen ist daher nicht aus diesem Grunde geboten.

Letztlich ist ein kommunalrechtliches Vorgehen nicht sinnvoll. Die von *Finger* vorgeschlagene Regelung ist dem Kommunalrecht systemfremd. Das wird besonders dadurch deutlich, dass er in gleichem Zusammenhang auch die

---

1171 *Strohs*, KommJur 2010, 201 (208).

1172 Ein entsprechender Gesetzesvorschlag findet sich bei *Finger*, Die offenen Szenen der Städte, S. 288 f.

1173 *Finger*, Die offenen Szenen der Städte, S. 285 f.

Möglichkeit schaffen will, durch Satzung zu verbieten, Straßen zu verunreinigen, auf Straßen und öffentlich zugänglichen Flächen die Notdurft zu verrichten oder Wandfassaden zu bemalen etc.[1174] Diese Erscheinungen sind typischerweise in den örtlichen Polizeiverordnungen geregelt.[1175] Für kommunalrechtliche Gefahrenabwehrsatzungen besteht kein Bedürfnis.

II. Straßenrechtliches Vorgehen

Wie dargestellt wurde, ist der öffentliche Alkoholkonsum grds. als straßenrechtlicher Gemeingebrauch einzuordnen. Daher ist ein straßenrechtliches Vorgehen durch die Behörden grds. nicht möglich (s.o. ab S. 207).

Möglicherweise könnte dem Problem dadurch begegnet werden, dass eine Bestimmung in das StrG aufgenommen wird, die den öffentlichen Alkoholkonsum zur Sondernutzung erklärt.

Auch *Finger* diskutiert diese Möglichkeit, ausgehend von einer – mittlerweile aufgehobenen – Norm in Berlin, verwirft sie aber letztlich.[1176]

Unabhängig von der Frage, ob der Straßengesetzgeber den Umfang des Gemeingebrauchs – und nicht anderes liegt vor, wenn ein Verhalten als Sondernutzung eingestuft wird – beliebig bestimmen kann oder nicht,[1177] ist dieser Ansatz abzulehnen. Gedacht werden muss vom Ergebnis her. Gegen eine solche Lösung spricht, dass durch die landesrechtliche Einstufung als Sondernutzung *jeglicher* Alkoholkonsum auf öffentlichen Straßen und Wegen ohne vorherige Erteilung einer Erlaubnis untersagt wäre. Dadurch würde öffentlicher Alkoholkonsum außerhalb von Gaststätten und ihren Freischankflächen landesweit praktisch rechtswidrig. Eine ohne Erlaubnis betriebene Sondernutzung ist nämlich ein Verstoß gegen Straßenrecht. Niemand wird bei der Straßenbehörde eine Erlaub-

1174 *Finger*, Die offenen Szenen der Städte, S. 289, in Abs. 2 seines Vorschlags.

1175 Vgl. dazu etwa die §§ 14 – 16 der MusterVO des baden-württembergischen Gemeindetags, BWGZ 2007, 54 ff.

1176 *Finger*, Die offenen Szenen der Städte, S. 286 f. Er verwirft den Ansatz nicht aus (verfassungs-) rechtlichen Gründen, sondern bestreitet den straßenrechtlichen Zusammenhang. Es gehe beim öffentlichen Alkoholkonsum vornehmlich um das Verhältnis Szeneangehöriger zu ihren Mitmenschen und nicht um die öffentlichen Straßen, ebd. S. 287. Auch *Hecker*, NVwZ 2010, 359 (363), hält das Straßenrecht für einschlägig. Eine entsprechende Regelung sei jedoch unverhältnismäßig und damit verfassungswidrig.

1177 Vgl. *Hecker*, NVwZ 2010, 359 (363).

nis einholen, wenn er mit Freunden ein Bier in der Fußgängerzone trinken will. Das geht jedoch zu weit. Ziel gesetzgeberischen Handelns kann jedenfalls m.E. nicht die völlige Verbannung des Alkohols aus dem Stadtbild sein. Öffentlicher Alkoholkonsum soll dann – und nur dann – untersagt werden, wenn er zu für Dritte negativen Auswirkungen führt. Nur an bestimmten Plätzen und i.d.R. zu bestimmten Zeiten ist das der Fall. Eine Formulierung dergestalt, dass nur solcher öffentlicher Alkoholkonsum Sondernutzung ist, der die Benutzung der Straße zur Fortbewegung blockiert, hätte nämlich nicht den gewünschten Effekt. Wie oben untersucht und festgestellt,[1178] stellt solcher Alkoholkonsum bereits nach geltendem Recht eine Sondernutzung dar. Er behindert sie Ausübung des Gemeingebrauchs durch andere. Es muss dann im Einzelfall feststellt werden, ob eine solche Behinderung vorliegt oder nicht. Eine effektive Lösung des Problems wäre das nicht.

Weiterhin wäre eine gesetzliche Einstufung des Alkoholkonsums als Sondernutzung eine Neuerung im Straßenrecht. Bisher findet sich dort keine Festsetzung irgendeiner Tätigkeit als Sondernutzung oder Gemeingebrauch. Selbst der Begriff der Sondernutzung wird in § 16 Abs. 1 StrG nicht positiv definiert. Eine solche Einstufung des öffentlichen Alkoholkonsums stellte eine Systemfremdheit dar, die nicht wünschenswert ist.

Eine straßenrechtliche Ermächtigungsgrundlage begegnete zudem Grenzen. Straßenrecht kann nur auf öffentlichen Straßen und Wegen Anwendung finden, mithin nicht auf sämtlichen öffentlichen Flächen. Dadurch entstünden Regelungslücken, die nicht wünschenswert sind. Wer auf dem Straßenkörper Alkohol konsumiert, wäre demnach erfasst, wer sich nebenan auf die Wiese setzt, hingegen nicht mehr. Das kann nicht gewollt sein. Demgegenüber bestünden diese Probleme im Polizeirecht nicht, welches nicht auf bestimmte örtliche Anwendungsbereiche beschränkt ist.

Endlich sprechen systematische Gründe auch gegen ein straßenrechtliches Handeln. Während das Straßenrecht die Aufgabe hat, die Funktionsfähigkeit und Leichtigkeit des Verkehrs zu bewahren, haben Alkoholverbote i.d.R. das Ziel, Gefahren oder Belästigungen für Dritte zu vermeiden. Gewöhnlich findet der Alkoholkonsum – wie mehrfach beschrieben – am Abend und am Wochenende statt. Zu diesen Zeiten ist der Verkehr in Fußgängerbereichen etc. geringer als tagsüber. Der reibungslose Verkehr anderer kann daher regelmäßig trotz der

1178 S. o. ab S. 209.

Trinker stattfinden. Wenn nicht straßenrechtliche Gesichtspunkte im Vordergrund stehen, sollte ein anderer Weg gewählt werden.

Straßenrechtliches Vorgehen stellt daher kein taugliches Mittel dar, eine Ermächtigungsgrundlage für Kommunen zum Erlass von Alkoholverboten zu schaffen.

III. Polizeirechtliches Vorgehen

Näher liegend als eine kommunal- oder straßenrechtliche ist danach eine Lösung mit polizeirechtlichem Ansatz. Die Verhinderung von Auswirkungen, die ein bestimmtes Handeln – hier der Alkoholkonsum – verursacht, ist ein typisch polizeirechtliches Beispiel.[1179] Die o.g. Probleme und Regelungslücken entstehen bei polizeirechtlichem Vorgehen nicht.

Hierfür kann das Immissionsschutzrecht bzw. seine Entstehung als Vorlage dienen. Nachdem das (gewerbe-) polizeirechtliche Instrumentarium nicht mehr ausreichte,[1180] wurden spezielle Normen geschaffen, um einschreiten zu können. I.d.R wird durch Immissionen die Schwelle zur Gefahr nicht überschritten. Daher sind bspw. schädliche Umwelteinwirkungen gem. § 3 Abs. 1 BImSchG nicht nur Immissionen, die geeignet sind, Gefahren herbeizuführen, sondern auch solche, die nur erhebliche Nachteile oder erhebliche Belästigungen verursachen können. Dadurch wird im Immissionsschutzrecht ein Eingreifen schon dann ermöglicht, wenn die Gefahrenschwelle noch nicht überschritten ist. § 2 Abs. 3 BBodSchG enthält dieselben Begriffe. Seine Formulierung wurde gezielt an § 3 Abs. 1 BImSchG angelehnt, weshalb sich inhaltlich keine großen Unterschiede der Begriffe ergeben.[1181] Ebenfalls daran angelehnt ist § 1 LGastG i.V. mit § 5 Abs. 1 Nr. 3 GaststG. Auch dort ist der Schutz vor erheblichen Nachteilen oder Belästigungen Ziel der Regelung.

Die Einführung einer speziellen Ermächtigungsgrundlage zum Erlass von Alkoholkonsumverboten ist nur erforderlich für die Sachverhalte, die nicht ohnehin durch eine Polizeiverordnung nach § 10 Abs. 1 PolG geregelt werden können, weil das nötige Vorliegen einer abstrakten Gefahr für die öffentliche Sicherheit oder Ordnung nicht festgestellt werden kann und die Gefahren-

1179 Gegenteilige Ansicht *Finger*, Die offenen Szenen der Städte, S. 285.

1180 Zur Entwicklung des Immissionsschutzrechts aus dem Polizeirecht s. *Martens*, DVBl. 1981, 597 (597).

1181 S. dazu *Kotulla* in Fluck, § 2 BBodSchG, Rn. 150, 176.

schwelle nicht überschritten ist. Man bewegt sich also vielmehr im Gefahrenvorfeld. Daher bietet sich ein ähnliches Vorgehen wie beim Immissionsschutz auch hier an. Die Gefahrenvorsorge ist – wie das Immissionsschutzrecht zeigt – dem Polizeirecht gerade nicht grds. systemfremd.[1182] Sie ist im allgemeinen Polizeirecht bisher nicht vorgesehen, im besonderen Polizeirecht aber – wie eben ausgeführt – sehr wohl.

Ähnlich ging bspw. das Land Hessen vor, das nach § 71 hessSOG (regelt Gefahrenabwehrverordnungen und entspricht § 10 Abs. 1 PolG) einen neuen § 71a hessSOG einfügte. Dieser erlaubt den Erlass von sog. Kampfhundeverordnungen. Die Schaffung dieser Rechtsgrundlage sollte mögliche Probleme bei der Anwendbarkeit der Generalklausel beseitigen.[1183] Dieses Vorgehen kann als Vorbild dienen.

Sicherzustellen ist, dass der Wegfall des Erfordernisses der abstrakten Gefahr eine Ausnahme im allgemeinen Polizeirecht bleibt. Deswegen muss erstens die zu schaffende Ermächtigungsgrundlage ausdrücklich auf Alkoholverbote begrenzt werden. Das bedeutet, dass alle anderen Sachverhalte nach wie vor am strengeren Maßstab des § 10 Abs. 1 PolG zu messen sein werden. Zweitens erfahren die Begriffe der Belästigung und des Nachteils eine Einschränkung durch Verwendung des Attributs „erheblich". Wie im Immissionsschutzrecht hat seine Auslegung entscheidende Bedeutung. Nachteile und Belästigungen werden dann „erheblich", wenn sie in Dauer, Stärke oder Intensität das übliche und zumutbare Maß überschreiten.[1184] Dadurch spielen auch soziale und örtliche Verhältnisse

---

1182 So aber *Finger*, Die offenen Szenen der Städte, S. 285. Die Systemfremdheit liegt dabei jedoch eher bei seinem Vorschlag vor, eine Ermächtigungsgrundlage im Kommunalrecht anzusiedeln. Möglicherweise wird seine Einschätzung dadurch beeinflusst, dass er die Problematik des öffentlichen Alkoholkonsums auf Randgruppen (etwa Obdachlose) bezieht. Daher betrachtet er den Alkoholkonsum in erster Linie als optische Störung des Stadtbildes. Wenn aber – wie hier – die Probleme des öffentlichen Trinkens in erster Linie als Gewaltdelinquenz etc. betrachtet werden, liegt ein polizeirechtliches Vorgehen geradezu auf der Hand. Insbesondere die von ihm ebenfalls vorgeschlagenen Ermächtigungen zu Verboten, die Straße zu verunreinigen oder auf Straßen die Notdurft zu verrichten, (ebd., S. 289) stellen Sachverhalte dar, die typischerweise durch Polizeiverordnung geregelt werden. Allenfalls könnte noch ein straßenrechtlicher Bezug hergestellt werden.

1183 S. *Hecker*, NVwZ 2010, 359 (362).

1184 Vgl. *Dörr* in Ule/Laubinger, BImSchG, § 3 Rn. 4; *Kutscheidt* in Landmann/Rohmer, BImSchG, § 3 Rn. 14 ff.

eine große Rolle, denn an unterschiedlichen Orten können unterschiedliche Zustände üblich sein.[1185] Geringfügige, tolerable Beeinträchtigungen werden durch das Merkmal ausgeschieden. Der Begriff ist dem Polizeirecht nicht unbekannt, setzt doch bspw. § 28 Abs. 1 Nr. 1 PolG (Gewahrsam) eine *erhebliche* Störung der öffentlichen Sicherheit oder Ordnung voraus. Er spielt außerdem beim allgemeinen Schadensbegriff – und damit auch bei der Gefahr – eine Rolle. Ein Schaden erfordert nämlich eine nicht unerhebliche Beeinträchtigung eines Schutzgutes.[1186] § 44 Abs. 1 Nr. 2 PolG (Datenübermittlung an Personen oder Stellen außerhalb des öffentlichen Bereichs) verwendet gar den Begriff der „erheblichen Nachteile". Dabei soll es sich jedoch lediglich um eine veränderte Formulierung der „erheblichen Gefahr" handeln, um deutlich zu machen, dass die von der Norm angesprochenen Dritten nicht zur Gefahrenabwehr berufen sind.[1187]

Der gegen eine polizeirechtliche Lösung vorgebrachte Einwand, es handle sich eigentlich um eine Frage des Gemeingebrauchs und damit eine im Straßenrecht anzusiedelnde Regelung, überzeugt nicht.[1188] Den Kommunen geht es nicht wie behauptet in erster Linie um die Sicherung des Gemeingebrauchs anderer. Alkoholverbote dienen regelmäßig der Verhinderung von Gewaltstraftaten, Sachbeschädigungen, Pöbeleien, Körperverletzungen durch Glasbruch, Verschmutzungen etc. Ziel ist also vorrangig der Schutz der Bevölkerung, der Rechtsordnung und nachrangig der Umwelt (s. dazu oben ab S. 75). Somit liegt eine klassische polizeirechtliche Problematik vor.

Systematisch wäre die zu schaffende Norm hinter der Generalklausel des § 10 PolG bzw. der entsprechenden Regelungen anderer Länder einzuordnen.

Nach hier vertretener Ansicht somit ist der gem. Art. 70 Abs. 1 GG für das Polizeirecht zuständige Landesgesetzgeber gefordert. An der Zuständigkeit änderte sich auch nichts, wenn ein kommunal- oder straßenrechtliches Vorgehen erwogen würde.

1185 Vgl. *Dörr* in Ule/Laubinger, BImSchG, § 3 Rn. 4; *Kotulla* in Kotulla, BImSchG, § 3 Rn. 43 f; *Koch* in Koch/Pache/Scheuing, BImSchG, § 3 Rn. 59.

1186 *Denninger* in Lisken/Denninger, D Rn. 40.

1187 *Wolf/Stephan/Deger*, Polizeigesetz BW, § 44 Rn. 3.

1188 Den Einwand erhebt *Hecker*, NVwZ 2010, 359 (363).

Die Formulierung könnte unter Berücksichtigung aller genannten Voraussetzungen und Erwägungen daher wie folgt lauten:

§ 10a PolG: Alkoholverbote durch Polizeiverordnung

(1) [1]Die allgemeinen Polizeibehörden können zur Abwehr erheblicher Nachteile oder erheblicher Belästigungen für die Allgemeinheit oder die Anwohner abweichend von § 10 Polizeiverordnungen erlassen, die den öffentlichen Alkoholkonsum untersagen. [2]Auf Erlass einer solchen Polizeiverordnung besteht kein Anspruch.

(2) Für ihren Erlass gelten die allgemeinen Vorschriften.

Abs. 1 S. 2 des Vorschlags hat die Funktion, klarzustellen, dass Dritte – etwa Anwohner oder andere Personen – keinen Anspruch auf den Erlass eines Alkoholverbots haben. Die Formulierung in S. 1 („oder die Anwohner") könnte sonst Missverständnisse hervorrufen. Die Norm soll jedoch keinen Drittschutz ermöglichen, um die Gestaltungsfreiheit der örtlichen Polizeibehörden nicht zu untergraben. Im Bereich des Umweltrechts ist die Frage des Drittschutzes ähnlicher Formulierungen teilweise umstritten, teilweise wird er angenommen.[1189] Diese Parallele zum Umweltpolizeirecht soll durch die Klarstellung verhindert werden.[1190]

Abs. 2 dient lediglich der Verdeutlichung und ist daher für den Gesetzgeber fakultativ. Im Gegensatz zu Abs. 1 S. 2 kann auf ihn verzichtet werden. Durch die Einordnung nach § 10 PolG wird deutlich, dass alle Regelungen, die sich auf § 10 PolG beziehen, auch für § 10a PolG gelten sollen. Das gilt nicht nur für den Erlass der Polizeiverordnungen, sondern auch für die Möglichkeit, Ordnungswidrigkeiten zu bestimmen und diese mit Bußgeldvorschriften zu bewehren, § 18 PolG.

Weitere Einschränkungen oder Ergänzungen sind nicht in den Normtext aufzunehmen. Auch ein Alkoholverbot auf dieser Grundlage muss freilich verhältnismäßig sein, darf also nicht ohne Weiteres bspw. das gesamte Gemeindegebiet umfassen. Es ist räumlich und zeitlich auf das unbedingt nötige Maß zu

1189 Vgl. dazu etwa *Kopp/Schenke*, VwGO, § 42 Rn. 104 f.

1190 Inwiefern überhaupt ein Anspruch auf Erlass einer Polizeiverordnung bestehen kann, ist – soweit ersichtlich – nicht abschließend geklärt. S. dazu *Henrichs*, Recht auf Erlass, S. 115 f. Trotzdem sollte die o.g. Klarstellung erfolgen, um entsprechende Diskussionen zu verhindern.

beschränken. Endlich müssen auf dieser Grundlage ergangene Alkoholverbote bestimmt sein und die allgemeinen Voraussetzungen erfüllen.

Ebenfalls auf polizeirechtlicher Grundlage wurde der Freistaat Sachsen tätig. Zum 29.10.2011 trat § 9a sächsPolG[1191] in Kraft.[1192] Das Land Baden-Württemberg könnte auch diese Formulierung übernehmen. Sie stellt strenge Anforderungen an den Erlass eines Alkoholverbots und schränkt in § 9a Abs. 2 sächsPolG insbesondere die zeitliche und räumliche Komponente stark ein.

Soweit ersichtlich, wurde bisher keine auf § 9a sächsPolG gestützte Polizeiverordnung Gegenstand einer verwaltungsgerichtlichen Normenkontrolle. Das sächsPolG ist dem baden-württembergischen PolG sehr ähnlich, da es in enger Zusammenarbeit mit den baden-württembergischen Behörden nach der Wiedervereinigung entstand. In systematischer Hinsicht würde die Regelung als § 10a PolG in das baden-württembergische Recht passen.

1191 § 9a sächsPolG lautet:

(1) Die Ortspolizeibehörden können durch Polizeiverordnung verbieten, auf öffentlichen Flächen außerhalb von genehmigten Außenbewirtschaftungsflächen alkoholische Getränke zu konsumieren oder zum Zwecke des Konsums innerhalb dieser Fläche mitzuführen, wenn Tatsachen die Annahme rechtfertigen, dass sich dort Personen aufhalten, die alkoholbedingte Straftaten gegen das Leben, die körperliche Unversehrtheit oder das Eigentum begangen haben und künftig begehen werden.

(2) Das Verbot ist auf bestimmte Tage innerhalb einer Woche und Stunden des Tages zu beschränken. Ein generelles Verbot an allen Tagen und über mehr als zwölf Stunden am Tag ist unzulässig. Das Verbot ist örtlich auf den zur Verhütung von Straftaten erforderlichen Umfang zu beschränken. Die örtliche Verbotsbeschränkung nach Satz 3 darf sich lediglich auf einen räumlichen Bereich beziehen, der höchstens durch zwei Plätze und drei Straßen im Sinne des Straßengesetzes für den Freistaat Sachsen (Sächsisches Straßengesetz - SächsStrG) vom 21. Januar 1993 (SächsGVBl. S. 93), zuletzt geändert durch Artikel 30 des Gesetzes vom 15. Dezember 2010 (SächsGVBl. S. 387, 403), begrenzt wird. Von einer nach Satz 1 und 3 festgesetzten Beschränkung kann die nach Absatz 1 zuständige Behörde in besonderen Fällen Ausnahmen zulassen.

(3) Polizeiverordnungen nach Absatz 1 müssen mindestens einen Monat und dürfen höchstens ein Jahr gelten. Der Erlass einer erneuten Polizeiverordnung ist zulässig, wenn dies zur Abwehr der in Absatz 1 genannten Gefahr zwingend geboten ist.

1192 Kritisch zu § 9a sächsPolG *Albrecht*, VR 2012, 41 (44 ff.).

Kapitel Neun: Zusammenfassendes Fazit

Die vorliegende Arbeit kommt damit zu folgenden Ergebnissen:

1. Der Alkoholkonsum Jugendlicher liegt in Deutschland auf einem überdurchschnittlich hohen Niveau. Das Einstiegsalter sinkt stetig. Maßnahmen wie etwa die Alkopop-Steuer haben nicht den erhofften Erfolg erzielt, denn der Alkoholkonsum konnte nicht gesenkt werden. Indessen verändern sich die Konsummuster. Jugendliche und junge Erwachsene trinken vermehrt in der Öffentlichkeit und steigern die Mengen, die bei einer Trinkgelegenheit konsumiert werden. Das ruft vielfältige Probleme hervor. Die negativen Folgen reichen von Verschmutzungen, öffentlichem Urinieren und Ruhestörungen bis zu Verletzungen durch Glasbruch, Beleidigungen und Schlägereien. Mittlerweile haben sich in verschiedenen Städten Treffpunkte herausgebildet, an denen häufig viele – teilweise mehrere hundert – junge Menschen trinken. Die alkoholbedingte Gewaltkriminalität unter Jugendlichen steigt und viele dieser Treffpunkte werden zu Polizeieinsatzschwerpunkten. (S. 55 ff.)

2. Viele Kommunen haben rechtliche Maßnahmen ergriffen. Als probates Mittel erscheinen ihnen Polizeiverordnungen nach § 10 PolG, die in bestimmten Bezirken den Alkoholkonsum verbieten. Oftmals gelten diese nur zu bestimmten Zeiten am Wochenende und abends. Ihr Erlass setzt indes das Bestehen einer abstrakten Gefahr für die öffentliche Sicherheit oder Ordnung voraus. Große Teile der Literatur und der Rechtsprechung verneinen dies jedoch. Alleine im Alkoholkonsum liege keine Gefahr für ein polizeiliches Schutzgut. Relevant werde die öffentliche Sicherheit nur in Einzelfällen, die jedoch kein abstrakt-generelles Handeln ermöglichen. Auch die öffentliche Ordnung sei durch öffentlichen Alkoholkonsum nicht verletzt, denn Alkohol sei in Deutschland üblich und nicht etwa geächtet. Dieser Ansicht wird vorliegend entgegengetreten. Alkoholkonsum und seine polizeirechtliche Gefährlichkeit dürfen nicht allgemein betrachtet werden. Alkoholkonsum, der abends und/oder am Wochenende stattfindet, unterscheidet sich in der Wirkung von demjenigen, der nachmittags oder nach Feierabend in ruhigen Bahnen geschieht. Es muss also eine Differenzierung vorgenommen werden. Die zeitliche und räumliche Einschränkung von Alkoholverboten ist nach dieser Ansicht dann keine Frage der Verhältnismäßigkeit, sondern der Gefahrbeurteilung. Die h.M. geht indes von falschen Vorstellungen aus, die den harmlosen, bloß als Belästigung wahrgenommenen Obdachlosen und nicht betrunkene Jugendgruppen im Fokus hat. (S. 103 ff., 106 ff.)

3. Trotz teilweise heftiger Kritik am Schutzgut der öffentlichen Ordnung ist an ihm festzuhalten. Die rechtlichen und rechtspolitischen Argumente gegen es überzeugen nicht. Insbesondere – das zeigt die weitere Untersuchung – ist es nicht überflüssig. Auf das Schutzgut kann daher im Rahmen der Untersuchung zurückgegriffen werden. (S. 134 ff.)

4. Entgegen weit verbreiteten Ansichten liegt im öffentlichen Alkoholkonsum durch Personengruppen eine Gefahr für die öffentliche Ordnung. Zwar ist Alkoholkonsum zu gewissen Anlässen – bspw. Straßenfasching oder zu Volksfesten – auch in der Öffentlichkeit anerkannt, selbst wenn er in Massen stattfindet. Das bedeutet jedoch nicht, dass zu jedem beliebigen Anlass öffentliche Trinkgelage gefeiert werden sollen. Vielmehr stellen die Anlässe, zu denen öffentlich Alkohol konsumiert wird, die Ausnahme dar, nicht die Regel. Daher ist eine Störung der öffentlichen Ordnung gegeben, wenn in Gruppen in der Öffentlichkeit Alkohol getrunken wird. Findet dies regelmäßig in einem bestimmten Bereich statt, liegt eine abstrakte Gefahr vor – dann kann eine Polizeiverordnung erlassen werden. (S. 133 ff.)

5. Sollen durch ein Alkoholverbot hauptsächlich Gefahren des Glasbruchs verhindert werden, ist es mangels Erforderlichkeit unverhältnismäßig und damit rechtswidrig. Dann ist als milderes Mittel lediglich ein Glasverbot angesagt, welches entgegen der Ansicht des VG Köln regelmäßig zulässig ist. Kein milderes Mittel ist nach hier vertretener Ansicht eine Einschränkung der räumlichen und zeitlichen Geltung eines Alkoholverbots, da diese Frage beim Tatbestandsmerkmal der abstrakten Gefahr zu berücksichtigen ist. Weitere Schwierigkeiten bei der Verhältnismäßigkeit bestehen nicht, insbesondere ist an der Geeignetheit trotz teilweise vorgebrachter Bedenken nicht zu zweifeln. (S. 160 ff.)

6. Auch Alkoholverbote müssen durchgesetzt werden. Ein Verstoß gegen ein durch Polizeiverordnung angeordnetes Alkoholverbot stellt eine Störung der öffentlichen Sicherheit dar. Dann stehen die diversen Einzelmaßnahmen, die das Polizeirecht kennt, zur Verfügung. In Betracht kommen vor allem der Platzverweis nach § 27a Abs. 1 PolG und die Beschlagnahme des mitgeführten Alkohols nach § 33 Abs. 1 PolG. Diese können ihrerseits mit den üblichen Zwangsmitteln durchgesetzt werden. (S. 167 ff.)

7. Auch das Mittel der Allgemeinverfügung kommt in Betracht, um ein Alkoholverbot in der Öffentlichkeit zu erlassen. Die Abgrenzung zur Polizeiverordnung ist nicht trennscharf möglich, wie die zum Vergleich herangezogene Rechtsprechung zeigt. Die Allgemeinverfügung kann gewählt werden, wenn kurzzeitige oder räumlich eng umgrenzte Alkoholverbote erlassen werden sol-

len. Bei längerfristigen und räumlichen weit gefassten Alkoholverboten liegt der dafür erforderliche konkrete Bezug nicht mehr vor. Diese müssen daher durch eine Polizeiverordnung geregelt werden. (S. 175 ff.)

8. Auch auf Bahnanlagen wird Alkohol getrunken. Im Rahmen ihres privatrechtlichen Hausrechts kann die Deutsche Bahn AG dort den Alkoholkonsum mittels einer Hausordnung verbieten. Ein Verstoß gegen sie stellt jedoch keine Störung der öffentlichen Sicherheit dar und ist insbesondere kein Hausfriedensbruch. Die Bundespolizei kann daher nicht als Bahnpolizei eingreifen. Die übrigen Befugnisse der Bundespolizei, wie etwa Platzverweise, entsprechen denen der Länderpolizeien, wodurch sie ähnliche Probleme stellen. Eine Verordnungsermächtigung ähnlich § 10 Abs. 1 PolG existiert im BPolG nicht (S. 191 ff.)

9. Straßenrechtlich stellt öffentlicher Alkoholkonsum grds. Gemeingebrauch dar und ist daher ohne Erlaubnis zulässig. Es besteht keine Möglichkeit, durch Satzung oder ähnliche Rechtsakte gemeingebräuchliches Verhalten als Sondernutzung einzustufen. Damit ist normatives Handeln durch die Straßenbehörden nicht möglich. In besonderen Erscheinungen, bspw. in Gruppen oder über längere Zeiträume, kann öffentlicher Alkoholkonsum hingegen eine Sondernutzung darstellen. Die Abgrenzung ist jedoch nur im Einzelfall und nicht abstrakt zu treffen. (S. 201 ff.)

10. Das Kommunalrecht bietet über die Benutzungsregelung öffentlicher Einrichtungen Handhabe gegen Alkoholkonsum. Abgeschlossene Parkanlagen, Spiel- oder Bolzplätze stellen öffentliche Einrichtungen i.S. des § 10 Abs. 2 GemO dar. Mittels Satzung oder Allgemeinverfügung kann in ihnen Alkoholkonsum untersagt werden. Eine polizeirechtliche Gefahr für die öffentliche Sicherheit oder Ordnung ist nicht vorausgesetzt. (S. 221 ff.)

11. Behördliches Vorgehen gegen den Alkoholverkauf lässt sich in dauerhafte und vorübergehende Verkaufsverbote einteilen. Dauerhaftes, ladenschlussrechtliches Vorgehen während der Nacht ist in Baden-Württemberg durch die Freigabe der Ladenöffnungszeiten unter der Woche nicht mehr möglich. Sonn- und feiertags steht dieses Vorgehen offen. Zudem wurde durch das Alkoholverkaufsverbotsgesetz eine gesetzliche Regelung getroffen. Aus Anlass bestimmter Veranstaltungen wie etwa Fußballspielen hingegen kann der Alkoholverkauf vorübergehend auf bestimmte Alkoholsorten eingeschränkt oder komplett untersagt werden. (S. 233 ff.)

12. Wird der Alkohol in Gaststätten getrunken, bietet das Gaststättenrecht Handhabe, wenn Gaststättenbetreiber gegen Jugendschutzrecht verstoßen. Bei

wiederholten Verstößen ist der Entzug der Gaststättenerlaubnis regelmäßig zulässig. Entgegen einer weit verbreiteten Ansicht war nach bisher geltender Rechtslage die Veranstaltung von Flatrate-Partys nicht pauschal zu verhindern. Verbote waren auf Ausnahmen beschränkt. Die inzwischen von einigen Bundesländern eingeführten besonderen Verbote begegnen Bedenken hinsichtlich ihrer großen Reichweite und ihrer Wirksamkeit. (S. 249 ff.)

13. Ebenfalls dem Gaststättenrecht unterliegen Veranstaltungen, die aus besonderem Anlass stattfinden, wie Straßenfeste. Behörden können den Betreibern, die einer Gestattung bedürfen, Auflagen erteilen. Diese umfassen etwa Beginn und Ende des Ausschanks, das Verbot des Branntweinausschanks o.ä. Bei Verstößen gegen solche Auflagen droht dem Betreiber für die Zukunft der Verlust der Zuverlässigkeit. Auch auf Märkten i.S. der GewO benötigen Beschicker eine gaststättenrechtliche Erlaubnis, die nicht von den Marktprivilegien umfasst ist. (S. 269 ff.)

14. Aufgrund der stringenten Rechtsprechung sind Kommunen in Baden-Württemberg faktisch am Erlass von Alkoholverboten gehindert. Daher sollte eine besondere Ermächtigungsgrundlage in das PolG eingefügt werden. Diese polizeirechtliche Vorgehensweise ist gegenüber kommunal- oder straßenrechtlichen Ansätzen vorzuziehen. Der hier vorgelegte Formulierungsvorschlag knüpft an die Abwehr erheblicher Nachteile oder Belästigungen an und orientiert sich an entsprechenden Vorschriften aus dem Umweltrecht. Durch restriktive Anwendung des Merkmals der „Erheblichkeit" und die Reduzierung auf Alkoholverbote wird die vielerlei befürchtete Ausuferung des Polizeirechts bzw. des polizeilichen Gefahrenbegriffs verhindert. (S. 281 ff.)

www.ingramcontent.com/pod-product-compliance
Ingram Content Group UK Ltd.
Pitfield, Milton Keynes, MK11 3LW, UK
UKHW021840290926
8980IPUK00005B/561

9 783631 642375